Introduction générale au droit

THÉMIS

COLLECTION FONDÉE PAR MAURICE DUVERGER

THÉMIS DROIT

SOUS LA DIRECTION DE

CATHERINE LABRUSSE-RIOU

Professeur émérite à l'Université Panthéon-Sorbonne (Paris I)

DIDIER TRUCHET

Professeur émérite à l'Université Panthéon-Assas (Paris II)

et

LOÏC CADIET

Professeur à l'École de droit de la Sorbonne (Paris 1-IRJS/CRJP)

Président de l'Association internationale de droit processuel

---

MURIEL FABRE-MAGNAN

Professeur à l'Université Panthéon-Sorbonne (Paris 1)

FRANÇOIS BRUNET

Professeur à l'Université François-Rabelais de Tours

Introduction générale au droit

puf

ISBN 978-2-13-063499-7
ISSN 0768-0910
Dépôt légal — 1re édition : 2017, août

Sommaire

DEUXIÈME PARTIE
LES SOURCES DU DROIT

Titre I
LES SOURCES INSTITUÉES

Titre II

LES SOURCES PRATIQUES

Titre 3

LA DOCTRINE

TROISIÈME PARTIE
LES FONDEMENTS DU DROIT

Titre I
LES ORIGINES HISTORIQUES DU DROIT

Titre II
LES ENJEUX DU DROIT

Titre III
LES GRANDES CATÉGORIES DU DROIT

QUATRIÈME PARTIE
LES POUVOIRS PUBLICS

CINQUIÈME PARTIE
LA JUSTICE

Titre I
LA JUSTICE JUDICIAIRE

Titre II

LA JUSTICE ADMINISTRATIVE

Liste des principales abréviations

AJDA	*L'Actualité juridique. Droit administratif*
Arch. Phil. Dr.	*Archives de Philosophie du Droit*
Ass. plén.	Assemblée plénière de la Cour de cassation
CAA	Cour administrative d'appel
C. cass.	Cour de cassation
C. civ.	Code civil
CC	Conseil constitutionnel
CE	Conseil d'État
CEDH	Cour européenne des droits de l'homme
CIJ	Cour internationale de justice
CJCE	Cour de justice des Communautés européennes
CJR	Cour de justice de la République
CJUE	Cour de justice de l'Union européenne
CMP	Commission mixte paritaire
Constit.	Constitution
Conv. EDH	Convention européenne de sauvegarde des droits de l'homme et des libertés fondamentales
CPC	Code de procédure civile
C. pén.	Code pénal
CPI	Cour pénale internationale
CPP	Code de procédure pénale
C. trav.	Code du travail
D.	*Recueil Dalloz*
Doc. Fr.	La Documentation Française
GAJA	*Grands Arrêts de la jurisprudence administrative*
Gr. Ch.	Grande Chambre de la CEDH
JAF	Juge aux affaires familiales
JDI	*Journal du droit international*
JCP	*Jurisclasseur périodique – La Semaine juridique*
LGDJ	Librairie générale de droit et de jurisprudence
ord.	Ordonnance

PU	Presses universitaires
QPC	Question prioritaire de constitutionnalité
RDC	*Revue des contrats*
RDLF	*Revue des droits et libertés fondamentaux*
RDP	*Revue du droit public et de la science politique*
Rec.	*Recueil Lebon* (publication des arrêts du Conseil d'État)
RFAP	*Revue française d'administration publique*
RIEJ	*Revue interdisciplinaire d'études juridiques*
RTD civ.	*Revue trimestrielle de droit civil*
TA	Tribunal administratif
TASS	Tribunaux des affaires de sécurité sociale
TC	Tribunal des conflits
TFUE	Traité sur le fonctionnement de l'Union européenne
TGI	Tribunal de grande instance
TI	Tribunal d'instance
TUE	Traité sur l'Union européenne
UE	Union européenne

Introduction

1. *Jus est ars boni et aequi* (le droit est l'art du bon et de l'équitable), énonçait le *Digeste*, recueil célèbre de textes écrits par les plus grands juristes des tout premiers siècles de notre ère et compilés sous Justinien (VIe siècle après J.-C.). Le droit est essentiellement un système de légitimité [1]. Aucun ordre juridique ne pourrait vivre et fonctionner s'il ne s'appuyait sur des représentations sociales et des valeurs partagées. Le droit est le reflet et le ciment des préoccupations et des aspirations des êtres humains, mais aussi de leurs failles, voire de leurs illusions. Pour qui cherche à s'en approcher, le droit s'annonce donc aussi intimidant que passionnant.

Le droit est intimidant car il constitue tout d'abord un système qui paraît souvent hermétique et clos sur lui-même, au point d'être réservé aux spécialistes. Comble du comble, ces spécialistes se disent parfois eux-mêmes dépassés ! Le droit est également intimidant en ce qu'il charrie avec lui une bonne dose de tout ce qui constitue l'être humain et la société : l'histoire, la philosophie, l'économie, la science, la psychologie ou la psychanalyse, etc. Au fond, rien de ce qui est humain n'est étranger au droit. Faut-il pour autant céder à l'intimidation ?

En réalité, c'est précisément par ses qualités de phénomène à la fois social et humain que le droit mérite toute notre attention. Le droit occupe en effet, dans les sociétés occidentales, une place centrale. Il lui revient la fonction d'instituer l'homme et la société qui, dans d'autres

1. Le Droit – avec majuscule – renvoie à ce que l'on appelle le « Droit objectif », par opposition aux droits subjectifs – avec d minuscule – (les « petits droits », disait le doyen Carbonnier). Le Droit objectif vise le système juridique dans son ensemble, tandis qu'un droit subjectif est une prérogative individuelle accordée aux personnes par le Droit (par ex. le droit de propriété ou encore le droit au respect de la vie privée). Pour ne pas alourdir le texte, le droit sera, dans le présent ouvrage, écrit avec minuscule, même s'il s'agira principalement de parler du Droit (on le rappellera en mettant une majuscule dans les intitulés des parties et des titres).

cultures, relève d'autres systèmes dogmatiques comme la Religion (avec une majuscule, c'est-à-dire dans le sens large d'un système de croyances), ou encore des idéologies politiques (qui parfois prétendent pouvoir se passer du droit). Le modèle de l'obéissance à des lois sanctionnées par des tribunaux n'est pas non plus partout la principale façon de faire respecter un ordre social juste : ainsi, pour Confucius, le modèle de l'empereur vertueux suffit à guider les hommes et, plus généralement, le gouvernement par les hommes est, notamment dans les pays asiatiques, souvent préféré au gouvernement par les lois ; de même, en Afrique, la paix et la justice sociales sont souvent obtenues par d'autres procédés et sous d'autres contraintes que le recours à des tribunaux (par exemple les assemblées de paroles).

(Sur les différents mots et racines indo-européennes renvoyant au droit, et notamment *Thémis*, *Díkē*, *Ius*, *Méd-*, ou encore *Fas*, voir le très précieux ouvrage de Benvéniste [1].)

Les grands domaines du droit sont divisés en branches.

I / LES GRANDS DOMAINES DU DROIT

2. On distingue surtout le droit privé du droit public, le droit interne du droit international, et enfin le droit substantiel du droit processuel.

A / Droit privé et droit public

3. Une importante division existe en droit français entre le droit privé et le droit public. Le droit privé réglemente les relations entre personnes privées – personnes physiques (individus) ou morales (sociétés ou associations par exemple) –, tandis que le droit public régit les relations dans lesquelles est impliquée une autorité publique (l'État, une région, un département, ou encore un établissement public par exemple). En droit romain déjà, on distinguait le droit public (*publicum jus*), qui ressortit à « la chose publique » (*res publica*), du droit privé (*privatum jus*), lequel regarde l'utilité des individus pris un à un.

Cette distinction des droits se double en France d'une distinction des ordres juridictionnels. Il existe en effet deux types de juges pour

1. Émile Benvéniste, *Le Vocabulaire des institutions indo-européennes* (surtout t. 2 : « Pouvoir, droit, religion »), Paris, Minuit, 1969.

trancher les litiges courants : le juge judiciaire et le juge administratif. Ce dualisme juridictionnel a été instauré progressivement. Au lendemain de la Révolution française, il n'existait pas de juge administratif : l'Administration se jugeait elle-même, au nom d'un principe dit de « séparation des autorités administratives et judiciaires » (loi des 16-24 août 1790), dérivé de la séparation des pouvoirs. Peu à peu, la nécessité d'un juge propre à l'Administration s'est toutefois imposée. C'est pourquoi un véritable juge administratif a pris forme (notamment à partir de la création du Conseil d'État par la Constitution de l'an VIII), pour les affaires impliquant l'Administration au sens large.

Du fait du dualisme juridictionnel, la distinction entre droit privé et droit public est devenue très rigide. L'hésitation est pourtant parfois permise : ainsi, le droit pénal a pour objet de sanctionner les atteintes à la société et l'une des parties au procès est alors l'État, représenté par le ministère public ; pourtant, les juridictions pénales font partie de l'ordre judiciaire et non de l'ordre administratif. Face aux incertitudes, le Tribunal des conflits peut intervenir afin de répartir les affaires entre le juge judiciaire et le juge administratif. Quoi qu'il en soit, la distinction apparaît aujourd'hui parfois dépassée pour plusieurs raisons. L'État intervient de plus en plus dans les activités privées, y compris en utilisant des structures et des mécanismes de droit privé. De plus, le droit constitutionnel – renforcé en cela par la question prioritaire de constitutionnalité (QPC) – énonce des principes qui, bien souvent, transcendent la distinction public/privé. Enfin, le droit public lui-même s'inspire de plus en plus (notamment en matière économique) de méthodes issues du droit privé, ce qui conduit à une « banalisation » (qui n'est certes pas complète) du droit public en tant qu'il serait foncièrement opposé au droit privé. Du reste, la distinction est de même très relative et parfois inexistante dans les autres pays européens (pour plus de développements, voir *infra* n° 224 et s.).

B / Droit interne et droit international

4. Une autre *summa divisio* est faite entre le droit interne et le droit international, cette division pouvant concerner aussi bien le droit public que le droit privé.

Le droit international public est le droit des relations entre les États (droit des traités, droit de la guerre, etc.) et des organisations internationales (ONU, OTAN, etc.).

Le droit international privé est le droit applicable aux personnes privées impliquées dans des relations juridiques internationales. Il a essentiellement pour objet de régler les conflits de lois (ou de juridictions) dans l'espace, lesquels peuvent apparaître lorsque le litige à trancher présente des éléments d'extranéité, c'est-à-dire des points d'ancrage dans des systèmes juridiques étrangers (nationalité ou domicile de l'une des parties, lieu de livraison, lieu de conclusion du contrat, etc.). Il détermine par exemple la nationalité d'un enfant né en France d'un père anglais et d'une mère italienne. Le droit international privé permet de désigner l'ordre juridique compétent – c'est-à-dire la loi applicable, étrangère ou française – et également l'ordre juridictionnel compétent – c'est-à-dire les tribunaux compétents, étrangers ou français. Les deux questions sont distinctes et un juge français peut être amené à appliquer une loi étrangère. Les conflits de lois peuvent parfois se résoudre par l'adoption de conventions internationales contenant des règles substantielles, c'est-à-dire des règles matérielles uniformes qui vont s'appliquer directement aux sujets de droit couverts par ces conventions (ex. : la Convention de Vienne sur la vente internationale de marchandises). Le droit international privé comprend aussi l'étude de la nationalité et de la condition juridique des étrangers.

Le droit international conduit parfois à la création d'ordres juridiques particuliers, comme sur le continent européen. Le droit du Conseil de l'Europe est à cet égard issu du droit international, même s'il s'en distingue aujourd'hui à bien des égards. À plus forte raison, le droit de l'Union européenne n'est plus considéré, en raison de ses caractéristiques, comme du droit international, même s'il s'agissait initialement de droit international. La particularité du droit élaboré à l'échelle de l'Union tient à ce qu'il est intégré aux différents droits internes, sans être pour autant assimilable à ceux-ci.

C / Droit substantiel et droit processuel

5. Un système juridique a besoin de règles de plusieurs types. En particulier, il ne suffit pas de savoir quelle est la juste répartition des droits et des devoirs entre les individus (règles substantielles), encore faut-il que ceux-ci puissent faire valoir ces droits en justice, et donc que des règles procédurales permettent la mise en œuvre juridictionnelle de leurs droits. Ces règles procédurales composent le droit dit « processuel », qui diffère d'une juridiction à l'autre : la procédure civile se distingue ainsi de la procédure pénale, de la procédure contentieuse administrative, ou encore de la procédure prud'homale.

Les règles de procédure ont une importance cruciale dans le système juridique : elles permettent, par l'organisation et l'échange loyal des arguments, d'essayer de canaliser les conflits. Elles sont également déterminantes, en particulier ce qui concerne les règles relatives à la preuve, pour assurer la légitimité du jugement et donc son acceptation par les parties et par la société dans son ensemble.

II / LES BRANCHES DU DROIT

6. Depuis la fin du Moyen Âge, le droit s'est progressivement divisé en branches autonomes.

A / Le droit constitutionnel

7. Le droit constitutionnel a pour objet la Constitution, entendue comme l'ensemble des normes juridiques les plus essentielles d'un ordre juridique et qui fondent un État. Les Constitutions contiennent au minimum les principes d'organisation et de fonctionnement de l'État : les choix essentiels du régime politique, le type de régime politique institué, les principaux pouvoirs publics, leur mode de désignation, leurs compétences respectives et les relations entre ces pouvoirs. Dans de nombreux pays, la Constitution contient en plus – et même avant tout – l'énoncé des droits et libertés fondamentaux des individus et citoyens. En France, le corps de la Constitution se limitant principalement aux règles d'organisation et de fonctionnement des pouvoirs publics, c'est le préambule qui a permis, progressivement, de garantir les droits et libertés essentiels, à travers notamment la reconnaissance de la valeur constitutionnelle de la Déclaration des droits de l'homme et du citoyen de 1789.

B / Le droit civil

8. Le droit civil est le droit commun d'une nation, c'est-à-dire le droit applicable à tous ses citoyens (« civil » vient du latin *civilis*, lui-même dérivé de *civis*, citoyen).

Dans son sens premier, le *jus civile* (droit civil) désignait l'ensemble du droit des citoyens romains, droit public ou droit privé, par opposition au *jus gentium*, droit des autres nations de l'Empire. Le droit civil était alors « appelé du nom de chaque cité, par exemple le droit des Athéniens » (Justinien, *Institutes*, I, 2). Progressivement – et spécialement à partir de l'édit de Caracalla de l'an 212, qui fit de la plupart des citoyens de l'Empire des citoyens romains –, la distinction a perdu son sens, si bien qu'à l'époque de la compilation justinienne, le *jus civile* recouvrait en réalité l'ensemble du droit impérial.

Le droit civil, notion fondamentale en droit français, n'est pas une catégorie universelle du droit : celle-ci vient du droit romain et a un sens particulier dans les pays du continent européen liés à cette tradition. En droit anglais, et plus largement dans les pays de *Common Law* (essentiellement les États-Unis, l'Angleterre, l'Australie, la Nouvelle-Zélande et le Canada, Québec excepté), le droit civil n'est pas une notion inconnue, mais il renvoie précisément aux droits continentaux de tradition romano-canonique, par opposition aux droits de *Common Law*.

Le cœur du droit civil est constitué par le droit des personnes et de la famille. Le droit des personnes régit ce qu'on appelle « l'état des personnes », c'est-à-dire ce qui, juridiquement, institue et identifie la personne au sein de la société. Le droit de la famille *stricto sensu* concerne les relations extrapatrimoniales entre membres d'un couple (mariage et divorce, Pacs, concubinage) et aussi entre parents et enfants (filiation, autorité parentale, etc.). Dans un sens plus large, le droit de la famille comprend également le droit patrimonial de la famille, c'est-à-dire le droit des relations pécuniaires au sein de la famille : droit des régimes matrimoniaux (règles de répartition et de gestion des biens entre époux) et droit des successions (règles de dévolution des biens dans la famille ou éventuellement en dehors de celle-ci, par la loi ou par testament, dans l'hypothèse d'un décès).

Le droit des obligations pose les règles par lesquelles une personne peut être obligée envers une autre à donner, à faire ou à ne pas faire quelque chose. Sont par exemple sources d'obligations les délits ou les quasi-délits (faits intentionnels ou simples négligences qui, ayant causé un dommage à autrui, obligent leur auteur à le réparer : c'est ce qu'on appelle la responsabilité civile délictuelle), ou encore les contrats (accords de volontés entre deux ou plusieurs personnes en vue de créer, modifier ou transmettre des obligations).

Le droit des biens régit les richesses à la disposition de l'homme. Il définit la composition du patrimoine ainsi que les rapports des hommes aux choses (propriété, usufruit, possession, etc.).

Le droit civil comprend enfin le droit des sûretés, c'est-à-dire les garanties que peut obtenir un créancier pour le paiement de la dette. Les sûretés sont dites personnelles, quand c'est une personne qui garantit le paiement de la dette (un cautionnement par exemple), et réelles lorsque c'est un bien qui est affecté à la garantie de la dette (le gage ou l'hypothèque par exemple).

C / Le droit administratif

9. Le droit administratif est le droit spécifique de l'action administrative. Il régit les relations entre l'État ou toute autre personne publique (collectivité territoriale, entreprise publique, etc.) et une personne privée, ainsi que les relations des personnes publiques entre elles. C'est ce droit qui fixe le régime des actes de l'administration (actes unilatéraux ou contrats administratifs), de la responsabilité administrative, de la fonction publique, des collectivités territoriales, des contrats administratifs (dont les marchés publics), des services publics, ou encore de la police administrative. Depuis son apparition, le droit administratif est demeuré essentiellement jurisprudentiel, c'est-à-dire qu'il a été élaboré à travers les décisions du Conseil d'État et du Tribunal des conflits. Aujourd'hui, plusieurs domaines essentiels de l'action administrative sont toutefois codifiés (voir par ex. le Code général des collectivités territoriales, le Code des marchés publics, ou encore le Code de justice administrative). Le droit administratif est un droit par nature inégalitaire, dans la mesure où la mission d'intérêt général confiée à l'administration justifie que celle-ci soit dotée de prérogatives dites « exorbitantes du droit commun », c'est-à-dire qui ne pourraient être utilisées légalement par les personnes privées. Mais l'inégalité ne doit pas être confondue avec un privilège, car l'Administration publique est soumise aussi à de fortes obligations qui ne pèsent pas sur les personnes privées.

La naissance et le développement du droit administratif contemporain furent marqués par plusieurs grands noms : Léon Duguit (1859-1928), considéré comme le fondateur de l'école dite « du service public » de Bordeaux, mettait la notion de service public au cœur de la fonction et de la légitimation de l'État ; Maurice Hauriou (1856-1929), doyen de la faculté de Toulouse, tête de file de l'« école de la puissance publique », voyait dans l'État une puissance souveraine au service d'une action publique ; Édouard Laferrière (1841-1901) procéda à la systématisation des principes du droit administratif à partir de l'analyse de la jurisprudence du Conseil d'État, qu'il présida à la fin du XIXe siècle ; ou enfin Charles Eisenmann (1903-1980), dont les *Cours de droit administratif* entendaient renouveler l'étude du droit administratif, notamment en ce qui concerne les actes de l'administration ou le pouvoir discrétionnaire.

On peut noter aujourd'hui un certain émiettement des organes administratifs, avec en particulier la création régulière d'autorités administratives (ou publiques) indépendantes dotées d'un certain pouvoir délégué (voir *infra* n° 120). Dans le même temps, la relation entre l'Administration et les administrés se banalise : on veut faire de l'administré, traditionnellement soumis à un lien de sujétion, un client, voire un partenaire. L'Administration publique doit désormais agir de manière efficace, en fonction de standards qui ont été progressivement importés du secteur privé (modèle de l'entreprise). Au total, l'Administration est gagnée par les mêmes mouvements généraux que l'ensemble de la société : un mouvement de contractualisation, une européanisation, mais aussi une imprégnation croissante des analyses économiques. L'autonomie du droit administratif risque alors de s'en trouver érodée.

D / Le droit pénal

10. Le droit pénal a pour objet de sanctionner les comportements délinquants, qualifiés comme tels par la loi ou le règlement, parce qu'ils portent atteinte à la société. Le droit pénal contient ainsi des incriminations et des peines. Les incriminations sont de trois types, en fonction de la gravité des délits stigmatisés : dans l'ordre croissant de gravité, il s'agit des contraventions, des délits *stricto sensu* et des crimes. Les contraventions sont passibles des tribunaux de police, les délits au sens strict des tribunaux correctionnels, et les crimes des cours d'assises. Tandis que les juridictions civiles condamnent à la réparation – notamment par l'attribution de dommages-intérêts (c'est-à-dire de sommes d'argent versées à la victime du dommage) –, les juridictions pénales condamnent à des peines. Il peut s'agir de peines d'emprisonnement, d'amendes (sommes d'argent qui, à la différence des dommages-intérêts, sont versées à l'État) ou encore de travaux d'intérêt général.

Un premier projet de Code pénal fut élaboré pendant la période révolutionnaire, mais le Code pénal définitif fut adopté en 1810. Celui-ci, bien que modifié à de très nombreuses reprises, resta valable jusqu'au 1er mars 1994, date à laquelle entra en vigueur le Nouveau Code pénal, entièrement recomposé et renuméroté.

Parmi les grands noms ayant marqué l'évolution du droit pénal, on peut citer Faustin Hélie (1799-1884), Émile Garçon (1851-1922), ou encore Henri Donnedieu de Vabres (1880-1952) [ce dernier a siégé comme juge au procès de Nuremberg]. Le juriste italien Cesare Beccaria (1738-1794) eut également une très grande influence : dans son célèbre traité intitulé *Des délits et des peines* de 1764, il a posé plusieurs des grands principes encore valables aujourd'hui (le principe de légalité des délits et des peines, ou encore la présomption d'innocence).

Le droit pénal, traditionnellement protecteur des principales valeurs de la République, se noie aujourd'hui dans une inflation législative. Chaque fait divers apporte son lot de nouvelles incriminations et cette instrumentalisation du droit pénal, destinée à rassurer la société, conduit paradoxalement à une montée de la répression porteuse de nouvelles formes d'insécurité. Le procès pénal est également dévoyé : son objet propre était de garantir les intérêts de la société, par opposition au procès civil visant à réparer le dommage causé aux victimes ; ces dernières sont aujourd'hui mises en avant et le but affiché du procès pénal est de les réconforter, sans qu'il soit sûr que cette victimisation leur soit *in fine* toujours bénéfique.

E / Le droit social

11. Le droit social comprend le droit du travail, le droit de la sécurité sociale et le droit de l'aide sociale.

Le droit du travail régit le travail en situation de dépendance (par opposition aux professions libérales et indépendantes). Le critère du contrat de travail est ainsi la subordination juridique : le salarié est celui qui travaille pour le compte et sous l'autorité d'autrui. Le droit du travail s'applique à toutes les relations de travail, qu'elles soient individuelles (rapports de l'employeur avec chacun de ses salariés) ou collectives (négociation des conventions et accords collectifs de travail, ou encore conflits collectifs tels la grève). Alors que le Code civil de 1804 consacrait deux articles au contrat de louage de services, la matière prit son essor et, en 1910, un Code du travail fut promulgué. Les grands fondateurs de la matière sont Georges Scelle (1878-1961), et son fameux *Droit ouvrier* publié pour la première fois en 1922, ou encore Paul Durand (1908-1960), auteur du premier grand traité de droit du travail après la Seconde Guerre mondiale et l'un des fondateurs de la revue *Droit social*. Dans le but affiché de réduire le Code du travail, celui-ci a fait l'objet d'une refonte et d'une renumérotation (ord. du 12 mars 2007 ratifiée par une loi du 21 janvier 2008).

L'institution de la sécurité sociale date en France de 1945, même si l'idée est plus ancienne. La sécurité sociale organise un système de solidarité obligatoire face aux principaux risques de l'existence. Chacun de ces risques est l'objet d'une branche (maladie, vieillesse, accident, charges familiales, etc.) gérée avec la participation de représentants des assurés (notamment les syndicats).

Enfin, l'aide sociale prévoit des secours publics pour les plus nécessiteux en dehors de toute cotisation sociale, notamment par le biais du revenu de solidarité active (RSA), venu en remplacement du revenu minimum d'insertion (RMI).

F / Les autres matières

12. D'autres matières se trouvaient à l'origine dans le droit civil, mais, du fait de leur développement, elles ont acquis leur autonomie. L'un des signes forts de cette évolution est l'émergence de codes distincts du Code civil. On peut citer le droit des affaires ou droit commercial (qui comprend lui-même de nombreuses spécialités : droit des sociétés, droit des entreprises en difficulté, droit bancaire et boursier, droit des effets de commerce, etc.), le droit de la propriété intellectuelle, le droit maritime, ou bien le droit de la consommation.

D'autres domaines encore ont pris leur essor et ne peuvent plus véritablement se rattacher à une branche classique du droit. Le droit de la santé en est une bonne illustration. Ou encore le droit de l'environnement : relevant à la fois du droit public (et même, pour partie, du droit constitutionnel), cette matière sollicite aussi de plus en plus le droit privé. C'est ici la diversité des enjeux écologiques et environnementaux qui explique le caractère transversal de cette discipline.

PREMIÈRE PARTIE

La notion de Droit

13. Pour saisir ce qu'est le droit, il faut préciser d'abord le rôle spécifique que joue le droit parmi les autres systèmes normatifs, avant de concentrer l'attention sur les rapports complexes entre le droit et le fait. Les composants élémentaires du Droit doivent également être analysés : la règle de droit et le raisonnement juridique.

Mais, on ne saisit bien le droit qu'en décentrant le regard. En ce sens, il est très utile de prendre conscience du caractère relatif de son propre système de droit, comme y invite le droit comparé. Par ailleurs, l'étude du droit s'enrichit lorsqu'elle se décloisonne et s'ouvre à l'interdisciplinarité.

Chapitre I

LE DROIT ET LES AUTRES SYSTÈMES NORMATIFS

14. Le droit est un système normatif. Il n'entend pas seulement *décrire* le monde social tel qu'il est mais cherche à *s'imposer* au monde social en fonction d'un certain nombre de buts et donc de valeurs.

Le droit n'est cependant pas le seul système normatif : le monde social est tissé de nombreux discours sociaux qui prétendent régir les individus.

Ainsi, la morale édicte également des normes de comportement. Elle a pour objet de dire ce qui est bien et ce qui est mal. À la différence du droit, la morale relève du for intérieur, c'est-à-dire des consciences individuelles. L'opposition entre le droit et la morale ne signifie pas bien entendu que les deux systèmes ne puissent avoir de règles communes : si certaines règles de droit n'ont rien à voir avec le bien et le mal (par exemple conduire à droite), la plupart expriment les valeurs présentes dans une société à un moment donné [1]. La notion juridique de bonnes mœurs renvoie par exemple explicitement sa définition au consensus social existant à un moment donné sur ce qu'il convient de faire sur le plan de la décence ou de la morale sexuelle. Du reste, le droit ne parviendrait sans doute pas à s'imposer effectivement aux individus s'il était en radicale discordance avec les mœurs dominantes d'une société. En ce sens, les valeurs exprimées et défendues par le droit constituent une forme de consensus social. Il n'en reste pas moins que la morale ne se confond pas avec le droit. Le fait que les règles morales ne soient pas juridiques signifie qu'on ne peut requérir ni les tribunaux ni la force publique pour les faire respecter. Elles ne sont pas pour autant dénuées de sanctions. Ainsi, dans des sociétés où la contrainte sociale est forte, les comportements jugés immoraux par un groupe peuvent être tout

1. Voir l'ouvrage classique de Georges Ripert, *La Règle morale dans les obligations civiles*, 4e éd., LGDJ, 1949.

aussi sévèrement sanctionnés, voire plus, par des sanctions sociales telles que la mise à l'index, voire l'exclusion.

Il existe également des règles de politesse ou de bienséance, prescrivant certains us et coutumes de comportement dans la vie sociale courante (arriver à l'heure, être courtois, etc.). Contrairement à la morale, il s'agit ici de règles relevant du « for extérieur », plus précisément du savoir-vivre en société, mais qui demeurent de l'ordre de la liberté individuelle et non pas de la réglementation juridique.

C'est aujourd'hui l'éthique qui est à la mode. Le mot a la même origine étymologique que la morale, les deux mots renvoyant aux mœurs (*mores* en latin, *ethos* en grec). Pourtant, la valorisation actuelle de l'éthique dans tous les domaines n'a d'équivalent que la disqualification de la morale. Qu'aurait-on dit par exemple de la constitution d'un Comité consultatif national de morale au lieu du Comité consultatif national d'éthique ? La promotion de l'éthique permet une mise à disposition du droit. L'éthique étant un concept « mou », il est davantage malléable, et n'apparaît pas comme un obstacle ou un interdit mais, de façon plus positive, comme un bien à rechercher et à accomplir. Plutôt que d'interdire, il s'agit en somme de canaliser et d'orienter les comportements, en veillant à ne pas brusquer les consciences individuelles. Les entreprises raffolent des « codes d'éthique » qu'elles peuvent n'appliquer que si elles le souhaitent, et le terme fleurit également en matière médicale où il permet, dans une certaine mesure, l'appropriation de la norme par le pouvoir médical.

La religion est également un système normatif, avec des règles et des sanctions propres. On entend ici le terme de « religion » dans son sens étroit contemporain, qui est celui d'un système de croyances relatives à l'existence d'un Dieu. Comme l'affirme l'article 1er de la Constitution, la France est une République « laïque » : les pouvoirs publics et leurs démembrements doivent respecter une stricte neutralité, laquelle est un moyen de garantir la liberté privée, en particulier en matière de croyances religieuses (ce qui suppose qu'un système de croyances puisse être qualifié de religion, et non pas par exemple de secte). En revanche, le droit français ne peut accepter de prêter son concours pour faire respecter une croyance religieuse qui serait contraire aux droits et libertés fondamentales (par exemple, autoriser l'annulation d'un mariage pour non-virginité de la femme). Pour plus de développements, voir *infra* n° 223.

D'autres normativités peuvent opérer de façon plus insidieuse, comme la mode, qui prescrit une certaine apparence avec des sanctions perceptibles déjà à un très jeune âge.

Chapitre II

LE FAIT ET LE DROIT

15. La distinction entre le fait et le droit est au cœur du système juridique. Elle est particulièrement déterminante au niveau des juges suprêmes – Cour de cassation et Conseil d'État –, qui contrôlent la façon dont les juges du fond appliquent la règle de droit aux faits dont ils sont saisis. En tant que juges de cassation, les juridictions supérieures ne jugent qu'en droit : elles laissent en principe le fait au pouvoir souverain d'appréciation des juges du fond.

Parmi l'ensemble des faits, certains sont dits juridiques lorsqu'ils produisent des effets de droit. Il peut s'agir d'un fait de l'homme (la naissance d'un enfant qui va engendrer une obligation d'éducation ou d'entretien, un accident de la circulation dont il résultera une obligation de réparer les dommages causés, etc.) mais également d'un fait de la nature (une inondation, par exemple, qui va déclencher une obligation des assureurs de couvrir certains dégâts). On les distingue des actes juridiques, qui sont des manifestations de volonté destinées à produire des effets de droit (par exemple un contrat ou encore un testament). Dans le fait juridique, au contraire, les conséquences juridiques n'ont pas été directement voulues, même si le fait l'a été (on a voulu mettre au monde un enfant mais pas dans le but d'avoir à l'entretenir). Si, parfois, les conséquences juridiques ont été voulues et même visées (on détruit volontairement sa voiture pour toucher la prime d'assurance), il y a toujours *fait* juridique et non pas *acte* juridique, dans la mesure où les conséquences juridiques découlent non pas de l'expression de la volonté mais uniquement de la réalisation du fait.

Une question fondamentale de théorie du droit consiste à s'interroger sur la façon dont le droit et les faits s'articulent – voire s'entremêlent. L'idée que le droit devrait s'adapter aux faits est très réductrice (elle est même un « mythe », selon le célèbre article de Ch. Atias et D. Linotte [1]).

1. « Le mythe de l'adaptation du droit au fait », *D.* 1977, chron., p. 251.

Le droit ne peut certes pas se désintéresser de l'évolution de la société, et notamment des aspirations de ses membres, des nouveaux problèmes qui s'y posent ou de l'évolution des mœurs. Mais il a aussi, à l'inverse, un rôle normatif, que l'on peut dire « instituant », c'est-à-dire qu'il met en place un certain état de fait : des règles juridiques peuvent instituer une société plus ou moins violente, instaurer ou au contraire détruire la confiance, etc. Affirmer que le droit doit simplement suivre les faits pour les entériner, c'est en réalité ruiner l'ambition normative du droit, c'est-à-dire sa capacité à s'imposer aux faits sociaux. Inversement, le droit ne saurait rester totalement indifférent aux faits, sous peine de perdre toute crédibilité. Il appartient aussi au discours juridique de répondre aux faits, selon les cas pour les contrer (en posant une interdiction par exemple) ou les approuver (en institutionnalisant une pratique). Il peut arriver également que le droit se désintéresse délibérément de certains faits, ce qui peut constituer une respiration souhaitable de la société, dès lors que le système juridique ne saurait tout régir. Tout l'enjeu est en tout cas de savoir si et dans quelle mesure tel fait *mérite* d'être approuvé ou réprouvé par le droit. Il en va ici d'un choix fondé en valeur, qui dépend de ce qu'on souhaite faire du droit, et de la société que l'on souhaite construire grâce à lui. Un problème particulier se pose lorsque le droit est mis face à certains faits scientifiques, car l'autorité de la science conduit souvent à considérer que le droit n'aurait plus alors qu'à plier devant la vérité scientifique ou face aux experts. Pourtant, même dans ce cas, l'adaptation du droit ne peut pas être systématique. Imaginons que la science affirme que la liberté n'existe pas et que les êtres humains sont déterminés : pourrait-on admettre dans ce cas que le droit abandonne le principe même de liberté, au nom d'une telle « vérité scientifique » ?

D'ailleurs, même si le droit devait se cantonner à enregistrer les faits, ce déplacement de la règle entraînerait nécessairement un déplacement des faits. Ainsi par exemple, il se pourrait que la légalisation du cannabis entraîne un accroissement de la consommation de drogues plus dures dans la mesure où, pour une part, c'est la violation de l'interdit qui est recherchée par certains consommateurs. La légalisation de l'euthanasie active conduirait également sans doute à un accroissement de cette pratique et à l'apparition de nouveaux litiges où la famille reprocherait au médecin d'avoir mis fin aux jours de leur proche. Dans tous les cas, la norme juridique ne se contente pas de saisir les faits tels quels : elle leur donne une légitimité, laquelle influe à son tour sur les rapports sociaux.

Le droit est donc par définition d'un autre ordre que le fait et ne peut s'en déduire directement. L'écart entre le droit et le fait, donc entre le droit et le réel, permet le jeu de la normativité et du devoir-être : le droit fonctionne alors comme un modèle et un idéal à atteindre. Il repose ainsi très souvent sur des fictions, où l'on fait « comme si » (comme si la réalité était autre) : on va par exemple faire « comme si » un enfant était né alors qu'il ne l'est pas (par exemple pour lui permettre de succéder à son père si celui-ci décède avant sa naissance), ou encore « comme si » le possesseur d'un droit en était le titulaire lorsque l'apparence a trompé un tiers. Ce n'est pas à dire pour autant que le droit puisse créer n'importe quelle fiction et se désancrer totalement du réel : il y aurait en effet alors confusion du réel et de l'imaginaire, ce qui n'irait pas sans une certaine folie. Le droit doit avoir les pieds sur Terre, tout en restant fidèle aux idéaux qu'une société lui assigne.

Chapitre III

LA RÈGLE DE DROIT

16. Les règles de droit se définissent par certains caractères, et il en existe plusieurs types. Elles sont énoncées dans un certain langage et sont souvent regroupées dans des Codes.

SECTION 1
Les caractères de la règle de droit

17. On dit traditionnellement de la règle de droit qu'elle est générale, impérative et permanente (ou suffisamment stable dans le temps). Le Conseil constitutionnel exige aujourd'hui en outre qu'elle soit intelligible et qu'elle ait une portée normative.

I / LA GÉNÉRALITÉ DE LA RÈGLE DE DROIT

18. Traditionnellement, la règle de droit s'adressait, sinon à tous les citoyens (ou sujets de droit), du moins à des catégories générales, définies abstraitement. Certes, il y a toujours eu des décisions juridiques individuelles (une nomination ou une exclusion par exemple), mais celles-ci sont l'application particulière de règles de droit générales. Une règle de droit a donc le plus souvent bien une vocation générale. Elle devrait même en principe être faite pour régler les cas les plus nombreux ; c'est cet objectif de justice qui est aujourd'hui souvent dévoyé lorsque l'on fait une règle de droit pour un petit groupe d'intéressés, que ce soit pour les favoriser ou pour les stigmatiser. La règle de droit doit, pour être légitime, se présenter sous les dehors d'une certaine généralité, elle-même garante de l'égalité de traitement, par opposition à un système de privilèges.

On peut en ce sens opposer le droit à l'équité. L'équité renvoie souvent en effet à l'idée de pallier la rigidité du droit, liée au fait précisément que celui-ci s'énonce sous forme de règle générale. *Summum jus, summa injuria*, dit l'adage classique : le droit le plus strict, l'injustice la plus grande. Lorsque l'application stricte de la règle de droit conduit à une injustice, l'équité permet d'adapter celle-ci à un cas particulier, afin d'appliquer la solution qui paraît la plus juste. Le droit lui-même renvoie parfois à la possibilité de prendre en compte l'équité. Le Code civil contient ainsi plusieurs occurrences de ce terme.

Par exemple, aux termes de l'article 270 du Code civil, à la suite d'un divorce, l'un des époux peut être tenu de verser à l'autre une prestation compensatoire pour compenser la disparité de niveau de vie qui résultera de la rupture, mais « le juge peut refuser d'accorder une telle prestation si l'équité le commande », notamment lorsque le divorce est prononcé aux torts exclusifs de l'époux qui demande le bénéfice de cette prestation. De même, l'article 1194 prévoit que le juge peut ajouter dans un contrat, si l'équité le requiert, une obligation que les parties n'avaient pas expressément prévue. Dans les matières dont les parties ont la libre disposition, et où le droit laisse donc à celles-ci plus de liberté, l'article 12 du Code de procédure civile (CPC) prévoit aussi que, une fois que le litige est né, les parties peuvent conférer au juge la mission de statuer comme « amiable compositeur », c'est-à-dire sans être tenu d'appliquer les règles de droit, et donc en équité.

II / LE CARACTÈRE IMPÉRATIF DE LA RÈGLE DE DROIT ET LE RÔLE DE LA SANCTION

19. Le caractère « impératif » du droit semble le plus assuré. Il existe certes des règles supplétives, que l'on peut écarter par une manifestation de volonté, et plus encore des règles dispositives, qui ne s'appliquent qu'en cas de manifestation de volonté en ce sens. Mais une fois que la volonté s'est manifestée, dans un sens ou dans un autre, la règle choisie s'impose.

Le caractère impératif ne suffit cependant pas à décrire la règle juridique. Si la règle de droit est respectée, ce n'est pas seulement parce qu'elle s'impose : encore faut-il expliquer comment elle parvient à s'imposer. La façon la plus fréquente de l'expliquer insiste sur la sanction dont la règle est assortie par le système juridique [1]. En effet, seule une société idéale pourrait se contenter d'énoncer le droit pour qu'il soit respecté. Il est vrai que la règle juridique est fréquemment accompagnée d'une sanction, laquelle organise les conséquences d'une éventuelle transgression (peine, exécution forcée, dommages-intérêts, nullité de l'acte juridique, etc.). Certains juristes parlent plus généralement d'un rapport d'« imputation » : si A (un vol à main armée), alors B (sanction de vingt ans de réclusion criminelle et de 150 000 euros d'amende). En ce sens, la sanction désigne toute conséquence liée juridiquement à la transgression d'une règle [2]. Définie ainsi, la sanction donne apparemment l'assurance du respect de la règle de droit, puisqu'elle lui confère un surcroît d'efficacité et la garantit. Outre sa fonction de rappel à l'ordre (on espère alors que la sanction occasionnera une prise de conscience pour les individus concernés et donc le respect de la règle à l'avenir), la sanction peut aussi exercer une fonction dissuasive. La règle juridique est alors respectée parce que ses destinataires redoutent d'avoir à subir une sanction s'ils la méconnaissent. Dans ce cas, il n'est même pas nécessaire de sanctionner effectivement : il suffit de menacer. Le revers de cette façon d'envisager le respect du droit est qu'elle peut donner un sentiment d'impunité dans le cas où la sanction n'a aucun risque d'être prononcée, par exemple lorsque les pouvoirs publics ne s'en donnent pas les moyens ou que le gendarme reste introuvable…

Or, c'est précisément sur ce point que le critère de la sanction se révèle insuffisant. La sanction est en effet profondément polysémique. Elle peut tout d'abord désigner la conséquence effective d'une transgression, notamment l'acte de contrainte de la part des pouvoirs publics. Il est significatif que la plupart des définitions classiques du droit insistent sur la présence de l'État garant de l'obéissance, grâce à son monopole de la « violence légitime ». Mais si la sanction est ainsi définie comme contrainte, alors elle ne permet pas d'expliquer le fonctionnement quotidien du système juridique, puisque toutes les normes du droit ne sont pas effectivement sanctionnées. La contrainte n'est ainsi pas toujours indispensable pour que le droit soit respecté. Quant à l'intervention du juge, elle est loin d'être systématique, au point qu'elle constitue plutôt

1. Pour un panorama général, v. C. Chainais et D. Fenouillet (dir.), *Les Sanctions en droit contemporain, vol. 1 : La sanction, entre technique et politique* ; C. Chainais, D. Fenouillet et G. Guerlin (dir.), *Les Sanctions en droit contemporain, vol. 2 : La motivation des sanctions prononcées en justice*, Dalloz, « L'esprit du droit », 2012.

2. Sur la transgression, v. J.-J. Sueur et P. Richard (dir.), *La Transgression*, Bruylant, 2013.

une sorte de « pathologie » du droit, selon l'expression de Jean Carbonnier. D'un point de vue théorique, cette nécessité d'une contrainte pour expliquer la normativité du droit serait d'ailleurs problématique, puisque le « devoir-être » juridique s'expliquerait par un « être », le fait de la coercition.

Cela étant, la sanction peut s'entendre d'une autre façon : elle peut désigner la conséquence potentielle (et non plus effective) d'une transgression. Ce deuxième sens se distingue alors fondamentalement de la contrainte au sens d'une coercition : on entend insister sur la simple possibilité de la sanction. Mais, même lorsqu'elle est envisagée comme une simple menace, la sanction ne permet toujours pas de comprendre l'obéissance au droit. Il faut en effet se rendre à l'évidence : toutes les règles de droit ne sont même pas susceptibles d'être concrètement sanctionnées, puisqu'il faudrait un policier derrière chaque individu. L'impossibilité est avant tout d'ordre pratique.

Qu'on la définisse comme une coercition ou comme la menace d'une contrainte, la sanction semble donc jouer un rôle limité. Et pourtant : malgré ce caractère fort relatif de la sanction, cela n'empêche pas, en général, que l'ordre juridique soit respecté dans son ensemble. C'est qu'il faut rechercher l'explication ailleurs que dans la sanction prise isolément. En réalité, la sanction doit être envisagée dans son rapport avec l'ensemble du système juridique. La sanction juridique ne joue son rôle de garantie qu'en tant qu'elle se rattache à un système institutionnel. C'est même ce rattachement qui permet de la différencier d'autres types de sanction (morale, sociale, etc.). Ce faisant, on doit mesurer le caractère second de la sanction par rapport au système juridique qui la rend possible. Car c'est ce système juridique qui permet de reconnaître qu'une autorité est habilitée à dire le droit et donc, le cas échéant, à prononcer une sanction. À cet égard, la sanction est moins la cause de l'obéissance au droit que l'une de ses conséquences. L'ériger en critère du respect du droit, ce serait « prendre l'effet pour la cause », car « une règle n'est pas juridique parce qu'elle est sanctionnée ; elle est sanctionnée parce qu'elle est juridique » [1]. Cela ne doit évidemment pas conduire à considérer la sanction comme un simple accessoire : elle joue souvent, en droit, un rôle considérable. En particulier, la sanction prononcée par un juge constitue bien souvent une preuve ou une consécration de la nature juridique de la règle sanctionnée. Mais si le juge décide de sanctionner telle règle ou sa violation, c'est parce qu'il la considère comme juridique.

1. G. Marty et P. Raynaud, *Droit civil – tome I : Introduction générale à l'étude du droit*, Sirey, 1972, 2e éd., p. 59.

Derrière la sanction juridictionnelle, il y a décidément l'ordre juridique lui-même.

Le critère du respect du droit réside donc bien dans la légitimité d'une parole instituée – celle d'une autorité habilitée à dire le droit et notamment celle du juge. Si le juge est habilité à « dire le droit », c'est l'ordre juridique qui lui confère cette habilitation. Il est en effet globalement insuffisant d'affirmer que la sanction constituerait le critère de l'obéissance au droit, puisqu'un tel raisonnement est circulaire. Dans cette hypothèse, la sanction est elle-même une règle juridique et donc il faut encore expliquer pourquoi cette règle serait davantage respectée que les autres. Surtout, le prononcé effectif d'une sanction témoigne plutôt d'une incapacité du droit à se faire obéir par lui-même. Or, ce n'est généralement pas la sanction en tant que telle qui assure le respect du droit, mais la crainte d'une sanction, ce qui change tout. L'explication ne se trouve donc pas au niveau de la contrainte ni même de la possibilité d'une contrainte, mais d'abord dans la reconnaissance dont bénéficient les autorités habilitées à dire le droit. Pour obéir à la règle juridique, les individus doivent en effet reconnaître la légitimité de l'autorité qui a énoncé cette règle ou, à défaut, celle de l'autorité chargée d'en sanctionner la violation. Comme le droit assure une fonction de structuration des relations sociales, la parole des autorités habilitées à dire le droit est d'ailleurs censée surplomber et supplanter les autres formes de discours normatifs. C'est donc bien ce système institutionnel qui marque la spécificité du droit, bien davantage que le contenu de telle ou telle règle de droit, dans la mesure où une même règle peut être prescrite par des ordres divers (le droit et la morale, par exemple).

III / LA STABILITÉ DE LA RÈGLE DE DROIT

20. La règle de droit est classiquement caractérisée par sa permanence. Toutefois, la rapide succession des réformes en certaines matières rend aujourd'hui inexact le qualificatif de « permanent », dont on peut dire qu'il ne fait plus partie des caractères de la règle de droit. Avant même qu'une loi soit entrée en vigueur (faute de publication des décrets d'application nécessaires à sa mise en œuvre par exemple), celle-ci est parfois déjà réformée. L'abandon de cette exigence est confirmé avec l'apparition des lois expérimentales, qui sont des lois à durée déterminée (voir *infra* n° 108).

En réalité, cette question se pose aujourd'hui dans les termes du principe de « sécurité juridique », qui impose une certaine stabilité des règles de droit. En ce sens, la sécurité juridique est bien une exigence propre à tout système juridique digne de ce nom : si les règles évoluaient constamment et sans cohérence, qui pourrait encore se fier au droit et comment celui-ci pourrait-il prétendre régir de façon efficace les comportements ? La sécurité juridique est une condition de crédibilité pour le droit lui-même.

La stabilité des règles juridiques ne signifie certes pas que le droit soit figé : il peut et même parfois doit évoluer, notamment en fonction des besoins sociaux ou pour remédier à une illégalité. Mais cette évolution connaît des limites, car elle ne doit pas être trop inattendue ou brutale. Par exemple, le pouvoir réglementaire peut toujours modifier ou abroger une réglementation donnée, ses destinataires n'ayant à cet égard aucun « droit au maintien de la réglementation existante ». Cependant, cette modification peut parfois être trop soudaine, nécessitant alors des dispositions transitoires afin de permettre, au nom de la sécurité juridique, aux destinataires de ladite règle d'adapter progressivement leurs comportements (v. par ex. CE, Ass., 24 mars 2006, *Société KPMG*, n° 288460, *GAJA*). Un raisonnement analogue s'applique pour les revirements de jurisprudence (voir *infra* n° 127).

Cet impératif de stabilité du droit se décline aussi sous la forme du principe de protection de la confiance légitime. On présente généralement ce principe comme la face subjective de la sécurité juridique : il s'agit d'envisager l'évolution du droit du point de vue spécifique de ses destinataires. En effet, il arrive que des institutions publiques – responsables en dernier ressort de l'édiction des normes juridiques – donnent à certains sujets de droit des renseignements ou des assurances quant à l'état donné du droit positif. Ces sujets peuvent alors s'attendre à la stabilité du droit, puisque les institutions ont laissé entendre qu'elles ne le modifieraient pas. Si ces attentes légitimes sont finalement déjouées par une évolution du droit, la « confiance légitime » peut être invoquée, sous certaines conditions, à l'encontre de cette modification. Jusqu'à présent, la confiance légitime a été consacrée en droit de l'Union européenne (dans le champ d'application de celui-ci) et en droit de la Convention EDH (à travers la notion de « bien » au sens de l'article 1er du Premier protocole à la Convention), mais elle semble avoir fait aussi une timide apparition dans la jurisprudence du Conseil constitutionnel. En effet, ce dernier a affirmé que le législateur ne peut, sans motif d'intérêt général suffisant, « ni porter atteinte aux situations légalement acquises ni remettre en cause les effets qui peuvent légitimement être attendus de telles situations » (déc. n° 2013-682 DC du 19 déc. 2013).

IV / LA PORTÉE NORMATIVE DE LA RÈGLE DE DROIT

21. Dans sa décision n° 2005-512 DC du 21 avril 2005 sur la loi d'orientation et de programme pour l'avenir de l'école, le Conseil constitutionnel a affirmé que « *la loi a pour vocation d'énoncer des règles et doit par suite être revêtue d'une portée normative* ». Il a dès lors censuré comme étant manifestement dépourvus de toute portée normative certains énoncés généraux de la loi tels que « l'objectif de l'école est la réussite de tous les élèves » ou encore « compte tenu de la diversité des élèves, l'école doit reconnaître et promouvoir toutes les formes d'intelligence pour leur permettre de valoriser leurs talents ». La motivation du Conseil constitutionnel peut se comprendre : il est sans doute lassant de voir le législateur prendre la loi pour une tribune politico-médiatique et énoncer, à peu de frais, des dispositions d'affichage, tout en étant assuré qu'elles ne seront pas appliquées ou même applicables. Le discours juridique doit être réaliste et crédible, sous peine de ne plus être écouté, ni donc respecté.

La jurisprudence du Conseil constitutionnel est cependant pour le moins délicate à mettre en œuvre (et du reste, elle n'a que rarement conduit à des censures). Le propre de l'activité des juristes a en effet toujours consisté à faire avancer le droit en utilisant des formules qui, à l'origine, n'avaient pas de portée normative évidente. On sait ainsi qu'à partir du fameux ancien article 1384 alinéa 1er du Code civil, qui n'était, dans l'esprit du législateur de 1804, qu'une simple phrase de transition entre les articles 1382 et 1383 d'une part, et 1384 à 1386 d'autre part, les juges judiciaires ont découvert deux des principales règles actuelles du droit de la responsabilité civile délictuelle : dans l'arrêt *Jand'heur* de 1930, un principe général de responsabilité du fait des choses dont on a la garde, et, dans l'arrêt *Blieck* de 1990, un principe général de responsabilité du fait d'autrui. De même, de la disposition générale du Préambule de la Constitution de 1946 selon laquelle « chacun a le devoir de travailler et le droit d'obtenir un emploi », le Conseil constitutionnel a déduit des directives positives précises. Le mode indicatif étant généralement, pour les juristes, la marque de l'impératif et du devoir, les juges peuvent tirer de la phrase la plus anodine des prescriptions obligatoires. On voit par là que les textes juridiques les plus généraux – et donc apparemment les plus vagues – sont aussi parfois les plus déterminants. La forme juridique n'est pas réductible au commandement, ni à une série de prescriptions, d'interdictions et de permissions. Parce qu'il est porteur d'une dose d'idéal, le discours juridique est caractérisé aussi – et peut-être avant tout – par sa fonction de référence. Pour être normatif, il suffit qu'un énoncé soit susceptible de constituer une référence juridique. Même si celle-ci semble vague, les acteurs juridiques peuvent s'en emparer pour lui faire produire des conséquences parfois insoupçonnées.

SECTION 2
Les différents types de règles de droit

22. Le type le plus courant de formulation de la règle de droit consiste à rattacher une conséquence juridique à une certaine situation. Ainsi, toute personne qui cause un dommage à autrui doit le réparer et toute personne qui dérobe la chose d'autrui est passible d'emprisonnement et/ou d'amende. La règle contient donc un présupposé (les conditions de son application) et une conséquence. Ces règles prescrivent ici des comportements, ou tout au moins incitent les justiciables à les adopter sous peine de sanction civile ou pénale.

Les Codes et les lois contiennent cependant aussi des articles d'un autre type. C'est le cas par exemple des articles de définition, qui permettent de préciser les conditions d'application d'une règle. Le Code civil en fourmille : l'article 515-1, qui énonce qu'« un pacte civil de solidarité est un contrat conclu par deux personnes physiques majeures, de sexe différent ou de même sexe, pour organiser leur vie commune », ou encore l'article 1702 selon lequel « l'échange est un contrat par lequel les parties se donnent respectivement une chose pour une autre ». On ne trouve nulle prescription de comportement dans ces articles, simplement une définition précise de l'acte qui permettra de déclencher l'application du régime juridique correspondant.

En droit français, et plus généralement dans les démocraties, les textes posant des interdits sont bien plus fréquents que les textes autorisant certains comportements. Il ne faut cependant pas s'en étonner et même plutôt s'en réjouir : le principe est alors en effet que tout ce qui n'est pas prohibé est permis ou, plus exactement, que les personnes ont une liberté d'agir. Dans les sociétés marquées au contraire par une moindre liberté, les comportements doivent être autorisés par un texte exprès car l'interdit est la norme.

Toutes les règles de droit ne sont pas inscrites dans des textes. Ainsi, les principes généraux du droit sont des principes de justice résultant de l'ensemble du système juridique. Ces principes qui n'ont pas à être formulés dans un texte peuvent être appliqués lorsqu'aucune règle précise ne semble concerner le cas litigieux et donc permettre d'aboutir à une solution. On peut citer le principe général selon lequel la fraude corrompt tout (*fraus omnia corrumpit*), ou encore que nul ne doit s'enrichir au détriment d'autrui. Il y a là de véritables règles de droit et la Cour de cassation utilise parfois ces principes généraux dans le visa de sa décision, lequel doit préciser la règle juridique qui constitue le fondement de la censure. L'ensemble formé par les règles de droit et les principes généraux du droit constitue un maillage tel qu'il ne peut exister de vide juridique : les juges trouvent toujours dans l'arsenal juridique de quoi répondre à toutes les questions de droit qui leur sont posées ; ils seraient au demeurant, dans le cas contraire, passibles du délit de déni de justice (v. art. 5 C. civ.). Les principes généraux du droit sont souvent énoncés sous forme d'adages ou de maximes, que la Cour de cassation peut reprendre dans ses visas. La plupart d'entre eux sont formulés en latin [1]. Par exemple *Nemo auditur propriam turpitudinem allegans* (personne n'est entendu lorsqu'il allègue sa propre turpitude), ou encore *Nemo plus juris transferre potest quam ipse habet* (personne ne peut transférer plus de droits qu'il n'en a lui-même). Le célèbre juriste Loysel (1536-1617) entendait, dans ses *Institutes coutumières* de 1607, formuler tous les principes de l'ancien droit coutumier sous forme d'adages, de préférence en rimes : « Boire, manger, coucher ensemble, c'est mariage ce me semble », « Qui le sien donne avant mourir, bientôt s'apprête à moult souffrir », « On lie les bœufs par les cornes et les hommes par les paroles », ou encore « Qui peut et n'empêche pèche ».

Un des théoriciens modernes du droit les plus importants est Herbert L. A. Hart (1907-1992). Hart distingue deux types de règles : les règles primaires et les règles secondaires. Les règles primaires sont des règles d'obligation qui précisent les devoirs pesant sur les individus. Mais un système juridique doit aussi contenir des règles d'un type différent, que Hart appelle les règles secondaires. Elles permettent de faire fonctionner le système en précisant la façon dont les règles primaires peuvent être

1. Sur tous ces adages, voir le très précieux H. Roland et L. Boyer, *Adages du droit français*, Paris, Litec, 4e éd., 1999.

constatées, introduites, éliminées, ou encore modifiées. Ces règles secondaires sont notamment une règle de reconnaissance (*rule of recognition*), qui donne un critère de validité des autres règles et permet donc de donner au droit son autorité ; des règles de changement (*rules of change*), qui permettent d'envisager la modification des règles primaires ; ou encore des règles de jugement (*rules of adjudication*), qui permettent de juger de la transgression des règles primaires [1].

SECTION 3
La linguistique juridique

I / LE VOCABULAIRE JURIDIQUE

23. En apparence, le droit est une discipline littéraire usant pour l'essentiel de mots de la langue courante. Certes, il y a des mots dont la compréhension n'est pas immédiate : usucapion, emphytéose, antichrèse, anatocisme, subrogation, novation, action paulienne, synallagmatique, chirographaire, etc. Mais, même des notions courantes dans le langage commun – un meuble, un cas de force majeure, une récompense, un lien de causalité, ou encore une erreur – sont en réalité d'une grande subtilité et peuvent s'éloigner du sens courant, ce qui peut prêter à confusion et laisser croire aux non-juristes que le coût d'accès au droit serait nul. Les juristes utilisent aussi beaucoup le latin, dans les adages et maximes mais aussi dans le vocabulaire. Citons notamment le *de cujus* (*is de cujus successionnis agitur*, c'est-à-dire celui de la succession duquel il s'agit), l'*errans* (celui qui prétend s'être trompé), l'*infans* (l'enfant en bas âge). Le droit international privé est friand d'expressions latines, qui n'ont alors pas besoin d'être traduites car elles se retrouvent telles quelles dans les différents systèmes juridiques : on parle ainsi couramment de la *lex mercatoria*, de la *lex loci delicti*, de la *lex fori*, ou encore de la règle *forum non conveniens*.

Les mots ne sont pas neutres. Certains sont supprimés, ce qui, à défaut de faire disparaître la chose, interdit d'en tirer des conséquences

1. Voir son ouvrage classique : *Le Concept de droit*, Bruxelles, Publ. Fac. univ. Saint-Louis, 1976, trad. M. van de Kerchove (texte original : *The Concept of Law*, 1re éd., OUP, 1961).

juridiques : ont ainsi disparu de la loi les qualificatifs d'enfant « naturel », « légitime » ou « adultérin ». De même, le « patronyme » a été remplacé par le « nom de famille » pour ne plus donner la préséance au père sur la mère dans l'attribution du nom de l'enfant ; pour la même raison, la « puissance paternelle » est devenue l'« autorité parentale » et, ce terme paraissant trop hiérarchique, on l'a remplacé, en particulier dans les conventions internationales ou même dans l'article 375 du Code civil, par la notion de « responsabilité parentale ». Plus récemment, le standard du « bon père de famille » a fait place à celui de « personne raisonnable ».

La précision du vocabulaire juridique est essentielle. Les mots de la loi sont souvent des qualifications juridiques qui déclenchent l'application de règles de droit (voir *infra* n° 27). L'usage impose en outre l'emploi d'un vocabulaire précis. C'est ainsi qu'une loi « dispose », « énonce », « prescrit », ou encore « prévoit », tandis que seul un contrat ou une clause « stipule ». De même encore, les tribunaux rendent des *jugements*, tandis que seules les cours (cour d'appel, Cour de cassation, Cour de justice de l'Union européenne, Cour des comptes, etc.) rendent en principe des *arrêts* ; pour le Conseil constitutionnel, on parle de *décisions*, ce qui est un terme générique que l'on peut utiliser aussi pour d'autres juridictions (le Conseil d'État, ou même la Cour de cassation par exemple). Enfin, les juges uniques (président du tribunal de grande instance, juge de la mise en état, juge aux affaires familiales, etc.) rendent des *ordonnances*. On peut préciser encore qu'une solution est « fondée » (et non pas « basée ») sur un texte juridique.

Le vocabulaire juridique est parfois ancien et peut paraître désuet : on parle ainsi des « consorts » pour viser un ensemble de personnes unies par des liens familiaux qui intentent ensemble une action en justice ; on dit encore « il échet de » pour « il convient de », « il appert » pour « il apparaît », « sieur » au lieu de « monsieur », ou encore « hoirie » pour « succession ». Une loi du 12 mai 2009 de simplification et de clarification du droit a entrepris la modernisation de certains termes dont la compréhension n'était pas immédiate pour un grand public : les mots « tradition réelle » furent ainsi remplacés par la « remise de la chose » ; le mot « hérédité » devint la « succession » ; furent supprimés aussi les classiques ventes « à réméré », le « colonat partiaire », le « commodat », ou autres « antichrèse ». Pour être « politiquement correct » en matière d'égalité des sexes, le législateur a en outre allongé le texte de l'article 743 du Code civil définissant les degrés de parenté en matière successorale pour ajouter les représentants du sexe féminin (la petite-fille, les sœurs, les cousines germaines, etc.).

II / LE STYLE JURIDIQUE

24. Le style juridique est également particulier, notamment pour ce qui est de l'usage des modes et des temps. Bien des textes juridiques ne sont pas directement rédigés à l'impératif, ni même nécessairement sur un mode d'injonction (« tu ne tueras point »), mais sont le plus souvent formulés à l'indicatif présent. L'indicatif s'entend cependant, en droit, comme un impératif. Les règles sont certes souvent formulées sous forme de devoirs (art. 212 C. civ. : « Les époux se doivent mutuellement respect, fidélité, secours, assistance »), mais le devoir est sous-entendu même lorsqu'il n'est pas exprimé (art. 213 : « Les époux assurent ensemble la direction morale et matérielle de la famille. Ils pourvoient à l'éducation des enfants et préparent leur avenir »).

La linguistique peut dès lors être précieuse dans l'analyse du discours juridique. Il en est ainsi en particulier de la théorie des actes de langage, inspirée notamment des travaux de John Langshaw Austin (1911-1960) et de John R. Searle (né en 1932), et qui se concentre non pas sur les énoncés mais sur les actions d'énoncer. De nombreux éléments de cette théorie peuvent intéresser le droit, en particulier le droit des contrats. Austin forge ainsi toute une théorie des énoncés « performatifs », qu'il opposait originellement aux énoncés simplement « constatifs », voulant montrer que les énoncés linguistiques ont d'autres fonctions que celles de décrire le monde. Le performatif au sens d'Austin est une énonciation qui réalise une action en parlant : par exemple énoncer que « la séance est ouverte » peut avoir la valeur performative d'ouvrir la séance. Austin a distingué sous le nom de « performatifs explicites » des énonciations par lesquelles on effectue une action en disant qu'on l'effectue : on peut prier de faire telle chose en disant : « Je te prie de faire telle chose » ; ordonner en disant : « J'ordonne » ; baptiser un bateau en disant (dans certaines conditions) : « Je baptise ce bateau *Liberté* » ; promettre ou s'engager en disant qu'on promet ou qu'on s'engage (« Je te promets que je ferai telle chose »). Il est en général peu pertinent de qualifier ces énonciations de vraies ou de fausses, mais elles peuvent en revanche réussir ou échouer [1].

1. Voir J. L. Austin, *How to Do Things with Words*, OUP, 1962, trad. fr. 1970 : *Quand dire, c'est faire*, Paris, Seuil, 1970 ; J. R. Searle, *Speech Acts: An Essay in the Philosophy of Language*, CUP, 1969 ; trad. fr. : *Les Actes de langage. Essai de philosophie du langage*, Paris, Hermann, 1988.

Le style dépend aussi de son auteur et, traditionnellement, le style législatif était connoté favorablement, contrairement au style administratif, *a priori* plus sec et déshumanisé. La loi, trop souvent édictée et révisée (parfois même avant d'être entrée en vigueur), est devenue plus technique et l'attention portée à son style est moindre. Certaines lois sont illisibles en elles-mêmes, car elles se bornent à réviser une loi précédente selon un style elliptique et labyrinthique [1].

On est souvent loin du style du Code civil qui inspirait Stendhal, comme celui-ci l'écrit à Balzac le 30 octobre 1840 : « En composant *La Chartreuse*, pour prendre le ton, je lisais chaque matin deux ou trois pages du Code civil. »

SECTION 4
La codification en droit

25. Le droit est fréquemment exprimé sous forme de Codes. Les livres les plus anciens étaient sous forme de rouleaux ou *volumen*, requérant ainsi une lecture continue. La forme de *codex* fut adoptée dès le début de l'ère chrétienne et consistait en un livre fait de pages tel que nous le connaissons aujourd'hui (la Bible ou le Coran sont ainsi sous forme de livres, tandis que la Torah est inscrite sur des rouleaux).

Un Code n'a pas en droit une valeur juridique propre. Il s'agit simplement de réunir dans un même ouvrage des textes de valeur différente (des lois, des règlements, ou même des usages). Les avantages en sont multiples : un Code suppose qu'une cohérence soit donnée à la matière, pour la rendre en principe plus accessible aux justiciables. On lui a parfois reproché de rigidifier le droit mais la lente maturation des réformes est souvent une qualité plus qu'un défaut. On constate d'ailleurs que la codification n'a jamais empêché les modifications très fréquentes d'un Code. Historiquement, les grands Codes ont correspondu à une réforme

1. Pour ne citer qu'un exemple parmi des milliers aujourd'hui, l'art. 13 de la loi du 4 août 2008 de modernisation de l'économie (LME) dispose : « I. L'article L. 443-11 du Code de la construction et de l'habitation est ainsi modifié : 1° L'avant-dernier alinéa est ainsi modifié : a) Dans la première phrase, les mots : "à titre temporaire" sont supprimés ; b) Il est ajouté une phrase ainsi rédigée : "Le bail d'habitation de ces locaux n'est pas soumis au chapitre V du titre IV du livre Ier du Code de commerce et ne peut être un élément constitutif du fonds de commerce." ; 2° Dans le dernier alinéa, les mots : "et L. 631-7" sont remplacés par les références : "L. 631-7, L. 631-7-4 et L. 631-7-5". »

de fond du droit, et à une volonté de marquer, par cette unité de forme, l'adoption d'un corps de règles gouverné par une certaine politique : ainsi du Code civil, promulgué en 1804 grâce à la volonté de Napoléon, ou encore le Code du travail marquant, en 1909, l'autonomie acquise de la matière par rapport au droit civil. La codification n'a cependant pas toujours fait l'unanimité, et on connaît la célèbre controverse entre Thibaut (1772-1840), partisan de l'élaboration d'un Code civil allemand, et le fondateur de l'école historique, Savigny (1779-1861), qui soutenait au contraire que les lois devaient évoluer avec les peuples et ne pas se figer dans des codifications.

Par opposition à ces codifications « nobles », on parle parfois de codification administrative pour viser une compilation de textes existants pour des raisons de simplification d'utilisation : il y a donc codification « à droit constant », c'est-à-dire sans modification du droit positif. En principe tout au moins, car en réalité, compte tenu du pouvoir d'interprétation des juges, ceux-ci pourraient tirer argument d'une simple modification de l'ordre des textes, ou de l'ajout d'un titre ou d'un sous-titre, pour en tirer un changement de jurisprudence. Ainsi, le Code du travail a été entièrement réorganisé et renuméroté par une ordonnance du 12 mars 2007 relative au Code du travail (partie législative), ratifiée par une loi du 21 janvier 2008. Ce qui devait être une simple réorganisation à droit constant contient en réalité des modifications de l'état du droit positif. Depuis quelques dizaines d'années, ces Codes administratifs se sont multipliés dans les domaines les plus divers : on a ainsi désormais un Code de la santé publique, un Code de l'organisation judiciaire, un Code de justice administrative, un Code de la consommation, un Code de la propriété intellectuelle, un Code monétaire et financier, un Code de l'environnement, etc.

La refonte des Codes anciens s'accompagne parfois d'une renumérotation qui balaye la culture juridique qui se rattachait à certains articles dont le numéro était connu de tous (les spécialistes de droit du travail ont ainsi dû se faire à la disparition du célèbre article L. 122-12 du Code du travail, et les civilistes ont fini par perdre leurs articles 1134 et 1382 à l'occasion de l'entrée en vigueur de la réforme du droit des contrats de février 2016).

Chapitre IV

LE RAISONNEMENT EN DROIT

26. Le droit est un art de l'argumentation. Cela apparaît ouvertement lorsque, devant les juges, il faut convaincre du bien-fondé de sa cause. Plus fondamentalement, la conviction est nécessaire à la légitimation du droit en général.

SECTION 1
La qualification

27. La qualification est une opération essentielle du raisonnement juridique. Elle consiste à faire entrer un fait ou un ensemble de faits dans une catégorie juridique préexistante afin de déclencher l'application du régime juridique opportun. Un comportement va être qualifié de fautif, ou encore un tract va être qualifié de diffamatoire ou d'injurieux ; une personne va être qualifiée de père ou de mère, de salariée, ou encore d'incapable majeur. Il en résultera des conséquences juridiques : celui qui par sa faute a causé un dommage à autrui devra le réparer ; l'auteur d'un propos diffamatoire sera sanctionné ; le père et la mère devront assumer l'éducation et l'entretien de leur enfant, etc. Qualifier, c'est d'abord donner un nom à une situation ou à une chose. En ce sens, la qualification juridique est l'opération *élémentaire* du juriste : elle consiste à traduire, dans les mots du droit, la réalité du monde qu'il s'agit de traiter juridiquement.

Les qualifications laissent au juge (ou, plus largement, à l'interprète du droit) une marge d'interprétation plus ou moins grande : si celui-ci ne peut que difficilement déformer la catégorie de père ou de mère, il aura une marge d'appréciation bien plus grande pour juger si un contrat peut être requalifié en contrat de travail ou encore si un acte peut être considéré comme fautif. Mais, si la marge d'appréciation est parfois très grande – on connaît le dialogue célèbre de Giraudoux dans *La guerre de Troie n'aura pas lieu* : « Nous savons tous ici que le droit est la plus puissante des écoles de l'imagination. Jamais poète n'a interprété la nature aussi librement qu'un juriste la réalité » –, elle connaît ses limites. En effet, l'utilisation d'une qualification doit être plausible pour être légitime et l'abus d'une qualification pour pouvoir appliquer à sa guise un régime juridique dérogatoire (par exemple, la notion de « terroriste » permet de déroger à l'application des conventions protectrices des droits des prisonniers) risque, si on n'y prend garde, de conduire à une délégitimation du droit qui peut avoir de graves conséquences. Le cœur du droit est la question de sa légitimité et ceux qui ont le pouvoir doivent toujours, d'une façon ou d'une autre, veiller à conserver aussi une certaine autorité, c'est-à-dire précisément une certaine légitimité sans laquelle le pouvoir n'est plus accepté.

Parfois, une situation de fait est « atypique », au sens où elle ne semble entrer dans aucune catégorie préexistante. Les juristes essaient d'abord au maximum de la faire tout de même entrer dans une qualification, quitte à forcer quelque peu celle-ci. Non pas qu'ils soient réticents à la nouveauté, mais la justice requiert de disposer de règles générales et abstraites, et non pas faites sur mesure pour tel ou tel cas particulier. Néanmoins, le droit laisse la place par exemple à des contrats atypiques, dits encore *sui generis* (de leur propre genre), qui sont des montages laissés à la liberté et à la créativité des parties contractantes. Par ailleurs, nous avons vu le rôle des fictions juridiques, où la qualification juridique consiste à *créer* purement et simplement des objets qui n'ont pas (ou peu) de correspondance dans les faits, mais qui néanmoins doivent avoir une certaine crédibilité.

La qualification suppose l'établissement de catégories et de classifications, c'est-à-dire de pouvoir nommer des différences. Or, celles-ci sont aujourd'hui souvent rejetées au prétexte qu'elles seraient autant de discriminations. Parler et faire du droit suppose cependant de faire des distinctions, et celles qui sont supprimées d'un côté sont souvent remplacées subrepticement par d'autres qui ne sont pas nécessairement plus légitimes. Ainsi, l'ordonnance du 4 juillet 2005 portant réforme de la filiation a supprimé la différence entre la filiation légitime et la filiation naturelle, mais l'on parle désormais couramment de « véritables » parents pour viser la parenté biologique aujourd'hui survalorisée, sans qu'il soit certain que l'opposition vrai/faux soit en la matière moins infamante.

SECTION 2
La logique juridique

28. La base de l'argumentation juridique est constituée par le syllogisme. La formulation même du droit suit un certain mode logique.

I / LE SYLLOGISME

29. Cette figure de rhétorique est attribuée à Aristote (384-322 av. J.-C.), que l'on considère comme le père de la logique. Le grand processualiste Henri Motulsky (1905-1971) soutenait que la réalisation du droit était la discipline la plus importante pour les juristes et qu'elle devait être systématisée ; selon lui, la démonstration d'un droit subjectif ne pouvait se faire, dans l'esprit, que sous la forme d'un syllogisme déductif [1].

Le syllogisme est une démonstration en trois temps :

– la majeure, qui est l'affirmation d'une règle ;
– la mineure qui rend compte d'un fait constaté ;
– la conclusion, qui donne le résultat de l'application de la majeure (la règle) à la mineure (aux faits).

C'est la structure du célèbre « Tous les hommes sont mortels ; or Socrate est un homme ; donc Socrate est mortel ».

Tout syllogisme n'est pas aussi simple, et il faut se méfier des sophismes, c'est-à-dire des argumentations qui, partant de prémisses vraies ou ayant l'apparence de l'être, aboutissent à une conclusion absurde mais qu'il est difficile de réfuter tant l'ensemble revêt une apparence logique. Le syllogisme est propice à ce type de raisonnement spécieux : « Tout ce qui est rare est cher ; or le beurre bon marché est rare ; donc le beurre bon marché est cher. » Les sophistes étaient en Grèce des professeurs d'art oratoire (qu'on appelait des « rhéteurs », spécialistes

1. Voir M.-L. Mathieu, *Logique et raisonnement juridique*, Puf, « Thémis droit », 2e éd., 2015.

de rhétorique), et qui enseignaient l'art d'obtenir la persuasion par le maniement – et éventuellement la manipulation – des mots et des raisonnements (Gorgias ou Protagoras, mis en scène dans les *Dialogues* de Platon, furent ainsi de célèbres rhéteurs).

Il convient de se méfier aussi des paradoxes liés notamment à la théorie des types mise en évidence par le logicien britannique Bertrand Russell (1872-1970). Celui-ci donne ainsi l'exemple du conseil municipal d'un village ayant ordonné à son barbier de raser tous les hommes du village qui ne se rasent pas eux-mêmes et de ne raser que ceux-ci. Or, le barbier étant un habitant du village, il ne peut respecter cette règle : soit il se rase lui-même et il enfreint la règle, soit il ne se rase pas lui-même et alors il l'enfreint également. On en trouve un autre exemple dans le célèbre paradoxe du menteur (ou du Crétois), attribué à Épiménide et reformulé à l'époque d'Aristote. Selon ce paradoxe, si un Crétois dit que tous les Crétois sont des menteurs, soit il dit la vérité mais alors, comme il est Crétois, il ment, soit il ment (puisque c'est un Crétois), mais alors tous les Crétois sont des menteurs et donc il dit vrai. Russell résolvait ces paradoxes par l'énoncé de sa théorie des types, qui distingue les différents niveaux de validité d'un énoncé, et requiert en particulier d'exclure son auteur de son champ de validité. D'autres modes de résolution sont parfois possibles en remettant en cause la généralité de l'énoncé : ainsi, selon une précision qui sera souvent utile en droit, la négation de la phrase « Tous les Crétois sont des menteurs » n'est pas « Tous les Crétois disent la vérité », mais « Il existe au moins un Crétois qui dit la vérité » si bien qu'il peut exister un ou plusieurs menteurs crétois.

En pratique, les juristes procèdent souvent par syllogisme inversé ou à rebours, c'est-à-dire qu'ayant déterminé la solution à laquelle ils souhaitent aboutir (la conclusion), ils en déduisent, compte tenu des faits de l'espèce (la mineure), la règle de droit à mobiliser pour aboutir à un tel résultat (la majeure). Sachant par exemple qu'un dommage a été causé dont on veut obtenir la réparation (conclusion), il s'agit de trouver la règle permettant, compte tenu des faits de l'espèce, d'atteindre ce résultat.

Un tel raisonnement n'est pas critiquable en lui-même. La solution juste n'est presque jamais unique, et sa recherche se fait nécessairement par des tâtonnements. L'important est de pouvoir construire un raisonnement syllogistique ayant pour majeure une règle de droit, afin de démontrer que la solution proposée est rendue possible par le système juridique. L'enjeu est dans ce cas le caractère convaincant du raisonnement mené.

II / LA LOGIQUE DÉONTIQUE

30. La logique formelle s'intéresse, selon le modèle des mathématiques, à la forme des énoncés plus qu'à leur contenu. Le type de logique formelle le plus proche de la logique juridique est sans doute la logique déontique (du grec *déontos*, devoir).

La logique déontique participe aussi de ce que l'on appelle les logiques modales : il s'agit d'ajouter des modalités à une proposition qui permettent d'en changer le sens (par exemple « il se peut que », ou « il est nécessaire que »). La logique modale classique ou aristotélicienne distingue ainsi le nécessaire, le contingent, le possible et l'impossible. La logique déontique formalise et articule quant à elle les quatre contenus possibles d'une norme : l'obligation, l'interdiction, la permission et la faculté. Elle théorise les différentes constructions de la règle de droit et dresse des équivalences de formulation : ainsi, la proposition « il est obligatoire de faire P », sera considérée comme équivalente à « il est interdit de ne pas faire P » ou « il n'est pas permis de ne pas faire P », ou encore « P n'est pas facultatif ».

Certains se sont opposés à cette formalisation de type mathématique, en particulier, le philosophe belge Charles Perelman (1903-1984) qui, mettant l'accent sur la rhétorique, a insisté sur la logique juridique comme art de l'argumentation et de la persuasion [1].

SECTION 3
L'interprétation en droit

31. Le droit est un art de l'interprétation. Il n'est guère de règle qui ne puisse être interprétée en des sens différents. L'écart entre le caractère abstrait de la règle et le cas précis auquel il s'agit de l'appliquer donne nécessairement place à une interprétation. Même une définition d'apparence aussi simple que l'article 311-1 du Code pénal (« Le vol est la soustraction frauduleuse de la chose d'autrui ») donne lieu à de multiples interprétations : est-ce que celui qui s'empare momentanément de

1. V. en part. : *Logique juridique. Nouvelle rhétorique* (1976), Paris, Dalloz, « Bibliothèque Dalloz », 1999.

la chose avant de la restituer s'est rendu coupable d'une « soustraction » ? Est-ce que celui qui a pris par mégarde la chose d'autrui s'en est emparé « frauduleusement » ? Est-ce qu'une partie du corps humain peut être considérée comme la « chose » d'autrui ?

Il y a donc dans toute règle une marge d'interprétation et des cas limites ou des zones grises (voir *infra* n° 124). Il n'y a pas pour autant arbitraire de l'interprète, notamment du juge, précisément parce que celui-ci devra, pour conserver sa légitimité, être capable de reconstituer un raisonnement de type syllogistique, afin de montrer qu'il n'est pas sorti de son pouvoir et qu'il a bien rendu une décision conforme au droit.

I / LES MÉTHODES D'INTERPRÉTATION

32. L'interprétation d'un texte sert à en déterminer le sens afin de pouvoir l'appliquer. Lorsqu'un texte est obscur ou ambigu, plusieurs méthodes d'interprétation peuvent être mobilisées.

La portée de l'interprétation n'est pas la même selon les matières. Le droit pénal est ainsi d'interprétation stricte, c'est-à-dire qu'il faut s'en tenir à la lettre du texte et ne pas chercher à en élargir la portée. La règle se justifie par la nécessité de protéger les citoyens contre des interprétations extensives qui élargiraient les incriminations et alourdiraient les sanctions. La règle ne vaut pas dans les autres matières et, en particulier, en droit civil, où un texte peut voir son domaine d'application élargi lorsque cela est opportun.

L'exégèse (ou la méthode exégétique) consiste à s'en tenir à la lettre du texte et à invoquer un argument d'interprétation tiré de l'organisation générale du texte, de sa construction grammaticale, ou encore du vocabulaire précis employé. Il s'agit d'une interprétation littérale.

Il est classique aussi de se référer aux travaux préparatoires d'un texte pour savoir ce que son rédacteur a voulu dire. L'intention du législateur peut ainsi être recherchée dans les travaux parlementaires (Assemblée nationale et Sénat). Il faut cependant trier, dans les débats des assemblées, ce qui est l'expression de la volonté individuelle d'un de ses membres d'une interprétation ayant fait l'objet d'un consensus. La méthode vaut principalement pour les textes récents ; lorsqu'au contraire la loi est plus ancienne, elle doit être adaptée à l'époque, et l'intention initiale du législateur est un argument qui perd de sa pertinence.

L'interprétation peut encore être téléologique (du grec *telos*, fin, but), c'est-à-dire s'inspirer du but de la règle à appliquer. Entre plusieurs interprétations possibles, on choisit celle qui correspond le mieux à l'objectif de la règle.

L'interprétation doit le plus souvent être évolutive, c'est-à-dire que l'interprète doit toujours s'efforcer d'adapter la lettre du texte au contexte contemporain, sans toutefois pouvoir aller jusqu'à déformer le texte : le changement radical d'une règle relève d'une décision politique et non pas d'une interprétation juridique qui, par définition, doit toujours rester dans certaines marges. Cependant, l'audace des juges et la large palette de leurs méthodes leur ont souvent permis, sous couvert d'interprétation, de procéder à de véritables créations (voir *infra* n° 122 sur la jurisprudence).

II / LES TECHNIQUES D'INTERPRÉTATION

33. Les principales techniques d'interprétation de la portée d'un texte sont des interprétations par analogie (*a pari*), *a contrario*, ou encore *a fortiori*. Il y a interprétation par analogie lorsqu'un texte prévoit une solution pour un cas particulier et qu'on l'applique à un cas analogue : si P implique Q, P' (analogue à P) doit aussi impliquer Q. Une interprétation *a contrario* signifie au contraire que lorsqu'un texte prévoit une solution pour un cas particulier, c'est la solution inverse qui doit prévaloir lorsque l'on a à faire à un cas opposé : si P implique Q, non P doit impliquer non Q. Enfin, l'interprétation *a fortiori* indique que lorsqu'un texte prévoit une solution pour un cas particulier, il y a davantage de raisons d'appliquer cette solution dans un cas encore plus caractérisé : si P implique Q, *a fortiori* 2 P (par exemple) doit impliquer aussi Q. Ces méthodes d'interprétation sont parfois discutables. Le raisonnement *a contrario* est ainsi souvent délicat : en effet, lorsque le législateur a prévu une solution pour un cas, il n'a pas toujours voulu la solution inverse pour un cas non cité.

III / LES MAXIMES D'INTERPRÉTATION

34. Plusieurs adages ou maximes juridiques traitent de l'interprétation des règles de droit.

Certains permettent d'articuler et de rendre compatibles deux lois qui semblent *a priori* se contredire. Dans un tel cas, il faut déterminer si l'une des deux lois n'a pas un domaine d'application plus large que l'autre. Si c'est le cas, la loi spéciale dont la portée est plus restreinte devra être appliquée au cas précis qu'elle prévoit car elle est censée sur ce point déroger à la règle générale qui, pour le reste, demeure valable. Ainsi, dit-on, les lois spéciales dérogent aux lois générales (*specialia generalibus derogant*). En revanche, les lois générales ne dérogent pas aux lois spéciales (*generalia specialibus non derogant*).

Autre adage fort opportun : *cessante ratione legis, cessat ejus dispositio.* Lorsque la raison d'appliquer une loi cesse, il faut cesser d'appliquer celle-ci (cesser d'appliquer ses dispositions).

Une autre maxime classique, même si sa justesse a pu être contestée, énonce que les exceptions doivent être très strictement interprétées (*exceptio est strictissimae interpretationis*), afin de donner toute sa portée à la règle. En réalité, il doit plus exactement être donné à l'exception toute la portée nécessaire à la juste application de la règle.

Sur l'adage *ubi lex non distinguit, nec nos distinguere debemus*, voir *infra* n° 126.

Pour plus de développements, voir « l'état des questions ».

Chapitre V

LE DROIT COMPARÉ

35. Tous les États du monde ont des règles juridiques, même si la place qu'occupe le droit dans la vie sociale diffère d'une culture à une autre. Comparer les droits permet de faire le pas de côté nécessaire pour comprendre son propre droit. En particulier, l'attention aux autres grandes cultures du monde permet d'apercevoir, pour reprendre le titre d'un ouvrage de Pierre Legendre, « ce que l'Occident ne voit pas de l'Occident ». Le droit comparé peut être envisagé plus directement comme un outil pratique. En effet, l'examen des solutions adoptées dans les autres pays et la façon dont elles y ont prospéré est toujours source de leçons. Il faut prendre garde cependant à ne pas considérer un système juridique comme une simple juxtaposition de techniques et solutions qui pourraient être désancrées et transplantées sans reste dans un autre système juridique. Bien souvent, le droit substantiel dépend notamment des procédures qui l'accompagnent et même de la culture dans laquelle il est pensé et pratiqué. Une transplantation dans un autre terreau juridique donnera souvent des résultats fort différents. Le droit comparé ne saurait donc constituer une sorte de « boîte à outils » prête à l'usage : comparer les droits suppose de saisir les règles et les solutions techniques à l'aune de leur contexte institutionnel, politique et culturel. C'est bien en ce sens que le droit comparé met en doute les certitudes et fait réfléchir [1].

1. P. Legrand (dir.), *Comparer les droits, résolument*, Puf, « Les voies du droit », 2009.

SECTION 1
Les droits continentaux

36. S'agissant des pays occidentaux, on oppose classiquement les pays de droit continental (droit français, droit allemand ou encore droit italien) aux pays de *Common Law* (droit anglais ou droit américain par exemple) [1]. Les droits continentaux trouvent leur origine dans une systématisation du droit romain opérée à l'époque médiévale sous l'égide de la papauté (voir *infra* n° 147) ; il s'agit donc d'un droit romain tardif. Cette tradition romano-germanique n'est pas propre à l'Europe continentale mais concerne aussi d'autres pays, particulièrement ceux qui ont été colonisés (en Amérique latine, en Afrique ou encore dans le monde arabe). Elle est marquée par la recherche d'une structuration des règles juridiques, permise par le droit écrit. On peut prendre l'exemple du droit allemand ou encore du droit italien.

Ainsi, le droit allemand qui est issu de coutumes nombreuses s'est trouvé consolidé par la réception du droit romain, autour notamment du *Digeste* (ou *Pandectes*). Les juristes allemands se sont alors efforcés de constituer une véritable « science juridique » inspirée du droit romain (d'où le nom de « science des Pandectes »). Ce mouvement s'est poursuivi jusqu'au XIXe siècle avec l'École historique allemande. Préconisant la redécouverte d'un droit issu de la conscience populaire, elle fut réticente à l'idée même d'une codification, laquelle aurait fait perdre de vue l'épaisseur historique du système juridique allemand [2]. Néanmoins, la codification du droit allemand s'amplifie à partir de la création de l'Empire en 1871, ce qui conduit notamment à l'adoption du Code civil allemand, le *Bürgerliches Gesetzbuch* (BGB en abrégé), entré en vigueur en 1900. C'est un Code très technique, « œuvre réalisée par des juristes pour des juristes [3] », qui puise sa structure essentielle dans le droit romain. Aujourd'hui encore, le droit allemand est d'ailleurs considéré comme un droit savant et doctrinal. En raison des soubresauts politiques et sociaux consécutifs à la Grande Guerre, la République de Weimar (1918-1933) fait place à l'instauration du régime national-socialiste.

1. Pour une histoire comparée de ces traditions, v. Alain Wijffels, *Introduction historique au droit (France, Allemagne, Angleterre)*, Paris, Puf, « Thémis », 2010.

2. V. en particulier F. C. von Savigny, *De la vocation de notre époque pour la législation et la science du droit* [1814], traduction et introduction par A. Dufour, Puf, « Léviathan », 2006.

3. M. Fromont et A. Rieg, *Introduction au droit allemand. T. 1 : Les fondements*, Cujas, p. 73.

Caricaturant le projet de la science historique du droit, le régime nazi est résolu à supprimer toute trace du droit romain, au profit d'un retour aux origines du « peuple allemand » purgé d'éléments « étrangers ». Le droit national-socialiste est bien à cet égard le reflet et l'instrument d'une idéologie totalitaire et raciale, qui affirme dans le même temps son profond mépris pour tout système juridique formalisé et individualiste [1]. L'une des énigmes du nazisme tient à l'aisance avec laquelle une véritable « idéologie juridique nazie » a pu être promue, la force structurante du droit venant au soutien d'un système politique injustifiable [2]. La question se pose néanmoins de savoir si peut être qualifié d'État de droit un système qui nie les principes essentiels du droit, et notamment les principes fondamentaux du droit judiciaire ou encore du respect de la personne humaine. Pour se prémunir contre un retour de ces horreurs nazies, la Constitution allemande (dite « Loi fondamentale ») de 1949 dote le pays d'un système développé de protection des droits fondamentaux, comprenant une Cour constitutionnelle fédérale (*Bundesverfassungsgericht*) dont le siège est à Karlsruhe et qui est aujourd'hui l'une des plus prestigieuses juridictions constitutionnelles en Europe.

Le droit italien trouve également son origine en droit romain. Depuis le XXe siècle, il a pris sur de nombreux points des directions originales. La Constitution de 1947 contient ainsi l'énoncé de nombreux droits économiques et sociaux dont les juges se sont largement servis pour développer certains pans du droit, en particulier du droit privé (par exemple le droit de la responsabilité civile, qui se fonde parfois sur l'article 32 posant un droit fondamental à la santé). L'article 3 de ce texte fondateur affirme ainsi que « tous les citoyens ont une même dignité sociale et sont égaux devant la loi », ou encore qu'« il appartient à la République d'éliminer les obstacles d'ordre économique et social qui, en limitant de fait la liberté et l'égalité des citoyens, entravent le plein développement de la personne humaine et la participation effective de tous les travailleurs à l'organisation politique, économique et sociale du pays ». Sortant d'une vision purement individualiste du droit, l'accent y est davantage mis sur l'aspect social de l'être humain. Ainsi encore, l'article 2, dans lequel « La République reconnaît et garantit les droits inviolables de l'homme, aussi bien en tant qu'individu que dans

1. V. J. Chapoutot, *La Loi du sang. Agir et penser en nazi*, Gallimard, « La bibliothèque des idées », 2014.

2. V. en langue française, M. Stolleis, *Le Droit à l'ombre de la croix gammée. Études sur l'histoire du droit du national-socialisme*, ENS éditions, 2016 ; O. Jouanjan, *Justifier l'injustifiable. L'ordre du discours juridique nazi*, Puf, « Léviathan », 2017.

les formations sociales où s'exerce sa personnalité, et exige l'accomplissement des devoirs de solidarité politique, économique et sociale auxquels il ne peut être dérogé ».

SECTION 2
Le droit anglais

37. Le droit anglais est en réalité beaucoup plus proche du droit romain de la première époque, qui était un droit très concret et très procédural. Les droits continentaux sont des droits législatifs, et même plus précisément codifiés, où la loi écrite est la source principale du droit ; les juges ont alors pour rôle d'appliquer la loi aux cas particuliers dont ils sont saisis. La méthode est donc plutôt déductive : on part d'une règle générale dont on déduit la solution pour un cas particulier. En droit anglais, au contraire, le droit est traditionnellement un droit jurisprudentiel, c'est-à-dire un droit des cas (la jurisprudence se dit en anglais « *case-law* », tandis que le terme anglais de « *jurisprudence* », qui est un faux ami, désigne la théorie ou la philosophie du droit). La méthode consiste alors plutôt à induire de l'ensemble des cas déjà tranchés la solution qui doit s'appliquer au nouveau cas.

Toujours comme le droit romain classique, le droit anglais est un système fondé sur la procédure. Selon l'adage classique, « *remedies precede rights* » (l'action précède le droit). Le droit anglais s'est construit autour de procédures strictement réglementées, initiées par des *writs*, qui étaient des formulaires d'action en justice permettant aux justiciables de saisir les juridictions royales. Seuls les justiciables pouvant s'appuyer sur un *writ* pouvaient faire entendre leur cause devant un juge. L'ensemble demeurait donc assez rigide mais, à partir du XVe siècle, les justiciables qui estimaient avoir été injustement jugés purent saisir le Chancelier du Roi pour lui demander de statuer sur leur cas en équité, et non plus seulement au regard du *Common Law*. C'est ainsi que se développa ce qu'on appela l'« *equity* », système d'interprétations et de règles qui permettaient d'assouplir le droit commun. Par les « *Judicature Acts* » de 1873 et 1875, les deux types de justice furent fusionnés, et les juridictions de droit commun purent alors appliquer des remèdes forgés initialement dans les cours d'*equity*. La trace de ces origines demeure cependant : c'est ainsi par exemple que, lorsqu'un contrat est violé, le principe est la règle de *Common Law*, à savoir l'allocation de dommages-intérêts, mais le juge peut décider, exceptionnellement, d'appliquer le remède forgé par le système de l'*equity* consistant à ordonner l'exécution forcée en nature du contrat (*specific performance*).

La *Common Law* est gouvernée par le principe du précédent, c'est-à-dire que, à la différence du droit français, les juridictions anglaises sont liées tout à la fois par leurs propres décisions antérieures mais aussi par celles rendues par les juridictions qui leur sont supérieures (ce sont tous les précédents). Seule la juridiction suprême, la Cour suprême du Royaume-Uni (la dénomination « Chambre des Lords » ne visant plus désormais que l'Assemblée parlementaire) peut éventuellement procéder à un revirement de sa propre jurisprudence. Sinon, la seule façon de s'écarter d'un précédent consiste à essayer de « distinguer » (système des *distinctions*) : il s'agit de trouver un fait différent qui justifie d'adopter une solution différente du précédent [1]. Le droit est donc ici essentiellement tributaire des faits : le droit anglais procède bien plus par induction (en partant des faits) qu'en appliquant une règle générale abstraite à un cas particulier. Dans ce système, la règle générale n'est même pas nécessairement écrite : elle peut demeurer implicite. Pour ne pas rigidifier le système, il est admis que seule la *ratio decidendi* (c'est-à-dire les motifs décisifs, ceux qui justifient le prononcé de la solution rendue) lie les juges ultérieurs et non pas tous les *obiter dicta* (un *obiter dictum* est un motif non décisif, exprimé par le juge, mais qui n'est pas nécessaire au soutien de la solution adoptée).

Issu du droit anglais, le système de *Common Law* s'applique aussi dans d'autres pays, en particulier aux États-Unis ou encore dans les pays du *Commonwealth* (actuellement 52 États, dont l'Afrique du Sud, l'Australie, le Canada, l'Inde, le Kenya, le Sri Lanka, etc.).

SECTION 3
Le droit musulman et le droit talmudique

38. Le droit comparé devrait s'ouvrir à d'autres cultures que la *Common Law* et, en particulier, aux cultures non occidentales, trop souvent négligées [2] : si, sur le plan de la technique, celles-ci semblent parfois

1. Sur ces questions, v. P. Legrand et G. Samuel, *Introduction au Common Law*, La Découverte, « Repères », 2008. V. aussi D. Baranger, *Écrire la Constitution non écrite. Une introduction au droit politique britannique*, Puf, « Léviathan », 2008.

2. V. par ex. A. Gambaro, R. Sacco et L. Vogel, *Le Droit de l'Occident et d'ailleurs*, LGDJ, 2011.

« en retard », elles ont en revanche assurément beaucoup à nous réapprendre sur ce que sont l'être humain et la société.

Le droit musulman et le droit talmudique présentent la particularité de ne pas dissocier les règles sociales de leur fondement religieux. Le corpus des lois islamiques s'appelle la *Charia*, et celle-ci est définie de façon très différente selon les très nombreux mouvements qui composent l'Islam et, en particulier, pour les sunnites (environ 80 % des musulmans dans le monde, qui se divisent en cinq branches : les hanafites, les malékites, les chaféites, les hanbalites et les zaydites) et les chiites (environ 20 % des musulmans, selon lesquels Ali aurait dû être le successeur du Prophète mort en 632, car il était son cousin et le mari de sa sœur Fatima) [1]. Elle inclut le Coran, la *Sunna* de Mahomet (la vie et les œuvres du prophète Mahomet, que l'on trouve notamment dans les *Hâdith*, c'est-à-dire les propos qui lui sont attribués et qui sont rassemblés dans de grands volumes) et de ses principaux compagnons, mais aussi, chez les chiites, les sermons des imams. Le droit talmudique [2] (que l'on appelle parfois droit mosaïque, ou droit hébraïque) prend également des formes différentes selon les pays (en particulier en Israël). La principale source est la *Torah*, qui désigne le Pentateuque, c'est-à-dire les cinq premiers livres de la Bible : Genèse, Exode, Lévitique, Nombres, Deutéronome, éventuellement complétés par les livres des prophètes (notamment Josué, Les Juges, Jérémie, Ezéchiel, Jonas ou encore Zacharie) et les écrits ou hagiographes (notamment les Psaumes, les Proverbes, le Cantique des Cantiques, les Lamentations, ou encore l'Ecclésiaste). On y inclut également les *Halakhah*, à savoir les lois transmises à Moïse sur le mont Sinaï et qui n'ont pas été intégrées dans la *Torah* écrite. Les autres sources du droit talmudique sont la *Mishnah* (compilation des commentaires traditionnels de la Torah et de décisions rabbiniques) et le *Talmud* (enseignements ou traditions orales complétant la *Mishnah*). Là encore, plusieurs courants ont pu exister, notamment ceux de la mystique juive (par exemple la *Kabbale* dont l'ouvrage essentiel est le *Zohar*).

1. V. S. Mourad, *La Mosaïque de l'Islam. Entretien sur le Coran et le djihadisme avec Perry Anderson*, Fayard, « Poids et mesures du monde », 2016.
2. V. par exemple, F.-X. Licari, *Le Droit talmudique*, Dalloz, « Connaissance du droit », 2015.

Section 4
Les droits africains

39. Dans les pays d'Afrique subsaharienne ou dans certains pays d'Océanie, le rôle des coutumes est primordial, et les tribunaux sont remplacés par des assemblées de sages et d'anciens [1]. Ce n'est pas à dire pour autant que l'ordre et la justice y soient moins prégnants. À le suite de la colonisation, nombre de ces pays ont importé des règles de droit de type continental (parfois même, comme au Cameroun, des règles issues de plusieurs traditions, droit continental mais aussi droit de *Common Law*) mais dont l'articulation avec le droit dit traditionnel demeure. Ces pays aspirent aujourd'hui légitimement à reprendre une certaine initiative et on peut citer, en Afrique, l'Organisation pour l'harmonisation en Afrique du droit des affaires (OHADA) qui a été créée par le Traité relatif à l'harmonisation du droit des affaires en Afrique signé le 17 octobre 1993 à Port-Louis et révisé à Québec au Canada, le 17 octobre 2008. Ont été adoptés un Acte uniforme relatif au droit commercial général ainsi qu'un Acte uniforme révisé portant organisation des sûretés, et un projet de droit des contrats a également été élaboré.

Section 5
Les droits asiatiques

40. La civilisation asiatique est sans doute la culture la plus éloignée du droit au sens où nous le connaissons. En particulier, dans la tradition confucéenne, le gouvernement se fait par les hommes plutôt que par la loi : l'être humain ayant intériorisé toutes les règles de savoir-vivre et sa juste place dans la société, il n'a pas besoin que des lois extérieures soient formellement édictées. Ce sont les rituels qui doivent être observés et qui jouent le rôle instituant que, pour sa part, l'Occident attribue au droit. L'école des légistes (Fa-kia) ne fut qu'un moment de l'histoire de

1. V. R. Sacco, *Le Droit africain. Anthropologie et droit positif*, Dalloz, 2009.

la Chine où fut mis en place un gouvernement par la loi. Avec la globalisation, ces droits ont cependant évolué, et forgé un certain nombre de règles nécessaires au moins pour commercer avec les pays occidentaux [1].

1. V. not. F. Constant et Ch. Lopez, *Le Droit chinois*, Dalloz, « Connaissance du droit », 2013 ; J.-L. Halpérin et N. Kanayama, *Droit japonais et droit français au miroir de la modernité*, Dalloz, 2007.

Chapitre VI

L'INTERDISCIPLINARITÉ EN DROIT

41. Le droit n'est pas un ordre isolé et le juriste trouve toujours à s'enrichir de l'apport des autres disciplines. D'un point de vue pratique, il est désormais très fréquent que le droit ait à résoudre des problèmes qui impliquent d'autres connaissances ou d'autres champs disciplinaires, comme la science, l'économie ou la technologie. Même au-delà de cet objectif pratique, le droit n'est pas un monde clos : il implique l'être humain dans toutes ses dimensions et convoque donc potentiellement toutes les disciplines humaines. S'il faut éviter le repliement des juristes dans leur tour d'ivoire, il faut cependant se méfier aussi de l'autre écueil ou tentation consistant à dissoudre le droit dans les autres disciplines, et en particulier dans les sciences sociales. L'interdisciplinarité est donc indispensable mais délicate. Nous n'envisagerons ici que quelques-unes des matières dont le droit peut utilement s'inspirer (pour l'histoire et la philosophie, voir *infra* n° 142 et n° 157).

SECTION 1
Droit et sociologie

42. Le droit est un fait social et il est dès lors toujours utile d'examiner sa place et son influence dans la société et, en particulier, de savoir comment il est reçu et la façon dont il est (ou n'est pas) appliqué. L'évolution des mœurs et des mentalités ne peut laisser le législateur indifférent. Elle peut entraîner certaines modifications du droit : l'égalité entre les hommes et les femmes a ainsi été reconnue progressivement par le législateur, et ce dernier a cessé de stigmatiser l'homosexualité. Le droit ne doit cependant pas suivre aveuglément l'évolution des faits, et encore moins se calquer directement sur la demande sociale. Tout désir ne doit pas automatiquement se transformer en droit. À quelles demandes faudrait-il sinon accéder ? À celles revendiquées par une opinion majoritaire ? Par des groupes minoritaires ? À toutes les demandes ?

Le grand juriste Jean Carbonnier (1908-2003) a beaucoup insisté sur les apports possibles d'une analyse sociologique, en s'intéressant notamment à l'effectivité du droit, ou encore au lien entre le droit et l'évolution des mœurs. Ayant participé à l'élaboration de nombreuses réformes législatives, en particulier en droit de la famille, il a développé une importante réflexion sur le rôle du législateur et la façon dont il a été dévoyé, notamment par une inflation législative incontrôlée, bien loin de la prudence qui serait requise. Est demeurée célèbre aussi son hypothèse du non-droit [1], expliquant que la société organise des lieux (le domicile par exemple) ou des temps (la nuit, ou la période d'hiver) sinon de retrait du droit, au moins où celui-ci se fait moins lourdement sentir ; les expulsions sont ainsi interdites du 1er novembre au 31 mars suivant (art. L. 412-6 du Code des procédures civiles d'exécution), et le domicile ou les correspondances sont protégés contre des intrusions intempestives. Certes, la vie privée nécessite une certaine intimité et, sociologiquement, le constat est sans aucun doute avéré. Il recèle cependant une certaine méfiance vis-à-vis du droit qu'on pourrait retourner : les lieux de non-droit sont ainsi souvent des lieux où la loi de la jungle règne et où la liberté n'est pas le mieux assurée [2].

SECTION 2
Droit et épistémologie

43. L'épistémologie (du grec *epistêmê*, science, et *logos*, discours) est la discipline qui a pour objet la théorie des connaissances scientifiques. Il s'agit non pas de faire de la physique, des mathématiques, ou de la

1. J. Carbonnier, *Flexible droit, pour une sociologie du droit sans rigueur*, LGDJ, 1re éd. 1969 ; *Sociologie juridique*, Paris, Puf, 1re éd. 1978, rééd. « Quadrige » ; *Essai sur les lois*, Defrénois, 1re éd. 1979 ; *Droit et passion du droit sous la Ve République*, Paris, Flammarion, « Champs », 1re éd. 1996.

2. Sur la sociologie du droit, v. aussi les travaux du juriste et sociologue Georges Gurvitch : *Traité de sociologie*, Paris, Puf, 1re éd. 1960, aujourd'hui en « Quadrige », ou encore *L'Idée du droit social*, Sirey, 1932, préf. L. Le Fur (l'expression « droit social » y est employée non pas dans son sens moderne, mais au sens des groupes sociaux ; il s'agit, comme l'indique le sous-titre, d'une « histoire doctrinale depuis le XVIIe siècle » se proposant de renouveler une théorie du droit devenue trop individualiste et qui ne serait plus apte à rendre compte des réalités sociales). V. aussi Henri Lévy-

biologie, mais de comprendre comment fonctionnent ces sciences (comment elles se constituent, comment elles progressent, etc.). Gaston Bachelard (1884-1962) est l'un des principaux initiateurs de l'épistémologie moderne (voir notamment *La Formation de l'esprit scientifique* ou *Le Nouvel Esprit scientifique*). On peut citer également Thomas Kuhn, épistémologue autrichien (1922-1996), qui a montré, dans son célèbre livre intitulé *La Structure des révolutions scientifiques* que le progrès scientifique ne se conçoit que par révolutions, c'est-à-dire par succession de théories incompatibles entre elles. Une science est en effet organisée autour de paradigmes (qu'il appelle également « matrice disciplinaire »), c'est-à-dire un ensemble d'hypothèses et de lois qui reçoit l'adhésion de la communauté scientifique ; mais au fur et à mesure des nouvelles expériences, la théorie est contredite par ce qui prend statut d'exceptions, jusqu'à ce que celles-ci soient telles qu'il faut passer à une nouvelle théorie, intégrant les exceptions précédentes en tant que nouveaux paradigmes.

L'épistémologie juridique, qui se propose d'étudier le droit en tant qu'objet de connaissance, a été développée en France par Christian Atias [1]. Il s'agit d'essayer de comprendre comment fonctionne le droit (naissance des concepts et des théories juridiques, rôle des catégories juridiques, importance de l'esthétique en droit, etc.) et comment travaillent les juristes (rôle de l'expérimentation en droit, etc.).

Plus ou moins clairement, la plupart des juristes français adhèrent aujourd'hui à une épistémologie positiviste, dérivée de Hans Kelsen, grand théoricien du droit qui s'est efforcé de séparer nettement le droit lui-même (discours juridique) et la science du droit (discours sur le droit, métadiscours juridique). Cette dernière doit s'abstenir, si elle veut être vraiment scientifique, de tout « jugement de valeur », c'est-à-dire de toute prétention normative. La science du droit doit être ainsi purement descriptive, puisqu'elle entreprend d'expliquer le droit positif « de l'extérieur », tel qu'il est et non tel qu'il devrait être. Cette épistémologie positiviste [2] s'est construite en opposition au jus-naturalisme (v. *infra* n° 157 la philosophie du droit).

Bruhl, *Sociologie du droit*, Paris, Puf, 1re éd., 1961. *Adde* A.-J. Arnaud (dir.), *Dictionnaire encyclopédique de théorie et de sociologie du droit*, Paris, LGDJ, 2e éd. 1993.

1. V. en part. *Épistémologie juridique*, Paris, Puf, « Droit fondamental », 1985 ; *Épistémologie juridique*, « Précis Dalloz », 2002 ; *Épistémologie du droit*, Paris, Puf, « Que sais-je ? », 1994 ; *Théorie contre arbitraire*, Paris, Puf, « Les voies du droit », 1987.

2. Pour une présentation, v. U. Scarpelli, *Qu'est-ce que le positivisme juridique ?*, trad. par C. Calvreul, préface de L. Gianformaggio, LGDJ/Bruylant, 1996. V. aussi G. Ripert, *Droit naturel et positivisme juridique*, commenté par Philippe Jestaz, Dalloz, « Tiré à part », 2013.

L'épistémologie positiviste peut être discutée, en particulier au regard des difficultés que pose le point de vue « externe » sur le droit. Comme toute science sociale, la science juridique doit être attentive à son propre statut. Non seulement chaque point de vue est marqué par des présupposés et des intentions, mais en outre le droit et la science du droit utilisent le même instrument : le discours juridique, ses notions et ses catégories. Cela rend problématique la conception d'une science comme « métadiscours », au sens d'un surplomb. De fait, la pure connaissance du droit est rarement neutre, y compris pour le droit lui-même : révéler l'existence d'une règle, l'expliquer et l'insérer dans un raisonnement, c'est déjà entretenir la machine juridique, voire la légitimer [1]. Toutefois, le positivisme se veut parfois critique. C'est le cas notamment des conceptions « réalistes » du droit, qui entreprennent une démystification du droit et de ses justifications habituelles. Mais une telle posture critique ne précise pas clairement au nom de quoi elle mène cette démystification.

La question pour l'épistémologie juridique est donc moins de savoir si la description scientifique du droit est souhaitable, que de déterminer ce que serait une « vraie » science du droit et quelles en seraient les exigences.

Section 3
Droit et économie

44. Le juriste cherche souvent les fondements du droit dans des disciplines extérieures au droit et qu'il considère comme plus « scientifiques », greffant ainsi la légitimité du droit sur celle de ces autres sciences. Ce travers est particulièrement prégnant aujourd'hui avec l'économie.

Un exemple patent est celui de l'analyse économique du droit, mouvement doctrinal américain né à la fin des années 1950. Ce mouvement, d'inspiration néoclassique et libérale, fut mené au départ par des économistes, rejoints progressivement par des juristes. Il a donné lieu depuis

1. V. à ce sujet D. Lochak, « Écrire, se taire… Réflexions sur l'attitude de la doctrine française », in *Le Droit antisémite de Vichy*, Seuil, « Le genre humain », 1996, p. 433 (avec les références de la controverse de l'auteur avec M. Troper) ; V. Champeil-Desplats, *Méthodologie du droit et des sciences du droit*, Dalloz, « Méthodes du droit », 2e éd., 2016.

à un nombre impressionnant d'articles, de revues et d'ouvrages, aux États-Unis d'abord puis dans d'autres pays. Bien que de nouvelles analyses économiques prennent aujourd'hui de l'ampleur, le mouvement de l'analyse économique du droit (*Economic Analysis of Law*), plus directement orienté vers l'analyse du droit positif, reste encore largement dominant parmi les juristes anglo-américains.

La première école a été menée par Richard Posner, dont le principal ouvrage, intitulé *Economic Analysis of Law*, a été publié pour la première fois en 1972 et est régulièrement réédité depuis. L'analyse économique du droit s'intéresse à l'efficacité des règles de droit. Elle étudie comment la règle de droit oriente le comportement des individus et dans quelle mesure elle atteint ses objectifs sans être détournée par ces mêmes individus. Le soubassement théorique est l'analyse microéconomique dont le modèle vise à accroître l'utilité totale de la société, définie comme la somme des utilités individuelles. Un des principaux axiomes de l'analyse microéconomique est celui de la rationalité des agents économiques : l'*homo economicus* est un individu rationnel qui poursuit certains objectifs tout en sachant gérer ses contraintes. L'analyse économique entend apprécier si les règles de droit permettent de maximiser les utilités individuelles et d'atteindre les objectifs fixés par la société. Presque toutes les branches du droit ont été concernées par cette analyse (propriété, contrat, responsabilité, famille, pénal, etc.).

Plusieurs critiques peuvent être formulées à l'encontre de l'analyse économique du droit. En particulier, l'efficacité d'une règle étant mesurée uniquement en termes de coûts, ne sont prises en considération que les données pouvant être évaluées monétairement, ce qui conduit à donner une importance démesurée à l'argent et à sous-estimer de façon dangereuse les relations humaines. Si, par exemple, l'analyse économique du droit des contrats conduit à dire qu'il est parfois efficace de faciliter à une partie la violation de ses obligations, c'est en oubliant les conséquences d'une telle solution sur les relations de confiance nécessaires à toute vie sociale. Lorsque l'analyse économique du droit de la responsabilité prétend juger les actions à la seule aune de leur coût social, c'est au prix – dissimulé mais en réalité exorbitant – de l'affectation d'un coût à la vie humaine. En outre, toute cette analyse économique repose sur le modèle de l'agent économique parfaitement éclairé et rationnel, qui sait toujours comment optimiser ses choix, modèle peu réaliste qui conduit, là encore, à fausser les résultats.

Cette dernière critique a conduit à l'apparition d'un autre courant appelé « néo-institutionnaliste » – car il est le prolongement de l'école institutionnaliste américaine du début du XXe siècle, laquelle s'intéressait principalement à la question des institutions, prises au sens large des modes d'organisation des activités économiques. Ce mouvement entendait rompre à la fois avec le corpus néoclassique – et en particulier avec les hypothèses traditionnelles sur l'*homo economicus* comme agent parfaitement rationnel et informé – et avec l'individualisme méthodologique. Les individus ne disposant pas de toutes les informations et leur rationalité étant limitée, ils ont des comportements plus complexes que ne le dit la théorie classique : on peut ainsi relever des comportements opportunistes ou égoïstes, ou encore des attitudes reposant essentiellement sur une croyance collective. La problématique essentielle est alors de déterminer comment, dans ce contexte, gérer au mieux la coordination entre les individus, c'est-à-dire l'ajustement de leurs décisions individuelles. Par rapport à la microéconomie classique, qui se concentrait surtout sur le marché, les néo-institutionnalistes mettent au centre de leurs analyses les organisations, entendues au sens large (l'entreprise, mais aussi tout autre type d'organisation, des hôpitaux par exemple), et aussi les contrats (puisqu'il s'agit d'analyser les transactions et les échanges).

Section 4
Droit et anthropologie

45. L'anthropologie (du grec *anthropos*, homme, et *logos*, discours) se propose d'étudier les êtres humains d'un point de vue physique mais surtout culturel. Plusieurs anthropologues célèbres se sont intéressés à la question du droit.

On peut citer en tout premier lieu Henry Sumner Maine (1822-1888), juriste et historien anglais, qui a mis en lumière l'importance des structures juridiques et a notamment décrit une loi d'évolution des sociétés humaines – « *from status to contract* » –, c'est-à-dire que l'on serait passé du statut au contrat, d'une société où les rapports entre les hommes découlent objectivement, légalement, de leur position relative au sein d'un groupe, à un état où ces rapports naissent de leur volonté libre [1].

1. *Ancient Law. Its Connection with the Early History of Society and Its Relation to Modern Idea*, 1861, trad. fr. Courcelle Seneuil, *L'Ancien Droit considéré dans ses rapports avec l'histoire des sociétés primitives et avec les idées modernes*, Durand et Pédone, Guillaumin, 1874.

Marcel Mauss (1872-1950) a quant à lui décrit des phénomènes complexes constituant des « faits sociaux totaux », c'est-à-dire incluant de façon indissociable le juridique, l'économique, le religieux, ou encore l'esthétique [1]. Il a ainsi décrit l'institution du *potlatch*, qu'il a observée dans les tribus du Nord-Ouest américain et dans certaines tribus du Nord américain, ainsi qu'en Mélanésie et en Papouasie. Il s'agit d'un système de « prestations totales », « de type agonistique » (c'est-à-dire participant de la lutte vitale) : l'honneur et le prestige imposent d'abord, à l'occasion de fêtes liées à des événements particuliers (mariage, naissance d'enfant, mais aussi maladie), de se séparer du plus grand nombre de richesses possibles, voire en les détruisant. Les choses ainsi données conservent leur *hau* (l'esprit de la chose) qui va obliger leur bénéficiaire à donner à son tour, avec même plus de largesse encore, sous peine de perdre son *mana*, c'est-à-dire son autorité. L'institution du *potlatch* implique ainsi indissociablement l'obligation de donner, de recevoir et de rendre.

Des discussions ont eu lieu entre les anthropologues pour savoir ce qui peut être qualifié de droit et de juridique, notamment dans les sociétés traditionnelles mêlant de façon difficilement dissociable plusieurs dimensions : faut-il des mécanismes coercitifs ? des tribunaux chargés de l'appliquer ?

Sur cette base, certains auteurs ont continué d'étudier la place du droit dans les sociétés traditionnelles [2] ; d'autres ont plutôt mis en lumière la dimension anthropologique du droit [3].

SECTION 5
Droit et psychanalyse

46. L'acquis essentiel de la psychanalyse est la découverte de l'inconscient. L'homme doit faire avec l'insu, et il n'est transparent ni aux autres ni à lui-même. La psychanalyse nous apprend que chaque

1. V. surtout « Essai sur le don, forme et raison de l'échange dans les sociétés archaïques », in *Sociologie et anthropologie*, Paris, Puf, « Quadrige », 2004, publié pour la première fois dans *L'Année sociologique*, 1923-1924, t. I.

2. V. en part. Norbert Rouland, *Anthropologie juridique*, Paris, Puf, « Droit fondamental », 1989 ; *L'Anthropologie juridique*, Paris, Puf, « Que sais-je ? », 1990.

3. Voir *infra* n° 158 et 159 l'anthropologie dogmatique et la fonction anthropologique du droit.

être humain est constitué par le langage : il « est parlé », comme le précisait Jacques Lacan, influencé en cela par la linguistique. L'accès au langage fait ainsi de l'homme, selon la formule d'Alain Supiot, un « animal métaphysique », qui doit en permanence articuler « l'univers du sens et l'univers des sens » et relier « l'infinitude de [son] univers mental à la finitude de [son] expérience physique » [1]. Il y a donc une difficulté proprement humaine de devoir vivre en étant immergé dans un monde symbolique (l'animal n'est, quant à lui, pas affronté à l'énigme de la vie).

Parce qu'elle s'attache précisément à cette question, la psychanalyse apporte un éclairage spécifique sur les relations sociales, les ressorts de l'autorité et le droit lui-même.

Prenant en compte les apports de la psychanalyse et les travaux de Freud et Lacan, Pierre Legendre a analysé le phénomène institutionnel, en insistant spécialement sur sa dimension de croyance. Il a montré comment, en Occident (car il en va différemment dans d'autres grandes cultures), le droit est le montage symbolique qui rend possible la vie humaine dans les deux sens du terme (la vie de l'homme et son humanité) en ce qu'il permet de nouer les différentes dimensions de l'être humain : le biologique, le subjectif et le social. La naissance biologique ne suffit pas à instituer un sujet humain, et le rôle du droit est, en Occident, d'instituer la vie (*vitam instituere*, selon une formule dont il a montré qu'elle existait déjà à l'époque romaine). Pour cet auteur, le droit permet de garantir tout un chacun de son identité – en particulier de sa place généalogique – et il doit veiller à ce que l'on ne sombre pas dans l'indifférenciation totale – des générations, des sexes, des altérités. De ce point de vue, les interdits fondateurs du meurtre et de l'inceste sont autant de garanties psychiques contre la folie et la violence.

Bien entendu, il ne s'agit pas de prétendre que le droit, en tant que système symbolique, serait le rempart contre un avenir apocalyptique. Mais les travaux de Pierre Legendre montrent que le droit tient une place majeure dans le processus de civilisation et l'on doit être attentif aux effets de structure qu'il produit. Dans un monde qui tient comme suspecte toute espèce de limite, c'est une « casse du sujet » qui s'annonce en réalité. La question des institutions est donc posée.

La plupart du temps, les juristes (comme d'ailleurs les autres sciences sociales, y compris la science économique) refoulent la découverte de

1. A. Supiot, *Homo Juridicus. Essai sur la fonction anthropologique du droit* (2005), Paris, Seuil, « Point essais », 2009, p. 7, 10, 40.

l'inconscient, et le droit donne à voir un individu transparent à lui-même et entièrement maître de ses désirs et de ses décisions.

Ainsi, lorsque la Cour européenne des droits de l'homme affirme un « droit pour chacun d'établir les détails de son identité d'être humain [1] », elle entretient le fantasme d'un sujet autofondé et nie la nécessité, pour ce même sujet, d'être assuré de son identité pour se construire. Quand le consentement devient, comme aujourd'hui, le sésame permettant de renoncer à tous les interdits et à toutes les protections, loin de libérer l'homme, cela le rend au contraire prisonnier de tous ses désirs. Cela préfigure aussi des formes perfectionnées de contrôle social, sous des formes apparemment soucieuses des désirs de chacun. Les fantasmes et pulsions humaines se donnent à voir dans maints domaines, et le droit a son rôle à jouer pour essayer de les canaliser plutôt que de les enregistrer, voire de les entretenir [2].

La façon proprement occidentale de « fabriquer l'humain » (pour reprendre le titre du film et livre de Pierre Legendre, *La Fabrique de l'homme occidental*) arrive à une certaine échéance. La période peut, selon ce dernier, être qualifiée de « post-hitlérienne » dans sa volonté de réduire le juridique à un projet biologique, et notamment dans sa « conception bouchère de la filiation » qui lit la filiation dans les gènes. On rêve d'un post-humain et on nous promet un monde sans négatif (débarrassé même de la question de la mort). L'homme demeure pourtant, avec ses questions et ses délires, avec ses fantasmes et ses violences. La note optimiste est cependant que l'humain résiste face à ces impasses (« l'humanité ne se laissera pas faire », dit et écrit souvent Pierre Legendre), non pas sur le mode d'une résilience aujourd'hui à la mode (l'homme s'adaptera bien…), mais sur le mode de la nécessité logique.

1. Affaire *Christine Goodwin c/ Royaume-Uni* du 11 juillet 2002, § 90.

2. V. ainsi les travaux de la psychanalyste Monette Vacquin, qui éclairent les origines de la « pulsion épistémophilique » à l'œuvre en matière de bioéthique : en l'espèce un désir de voir et de maîtriser la fabrication de la vie ; *adde* le psychiatre et psychanalyste Philippe van Meerbeeck, qui montre la perversion contemporaine du lien familial (not. in *L'Infamille*, Bruxelles, De Bœck, 2003).

SECTION 6
Droit et littérature

47. Après le mouvement « *Law and Economics* », est apparu aux États-Unis le mouvement « *Law and Literature* » [1].

Il s'agit d'abord d'analyser les thèmes juridiques présents dans la littérature [2]. Celle-ci a en effet souvent mis en scène le droit, à travers notamment de grandes figures, qui violent parfois la loi (Raskolnikov dans *Crime et châtiment* de Dostoïevski), mais parfois pour résister à ses ordres injustes (*Antigone* de Sophocle). La loi écrase certains (comme souvent les héros de Kafka, dans *Le Procès* par exemple ou encore dans *La Colonie pénitentiaire*), mais le droit peut aussi être la ruse qui vient sauver les faibles (comme dans *Le Marchand de Venise* de Shakespeare). La figure du contrat est également présente dans la littérature (voir le pacte conclu par Faust avec le Diable, représenté par Méphistophélès, à qui il vend son âme en échange de ses services, figure reprise dans *Le Portrait de Dorian Gray* d'Oscar Wilde). On y trouve aussi bien sûr fréquemment des procès (voir la célèbre comédie de Racine *Les Plaideurs*). Dès l'enfance, les contes apprennent à connaître et à respecter la loi : ainsi par exemple, celles qui résistent à épouser leur père et à commettre l'inceste rencontrent des princes charmants (*Peau d'âne* de Charles Perrault).

Les recherches en droit et littérature analysent aussi les discours du droit et de la littérature (sur la linguistique, voir *supra*). Les lois et les décisions judiciaires sont étudiées comme le serait un texte littéraire. C'est ici que s'inscrit notamment le mouvement dit de la « déconstruction », mené par le philosophe français Jacques Derrida (1930-2004), qui se veut une critique et un démontage des textes pouvant s'appliquer à la littérature comme au droit. L'analyse de Derrida est une analyse formelle, qui s'attache aux mots employés et à leurs différences plutôt qu'à la signification traditionnelle, entendue comme un rapport entre le

1. Une revue existe désormais en France : la *Revue Droit & Littérature*, dont le premier numéro est paru en janvier 2017, sous la direction de N. Dissaux (LGDJ/Lextenso).

2. V. en part. les nombreux travaux de François Ost, et not. : *Dire le droit, faire justice*, Bruxelles, Bruylant, 2007 ; *Sade et la loi*, Paris, Odile Jacob, 2005 ; *Raconter la loi. Aux sources de l'imaginaire juridique*, Paris, Odile Jacob, 2004 ; *Antigone voilée*, Bruxelles, Larcier, 2004. Il a également codirigé avec d'autres auteurs un ouvrage collectif sur *Lettres et lois : le droit au miroir de la littérature*, Bruxelles, Publications des Facultés universitaires Saint-Louis, 2001. V. aussi A. Gaparon et D. Salas (dir.), *Imaginer la loi. Le droit dans la littérature*, Michalon, « Le Bien Commun », 2008.

mot (signifiant) et la chose désignée (signifié). Le droit n'est cependant pas un discours comme un autre, car il produit des effets sur les êtres humains et la société : il n'est pas un « jeu » littéraire, et ne peut se prêter non plus, comme la fiction romanesque ou la science-fiction, à une imagination sans limite.

On inclut enfin dans ce courant « Droit et littérature » tout le droit et la réglementation de la littérature, des règles relatives à la protection du droit d'auteur à celles qui permettent de censurer certains contenus (diffamation par exemple).

ÉTAT DES QUESTIONS

NORMATIVITÉ ET IMPÉRATIVITÉ EN DROIT

48. Il semble à peu près clair que le droit est impératif, au sens où l'impératif s'oppose à l'indicatif. Le mode impératif, qui par exemple prescrit un comportement, est tout à fait distinct du mode indicatif, qui énonce une réalité de fait. Dans le premier cas, une norme est énoncée, qui constitue un « devoir-être », c'est-à-dire un modèle destiné à régir le monde. Le droit s'inscrit nettement dans cette hypothèse. Dans le second cas, l'énoncé constate un état du monde tel qu'il est, sans aucune volonté de changer l'ordre des choses.

Il est courant à cet égard d'assimiler le « devoir-être » du droit à l'impérativité [1]. Seuls les énoncés impératifs – du type par exemple « tu ne dois pas voler » – seraient normatifs. Il faut dire que cela correspond à l'idée que chacun peut *a priori* se faire du droit : le système juridique n'est-il pas cette suite de prescriptions ou d'interdictions multiples, qu'il est indispensable de respecter ? Souvent (trop souvent), c'est le droit pénal ou le Code de la route qui semblent révéler cette sorte de quintessence du droit : un ensemble structuré de règles qui s'imposent à tous. Dans cette conception de la normativité, le droit est normatif précisément parce qu'il est impératif de le respecter. Plus le droit se montre impératif, plus il s'annonce intransigeant et sévère, moins sa normativité semble douteuse. Ainsi, le droit serait normatif parce qu'il s'impose et ne se discute pas.

Il faut bien avouer que l'idée même de droit laisse souvent penser à l'intransigeance ou la sévérité, c'est-à-dire à *ce qui ne se discute pas.* Il y a d'ailleurs quelque difficulté à concevoir comment le droit pourrait influer sur les conduites s'il n'était pas impératif, c'est-à-dire s'il était seulement *facultatif* d'obéir aux normes juridiques. Le droit porte donc visiblement les marques du commandement. Si les normes juridiques pouvaient faire l'objet de transactions ou de négociations, au moins après leur adoption, comment le droit parviendrait-il à se maintenir et à assurer concrètement sa fonction d'organisation des rapports sociaux ? En pareil cas, les destinataires du droit pourraient impunément ne pas en tenir compte. Cela risquerait de ruiner tôt ou tard les prétentions de ces normes

1. V. l'étude classique de R. Capitant, *Introduction à l'étude de l'illicite : l'impératif juridique*, Dalloz, 1928.

et donc toutes les ambitions du droit lui-même. De prime abord, il paraît donc pour le moins difficile de concevoir un droit qui ne serait pas – si l'on reprend ici des termes courants, parfois considérés comme synonymes – obligatoire, contraignant ou impératif (sous réserve de la possibilité, dans certains domaines, de quelques lois simplement supplétives ou dispositives, sur lesquelles v. *supra* n° 19). À bien des égards, le droit présente en effet cette facette d'impérativité, qui joue un rôle considérable dans la capacité du droit à s'imposer, au quotidien, dans les pratiques sociales. Dès lors, il est tentant d'en conclure à un lien consubstantiel entre l'impérativité du droit et son effectivité, c'est-à-dire le fait qu'il soit obéi.

La théorie juridique, en particulier sous l'influence de Hans Kelsen [1], a dégagé une conception de la normativité composée de trois modalités : la *prescription* (par exemple : il faut exécuter ses obligations contractuelles), l'*interdiction* (par exemple : il est interdit de pénétrer dans la propriété privée d'autrui sans autorisation), la *permission* (par exemple : toute personne qui justifie d'un intérêt légitime peut demander à changer de prénom). Toutes les normes seraient susceptibles d'être rangées dans l'une ou l'autre de ces trois catégories, au point que la liberté elle-même, lorsqu'elle est consacrée et garantie par le droit, ne serait finalement qu'une permission. Le Conseil constitutionnel lui-même a laissé entendre qu'il s'appropriait une telle définition lorsqu'il a estimé que la Constitution imposait à la loi d'être revêtue d'une « portée normative [2] ». Selon toute vraisemblance, il entendait ainsi cantonner la loi à l'énoncé d'une prescription, d'une interdiction ou d'une permission, par opposition à un « rite incantatoire » ou un « vœu pieux » [3]. La jurisprudence traditionnelle du Conseil d'État estimait déjà de longue date qu'un acte juridique ne s'imposant pas à ses destinataires n'était pas juridiquement normatif [4].

Or, la réduction de la normativité du droit au triptyque « interdiction, prescription, permission » empêche de comprendre la place qu'occupent en droit des normes essentielles qui ne peuvent pourtant être rattachées à aucune de ces trois catégories. Ainsi des normes qui énoncent des principes ou posent des définitions : on peut certes décliner le principe en une série d'interdictions, prescriptions ou permissions. Mais ce serait perdre la généralité propre à ce principe et l'impossibilité de connaître *a priori* toutes les conséquences que, dans sa fécondité, tout principe peut produire. Le problème est encore plus considérable lorsque l'on veut saisir *la place de la liberté en droit*. Identifier la liberté à une permission, c'est en effet méconnaître l'idée même de liberté, laquelle s'oppose justement à la simple permission. Lorsque le droit positif garantit par exemple la liberté d'aller et venir, il ne s'agit pas d'une permission de la part des pouvoirs publics (c'est-à-dire une sorte de tolérance), mais bien d'une prérogative individuelle fondamentale. Du reste, toute norme juridique suppose logiquement la possibilité de sa transgression, c'est-à-dire la liberté du destinataire de lui obéir ou non. Or faire de la liberté une norme permissive, c'est se condamner à n'y rien comprendre, puisqu'une telle norme implique à son tour la liberté de son destinataire de la transgresser. C'est bien pourquoi d'ailleurs

1. V. P. Amselek, « Les fonctions normatives ou catégories modales », *L'architecture du droit – Mélanges en l'honneur du professeur Michel Troper*, Economica, 2006, p. 51.

2. Déc. n° 2005-512 DC du 21 avril 2005, *Loi d'orientation et de programme pour l'avenir de l'école.*

3. P. Mazeaud (président du Conseil constitutionnel), vœux du 3 janvier 2005 au président de la République.

4. CE, 16 janvier 2006, *Fédération du Crédit Mutuel Centre Est Europe*, n° 274721, à propos de « recommandations » qui « n'édictent pas des règles qui s'imposeraient aux particuliers ou aux autorités publiques ».

le droit positif définit la liberté non comme une permission, mais comme une prérogative individuelle consistant à « pouvoir faire tout ce qui ne nuit pas à autrui » (art. 4 de la Déclaration de 1789). Ce n'est donc pas la liberté elle-même qui est une norme ; c'est le principe juridique de liberté qui est consacré comme une norme (qui plus est fondamentale) par le droit positif.

L'assimilation entre normativité et impérativité apparaît d'autant plus discutable qu'il devient difficile de prétendre que les normes juridiques s'expriment toujours par les voies de la prescription, de l'interdiction ou de la permission. En réalité, il faut distinguer la modalité d'usage d'une norme juridique (comment doit-elle être utilisée ?) et son contenu (le modèle qu'elle formule : un comportement, un droit, une obligation, une habilitation, une idée, etc.). Une norme peut ainsi formuler un contenu extrêmement précis, sans pour autant imposer le respect de ce contenu. Tel est notamment le cas d'une norme qui se contente de recommander ou de suggérer un comportement. Une telle norme est apparemment défaillante, puisque l'impérativité lui fait défaut et qu'une sanction est exclue (comment sanctionner la violation d'une norme dont le respect ne s'impose pas ?). Pourtant, ce qui constituait des défauts pour ces normes non impératives est désormais parfois envisagé comme autant d'atouts, justifiant un recours plus fréquent au droit non-impératif. En témoigne l'essor du thème du « droit souple », que ni la doctrine ni la pratique juridiques (notamment les juges) ne perçoivent plus comme l'oxymore qu'il pouvait être autrefois. De nouvelles façons de faire du droit, c'est-à-dire d'écrire et d'interpréter des normes juridiques, semblent ainsi éclore et prospérer, au moins dans certains secteurs d'activités. Sans remettre en cause le droit impératif, lequel demeure et peut à l'occasion prendre le relais, un droit non-impératif fait donc son apparition, au point de mettre en question les évidences et les automatismes du juriste.

Ces évolutions présentent l'intérêt de mieux cerner l'impérativité du droit, *qui n'a plus de caractère d'évidence au sein du phénomène juridique contemporain.* Le caractère impératif apparaît en effet comme un instrument technique du droit, et non pas comme un critère de définition de celui-ci. Lorsqu'il est recouru à la technique de l'impérativité – et donc lorsqu'il impose le modèle énoncé par la norme –, c'est en effet parce que le système juridique estime que cette impérativité est le moyen adéquat pour atteindre le but recherché. Une norme juridique n'est donc impérative que dans la mesure où le modèle qu'elle formule est lui-même jugé impérieux. L'impérativité, comme toute technique, suit l'importance du contenu de la norme et donc de la fin recherchée par l'ordre juridique. Ainsi, c'est bien un jugement en valeur qui explique, pour chaque norme, son impérativité. Même s'il est au principe du caractère impératif (ou non) du droit, ce jugement de valeur n'est certes pas toujours explicite et au contraire souvent présupposé. De fait, on est généralement porté à considérer que le droit doit s'imposer si l'on veut qu'il atteigne ses objectifs. Mais un tel jugement de valeur n'a assurément rien de naturel : il est au contraire relatif au constat fréquent de la nécessité de recourir à l'impérativité. Si l'on parvenait à obtenir les objectifs du droit sans recourir à l'impérativité, celle-ci apparaîtrait comme ce qu'elle est, à savoir un simple instrument au service de la réalisation du droit.

La normativité en droit

49. Si les juristes (et peut-être même les non-juristes) s'accordent sur l'idée que le droit est un système normatif, tous ne conçoivent pas la normativité juridique de la même manière. Dans l'acception la plus large possible du terme, la normativité caractérise le droit lui-même, en ce sens qu'il constitue un « devoir-être » : c'est un système qui entend régir la réalité sociale, pour l'organiser au mieux.

Mais les juristes s'attardent trop rarement sur ce qui fait que le droit est normatif. Certains présupposent cette normativité, en s'inspirant par exemple d'une « norme fondamentale » vulgarisée à partir de Kelsen. D'autres se désintéressent volontiers de la question, en considérant que la technique juridique se suffit à elle-même et que la normativité se constate, sans avoir besoin d'être expliquée. Pourtant, il s'agit bien d'une caractéristique essentielle du système juridique, ce que chacun admet aisément. Peut-on alors refuser d'y prêter attention ?

Il faut dire que la normativité juridique présente un paradoxe. Elle est une caractéristique essentielle de tout système de droit positif. Mais, dans le même temps, le droit positif n'a pas les moyens de décréter sa propre normativité. En ce sens, la volonté des gouvernants n'y suffit pas. Analyser la normativité juridique suppose donc une prise de distance à l'égard du droit positif, pour mieux comprendre le fonctionnement quotidien de celui-ci. Contrairement aux apparences, la normativité du droit n'est en effet ni naturelle, ni spontanée. Ses ressorts pointent dans la direction de croyances sociales, comme d'ailleurs toutes les grandes affaires humaines, qui fonctionnent toujours ainsi.

La normativité de la langue

50. Mais si l'on veut cerner de façon rigoureuse la normativité du droit, il faut d'abord s'arrêter *au seuil de la langue* elle-même. Car le droit n'est pas un langage radicalement distinct de la langue courante. S'il présente des spécificités nombreuses et essentielles – tenant à son vocabulaire, sa grammaire ou encore son style –, le langage juridique emprunte aussi massivement à la langue ordinaire. De ce point de vue, le discours juridique est toujours arrimé à une langue spécifique et il n'existe pas de langage juridique universel, au sens d'uniforme. Le seul langage juridique universel serait plutôt celui de la traduction, comme effort de passages réciproques entre les langues. Au demeurant, ce labeur est avant tout celui des spécialistes de droit comparé, lesquels sont essentiellement des traducteurs.

Cette intimité du droit avec la langue complique certainement la tâche de qui voudrait isoler la composante normative du droit. Car une langue est normative, comme à cet égard toutes les institutions humaines. À sa façon, elle constitue une manière de se représenter le monde, de le dire et de le constituer en le disant. Ni les mots, ni la syntaxe, ni la parole même dans le contexte d'une langue déterminée ne peuvent être neutres. Ils sont au contraire riches de présupposés, de découpages de la réalité, de nuances qui ne coïncident jamais totalement avec les présupposés et nuances d'une autre langue. Il n'existe pas d'accès humain au réel sans le truchement de la langue ; autant dire que le réel lui-même est inaccessible. Le caractère crucial de la langue pour la pensée et les comportements des individus en société n'a d'ailleurs pas échappé aux pouvoirs. Parmi d'autres, Orwell a mis en récit, dans son roman *1984*, cette technique d'appauvrissement de la langue à des fins totalitaires.

Dire le droit dans une langue plutôt qu'une autre n'est donc jamais indifférent, ne serait-ce qu'en raison de cette charge langagière. Une langue ne peut se réduire à sa fonction de communication. Utiliser une langue, c'est déjà entrer en normativité. Dès lors, comment départager ce qui est juridiquement normatif de ce qui ne l'est pas ? Peut-on vraiment dire que certaines paroles seraient normatives, tandis que d'autres paroles ne le seraient pas du tout ? Rien n'est moins sûr. Il faut néanmoins examiner ce qui fait que, dans l'ordre du droit, une parole est normative.

La normativité, phénomène fiduciaire

51. Dans cette perspective, *la normativité du droit ne réside pas dans le commandement brut*. Un ordre n'a, par lui-même, aucune normativité s'il n'est pas reçu par son destinataire. Tel est le paradoxe : même l'ordre le plus menaçant qui soit, issu d'une volonté la plus décidée et intransigeante possible, doit encore composer avec celui ou ceux à qui il s'adresse. Ainsi, le droit n'est pas obéi parce qu'il est impératif. C'est bien plutôt la reconnaissance dont il bénéficie socialement qui permet à son impérativité de jouer.

Cette *logique de reconnaissance* tient fondamentalement au caractère discursif du droit. Aucune parole n'est efficace du fait même qu'elle est proférée. Le caractère « performatif » d'un acte de parole (par exemple « je vous déclare unis par les liens du mariage ») dépend du contexte dans lequel cette parole est prononcée, c'est-à-dire de la configuration de l'échange discursif en question : le locuteur doit parler d'une certaine façon (il doit être intelligible par exemple) et il doit bénéficier d'une forme d'autorité (il doit parler depuis une certaine place), permettant à sa parole de produire des effets sur les auditeurs. Si par exemple un individu quelconque énonçait à ses amis qu'il les déclare unis par les liens du mariage, cette parole n'aurait qu'une portée toute relative et même, sur le plan juridique, aucune normativité. Mais si cette même parole était prononcée par une personne dépositaire de l'autorité publique, elle se verrait reconnaître une portée juridique incontestable, puisqu'elle contribuerait à former juridiquement et effectivement le lien de mariage. La normativité du discours juridique suppose donc de façon générale une parole d'autorité, un discours prononcé *ex officio* : la parole instituée doit être légitime pour produire des effets. Si de telles conditions de légitimité sont réunies, alors cette parole est bien un énoncé « performatif », en ce sens qu'il change l'état du monde [1]. L'adage de Loysel peut alors se vérifier : « On lie les bœufs par les cornes et les hommes par les paroles [2] ».

Un tel mécanisme de *performativité* n'est d'ailleurs pas propre au droit : il est commun à tous les processus sociaux fondés sur la valeur, que l'on peut appeler les « processus de valorisation [3] ». Socialement, une valeur n'existe pas par elle-même, mais grâce à une dynamique de valorisation (ou de dévalorisation). La monnaie est exemplaire

1. Sur la théorie du performatif (ou des actes de parole), v. J. L. Austin, *Quand dire c'est faire*, *op. cit.*, *La Construction de la réalité sociale*, traduction de C. Tiercelin, Gallimard, « NRF Essais », 1998 ; C. Kerbrat-Orecchioni, *Les Actes de langage dans le discours. Théorie et fonctionnement*, Armand Colin, 2005.

2. Pour un commentaire de cet adage, v. A. Supiot, « La contractualisation de la société », *in* Y. Michaud (dir.), *Qu'est-ce que l'humain ?*, Université de Tous les Savoirs, 2000, vol. 2, p. 157.

3. F. Lordon et A. Orléan, « Genèse de l'État et genèse de la monnaie : le modèle de la potentia multitudinis », *Revue du Mauss permanente*, 2007 ; v. aussi A. Orléan, *L'Empire de la valeur*, Seuil, 2011.

à cet égard : à proprement parler, un billet de banque n'est qu'un bout de papier. Pourquoi donc « vaut-il » quelque chose d'autre que cela ? Ce n'est que dans la mesure où il est investi collectivement d'une certaine valeur qu'il acquiert effectivement cette valeur. La valeur et donc la normativité sont ainsi des processus sans cesse répétés (bien que souvent inapparents) par lesquels des individus ou institutions parviennent à « faire croire », à « accréditer la parole sociale » [1]. Au fond, comme l'a montré Pierre Legendre, la normativité est bien un phénomène *fiduciaire*, au sens de l'étymologie latine : une croyance [2].

Or ce *caractère fiduciaire* est doublement problématique. D'une part, la valeur paraît bien objective, puisque c'est ainsi qu'elle est utilisée par tous les acteurs sociaux. Qui pourrait nier l'objectivité de la monnaie, de la langue [3] ou du droit ? Et pourtant, d'autre part, la valeur ne va pas de soi. Même collectivement partagée, elle est une sorte d'artifice social, dont il est toujours bon de mesurer le caractère instable et fragile.

La légitimité, condition de la normativité du droit

52. Pour qu'il fonctionne, le droit doit donc être investi collectivement d'une certaine valeur. La volonté des auteurs du droit n'y suffit pas : encore faut-il qu'ils jouissent d'une *autorité*, c'est-à-dire d'une capacité à se faire obéir sans avoir à employer la force physique pour ce faire. Les positivistes juridiques, y compris Kelsen, ne le contestent d'ailleurs pas, qui parlent d'autorités et d'« interprètes authentiques » pour identifier les auteurs du droit. Or qu'est-ce qu'une « autorité » et comment reconnaître le caractère « authentique » d'un acteur social ? Ces questions trop souvent refoulées par le positivisme sont en réalité la clef d'explication du système juridique lui-même.

Autrefois, les juristes estimaient que le droit posé ne devait son existence qu'à sa conformité, plus ou moins assurée, avec un droit naturel. C'était une autre façon de penser cette exigence de légitimité : il s'agissait bien d'une référence à l'aune de laquelle le droit posé était mesuré, comparé, étalonné. L'autorité du droit positif tirait sa source dans un rattachement avec ce droit idéal – droit divin ou droit historique. De nos jours encore, la volonté de l'État n'a pas de force normative intrinsèque : l'autorité de l'État dépend de la reconnaissance pour les gouvernés d'un certain bien-fondé de l'État, d'une nécessité de sa présence et de la légitimité de son action. Institution des institutions, censée « tenir debout » (du latin *stare*), l'État lui-même ne peut se maintenir que dans la mesure où il fait l'objet d'une telle reconnaissance : « on le reconnaît et on lui devient reconnaissant [4] ». Ainsi, comme l'écrit Georges Burdeau, « l'État n'existe que parce qu'il

1. P. Legendre, *Dogma : Instituer l'animal humain. Chemins réitérés de questionnement*, Fayard, 2017 (ici, p. 63).

2. V. not. P. Legendre, *Argumenta dogmatica – Le Fiduciaire*, suivi de *Le Silence des mots*, Mille et Une Nuits, 2012. *Adde* ses dernières leçons : *Leçons X. Dogma. Instituer l'animal humain*, Fayard, 2017.

3. « Une nation croit à sa langue », écrit Marcel Mauss ; v. M. Mauss, *La Nation : éléments de politique moderne* [1920], édition et présentation de M. Fournier et J. Terrier, Puf, « Quadrige », 2013, p. 102.

4. M. Mauss, « Essai sur le don. Forme et raison de l'échange dans les sociétés archaïques », in *Sociologie et anthropologie*, Puf, 2004 [1950], p. 210 (à propos ici du « chef »).

est pensé [1] ». Il faut entendre la formule dans le sens le plus général : l'État est pensé par les sujets de droit de façon parfois consciente, mais bien souvent inconsciente.

Au demeurant, l'*exigence d'un principe de légitimité* n'est aucunement une découverte. Dans son texte sur « la servitude volontaire », Étienne de La Boétie (1530-1563) en avait déjà exprimé à sa façon la logique. Dans le contexte de l'absolutisme, il notait ainsi que « c'est le peuple qui [...] ayant le choix d'être asservi ou d'être libre, lâche sa franchise et prend le joug ; qui consent à son mal ou plutôt court après [2] ».

Cette exigence de légitimité transparaît parfois dans les structures mêmes des institutions du droit positif. La Déclaration des droits de l'homme et du citoyen de 1789, qui constitue l'un des fondements du droit français, n'affirme-t-elle pas l'existence d'un droit « naturel et imprescriptible » de « résistance à l'oppression », qui est sinon la transcription juridique (car celle-ci demeure un problème [3]), du moins le symptôme d'une discordance possible entre la volonté des gouvernants du moment et la légitimité du pouvoir ? Le Préambule de la même Déclaration expose d'ailleurs nettement l'objectif général de celle-ci, à savoir de permettre que les actes des gouvernants puissent être « à chaque instant comparés avec le but de toute institution politique », but qui est défini notamment à l'article 2, dans les termes d'une « conservation des droits » de l'homme.

Dans tous les cas, même si ce fait est souvent inaperçu, il faut que le destinataire d'un commandement juridique acquiesce à ce commandement, qu'il le reconnaisse comme un ordre susceptible de lui être adressé. Il faut que les destinataires du système juridique lui reconnaissent, plus ou moins délibérément, la valeur d'une référence. La norme juridique ne peut donc être opératoire sans cette forme d'adhésion et de consentement (sauf à être imposée uniquement par la force et la terreur, comme dans les régimes totalitaires). Il en résulte une leçon générale : si les valeurs du droit ne sont pas partagées – ou, à défaut, passivement admises – par la société à laquelle il s'applique, l'impérativité n'aura guère de normativité. Il suffit de considérer les lois désuètes à cet égard : même impératives, certaines dispositions législatives n'ont plus aucune portée, parce que plus personne ne les prend comme référence. Bien qu'impératives, ces lois sont dépourvues de normativité.

La condition de légitimité, qui exige une adéquation suffisante entre la volonté des gouvernants et l'état des consciences des gouvernés, n'impose pas pour autant une coïncidence parfaite entre ces deux pôles. La légitimité est un processus social fort complexe et l'adéquation nécessaire n'est jamais intégrale ni immédiate. Les institutions ont une force d'inertie et de résistance telle que les évolutions de l'opinion ne l'affectent qu'indirectement ou à contretemps. De ce point de vue, le droit lui-même, porté et énoncé par les institutions, n'est pas dans un rapport de concordance parfaite avec les aspirations de la société ou de ses membres. Si par exemple l'idéal de la « représentation » politique reste prégnant, il paraît impossible de la concevoir dans les termes d'un pur reflet. Dans la plupart des systèmes politiques aujourd'hui, le principe majoritaire implique par exemple que les décisions d'une partie (même majoritaire) des représentants soient regardées comme l'expression de la « volonté générale ». En vertu du pluralisme démocratique, le principe majoritaire n'autorise cependant pas à édicter des normes juridiques qui violeraient les droits de la minorité. La volonté générale telle qu'exprimée par la loi doit

1. G. Burdeau, *Traité de science politique, t. II – L'État*, LGDJ, 2e éd., 1967, p. 252.
2. É. de La Boétie, *Discours de la servitude volontaire*, GF Flammarion, 1983, p. 79.
3. D. Gros et O. Camy (dir.), *Le Droit de résistance à l'oppression*, Seuil, « Le genre humain », 2005.

respecter aujourd'hui des exigences supérieures, d'ordre constitutionnel notamment. Même dans l'hypothèse de décisions consensuelles, censées recueillir l'assentiment de tous, on sait combien les choses sont incertaines, car un consensus est plein de sous-entendus et d'opinions contradictoires. À bien des égards, les brèches dans l'idéal de la concordance parfaite entre gouvernants et gouvernés sont donc nombreuses.

Il arrive par exemple que le Parlement vote une loi dont le contenu est ou demeure fortement critiqué dans l'opinion publique. Or, en général, le vote d'une telle loi « impopulaire » n'entraîne pas, par lui-même, la chute de l'ensemble des institutions. Une loi peut d'ailleurs ne pas suivre l'état de l'opinion publique, à supposer même que cette opinion publique soit certaine et rigoureusement mesurable (ce que la frénésie contemporaine des sondages ne permet pas de confirmer). Au moment du vote de la loi du 9 octobre 1981 abolissant la peine de mort, cette dernière n'était guère favorisée par l'opinion publique. Sans doute le président de la République avait-il pris soin de ne pas cacher ses intentions avant d'être élu ; mais, sur ce point précis, le législateur a eu un certain courage en prenant le contrepied de l'opinion, sans que cela conduise à une perte de son pouvoir. La légitimité est donc relativement élastique et n'est pas tributaire de l'impopularité d'une seule décision.

Le caractère élastique de la légitimité peut même surprendre, car il semble parfois que les destinataires du droit consentent par principe à ce qu'exigent les gouvernants, quelle que soit la nature ou le caractère insupportable de ce qui est exigé. Les choses institutionnelles sont ainsi faites qu'il paraît parfois suffisant que le pouvoir décide pour que sa décision, même regrettable, soit appliquée. De fait, l'obéissance se constate plus volontiers que la résistance, qui nécessite davantage d'efforts et n'est jamais sans risques. Le poids des habitudes et le mimétisme social font qu'« on n'ose pas se singulariser [1] ».

Le discours institutionnel bénéficie donc apparemment d'une *présomption de légitimité*. Pourtant, il peut arriver au contraire qu'une décision ponctuelle et apparemment mineure des gouvernants soit de nature à entraîner la ruine du système normatif dans son ensemble. Lorsque la population a fait preuve d'une longue patience, qu'elle a consenti des sacrifices de plus en plus nombreux, le terreau de légitimité s'érode peu à peu. Dans ce processus d'érosion, il existe un seuil au-delà duquel le pouvoir en place ne tient plus. Qu'il prenne une décision supplémentaire et, si les conditions lui sont défavorables, le pouvoir se voit contesté dans sa légitimité même, c'est-à-dire dans ce qui faisait en dernière analyse sa force. Comme une goutte qui ferait déborder le vase, la dernière décision constitue celle de trop. Cela ne se traduit pas toujours de façon violente par des émeutes ou des coups d'État : il arrive aussi par exemple que la force publique, sur laquelle comptait le pouvoir en place, fasse défaut et que les forces de police refusent d'employer leurs armes contre la population. L'histoire a montré qu'un régime qui apparaissait fort pouvait ainsi perdre la face et donc le pouvoir, non par la force, mais en raison d'une crise majeure de légitimité, venant saper les bases mêmes de sa puissance.

Les facteurs de la légitimité sont donc très nombreux. Ils tiennent peut-être avant tout à la capacité des autorités à remplir leurs promesses, lesquelles sont souvent formalisées par le droit. Cela suppose aussi de leur part une forme d'exemplarité, à défaut de laquelle les institutions risquent d'être banalisées (quoi de plus humain en effet que la tentation de dépasser les limites ?) et discréditées. On voit ainsi que le droit, loin d'être une sphère d'activité autonome, s'inscrit dans son contexte social et culturel.

1. G. Ripert, *Aspects juridiques du capitalisme moderne*, LGDJ, 2e éd., 1951, p. 242.

Les leçons du droit souple

53. On appelle aujourd'hui droit souple (*soft law*), par opposition au droit dur (*hard law*) un droit qui n'est pas *a priori* impératif, et que les individus suivent au moins pour partie spontanément et de leur propre gré, c'est-à-dire sans qu'ils y soient entièrement contraints par le droit. À sa façon, l'essor contemporain du droit souple confirme les remarques qui précèdent sur la légitimité du droit. En tant que mode d'usage non impératif de la norme juridique, le droit souple est d'abord la marque d'une nouvelle manière d'exercer l'autorité. Dans cette perspective, il tranche avec le modèle d'un droit essentiellement tributaire de l'État et de son ordre juridique. La prise en compte du droit souple témoigne d'une diversification considérable des sources du droit. Dans le contexte du pluralisme juridique, de nouvelles manifestations de la normativité sont prises en compte sans être d'emblée disqualifiées. Loin d'être reléguées en dehors du droit, sous prétexte notamment qu'elles ne seraient pas acceptées ou sanctionnées par l'État, les normes du droit souple relativisent le rôle de l'État dans la production normative.

Le phénomène du droit souple

54. Cela étant, le droit souple n'est pas non plus la disparition d'une parole instituée, mais une nouvelle formulation de cette parole, censée bénéficier plus aisément de la légitimité nécessaire à son application. Paradoxalement, le droit peut parvenir à régir certains rapports sociaux sans pour autant recourir à la technique de l'impérativité, sans aller jusqu'à imposer ses vues. Ainsi, il existe des normes juridiques qui, tout en n'étant pas impératives (elles ne s'imposent pas en tant que telles), jouent néanmoins le rôle d'une référence et donc remplissent une fonction normative : elles recommandent, conseillent, avisent, expliquent, informent, etc. Ce faisant, elles fournissent dans chaque cas un véritable modèle, susceptible d'être utilisé comme raison d'agir [1]. En ce sens, les sources de la normativité sont autant de « directions de jugement pour l'interprète [2] » et il est indifférent pour les définir que leur usage soit impératif ou non. Du reste, l'idée de « sources du droit » pourrait sans doute être enrichie par celle de « ressource du droit », notamment lorsqu'une « direction de jugement » s'avère utile ou pertinente dans une argumentation juridique [3].

Alors que le droit semblait traditionnellement n'être identifié que par son caractère intraitable et indiscutable, la matière juridique peut donc aujourd'hui prendre des formes autrement plus mouvantes, indéfinies, voire fugitives. L'idée fait son chemin d'une gradation de la normativité [4], faisant écho d'ailleurs à une « échelle d'impérativité » d'ores et

1. Sur cette conception de la normativité comme constitutive de « raisons d'agir », v. not. S. Bertea, *The Normative Claim of Law*, Hart Publishing, 2009.

2. F. Gény, *Méthode d'interprétation et sources en droit privé positif. Essai critique*, t. II, LGDJ, 1919, p. 3.

3. V. en ce sens les propositions de S. Goltzberg, *Les sources du droit*, Puf, « Que sais-je », 1re éd., 2016.

4. Sur cette gradation, v. not. Fr. Brunet, *La Normativité en droit*, préface de E. Picard et post-scriptum de A. Supiot, Mare et Martin, 2012, p. 236-251. V. aussi Conseil d'État, *Le droit souple*, La Documentation française, « Les rapports du Conseil d'État », 2013.

déjà identifiée [1]. Sans doute d'ailleurs le phénomène du droit souple n'est-il pas aussi nouveau qu'il y paraît. Depuis plusieurs décennies, les juristes les plus attentifs à l'évolution des techniques et pratiques du droit ont bien relevé la disparition d'un monopole du droit dit « dur [2] ». En revanche, l'ampleur du phénomène interdit de continuer à l'ignorer.

Ainsi, l'ordre ou le commandement n'est plus nécessairement regardé comme la meilleure méthode. On lui préfère parfois *l'information pédagogique* ou *le simple conseil*, apparemment beaucoup plus anodin et favorable à la liberté de choix du destinataire de la norme. Plutôt que d'imposer un choix qui n'est pas celui du destinataire de la norme, le droit « se contente » de suggérer d'opérer ce choix, de retenir cette option parmi d'autres. La norme n'est donc pas impérative, puisqu'elle autorise elle-même l'écart vis-à-vis du modèle. Mais elle est suggestive ou encore persuasive, puisqu'elle présente et formalise un modèle, donc le valorise comme tel. Plus encore : parce qu'elle n'envisage qu'un seul modèle (en passant sous silence l'existence d'autres modèles), ou parce qu'elle sélectionne un modèle parmi d'autres, la norme n'en fournit pas moins un modèle. S'il appartient encore au destinataire d'opérer un choix, en vertu de la norme elle-même, ce choix est tout de même largement guidé par l'existence même du modèle normatif. Dans cette perspective, la norme suggérée ne peut décidément pas être envisagée comme l'absence pure et simple de norme. Elle est en réalité une expression plus subtile et parfois plus efficace de la normativité.

Le *législateur* a parfois lui-même recours à ces formes souples. Un exemple particulièrement frappant de ce phénomène réside dans la technique « appliquer ou s'expliquer » (*comply or explain*). Dans certains cas en effet, notamment dans le monde de la gouvernance d'entreprise, les auteurs de normes consentent à ne pas imposer leur usage (ou à permettre un usage fragmentaire), pour ménager aux destinataires une forme de décision. Mais le caractère persuasif apparaît ici nettement, puisqu'il est prévu que si les destinataires de la norme souhaitent (comme ils peuvent le faire) ne pas appliquer la norme proposée, ou de ne l'appliquer qu'en partie, il leur faudra s'expliquer sur ce choix [3]. Il est vrai que le système juridique doit encore, dans ce cas, s'assurer que les raisons d'une telle inapplication sont bien exposées et qu'elles sont satisfaisantes.

Le phénomène du droit souple se développe également en matière d'*administration publique* [4], particulièrement dans les divers champs de la régulation économique, pour

1. Sur l'échelle d'impérativité, v. E. Picard, « Introduction générale : la fonction de l'ordre public dans l'ordre juridique », *in* M.-J. Redor (dir.), *L'Ordre public : ordre public ou ordres publics. Ordre public et droits fondamentaux*, Nemesis/ Bruylant, Bruxelles, 2001, p. 54-55.

2. V., parmi de nombreux travaux, la synthèse de C. Thibierge, « Le droit souple. Réflexion sur les textures du droit », *RTD civ.* 2003, p. 599 ; Association Henri Capitant, *Le Droit souple*, Dalloz, « Thèmes et commentaires », 2009. V. aussi l'article précurseur de P. Amselek, « L'évolution générale de la technique juridique dans les sociétés occidentales », *RDP*, 1982, p. 275.

3. V. par ex. l'art. L. 225-37 du Code de commerce, qui impose qu'une société avance les raisons pour lesquelles elle décide d'écarter certaines dispositions d'un « Code de gouvernement d'entreprise » auquel par ailleurs elle « se réfère volontairement ».

4. V. à cet égard l'exemple ancien, dans l'administration publique, des « directives » désormais dénommées « lignes directrices » : CE, 19 sept. 2014, *Jousselin*, n° 364385, où le juge relève l'existence d'« instructions fixant des lignes directrices auxquelles il appartient aux [administrations subordonnées] de se référer, tout en pouvant y déroger lors de l'examen individuel de chaque demande si des considérations d'intérêt général ou les circonstances propres à chaque situation particulière le justifient ».

lesquels une certaine « flexibilité » des normes est valorisée par les entreprises et les régulateurs eux-mêmes. Tel est notamment le cas pour des actes édictés par des autorités administratives indépendantes, dotées d'un certain magistère et qui bénéficient donc d'une certaine autorité fondée sur leur expertise technique et leur connaissance des activités qu'elles régulent.

Quoi qu'il en soit, le choix apparemment libre mais en réalité suggéré peut être complété par une mise en garde contre les conséquences d'un choix alternatif. Il ne s'agit certes plus d'une sanction, puisque la norme suggestive peut juridiquement ne pas être suivie, mais le destinataire sait qu'un écart ne sera pas sans conséquences. La normativité emprunte alors à une forme de pédagogie [1].

Pour obtenir l'obéissance, il s'agit pour le droit souple de faire appel à la volonté du sujet de droit, afin de ménager son sentiment de liberté face à la norme. Du reste, l'obéissance sera d'autant plus facilement obtenue que la norme fournit d'emblée un modèle, en quelque sorte « prêt à l'usage » : la norme suggérée facilite le choix, en le canalisant. Un choix alternatif à celui que propose la norme supposerait une dose d'invention, voire d'explication ou de justification : pourquoi compliquer la situation si un modèle existe déjà ?

La souplesse du droit souple tient donc d'abord à ce que la normativité qu'il porte n'est plus impérative, mais suggestive ou encore persuasive. La technique suggestive témoigne bien à cet égard d'un *renouvellement des formes d'exercice de l'autorité*. Dans certains domaines ou sur certaines questions, l'interdiction et la prescription sont aujourd'hui des techniques peu efficaces ou aléatoires sur le plan pratique. L'ordre pur, surtout s'il se montre intransigeant ou comminatoire, risque ainsi de faire l'objet d'un refus frontal et assumé d'obéissance, au risque de saper définitivement l'autorité de celui qui l'édicte. Le droit souple apparaît alors comme un instrument privilégié de direction de l'esprit et d'orientation des conduites, car il entend inverser l'ordre traditionnel d'exercice de l'autorité. Prenant acte de ce que l'autorité n'est jamais un phénomène unilatéral, où un « décideur » peut imposer ses vues à un sujet passif, le droit souple cherche l'adhésion du sujet destinataire de la norme et favorise l'implication de ce sujet dans l'obéissance. Avec le droit souple, l'autorité ne se décrète toujours pas ; mais elle est tout de même organisée. Plutôt que d'être présumée chez l'auteur de la norme, comme dans le cas d'une norme impérative, l'autorité du droit souple se constate souvent après-coup. Elle se démontre rétrospectivement. Par le droit souple, l'autorité s'exerce autrement.

Le droit souple est-il (encore) du droit ?

55. À cet égard, il est permis de se demander si le droit souple est aussi souple qu'il y paraît. L'effet de mode ou d'affichage est peut-être volontaire et sans doute pas indifférent au succès de la formule du droit souple. Toujours est-il que le débat sur le droit souple ne saurait être cantonné à la dimension technique du droit. Le droit souple ne renouvelle pas seulement l'étude des modes d'usage – imposé ou non – du droit. Pour en cerner tous les enjeux, le juriste doit saisir le droit souple – comme d'ailleurs le droit « dur » – dans son contenu propre, en examinant les buts qu'il poursuit et les objets

1. V. not. C. Groulier (dir.), *L'État moralisateur. Regard interdisciplinaire sur les liens contemporains entre morale et action publique*, postface de J. Chevallier, Mare et Martin, 2014.

auxquels il se rapporte. Si le caractère impératif du droit répond par hypothèse à certains objectifs et sert ainsi certaines valeurs, quels objectifs le droit souple poursuit-il et quelles valeurs promeut-il ? De façon générale, il est permis de se demander si le droit souple se rattache encore à la normativité juridique, ou s'il ne témoigne pas d'un déplacement et d'une concurrence des normativités [1].

Cette interrogation mène sur le terrain des contenus substantiels du droit, des valeurs qu'il porte et défend. Si les juristes ne peuvent plus ignorer la réalité du droit souple, ils ne peuvent pas davantage dissocier la dimension instrumentale du droit (en quoi le droit remplit une fonction de référence) et sa dimension axiologique (le contenu de cette référence, c'est-à-dire ce qu'il s'agit de prendre pour référence). Or l'émergence du droit souple est le signe des limites réelles ou supposées du droit dans ses formes traditionnelles. La souplesse est par elle-même un atout pour un droit qui ne serait ainsi plus un système s'imposant de façon apparemment aveugle et intraitable, au mépris des réalités changeantes et des besoins évolutifs.

Les sociétés contemporaines ne s'affichent guère favorables aux entraves et aux limites. L'autorité est à certains égards mise en défiance. Du reste, les individus ne se fient plus volontiers aux paroles institutionnelles ; pour le meilleur et pour le pire, ils les somment au contraire de se justifier, de s'expliquer, de se prouver. Parallèlement, les discours courants entendent donner toute sa place au choix réputé souverain de chacun. L'autorité elle-même n'hésite plus à se présenter comme une instance avec laquelle il est possible de discuter, sinon de transiger. Le droit souple est une marque de cette logique d'émancipation face à toute forme d'hétéronomie et donc face à des choix qui seraient imposés plutôt que consentis.

Mais si la norme suggérée flatte généralement l'impression de liberté de son destinataire, sa force peut être paradoxalement d'autant plus importante. C'est même souvent parce que le droit classique n'aurait pas permis d'obtenir l'obéissance que le droit souple s'avère aussi pratique. Cet usage peut se révéler pernicieux : le droit souple peut parvenir aux mêmes résultats qu'une norme imposée, sans en connaître les inconvénients et sans contrarier apparemment le sujet libre… mais obéissant.

Bien entendu, il ne faut pas être dupe de ces nouvelles modalités de conduite des individus. Il faut dépasser une vision résolument optimiste, qui chanterait les louanges du droit post-moderne, enfin dynamique, participatif, efficace et ouvert sur le monde ou la « réalité » (par exemple économique). Autant le dire d'emblée : le succès du droit souple doit surtout être analysé comme une relativisation du droit. L'expansion du droit souple – et donc l'expansion de la souplesse du droit – est liée à l'immixtion, au sein du système juridique, d'autres logiques et rationalités que celles du droit. Si les règles juridiques doivent être souples, si leur souplesse est tant vantée, c'est d'abord parce que la normativité juridique est sommée de répondre à des logiques qui ne sont pas celles du droit : logique d'efficacité économique, logique d'adaptation aux variations de l'opinion publique ou médiatique, logique de prise en compte des aspirations subjectives, etc. Le paradoxe est ainsi celui de l'émergence d'une normativité juridique qui ne doit plus grand-chose à la rationalité propre au droit, mais à des rationalités extérieures à lui.

1. V. en ce sens, I. Hachez *et al.*, *Les Sources du droit revisitées*, 4 vol., Anthémis, Bruxelles, 2013 (spéc. vol. 3 sur les « normativités concurrentes »). V. aussi Fr. Ost, *À quoi sert le droit ? Usages, fonctions, finalités*, Bruylant, « Penser le droit », 2016.

L'exemple à la fois le plus net et le plus massif tient à *l'imprégnation par le droit de certaines techniques d'évaluation chiffrée*, qui reposent sur la définition d'objectifs de performance quantitatifs, puis le contrôle de la réalisation de ces objectifs chiffrés, pour en tirer enfin des conséquences, notamment financières. La généralisation de ce modèle, qui s'exprime par exemple dans la gouvernance des entreprises ou la nouvelle gestion publique, témoigne d'un véritable changement de philosophie par rapport aux méthodes du droit. Dans le champ de l'action publique, est en effet à l'œuvre une « nouvelle quantification publique [1] », qui entend calculer les bienfaits attendus d'une politique publique et mesurer quantitativement les effets constatés, en soustrayant souvent les méthodes de ce calcul au débat démocratique. Dans cette « gouvernance par les nombres [2] », la norme est certainement plus souple qu'autrefois : seul est imposé l'objectif, à charge pour l'agent social de le réaliser en fonction de son investissement personnel, de sa capacité de travail et de son esprit d'initiative. Pourtant, tout est déterminé, dans une telle configuration, par l'objectif chiffré, qui constitue une incitation extrêmement forte et marque bien en ce sens l'émergence d'une normativité technicienne particulièrement solide. Le paradoxe est que l'incalculable risque de disparaître, ce qui conduit à des « politiques du chiffre », où seul compte, dans l'activité évaluée, ce qui est compté et ce qui est susceptible d'être compté. On le voit, une telle rationalité comptable et managériale ne peut être sans effet sur la rationalité juridique [3].

Les juristes ont donc quelque motif légitime d'être suspicieux à l'égard du droit souple, pour des raisons qui tiennent à la *teneur* du droit en question, lequel s'hybride considérablement au contact de ces rationalités extra-juridiques. Non seulement le droit souple n'est pas aussi souple qu'il y paraît, mais il n'est pas certain non plus qu'il s'agisse encore de droit. Car le droit souple est essentiellement le nom de nouveaux pouvoirs [4], irréductibles aux formes traditionnelles d'exercice du pouvoir en société. Au minimum, le droit souple montre ainsi que les sources contemporaines du pouvoir – ou certaines d'entre elles – se déplacent. Le droit impératif présentait le mérite de la clarté : le modèle imposé pouvait être refusé délibérément, le cas échéant sous peine d'une sanction. Le droit souple présente davantage de dangers pour les sujets de droit : puisqu'il est difficile de distinguer ce qui est suggéré par l'auteur de la norme et ce qui est décidé volontairement par son destinataire, la norme souple pourrait constituer un degré particulièrement raffiné de conditionnement des individus.

Il n'est pas exclu qu'un tel conditionnement soit l'ambition de certains usages du droit souple, notamment dans le monde du travail ou de façon générale en matière de relations économiques. En misant sur le « management de soi », censé permettre à chacun de se réaliser pleinement, le droit souple peut permettre en réalité de canaliser et d'encadrer les conduites personnelles d'une façon si peu perceptible qu'elle en est paradoxalement particulièrement efficace. Le droit souple se fait alors l'instrument diffus d'un système ou d'une logique générale, c'est-à-dire d'une forme de pouvoir dont il est fort délicat d'identifier la source et donc de limiter les effets.

1. I. Bruno et E. Didier, *Benchmarking. L'État sous pression statistique*, Zones, 2013.
2. A. Supiot, *La Gouvernance par les nombres. Cours au Collège de France (2012-2014)*, Fayard, 2012.
3. V. sur le cas du droit administratif français, J. Caillosse, *L'État du droit administratif*, LGDJ, « Droit et société », 2015.
4. V. A.-B. Caire (dir.), *Les Nouveaux Pouvoirs. Approche pluraliste des foyers de création du droit*, Bruylant, « Penser le droit », 2017.

Le droit peut-il encore se désintéresser de ces nouvelles formes d'exercice du pouvoir, au motif qu'elles seraient marquées par la souplesse ? Ne faut-il pas admettre au contraire que, s'agissant précisément de *pouvoirs*, le droit devrait avoir toute sa place pour exercer sur ceux-ci un contrôle objectif et lucide ? La vocation du droit semble bien en effet être celle d'une référence générale pour l'organisation des rapports sociaux. Or si le droit doit exercer ce rôle, il faut bien qu'il surplombe, d'une façon ou d'une autre, les pouvoirs exercés en société. Dans son rapport annuel relatif au droit souple, le Conseil d'État avait lui-même relevé qu'il « n'est pas souhaitable de voir des autorités publiques développer un pouvoir [...] à l'abri de tout contrôle juridictionnel [1] ». Ce principe, relatif au « droit souple public [2] », pourrait tout aussi bien s'appliquer *mutatis mutandis* aux pouvoirs privés.

Le droit souple n'en est pas moins largement insaisissable. L'un de ses atouts principaux est assurément sa souplesse, voire son caractère informel. Or l'ordre juridique est le royaume de la forme, ou du moins de la formalisation. Ainsi, il paraît *a priori* difficile à celui-ci de se saisir d'un objet aussi informel, sans le « déformer » immédiatement, sous prétexte d'en formaliser et d'en canaliser l'usage. Car en formalisant le droit souple, l'ordre juridique pourrait bien lui faire perdre une part importante de son intérêt pour les acteurs sociaux. La souplesse semble constituer un gage paradoxal du succès du droit souple.

Ce faisant, une autre difficulté, sans doute encore plus considérable, se fait jour. Comment l'ordre juridique peut-il se saisir du droit souple, s'il n'est pas certain qu'il s'agisse encore de droit ? Force est de constater que, face au droit souple, le juriste n'est pas toujours armé intellectuellement pour cerner tous les enjeux d'une normativité parfois extrêmement technique, où même le droit semble n'avoir qu'une place très relative. Il en résulte que l'exercice d'un contrôle efficace (pour le juge) ou plus généralement l'appréciation de ces nouvelles formes juridiques (pour le juriste) suppose une bonne connaissance de ce qu'il s'agit de contrôler.

Ces débats, relatifs tant à la souplesse qu'à la technicité du droit souple, n'ont pas manqué d'agiter les juristes ces dernières décennies. Saisi de recours contre des actes de droit souple pris par des autorités publiques, le Conseil d'État par exemple en était resté globalement à une attitude traditionnelle : seuls les actes dits « impératifs » pouvaient être contrôlés par le juge administratif [3], dès lors que seuls ces actes impératifs étaient réputés avoir un « effet juridique ». La jurisprudence administrative semblait ainsi faire sienne une conception du droit assimilant la normativité à l'impérativité, ce qui conduisait à reléguer hors du droit (ou plus exactement, hors du prétoire) toutes les formes non impératives. Par la suite, le juge administratif avait tout de même élargi son contrôle aux actes qui, tout en n'étant pas impératifs, produisaient des effets juridiques [4].

1. Conseil d'État, *Le Droit souple*, préc., p. 174.
2. *Ibid.*, p. 136 et 174.
3. La jurisprudence de principe en la matière résulte de la décision *Duvignères* (CE, Sect., 18 déc. 2002, *Mme Duvignères*, n° 233618, GAJA), telle qu'explicitée et complétée notamment par deux décisions relatives à des actes de l'Autorité de la concurrence (CE, 11 oct. 2012, *Société ITM Entreprises* et *Société Casino-Guichard-Perrachon*, n° 346378 et 357193 : les actes peuvent faire l'objet d'un contrôle s'ils « revêtent le caractère de dispositions *générales et impératives* ou de *prescriptions* individuelles dont l'Autorité pourrait ultérieurement censurer la méconnaissance »). Dans les deux cas, les actes doivent donc être impératifs ou prescriptifs.
4. V. par ex. CE, 27 avril 2011, *Association pour une formation médicale indépendante (Formindep)*, n° 334396. V. aussi, not. sur les recours indemnitaires, B. Lavergne, *Recherche sur la* soft law *en droit public français*, préface de N. Jacquinot, LGDJ/PU Toulouse 1 Capitole, 2013.

À la suite de son étude annuelle précitée, le Conseil d'État a finalement pris acte de la place parfois considérable du droit souple. Par deux décisions juridictionnelles du 4 avril 2016, il a ainsi accepté d'être saisi sous certaines conditions de mesures prises par des autorités publiques qu'il qualifie de « régulation », dans deux hypothèses nouvelles : d'une part, lorsque ces mesures « sont de nature à produire des effets notables, notamment de nature économique », mais aussi d'autre part lorsqu'elles « ont pour objet d'influer de manière significative sur les comportements des personnes auxquelles [elles] s'adressent » [1]. On le voit : le juge administratif ne recherche plus si l'acte contesté produit quelque effet *juridique*. Mais il s'en saisit tout de même, parce qu'il admet qu'il produit un effet extra-juridique trop considérable pour que le droit puisse s'en détourner. Ces décisions confirment donc très explicitement qu'il convient d'opérer une distinction entre la normativité en général et la normativité juridique : un acte peut être normatif – c'est-à-dire, dans les termes du Conseil d'État, avoir des « effets notables » ou « influer de manière significative sur les comportements » – tout en n'ayant pas d'« effet juridique ». Le droit souple se révèle donc n'être pas si souple, tandis qu'il n'est pas non plus tout à fait du droit…

1. CE, Ass., 4 avril 2016, *Société NC Numericable*, n° 390023 et *Société Fairvesta International GMBH et autres*, n° 368082/368083/368084.

DEUXIÈME PARTIE

Les sources du Droit

56. Pour identifier « d'où vient » le droit, les juristes parlent – en termes imagés – de « sources ». En général, on désigne ainsi les sources formelles du droit, c'est-à-dire les seules sources instituées et reconnues comme telles. Il faut néanmoins faire également une place aux sources pratiques : certes celles-ci ne sont généralement pas formellement consacrées, mais elles n'en sont pas moins créatrices de droit.

TITRE I

Les sources instituées

57. Les sources instituées sont celles qui sont institutionnellement posées dans un État de droit. Elles ont ainsi la légitimité de créer du droit, et c'est vers elles qu'il faut se tourner en premier lieu pour avoir la réponse à une question juridique. Toutes ces sources découlent de la source au sommet de la hiérarchie des normes : la Constitution.

Empruntant cette image à Kelsen (voir *infra* n° 138 et n° 157), les juristes ordonnent traditionnellement les sources du droit en une « pyramide » de normes. Bien que sa pensée soit plus complexe, on rattache ordinairement à ce juriste autrichien l'idée qu'une norme n'est valable que parce qu'elle est conforme à une norme qui lui est supérieure, et l'ensemble des règles juridiques a alors l'aspect d'une pyramide.

Aujourd'hui, la métaphore demeure répandue, même si plusieurs éléments viennent complexifier le tableau. En particulier, l'importance croissante des sources européennes vient contester la suprématie absolue des normes internes et brouiller la hiérarchie classique. Surtout, les analyses qui s'appuient sur la conception kelsénienne ont tendance à ne privilégier que la place ou le rang de telle norme pour résoudre les conflits. Or, le conflit entre deux normes ne s'épuise pas dans les questions de place dans la hiérarchie des normes : il en va surtout du contenu substantiel des normes qu'il s'agit d'articuler entre elles (par exemple par l'application de la norme la plus favorable à l'intéressé). Au regard des difficultés à maintenir tel quel ce schéma dérivé de Kelsen, on a pu ainsi se demander si la société moderne n'était pas construite sur le modèle du réseau plutôt que sur celui de la pyramide [1]. Il n'en demeure pas moins que les normes juridiques ont des valeurs différentes, et que la source d'une règle permet d'en apprécier la valeur juridique.

1. V. en part. F. Ost et M. van de Kerchove, *De la pyramide au réseau ? Pour une théorie dialectique du droit*, Bruxelles, Publications des Facultés universitaires Saint-Louis, 2002.

Chapitre I

LES SOURCES CONSTITUTIONNELLES

58. La Constitution actuellement en vigueur en France est la Constitution de la Ve République, qui date du 4 octobre 1958. Elle a été modifiée substantiellement de nombreuses fois, la dernière révision ayant été opérée par la loi constitutionnelle du 23 juillet 2008 de modernisation des institutions de la Ve République. Nous dirons quelques mots du Conseil constitutionnel avant d'examiner quelles sont les normes à valeur constitutionnelle et comment s'opère le contrôle de constitutionnalité des lois.

SECTION 1
Le Conseil constitutionnel

59. Le Conseil constitutionnel a été institué par la Constitution de 1958 (titre VII). Il est composé de neuf membres : trois sont nommés par le président de la République, trois par le président de l'Assemblée nationale et trois par le président du Sénat. Leur mandat, d'une durée de neuf ans, n'est pas renouvelable. Le Conseil constitutionnel se renouvelle par tiers tous les trois ans. À ces neuf membres, il faut ajouter les anciens présidents de la République qui sont, sauf s'ils ne souhaitent pas siéger, membres de droit et à vie du Conseil constitutionnel. Le président du Conseil constitutionnel, désigné par le président de la République parmi les membres nommés ou de droit de ce Conseil, a une voix prépondérante en cas de partage. Certaines incompatibilités avec d'autres fonctions sont prévues (par exemple avec celles de ministre ou de membre du Parlement).

Outre ses fonctions de juge électoral [1], le Conseil constitutionnel était initialement chargé d'empêcher le législateur de méconnaître la nouvelle distinction entre le domaine législatif et le domaine réglementaire. Il a toutefois connu un renforcement de son contrôle. À partir de sa décision *Liberté d'association* en 1971, il a accepté de contrôler la constitutionnalité des lois au regard de l'ensemble des normes de valeur constitutionnelle, dont les textes fondamentaux que sont la Déclaration de 1789 et le Préambule de 1946. En 1974, une révision constitutionnelle a permis à soixante députés ou soixante sénateurs de le saisir, ce qui lui a donné l'occasion d'intervenir plus fréquemment. Enfin, l'introduction de la question prioritaire de constitutionnalité (QPC) en 2008 a ouvert aux justiciables la possibilité de demander indirectement au Conseil d'examiner la constitutionnalité d'une loi déjà promulguée (sur toutes ces questions, voir *infra* n° 63).

SECTION 2
Les normes de valeur constitutionnelle

60. Les articles 1 à 89 forment ce que l'on appelle le « corps » de la Constitution. Leur objet est de poser les règles relatives à l'organisation et au fonctionnement des pouvoirs publics institués (président de la République, gouvernement, Parlement, Conseil constitutionnel, autorité judiciaire, Défenseur des droits, etc.). Dans certains pays étrangers, la Constitution est conçue plus largement et contient elle-même des droits et libertés fondamentaux.

La Constitution de la Ve République est cependant introduite par un Préambule, qualifié souvent de « Préambule-gigogne », en référence aux fameuses poupées russes s'emboîtant les unes dans les autres. Il renvoie en effet à la Déclaration des droits de l'homme et du citoyen de 1789 [2], au Préambule de la Constitution de 1946 (Constitution de la IVe République) et, depuis la loi constitutionnelle du 1er mars 2005,

1. Le Conseil constitutionnel contrôle en effet la régularité de l'élection présidentielle, ainsi que des élections des parlementaires et veille au bon déroulement des opérations de référendum. Il est par ailleurs le juge (depuis 2006, en appel de la Commission nationale des comptes de campagne et des financements politiques) des financements des dépenses électorales pour les candidats aux élections législative et présidentielle.

2. V. S. Rials, *La Déclaration des droits de l'homme et du citoyen*, Paris, Hachette, « Pluriel », 2003.

à la Charte de l'environnement de 2004. Quant au Préambule de la Constitution du 27 octobre 1946, s'il renvoie à son tour à la Déclaration des droits de 1789, il « réaffirme » par ailleurs les « principes fondamentaux reconnus par les lois de la République », sans les expliciter. D'après le Conseil, il s'agit de principes dotés d'une certaine importance, dégagés à partir d'une tradition législative républicaine constante [1], comme le principe d'une atténuation de la responsabilité pénale des mineurs et l'obligation du relèvement éducatif et moral des enfants, le régime juridique particulier du Concordat en Alsace-Moselle, ou encore l'indépendance des professeurs d'université [2]. Le Préambule de 1946 proclame enfin « comme particulièrement nécessaires à notre temps », certains principes politiques, économiques et sociaux qu'il énumère, tels que l'égalité entre les hommes et les femmes, le droit d'asile, le devoir de travailler et le droit d'obtenir un emploi, la liberté syndicale, le droit de grève, ou encore le droit à l'instruction.

Dans son importante décision du 16 juillet 1971, le Conseil constitutionnel a intégré dans l'ensemble des normes de référence de son contrôle des lois – cet ensemble étant parfois qualifié de « bloc de constitutionnalité » – le Préambule de la Constitution de 1958. Ce faisant, il a reconnu une valeur constitutionnelle à tous les principes visés par ce Préambule, et donc aux droits et libertés consacrés par la Déclaration des droits de 1789, aux principes fondamentaux reconnus par les lois de la République (en l'espèce au principe de liberté d'association, garanti par la grande loi de 1901 sur les associations), et enfin aux principes particulièrement nécessaires à notre temps du Préambule de la Constitution de 1946. Le droit constitutionnel contient donc désormais des droits et libertés individuels, mais aussi des principes fondamentaux intéressant le droit privé comme le droit public, ce qui donne une tout autre portée au contrôle de constitutionnalité des lois.

Progressivement, l'idée fait son chemin que certains droits et libertés essentiels pourraient être proclamés dans le corps même de la Constitution. Ainsi, une loi constitutionnelle du 23 février 2007 relative à l'interdiction de la peine de mort introduit, à la suite de l'article 66 de la Constitution affirmant le droit à la sûreté protégé par l'autorité judiciaire, un article 66-1 disposant que « Nul ne peut être condamné à la peine de mort ».

1. Déc. n° 88-244 DC du 20 juillet 1988.
2. V. respectivement déc. n° 2002-461 DC du 29 août 2002, déc. n° 84-165 DC du 20 janvier 1984 et déc. n° 2011-157 QPC du 5 août 2011.

Section 3
Le contrôle du Conseil constitutionnel

61. Dans la Constitution de 1958, le contrôle de constitutionnalité des lois était un contrôle *a priori*. Une réforme constitutionnelle de 2008 a introduit un contrôle *a posteriori* : la question prioritaire de constitutionnalité.

I / Le contrôle *a priori* de la constitutionnalité des lois

62. La Constitution de 1958 a confié le contrôle de constitutionnalité des lois au Conseil constitutionnel.

Dans la Constitution de 1958, le rôle du Conseil constitutionnel consistait principalement à veiller à la nouvelle répartition des compétences posée entre la loi et le règlement, et plus précisément à sanctionner tout empiétement du pouvoir législatif sur le pouvoir réglementaire. Il s'était également vu attribuer certaines compétences électorales (par exemple veiller à la régularité des élections du président de la République, des députés et des sénateurs), le pouvoir de constater l'empêchement du président de la République, de veiller à la régularité des opérations de référendum, ou encore de conseiller le président de la République lorsque celui-ci met en œuvre l'article 16 de la Constitution (circonstances exceptionnelles mettant la nation en péril).

Le rôle essentiel du Conseil constitutionnel est cependant devenu celui du contrôle de constitutionnalité des lois. La première raison en a été la décision précitée du 16 juillet 1971. La constitutionnalisation du Préambule permet en effet désormais de contrôler davantage le contenu des lois : tant que leur conformité à la Constitution s'appréciait uniquement par rapport aux règles de fonctionnement prévues par la Constitution, le risque de non-conformité était pratiquement inexistant ; il en est autrement depuis que toutes les lois doivent aussi être conformes aux droits et principes fondamentaux énoncés par les différents Préambules. Surtout, jusqu'à la réforme constitutionnelle du 29 octobre 1974, le Conseil constitutionnel ne pouvait être saisi que par le président de la République, le Premier ministre, le président de l'Assemblée nationale, ou encore par le président du Sénat. Or, ces quatre autorités étant souvent du même bord politique, aucune d'entre elles n'allait prendre l'initiative de saisir le Conseil constitutionnel pour contester un texte adopté par leur propre majorité. La loi constitutionnelle précitée a élargi la saisine du Conseil constitutionnel à un groupe de 60 députés ou 60 sénateurs, ouvrant ainsi en pratique à l'opposition politique la possibilité de contester la constitutionnalité des lois adoptées par la majorité. Si ces autorités veulent saisir le Conseil constitutionnel, elles doivent le faire après que la loi a été votée (par le Parlement), mais avant sa promulgation (par le président de la République). C'est donc un contrôle *a priori* (art. 61 Constit.), en ce sens que la loi n'a pas encore produit d'effets avant d'être contrôlée.

Le Conseil constitutionnel ne peut pas s'autosaisir mais, lorsqu'il est saisi de l'inconstitutionnalité ne serait-ce que d'une disposition d'une loi, il s'est reconnu le pouvoir d'en profiter pour contrôler la loi dans son entier et même l'ancienne loi (pourtant déjà promulguée) dont la nouvelle vient modifier ou compléter certaines dispositions [1]. Ces techniques ne sont toutefois utilisées que dans le cadre du contrôle *a priori*. Le Conseil s'autorise également à relever d'office un grief qui n'aurait pas été formulé par les autorités de saisine.

Le Conseil constitutionnel doit statuer dans le délai d'un mois, sauf s'il y a urgence (dans ce cas, à la demande du gouvernement, ce délai est ramené à huit jours). Les décisions du Conseil constitutionnel ne sont susceptibles d'aucun recours. Elles s'imposent aux pouvoirs publics et à toutes les autorités administratives et juridictionnelles, sachant que sont concernés autant le dispositif que « les motifs qui en sont le soutien nécessaire et en constituent le fondement même [2] ». S'il a été saisi avant la promulgation de la loi, les dispositions déclarées inconstitutionnelles ne peuvent être promulguées ni mises en application. Il arrive que le Conseil, dans un souci de sécurité juridique, accorde un délai au législateur afin que celui-ci modifie la législation déclarée inconstitutionnelle.

Dans le cas particulier où le Conseil décide de censurer une loi déjà promulguée à l'occasion d'un contrôle de constitutionnalité *a priori*, la disposition n'est en principe plus applicable. Mais elle ne disparaît pas pour autant de l'ordre juridique : elle est simplement déclarée inconstitutionnelle. Dans une telle hypothèse en effet, le Conseil constitutionnel n'a pas le pouvoir d'abroger la disposition législative, puisque celle-ci a déjà été promulguée. Il incombe alors au gouvernement et au Parlement

1. Déc. n° 85-187 DC du 25 janvier 1985, *État d'urgence en Nouvelle-Calédonie*, *GDCC*.
2. Déc. n° 62-18 L du 16 janvier 1962.

de prendre l'initiative d'abroger la loi censurée, même si cette loi ne peut plus être appliquée [1].

Le Conseil constitutionnel est coutumier désormais des déclarations de conformité dites « avec réserves » qui lui permettent de valider une disposition législative à la condition expresse que celle-ci soit interprétée dans le sens qu'il indique. Cela lui permet de sauver une loi de la censure, et d'influer ainsi sur son contenu.

II / LA QUESTION PRIORITAIRE DE CONSTITUTIONNALITÉ

63. La réforme constitutionnelle du 23 juillet 2008, entrée en vigueur le 1er mars 2010, a élargi les modalités de saisine du Conseil constitutionnel en prévoyant, dans un nouvel article 61-1 de la Constitution, une possible contestation de la constitutionnalité des lois par les justiciables, c'est-à-dire un contrôle *a posteriori* de la constitutionnalité des lois. C'est ce qu'on appelle désormais la question prioritaire de constitutionnalité (QPC). Le bouleversement introduit par ces nouvelles dispositions est tel qu'elles méritent quelques développements propres. Auparavant, la contestation de la constitutionnalité des lois devait être formulée immédiatement après le vote de la loi et avant que celle-ci ne soit promulguée par le président de la République ; celui-ci ne pouvait alors promulguer la loi qu'après le feu vert du Conseil constitutionnel. Désormais, lorsque, à l'occasion d'une instance en cours devant une juridiction ordinaire (judiciaire ou administrative), il est soutenu qu'une disposition législative porte atteinte aux droits et libertés que la Constitution garantit, le Conseil constitutionnel peut être saisi de cette question sur renvoi du Conseil d'État ou de la Cour de cassation. A donc été consacrée une exception d'inconstitutionnalité, qui permet de faire disparaître, en raison de son inconstitutionnalité, une norme législative appliquée dans un litige ordinaire. L'effet octroyé à la décision du Conseil constitutionnel est considérable, puisque celui-ci a le pouvoir d'abroger directement les dispositions législatives inconstitutionnelles : une disposition déclarée inconstitutionnelle sur le fondement de l'article 61-1 est en effet en principe abrogée à compter de la publication de la décision du Conseil constitutionnel ou d'une date ultérieure fixée par cette décision (art. 62 Constit.). Toutefois, le Conseil constitutionnel estime parfois nécessaire de moduler les effets de cette abrogation, pour

1. Déc. n° 2013-349 QPC du 18 octobre 2013.

des motifs de sécurité juridique. Il peut ainsi ménager au législateur un délai – parfois non négligeable – pour remédier à l'inconstitutionnalité de la loi. Tant que ce délai n'est pas écoulé ou qu'une nouvelle loi n'est pas entrée en vigueur, la loi pourtant déclarée inconstitutionnelle reste applicable. Ces modulations peuvent parfois produire des conséquences pour le moins paradoxales : un justiciable peut être à l'initiative d'une QPC victorieuse mais s'entendre dire qu'il ne peut bénéficier de l'inconstitutionnalité de la loi.

Une loi organique du 10 décembre 2009 relative à l'application de l'article 61-1 de la Constitution est venue préciser les conditions de mise en œuvre de cette question prioritaire de constitutionnalité, et l'introduit notamment dans l'ordonnance du 7 novembre 1958 portant loi organique sur le Conseil constitutionnel. Une telle exception peut être soulevée pour la première fois en cause d'appel ou même en cassation, mais non pas d'office par les juges. La juridiction saisie de cette demande statue sur la transmission de la question prioritaire de constitutionnalité au Conseil d'État ou à la Cour de cassation (en vérifiant que la question n'est pas dépourvue de caractère sérieux et qu'elle n'a pas déjà été tranchée par le Conseil constitutionnel, sauf changement de circonstances). Dans un délai de trois mois à compter de la réception de cette transmission, le Conseil d'État ou la Cour de cassation se prononce à son tour sur le renvoi de la question au Conseil constitutionnel, lequel doit statuer dans un délai de trois mois à compter de sa saisine. Même s'il ne peut contrôler que les dispositions qui lui sont explicitement soumises, le Conseil constitutionnel estime qu'il peut d'office relever des griefs à l'encontre de ces dispositions. Contrairement au contrôle *a priori*, les QPC font l'objet d'une audience publique retransmise sur le site Internet du Conseil.

De nombreuses questions prioritaires de constitutionnalité ont déjà été soulevées dans les domaines les plus divers. Le rythme n'est pas encore stabilisé, et il dépend tout autant des deux juridictions supérieures de l'ordre judiciaire et de l'ordre administratif, qui peuvent décider ou non de transmettre au Conseil constitutionnel, que du Conseil constitutionnel lui-même.

Le filtre mis en place, qui confie ainsi au Conseil d'État et la Cour de cassation le pouvoir de renvoyer ou non la question au Conseil constitutionnel, leur confère partiellement le rôle de juges constitutionnels, dans la mesure où ils peuvent déclarer eux-mêmes qu'une loi est conforme à la Constitution et qu'un renvoi au Conseil constitutionnel ne se justifie donc pas. Le filtre de la QPC soulève en tout cas quelques difficultés.

En premier lieu, par deux décisions des 6 octobre 2010 (déc. n° 2010-39 QPC) et 14 octobre 2010 (déc. n° 2010-52 QPC), le Conseil constitutionnel a précisé que l'article 61-1 de la Constitution qui reconnaît à tout justiciable le droit de voir examiner, à sa demande, « *le moyen tiré de ce qu'une disposition législative méconnaît les droits et libertés que la Constitution garantit* » implique que la disposition législative contestée soit « *applicable au litige ou à la procédure* ». Tel est le cas, selon ces décisions, des interprétations jurisprudentielles constantes, si bien qu'« *en posant une question prioritaire de constitutionnalité, tout justiciable a le droit de contester la constitutionnalité de la portée effective qu'une interprétation jurisprudentielle constante confère à cette disposition* ». Ne peut-on pas penser toutefois que le Conseil d'État et la Cour de cassation auront quelques réticences à transmettre une question contestant la constitutionnalité de leur propre jurisprudence ? En tout cas, le juge judiciaire estime que la jurisprudence doit toujours trouver un ancrage dans un texte de loi pour mériter un renvoi au Conseil constitutionnel. Ainsi, une QPC qui « se borne à contester une règle jurisprudentielle sans préciser le texte législatif dont la portée serait » inconstitutionnelle est jugée irrecevable [1]. L'article 61-1 de la Constitution fait d'ailleurs bien référence à une « disposition législative ».

Par ailleurs, les deux juridictions supérieures chargées du filtrage ont été amenées à s'interroger sur le caractère prioritaire de la QPC, dès lors que la loi peut aussi être contrôlée au regard du droit international. Il a finalement été jugé que le respect du droit de l'Union européenne pouvait exiger de prendre des mesures provisoires ou conservatoires et donc, dans cette mesure, nécessitait de faire obstacle à la priorité reconnue à la QPC, alors même que l'article 23-5 de la loi organique du 10 décembre 2009 prévoit une telle priorité pour le cas où le Conseil d'État ou la Cour de cassation seraient saisis de moyens contestant la conformité d'une disposition législative à la fois aux droits et libertés garantis par la Constitution et aux engagements internationaux de la France (v. *infra* n° 90).

Bien que le contrôle du respect des normes internationales n'ait pas perdu de son importance, l'introduction de la QPC en droit français a contribué à replacer la Constitution au sommet de la pyramide des normes. En effet, jusque-là, la « fondamentalisation » du droit se faisait surtout par l'invocation de sources européennes, en particulier la Convention européenne des droits de l'homme. Dès lors qu'aujourd'hui

1. V. par ex. Cass. civ. 1re, 27 sept. 2011, n° 11-13.488 ; plus réc. : Cass. soc., 17 février 2016, n° 15-40.042.

les justiciables peuvent invoquer les droits fondamentaux tirés du bloc de constitutionnalité, c'est plus précisément à une constitutionnalisation du droit que l'on assiste. Avec à la clé, la nécessité d'arbitrer entre les droits fondamentaux. Il faut pour cela acclimater les principes forgés par les juridictions européennes et étrangères, en particulier le principe de proportionnalité.

Chapitre II

LES SOURCES INTERNATIONALES

64. Le titre VI de la Constitution de 1958 est consacré aux traités et accords internationaux. Il en constitue le droit commun. Une place à part doit être faite au droit européen, notamment le droit de l'Union européenne qui institue une intégration juridique plus poussée.

SECTION 1
Les sources internationales stricto sensu

65. Nous verrons l'élaboration des traités et accords internationaux, leur application, puis enfin leur place dans la hiérarchie des normes.

I / L'ÉLABORATION DES TRAITÉS ET ACCORDS INTERNATIONAUX

66. Un traité international est négocié et ratifié par le président de la République. Un accord international n'est en revanche pas soumis à la ratification de celui-ci, qui doit cependant être tenu informé de sa négociation (art. 52 Constit.).

Certains traités – les traités de paix, de commerce, les traités ou accords relatifs à l'organisation internationale, ceux qui engagent les finances de l'État, ceux qui modifient des dispositions de nature législative, ceux qui sont relatifs à l'état des personnes, enfin ceux qui comportent cession, échange ou adjonction de territoire (art. 53 Constit.) – ne peuvent être ratifiés ou approuvés qu'en vertu d'une loi. Ceux qui comportent cession, échange, ou adjonction de territoire nécessitent en outre le consentement des populations intéressées.

Si le Conseil Constitutionnel – saisi soit par le président de la République, par le Premier ministre, par le président de l'une ou l'autre assemblée, soit par 60 députés ou 60 sénateurs – a déclaré qu'un engagement international comportait une clause contraire à la Constitution, l'autorisation de ratifier ou d'approuver l'engagement international en cause ne peut intervenir qu'après révision de la Constitution (art. 54 Constit.).

II / L'APPLICATION DES TRAITÉS ET ACCORDS INTERNATIONAUX

A / L'applicabilité directe des traités

67. Un traité ou accord régulièrement ratifié par la France peut être d'applicabilité directe lorsqu'il contient des droits ou des obligations pour les particuliers : il peut alors être invoqué par les justiciables devant les tribunaux qui doivent en faire application.

En revanche, les traités qui ne créent des obligations qu'à la charge des États signataires ne peuvent être invoqués par des requérants devant les tribunaux. Seul l'État est alors obligé par le traité, c'est-à-dire qu'il doit en respecter les objectifs et les dispositions et doit, le cas échéant, procéder à une modification du droit interne pour mettre celui-ci en conformité avec les obligations souscrites au niveau international.

Le traité précise parfois expressément qu'il est d'applicabilité directe. Dans l'hypothèse inverse, il appartient aux juridictions d'apprécier si tel est le cas. C'est ainsi qu'après avoir dit le contraire dans un premier arrêt [1], la Cour de cassation a ensuite jugé que certaines des dispositions de la Convention de New York relative aux droits de l'enfant ne faisaient pas que créer des obligations entre États, et étaient d'application directe devant les juridictions françaises (en particulier son article 3.1, lequel dispose que dans toutes les décisions concernant les enfants, l'intérêt supérieur de l'enfant doit être une considération primordiale [2]).

Le Conseil d'État a pour sa part dégagé un mode d'emploi permettant de reconnaître si une stipulation internationale est d'effet direct. Le juge examine pour cela si, « eu égard à l'intention exprimée des parties

1. Cass. civ. 1re, 10 mars 1993, n° pourvoi 91-11310.
2. Civ. 1re, 14 juin 2005, n° pourvoi 04-16942.

et à l'économie générale du traité invoqué, ainsi qu'à son contenu et à ses termes », la stipulation en cause « n'a pas pour objet exclusif de régir les relations entre États et ne requiert l'intervention d'aucun acte complémentaire pour produire des effets » à l'égard des particuliers [1].

B / L'interprétation des traités

68. Les relations internationales relevant de la compétence du gouvernement, les juridictions administratives se sont longtemps montrées très réticentes pour interpréter les traités internationaux. Le Conseil d'État jugeait ainsi que cette interprétation ne relevait pas de sa compétence et, en cas d'obscurité ou d'ambiguïté d'un traité, il renvoyait à l'interprétation officielle du ministre des Affaires étrangères. Il avait cependant forgé une théorie dite de « l'acte clair » lui permettant de donner sa propre interprétation d'un traité parfaitement clair et ne nécessitant donc aucune interprétation. Dans un célèbre arrêt *GISTI* (Groupement d'information et de soutien des travailleurs immigrés) du 29 juin 1990 [2], le Conseil d'État s'est autorisé pour la première fois à interpréter lui-même un accord international, en se référant notamment à « la commune intention des parties signataires » de l'accord [3]. Il peut cependant toujours préférer recueillir l'avis du pouvoir exécutif, mais sans être désormais lié par celui-ci.

Les juridictions judiciaires se sont en revanche toujours reconnues compétentes pour interpréter les traités. Selon la formule de la Cour de cassation, « *il est de l'office du juge d'interpréter les traités internationaux invoqués dans la cause soumise à son examen, sans qu'il soit nécessaire de solliciter l'avis d'une autorité non juridictionnelle* [4] », et ce sauf « *lorsque cette interprétation soulève* [...] *des questions touchant à l'ordre international public* [5] ».

C / La condition de réciprocité

69. L'article 55 de la Constitution dispose que si « les traités ou accords régulièrement ratifiés ou approuvés ont, dès leur publication,

1. CE, Ass., 11 avril 2012, *Gisti* et *Fapil*, n° 322326.
2. CE, Ass., 29 juin 1990, *Gisti*, n° 78519.
3. V. CE, 24 févr. 1992, req. n° 101000.
4. Civ. 1re, 19 déc. 1995, n° pourvoi 93-20424.
5. Civ. 1re, 7 févr. 1995, n° pourvoi 93-12668 ; voir encore Civ. 1re, 7 juin 1989, n° pourvoi : 87-14212.

une autorité supérieure à celle des lois », c'est « *sous réserve*, pour chaque accord ou traité, de son application par l'autre partie ». C'est ce que l'on appelle la « condition de réciprocité » : tout État signataire d'un traité ou d'un accord international peut refuser de l'appliquer si l'autre partie ne le respecte pas lui-même. Le mécanisme est proche de celui de l'exception d'inexécution applicable dans tous les contrats synallagmatiques (du moins en droit privé) : chaque partie a en principe le droit de refuser d'exécuter ses obligations tant que l'autre ne respecte pas les siennes. Les parties ont ainsi un moyen de pression pour inciter l'autre à exécuter ses obligations. La condition de réciprocité n'est cependant pas d'application générale pour tous les traités. Elle ne peut ainsi pas être invoquée en matière de traité relatif aux droits de l'homme ou aux droits sociaux, et la violation de tels droits par l'un des pays signataires n'autorise donc pas – fort heureusement – les autres à en faire autant. Le droit de l'Union européenne, en raison de sa forte particularité, est soustrait lui aussi à cette condition de réciprocité.

La Cour de cassation juge qu'« *en l'absence d'initiative prise par le gouvernement pour dénoncer une convention ou en suspendre l'exécution, il n'appartient pas aux juges d'apprécier la condition de réciprocité prévue dans les rapports entre États par l'article 55 de la Constitution* [1] ». C'est donc au gouvernement (en particulier au ministre des Affaires étrangères) d'apprécier si la condition de réciprocité est respectée, et d'en tirer les conséquences sur la dénonciation ou la simple suspension d'application de la convention internationale.

Le Conseil d'État a longtemps adopté la même position, estimant qu'« *il n'appartient pas au juge administratif d'apprécier si et dans quelle mesure les conditions d'exécution par l'autre partie d'un traité ou d'un accord sont de nature à priver les stipulations de ce traité ou de cet accord de l'autorité qui leur est conférée par la Constitution* [2] ». Toutefois, cette solution a été censurée par la Cour européenne des droits de l'homme. Dans un arrêt *Chevrol c/ France* du 13 février 2003, celle-ci a en effet jugé que le juge administratif ne pouvait pas renoncer à son pouvoir d'appréciation sans priver le justiciable de son droit à un procès équitable. Selon la juridiction européenne, certes, « *afin de déterminer si, dans les faits, le traité est appliqué ou non par l'État cocontractant, les juridictions peuvent être appelées à consulter le ministère des Affaires étrangères, par nature susceptible de détenir des informations concernant l'application du traité par l'autre État* ». Cependant, le Conseil d'État « *s'est fondé*

1. Civ. 1re, 16 févr. 1994, n° pourvoi 92-10397.
2. CE, Ass., 9 avr. 1999, req. n° 180277.

exclusivement sur l'avis du ministre des Affaires étrangères. Ce faisant, le Conseil d'État s'est considéré comme lié par cet avis ; il s'est ainsi privé volontairement de la compétence lui permettant d'examiner et de prendre en compte des éléments de fait qui pouvaient être cruciaux pour le règlement in concreto *du litige qui lui était soumis.* [...] *Dans ces conditions, la requérante ne peut passer pour avoir eu accès à un tribunal ayant ou s'étant reconnu une compétence suffisante pour se pencher sur toutes les questions de fait et de droit pertinentes pour statuer sur ce litige.* »

Il a donc violé l'article 6 § 1 de la Convention européenne des droits de l'homme. En conséquence, le Conseil d'État a abandonné sa jurisprudence initiale, jugeant désormais qu'il lui appartient, « *dans l'exercice des pouvoirs d'instruction qui sont les siens* », d'apprécier lui-même « *si des éléments de droit et de fait suffisamment probants* [...] *sont de nature à établir* » que la condition de réciprocité est effectivement remplie. Pour ce faire, le juge recueille impérativement les « *observations du ministre des affaires étrangères et, le cas échéant, celles de l'État en cause* », mais ces observations sont désormais soumises à débat contradictoire et ne peuvent donc plus lier le juge [1].

III / LA PLACE DES TRAITÉS ET ACCORDS INTERNATIONAUX DANS LA HIÉRARCHIE DES NORMES

70. Selon l'article 55 de la Constitution, « les traités ou accords régulièrement ratifiés ou approuvés ont, dès leur publication, une autorité supérieure à celle des lois », sous la réserve de réciprocité précédemment examinée. Cet article règle la question de la place des traités par rapport à la loi mais, indirectement, il répond aussi à la question de la place des traités par rapport à la Constitution.

A / La place des traités par rapport à la Constitution

71. On déduit généralement de cet article 55 que, dans le système des sources français, la Constitution se trouve placée au-dessus des traités internationaux, car elle reste la norme juridique suprême. En effet, c'est par ce texte de rang constitutionnel qu'est reconnue en droit interne la place de ces traités internationaux ; c'est encore par ce texte qu'est

1. CE, Ass., 9 juillet 2010, *Mme Cheriet-Benseghir*, req. n° 317747.

instituée une hiérarchie entre les traités et les lois internes. À cet égard, c'est donc bien la Constitution qui supplante les traités internationaux, puisqu'elle en conditionne la place en droit interne.

On tire parfois, mais à tort, de l'article 54 de la Constitution qu'il en irait autrement. On a vu en effet que selon ce texte, lorsqu'un engagement international comporte une clause contraire à la Constitution, l'autorisation de ratifier ou d'approuver cet engagement ne peut intervenir qu'après révision de la Constitution. C'est donc celle-ci qui devrait céder. L'argument ne convainc pas : la France pourrait en effet toujours décider de ne pas modifier la Constitution et donc de ne pas ratifier, en en assumant certes les conséquences au niveau international. Le Conseil constitutionnel avait d'ailleurs évoqué, dans sa décision n° 2004-505 DC du 19 novembre 2004 relative au traité établissant une Constitution pour l'Europe, la place de la Constitution française « *au sommet de l'ordre juridique interne* ».

Dans un arrêt *Sarran* du 30 octobre 1998 [1], le Conseil d'État jugea également « *que si l'article 55 de la Constitution dispose que les traités ou accords régulièrement ratifiés ou approuvés ont, dès leur publication, une autorité supérieure à celle des lois sous réserve, pour chaque accord ou traité, de son application par l'autre partie, la suprématie ainsi conférée aux engagements internationaux ne s'applique pas, dans l'ordre interne, aux dispositions de nature constitutionnelle ; qu'ainsi, le moyen tiré de ce que le décret attaqué, en ce qu'il méconnaîtrait les stipulations d'engagements internationaux régulièrement introduits dans l'ordre interne* [2]*, serait par là même contraire à l'article 55 de la Constitution, ne peut lui aussi qu'être écarté.* »

De même, la Cour de cassation décida dans un arrêt *Fraisse* rendu en assemblée plénière le 2 juin 2000 [3], « *que la suprématie conférée aux engagements internationaux ne [s'appliquait] pas dans l'ordre interne aux dispositions de valeur constitutionnelle* [4] ». Les dispositions à valeur

1. CE, Ass., 30 oct. 1998, n° 200286 et n° 200287 ; *RTD civ.* 1999, p. 232, obs. N. Molfessis.

2. En l'espèce des stipulations du pacte des Nations unies sur les droits civils et politiques, de la Convention européenne de sauvegarde des droits de l'homme et des libertés fondamentales et du protocole additionnel n° 1 à cette Convention.

3. Ass. plén., 2 juin 2000, pourvoi n° 99-60274 ; *D.* 2001, p. 1636, note B. Beignier et S. Mouton.

4. Dès lors, devait être écarté le moyen tiré de ce que les dispositions de l'article 188 de la loi organique du 19 mars 1999 relative à la Nouvelle-Calédonie seraient contraires au Pacte international relatif aux droits civils et politiques et à la Convention européenne de sauvegarde des droits de l'homme et des libertés fondamentales, dans la mesure où cet article 188 a valeur constitutionnelle en ce qu'il reprend les termes du § 2.2.1 des orientations de l'accord de Nouméa, qui a lui-même valeur constitutionnelle en vertu de l'article 77 de la Constitution. *Adde*, dans le même sens et avec la même motivation, plusieurs décisions de la 2e Chambre civile de la Cour de cassation du 13 juillet 2000 (par ex. n° de pourvoi 99-60308).

constitutionnelle priment, et ne peuvent donc être écartées pour non-conformité à une norme internationale, ce qui suppose de démontrer cette valeur constitutionnelle si celle-ci est contestée [1].

Nous verrons plus loin que cette suprématie de la Constitution sur les normes internationales vaut aussi, même si elle est parfois contestée et doit sans doute être nuancée aujourd'hui, pour le cas particulier du droit de l'Union européenne.

B / La place des traités par rapport à la loi et aux règlements

72. L'article 55 précité affirme directement que les principales sources internationales que sont les traités sont au-dessus des lois nationales dans la hiérarchie interne des normes. Le Parlement ne peut donc déroger à un traité ou à un accord international régulièrement ratifié ou approuvé. En cas d'incompatibilité entre les deux normes, le traité international doit alors prévaloir sur la loi interne. On appelle aujourd'hui couramment le contrôle de « conventionnalité » des lois, ce contrôle de la compatibilité des lois par rapport aux traités internationaux. Il doit être soigneusement distingué du contrôle de constitutionnalité même si, comme nous le verrons plus loin, cette séparation n'est plus étanche en matière de droit de l'Union européenne.

Dans une décision rendue le 15 janvier 1975 à propos de la loi relative à l'interruption volontaire de grossesse (décision *IVG*), le Conseil constitutionnel s'est déclaré incompétent pour exercer le contrôle de conventionnalité des lois, c'est-à-dire pour apprécier leur compatibilité aux traités internationaux [2]. Selon lui, une loi contraire à un traité n'est en effet pas par là-même contraire à la Constitution, car la supériorité reconnue aux traités sur les lois par l'article 55 de la Constitution « *présente un caractère à la fois relatif et contingent* » : relatif parce qu'elle dépend du domaine d'application de la loi par rapport au traité, et contingent parce que, par le jeu de la clause de réciprocité, elle dépend de l'application par l'autre partie. D'après le Conseil, le contrôle de constitutionnalité des lois doit donc être clairement distingué du

1. Ainsi par ex., « la simple référence, dans la loi n° 61-1439 du 26 décembre 1961 relative à l'accueil et à la réinstallation des Français d'outre-mer, au principe de solidarité nationale affirmé dans le Préambule de la Constitution de 1946 n'a pas pour effet de conférer une valeur constitutionnelle à cette loi », et la Cour d'appel pouvait donc écarter les dispositions de cette loi pour non-conformité à l'article 6 de la Convention européenne des droits de l'homme : Com., 20 janv. 2009, n° de pourvoi : 07-15882.

2. Déc. 74-54 DC du 15 janvier 1975, *JCP* G 1975, II, 180030, note E. M. Bey ; *D.* 1975, p. 530, note L. Hamon.

contrôle de conventionnalité. Il a réitéré cette solution dans une décision n° 2010-605 DC du 12 mai 2010 sur la loi relative à l'ouverture à la concurrence et à la régulation du secteur des jeux d'argent et de hasard en ligne dans laquelle il réaffirme que, si les dispositions de l'article 55 de la Constitution « *confèrent aux traités, dans les conditions qu'elles définissent, une autorité supérieure à celle des lois, elles ne prescrivent ni n'impliquent que le respect de ce principe doive être assuré dans le cadre du contrôle de la conformité des lois à la Constitution* ». Le respect de l'article 55 n'est donc pas vérifié par le Conseil constitutionnel dans le cadre du contrôle de constitutionnalité des lois excepté, comme nous le verrons plus loin, dans le cadre particulier du droit issu de l'Union européenne.

Les juges « ordinaires » (juge judiciaire et juge administratif) ont ainsi été invités à vérifier eux-mêmes la conventionnalité des lois. L'interprétation de l'article 55 a toutefois connu des évolutions jurisprudentielles.

Depuis un arrêt *Jacques Vabre* du 24 mai 1975 [1], la Cour de cassation s'est reconnue compétente pour apprécier la compatibilité d'une loi à un traité et écarter l'application de la première en cas d'incompatibilité avec le second, même si la loi nationale est postérieure au traité. Cet arrêt avait certes été rendu à propos du traité de Rome du 25 mars 1957, mais la solution vaut pour les autres traités internationaux. La Cour de cassation est en réalité souvent amenée, sinon à écarter une loi nationale, au moins à interpréter celle-ci selon les exigences d'un texte international.

Pendant plusieurs années, le Conseil d'État a pour sa part maintenu sa jurisprudence dite « des Semoules » refusant de faire prévaloir un traité sur une loi postérieure à ce traité [2]. En vertu de cette jurisprudence, il convenait de distinguer selon que la loi était antérieure ou postérieure au traité. Le juge administratif était réticent à écarter une loi nationale contraire intervenue postérieurement à un traité, car cela contrariait la volonté du législateur. Inversement, il admettait qu'une loi antérieure à un traité puisse être déclarée inapplicable lorsqu'elle était

1. Ch. mixte, 24 mai 1975, pourvoi n° 73-13556 ; *D.* 1975, p. 497, note Touffait. Selon la Cour de cassation, « le traité du 25 mars 1957, qui, en vertu de l'article susvisé de la Constitution, a une autorité supérieure à celle des lois, institue un ordre juridique propre intégré à celui des États membres ; qu'en raison de cette spécificité, l'ordre juridique qu'il a créé est directement applicable aux ressortissants de ces États et s'impose à leurs juridictions ; que, dès lors, c'est à bon droit, et sans excéder ses pouvoirs, que la Cour d'appel a décidé que l'article 95 du Traité devait être appliqué en l'espèce, à l'exclusion de l'article 265 du Code des douanes, bien que ce dernier texte fut postérieur ».

2. CE, Sect., 1er mars 1968, *Syndicat général des fabricants de semoules de France*, n° 62814.

incompatible avec ce traité. Dans cette hypothèse, on considérait même parfois que la loi avait été implicitement abrogée dans le champ régi par le traité. Dans un célèbre arrêt *Nicolo* du 20 octobre 1989 [1], le Conseil d'État a fini par accepter de contrôler la compatibilité d'une loi nationale à un traité pourtant antérieur, et ce au visa notamment de l'article 55 de la Constitution.

Au terme de leurs jurisprudences respectives, les juridictions judiciaires et administratives sont donc aujourd'hui compétentes pour contrôler la compatibilité des lois avec les traités internationaux et, le cas échéant, pour écarter une loi nationale qui leur serait contraire.

Ne pouvant être exercé directement en raison du refus du Conseil constitutionnel en 1975, le contrôle de conventionnalité des lois ne peut être effectué qu'à l'occasion d'un litige judiciaire ou administratif. En cas d'incompatibilité, le juge judiciaire ou administratif n'est pas en mesure d'annuler ou d'abroger la loi : il la déclare inapplicable dans le litige. La loi déclarée inapplicable, il revient au seul législateur d'en tirer les conséquences. Mais elle risque d'être à nouveau écartée dans toutes les affaires similaires : en pratique, elle ne produit donc plus d'effets juridiques.

Cette sanction de l'inconventionnalité de la loi n'est pas sans conséquence pour les règlements. L'arrêt *Nicolo* a permis de mettre fin à la théorie de la « loi-écran » en matière de traités internationaux. En vertu d'une jurisprudence classique établie avant même la Constitution de 1958, le juge administratif est en effet compétent pour contrôler directement la conventionnalité d'un règlement [2]. Mais lorsque le règlement trouvait son fondement dans une loi, le juge administratif estimait classiquement que la loi « faisait écran », du moins lorsqu'elle était postérieure au traité. Désormais, la loi-écran n'existe plus à cet égard : si la loi est inapplicable, le règlement qui prétendait en faire application perd son fondement et il est jugé illégal pour ce motif. Le juge administratif estime même que le pouvoir exécutif doit s'abstenir de prendre les décrets d'application d'une loi lorsque celle-ci est contraire à un traité.

1. CE, Ass., *Nicolo*, req. n° 108243 ; *D.* 1990, p. 135, note Sabourin ; *JCP G* 1989, II, 21371, concl. Frydman : le Conseil d'État y énonce que les règles définies par la loi du 7 juillet 1977 relative à l'élection des représentants à l'Assemblée des Communautés européennes ne sont pas incompatibles avec les stipulations claires de l'article 227-1 du traité de Rome en date du 25 mars 1957.

2. CE, Ass., 30 mai 1952, *Dame Kirkwood*, n° 16690.

SECTION 2
Les sources européennes

73. Il ne faut pas confondre le droit issu de l'Union européenne avec celui mis en place par le Conseil de l'Europe. Après avoir exposé les caractéristiques juridiques de ces « deux Europe », il faudra insister sur la délicate articulation entre ces différentes sources.

I / LE DROIT DE L'UNION EUROPÉENNE

74. L'Union européenne trouve son origine dans la Communauté économique européenne (CEE) mise en place par le traité de Rome du 25 mars 1957 entre six pays fondateurs : Belgique, France, Italie, Luxembourg, Pays-Bas et République fédérale d'Allemagne. Plusieurs autres traités ont contribué à sa construction progressive : l'Acte unique européen signé à Luxembourg le 17 février 1986 ; le traité de Maastricht signé le 7 février 1992 qui crée l'Union européenne ; le traité d'Amsterdam signé le 2 octobre 1997 ; le traité de Nice signé le 26 février 2001 ; et, en dernier lieu, le traité de Lisbonne, signé le 13 décembre 2007. Ce dernier est composé du Traité sur l'Union européenne (TUE) et du Traité sur le fonctionnement de l'Union européenne (TFUE).

Le traité de Lisbonne a prévu le remplacement de principe des mots « Communauté » ou « Communauté européenne » par « Union », et de l'adjectif « communautaire » par « de l'Union ». Depuis l'entrée en vigueur du Traité de Lisbonne (1er décembre 2009), le « droit communautaire » doit donc être dénommé « droit de l'Union européenne ». L'Union européenne compte aujourd'hui 28 États membres (27 lorsque le « Brexit », c'est-à-dire la sortie du Royaume-Uni, sera effectif).

La Convention sur l'avenir de l'Europe avait travaillé sur un projet de Constitution européenne signé à Rome le 29 octobre 2004, mais qui a été refusé lors de plusieurs référendums populaires organisés pour le ratifier (en France, aux Pays-Bas ou encore en Irlande). Les dirigeants européens ont alors adopté un traité modificatif dit « simplifié » lors du Sommet de Lisbonne ; celui-ci a été ratifié par les Parlements nationaux auxquels il a été soumis, mais l'Irlande, seul pays appelé à l'adopter par référendum, l'a rejeté lors d'un vote organisé le 12 juin 2008. Il faudra un nouveau référendum irlandais en 2009 pour que le « oui » l'emporte.

A / Les institutions de l'Union européenne

75. Les institutions de l'Union européenne sont le Parlement européen, le Conseil européen, le Conseil, la Commission européenne, la Cour de justice de l'Union européenne, la Banque centrale européenne et la Cour des comptes. Les trois fonctions traditionnelles (le législatif, l'exécutif et le juridictionnel) n'y sont pas réparties comme en droit interne. Le pouvoir s'est déplacé au gré des nouveaux traités afin de donner davantage de pouvoirs au Parlement.

1 / La Commission

76. La Commission est composée de ressortissants de chacun des États membres, y compris son président (élu par le Parlement européen, sur proposition du Conseil qui tient compte du résultat des élections parlementaires) et le haut représentant de l'Union pour les affaires étrangères et la politique de sécurité. À partir du 1er novembre 2014, elle devait être composée d'un nombre de membres correspondant seulement aux deux tiers du nombre d'États membres, mais ce sont encore 28 membres qui composent aujourd'hui cette institution.

Le rôle de la Commission est de défendre l'intérêt général de l'Union européenne en tant que telle, en dépassant donc les intérêts des différents États membres. Elle joue à la fois certains rôles de l'exécutif – elle veille par exemple à l'application des traités, elle exécute le budget et gère les programmes, ou encore elle assure la représentation extérieure de l'Union – et un important pouvoir législatif – un acte législatif de l'Union ne peut en principe être adopté que sur proposition de la Commission. Les revendications d'accroissement de la démocratie européenne se sont traduites par un abaissement de son rôle au profit du Parlement.

2 / Le Conseil européen

77. Le « Conseil européen » est la formation comprenant les chefs d'État et de gouvernement des États membres, son président, ainsi que le président de la Commission. Il définit la politique de l'Union. Plus précisément, comme l'énonce le traité, il « donne à l'Union les impulsions nécessaires à son développement et en définit les orientations et les priorités politiques générales. Il n'exerce pas de fonction législative [1] ». Il se réunit deux fois par semestre au minimum et se prononce en principe par consensus.

3 / Le Conseil

78. Le Conseil de l'Union européenne est une sorte de Conseil des ministres, composé de représentants des gouvernements des États membres. En leur qualité de représentants, ils sont habilités à engager les États membres et à exercer le droit de vote. Sa composition varie au gré des dossiers à examiner : il peut réunir les différents ministres des Affaires étrangères ou encore les ministres de l'Agriculture.

Selon le traité, « le Conseil exerce, conjointement avec le Parlement européen, les fonctions législative et budgétaire ». Il exerce également des « fonctions de définition des politiques et de coordination ». Il statue en principe à la majorité qualifiée. Les conditions de cette majorité ont fait l'objet de moult discussions pour tenir compte au moins partiellement de la population des États membres. Le traité de Lisbonne prévoit qu'à partir du 1er novembre 2014, la majorité qualifiée se définit comme étant égale à au moins 55 % des membres du Conseil, comprenant au moins quinze d'entre eux et représentant des États membres réunissant au moins 65 % de la population de l'Union.

4 / Le Parlement européen

79. Les pouvoirs du Parlement européen ont été progressivement étendus. Il a fallu pour cela accroître sa légitimité : ainsi, depuis 1979, les membres du Parlement européen sont élus, pour un mandat de cinq ans, au suffrage universel direct. Des élections différentes sont organisées dans chaque pays, avec néanmoins quelques principes communs. De plus, le droit de l'Union prévoit que tout citoyen résidant dans un État membre dont il n'est pas ressortissant a le droit de vote et d'éligibilité à ces élections parlementaires, dans l'État membre où il réside.

Aux dernières élections de mai 2014, les électeurs de l'Europe élargie, soit environ 388 millions d'électeurs, ont été appelés à désigner les 751 eurodéputés. Le nombre de députés par pays s'échelonne de 96 pour

1. Art. 15 du TUE.

l'Allemagne à 6 pour Malte (74 pour la France, 73 pour l'Italie et le Royaume-Uni).

Le Parlement européen exerce, conjointement avec le Conseil, les fonctions législative et budgétaire. Il n'est cependant pas encore possible de le qualifier de législateur de l'Union européenne ; tout au plus peut-on parler de « colégislateur ». Au départ, il était une simple assemblée consultative, sauf en matière budgétaire où il avait quelques pouvoirs de décision. Progressivement, il s'est vu reconnaître un certain rôle dans la procédure législative. Ce n'est que dans le traité de Maastricht qu'il a acquis un pouvoir de « codécision », confirmé et étendu par le traité d'Amsterdam à presque toutes les matières. Le traité de Lisbonne a fait de la « codécision » la procédure législative ordinaire.

Le Parlement européen exerce aussi des fonctions de contrôle politique et consultatives. Le Conseil et la Commission doivent le tenir informé de certains dossiers. Il peut délibérer sur tous les enjeux qui intéressent l'Union et adopter à cet égard des résolutions. Il élit également le président de la Commission (sur proposition du Conseil européen). Théoriquement, le Parlement européen pourrait voter une motion de censure contre la Commission mais, dans la pratique, lorsqu'un tel risque s'est profilé, la Commission a préféré prendre l'initiative de démissionner.

5 / La Cour de justice de l'Union européenne (CJUE)

80. Elle siège à Luxembourg. Elle est composée d'un juge par État membre, et est assistée d'avocats généraux. Ces juges et avocats généraux sont nommés d'un commun accord par les gouvernements des États membres pour six ans renouvelables. Avant l'entrée en vigueur du Traité de Lisbonne, elle était dénommée « Cour de Justice des Communautés européennes (CJCE) ».

Les attributions juridictionnelles de la Cour de justice sont très larges, mais sa compétence reste une compétence d'attribution. L'article 274 du TFUE dispose en effet que « sous réserve des compétences attribuées à la Cour de justice de l'Union européenne par les traités, les litiges auxquels l'Union est partie ne sont pas, de ce chef, soustraits à la compétence des juridictions nationales ».

Ce sont donc ces dernières qui sont juges du droit commun du contentieux de l'Union européenne. En pratique cependant, la haute Cour européenne adopte une conception impérialiste de ses compétences.

La Cour de justice de l'Union européenne statue sur les recours formés par un État membre, une institution de l'Union ou des personnes physiques ou morales.

Elle est d'abord compétente pour connaître de la violation des traités constitutifs par l'une des institutions européennes (Conseil, Commission, Parlement). Elle examine ainsi notamment la conformité aux traités constitutifs des actes normatifs des institutions, par voie d'action (recours en annulation, art. 263 TFUE), ou d'exception (à la demande d'une juridiction nationale : question préjudicielle de validité, ou même simplement d'interprétation, laquelle liera la juridiction nationale, art. 267 TFUE). Elle peut également être saisie en cas d'inaction illégale du Conseil ou de la Commission : c'est ce que l'on appelle le recours en carence (art. 265 TFUE).

La Cour de justice est également compétente pour juger des litiges mettant en cause un État membre. Celui-ci peut être poursuivi par un recours en manquement (art. 258 TFUE) lorsqu'il a manqué à l'une de ses obligations nées du droit de l'Union (lorsqu'une loi ou un règlement est incompatible avec le traité ou le droit dérivé, ou lorsqu'il a exécuté avec retard l'une de ses obligations, par exemple la transposition d'une directive). L'État défaillant est alors poursuivi par les organes de l'Union européenne et non par un autre État membre. L'État doit prendre les mesures que comporte l'exécution de l'arrêt, mais il n'existe pas de voie d'exécution forcée à l'encontre de l'État récalcitrant.

81. Par une décision du Conseil du 24 octobre 1988 faisant suite à l'acte unique européen a été créé un *tribunal de première instance* – devenu simplement le Tribunal, avec le traité de Lisbonne – siégeant également à Luxembourg. La Cour était de plus en plus encombrée par des litiges accessoires et le tribunal était chargé de la désengorger.

Les pouvoirs du tribunal ont été progressivement accrus. Il est désormais compétent pour connaître en première instance des recours en annulation, en manquement, en réparation, et aussi pour certaines questions préjudicielles. Les décisions rendues par le tribunal peuvent faire l'objet d'un pourvoi devant la Cour de justice, limité aux questions de droit, dans les conditions prévues par le statut. La Cour de justice statue désormais comme juge de première instance ou comme juge sur recours. Le délai du pourvoi est de deux mois à compter de la notification du jugement. Le pourvoi n'est ni suspensif ni dévolutif. En cas d'annulation du jugement, la Cour peut soit renvoyer devant le tribunal qui sera lié par les points de droit tranchés par la Cour, ou alors statuer elle-même définitivement sur le litige lorsque celui-ci est en état d'être jugé.

B / Les normes de l'Union européenne

82. Aujourd'hui, plus de la moitié de la législation française provient de l'Union européenne. Le chiffre varie selon les secteurs : en matière d'environnement par exemple, il s'élève à près de 80 %. Le domaine de compétence de l'Union européenne s'élargit sans cesse, d'autant que les institutions de l'Union n'hésitent pas à s'octroyer elles-mêmes de nouvelles compétences, prenant prétexte par exemple de ce que les principes de libre concurrence prévus par l'UE seraient concernés (par exemple en matière de contrats, ou encore en matière de droit de grève).

Dans un arrêt *Van Gend en Loos* du 5 février 1963, la CJUE a jugé que le droit de l'Union européenne avait un *effet direct* : les particuliers peuvent donc l'invoquer devant les juridictions nationales, dès lors que les dispositions concernées sont suffisamment claires et précises et qu'elles créent une obligation inconditionnelle (c'est-à-dire dont la mise en œuvre ne dépend pas de mesures complémentaires ou d'exécution adoptées par les États ou les autorités de l'Union européenne). Si les dispositions en cause remplissent ces conditions, les particuliers peuvent les invoquer non seulement à l'encontre d'une autorité publique (effet direct vertical), mais aussi à l'encontre d'un autre particulier (effet direct horizontal).

1 / Les traités

83. Comme dit plus haut, les traités actuellement en vigueur sont le traité sur l'Union européenne (TUE), qui est le traité constitutif de l'Union européenne (anciennement traité de Maastricht), et le traité sur le fonctionnement de l'Union européenne (TFUE) qui, avant l'entrée en vigueur en 2009 du traité de Lisbonne, portait le nom de traité instituant la communauté européenne (traité CE ou traité de Rome).

Le droit de l'UE comprend aussi aujourd'hui la Charte des droits fondamentaux du 7 décembre 2000 (dite Charte de Nice). Cette charte comprend, outre les droits fondamentaux civils et politiques protégés déjà par la Convention européenne des droits de l'homme, des droits économiques et sociaux (elle introduit en particulier un principe de solidarité ayant des effets en matière sociale, ou encore en matière environnementale). L'article 6 du TUE reconnaît que cette Charte, telle qu'adoptée le 12 décembre 2007 à Strasbourg, a la même valeur juridique que les traités. Toutefois, la portée normative de ladite Charte est relativisée par deux de ses articles [1]. Ainsi, l'article 51 de la Charte commence par préciser qu'elle ne s'adresse qu'aux institutions de l'Union, et qu'elle ne s'impose aux États membres que lorsque ceux-ci mettent en œuvre le droit de l'Union. L'article 52 ajoute que l'invocation de la Charte n'est admise devant le juge que pour l'interprétation et le contrôle de la légalité de ces actes, et notamment ceux mettant en œuvre le droit de l'Union. La Charte n'a donc nulle applicabilité directe générale dans le droit des États membres. Cela n'est pas si surprenant au regard du champ d'application relatif du droit de l'Union. Néanmoins, l'objet transversal de cette Charte aurait pu permettre d'en faire un instrument général de protection des droits fondamentaux au sein de l'Union européenne et obligeant chacun des États dans toutes leurs actions. L'article 6 du TUE peut d'ailleurs être conçu comme une invitation aux juges à faire preuve d'audace pour se saisir de la Charte.

2 / Le droit dérivé

84. Pour exercer les compétences de l'Union, les institutions adoptent différents types de normes : des règlements, des directives, des décisions, des recommandations et des avis (voir le traité sur le fonctionnement de l'UE). Le Conseil constitutionnel a jugé que les actes de droit dérivé avaient les mêmes effets que le traité au regard de l'article 55 de la Constitution [2].

a. Les règlements

85. Le règlement a une portée générale. Il est obligatoire dans tous ses éléments et il est directement applicable dans tout État membre (art. 288 TFUE). Le projet de Constitution non adopté entendait les appeler des « lois » européennes. Plusieurs conventions ont été reprises dans des règlements (par exemple la convention de Rome sur la loi applicable aux obligations contractuelles est désormais le règlement « Rome I ») ce qui permet de l'imposer immédiatement à tous les nouveaux États membres sans que ceux-ci aient à l'accepter.

Dans un arrêt *Boisdet* du 24 septembre 1990 [3], le Conseil d'État a étendu la solution de l'arrêt *Nicolo* aux règlements : il se fonde ici sur

1. Sans parler même du protocole additionnel qui dispense la Pologne et le Royaume-Uni de l'application de la Charte (la République tchèque négocia à son tour ultérieurement une clause d'*opting-out*) : faut-il comprendre que les droits « fondamentaux » sont des droits facultatifs ?
2. Déc. n° 70-39 DC du 19 juin 1970, Rec., p. 24 ; déc. n° 77-90 DC du 30 déc. 1977, Rec., p. 44.
3. Rec., p. 251.

le traité de Rome pour affirmer la supériorité des règlements communautaires (désormais européens) sur les lois internes même postérieures. Le Conseil d'État reconnaît donc au justiciable le droit d'invoquer les dispositions d'un règlement de l'Union européenne à l'appui d'un recours dirigé contre un acte administratif.

b. Les directives

86. Les directives lient les États membres destinataires quant au résultat à atteindre, tout en laissant aux instances nationales la compétence quant à la forme et aux moyens pour les mettre en œuvre (art. 288). Leurs dispositions doivent dès lors être « transposées », c'est-à-dire introduites dans les ordres juridiques nationaux par le biais de normes internes.

Les directives ont ainsi pour seuls destinataires les États membres qui doivent les transposer dans leurs ordres juridiques internes. Dès lors, ce ne sont pas en général les directives qui sont invoquées par les particuliers devant les juridictions nationales, mais uniquement les normes nationales de transposition. Le juge national contrôle cependant la conformité de la norme nationale par rapport à la directive et le juge peut, le cas échéant, écarter ou même constater l'illégalité de la norme interne non conforme à la directive [1].

La Cour de justice de l'Union européenne a admis un certain effet direct des directives. Ainsi, dans l'arrêt *Van Duyn* du 4 décembre 1974 (voir déjà les arrêts *Franz Grad* du 6 octobre 1970, et *société SACE* du 17 décembre 1970), elle énonce qu'« *il serait incompatible avec l'effet contraignant que l'article 189 reconnaît à la directive d'exclure en principe que l'obligation qu'elle impose puisse être invoquée par des personnes concernées* » ; qu'il convient donc « *d'examiner, dans chaque cas, si la nature, l'économie et les termes de la disposition en cause sont susceptibles de produire des effets directs dans les relations entre les États membres et les particuliers* ».

Cet effet direct ne peut cependant être que vertical (c'est-à-dire dans les rapports entre un État et un particulier), et non pas horizontal (c'est-à-dire être invoqué dans un litige entre particuliers), car la directive ne crée pas d'obligations vis-à-vis des particuliers (arrêt *Marshall* du 26 février 1986).

1. V., pour le Conseil d'État, l'arrêt *Sté Rothmann et Sté Philipp Morris* du 28 févr. 1992, Rec., p. 78 et 81.

Les dispositions d'une directive ne peuvent pas davantage être invoquées par les autorités nationales contre un particulier (pas d'effet vertical inversé : arrêt *Ratti* du 5 avril 1979). Souvent, cependant, malgré l'absence de transposition en droit interne, le juge national a interprété le droit positif à la lumière de la directive. Ainsi, avant l'entrée en vigueur de la directive de 1985 sur la responsabilité du fait des produits défectueux, la Cour de cassation s'en inspirait ouvertement en indiquant expressément, dans son visa, qu'elle se référait à « *l'article 1382 du [Code civil] interprété à la lumière de la directive n° 85-374 du 25 juillet 1985* [1] ».

Le Conseil d'État a d'abord refusé cet effet direct, même limité (arrêt *Cohn-Bendit* du 22 décembre 1978), mais a ensuite fait évoluer sa jurisprudence. Ainsi, dans un arrêt *Alitalia* du 3 février 1989, il a autorisé un justiciable à demander l'abrogation d'un acte réglementaire légalement pris, mais qui était devenu incompatible avec une directive postérieurement adoptée. Il a aussi admis que les justiciables puissent obtenir réparation en cas de violation des dispositions d'une directive. La Cour de justice avait déjà admis que le défaut de transposition d'une directive en droit interne pouvait entraîner la responsabilité de l'État défaillant (arrêt *Francovich* du 19 nov. 1991), celui-ci devant dès lors réparer les dommages en découlant pour les particuliers. Le Conseil d'État a admis à son tour, dans un arrêt *Sté Arizona Tobacco Products et Sté Philip Morris* du 28 février 1992, que l'État pouvait voir sa responsabilité engagée pour violation des dispositions d'une directive. La Cour de cassation a jugé de même [2]. Mettant fin à la jurisprudence *Cohn-Bendit*, le Conseil d'État a également accepté dans un arrêt *Perreux* qu'un justiciable invoque une directive, lorsqu'elle n'a pas été transposée dans les délais impartis, à l'encontre d'un acte administratif individuel, à condition que la directive soit « inconditionnelle et précise [3] ».

c. Les décisions, les recommandations et les avis

87. La décision est obligatoire dans tous ses éléments. Lorsqu'elle désigne des destinataires, elle n'est obligatoire que pour ceux-ci. Certaines sont adressées aux États, d'autres aux particuliers. Celles qui sont adressées aux particuliers peuvent être, comme les règlements, directement invoquées devant les juridictions nationales, tant à l'égard d'une autorité publique qu'à l'égard d'un autre particulier. Celles qui sont

1. V. par ex. Civ. 1re, 22 mai 2008, n° pourvoi : 05-20317.
2. Com., 21 févr. 1995, n° pourvoi : 93-15387.
3. CE, Ass., 30 oct. 2009, *Mme Perreux*, n° 298348, *GAJA*.

adressées aux États peuvent être invoquées directement dans les mêmes conditions qu'une directive européenne (*Franz Grad*, 6 oct. 1970). Les recommandations et les avis, en revanche, ne lient pas.

C / La place du droit de l'Union européenne dans la hiérarchie des normes

88. Le droit européen tirant d'abord, comme le droit international au sens large, sa supériorité sur la loi française de l'article 55 de la Constitution, c'est ce dernier texte qui l'institue et qui prime donc nécessairement dans la hiérarchie des normes (chaque norme de la pyramide tire en effet sa force d'une norme qui lui est supérieure). Le droit de l'Union européenne n'a pu être reconnu par les gouvernements successifs que parce que ceux-ci avaient le pouvoir, en vertu de la Constitution, de concéder un tel abandon de souveraineté [1].

La Cour de justice de l'Union européenne a eu cependant l'occasion d'affirmer la primauté du droit de l'Union européenne sur les règles de droit national, quelle que soit la place de celles-ci dans la hiérarchie des normes. Dès un arrêt *Costa c/ ENEL* du 15 juillet 1964, elle a jugé que le traité de la Communauté économique européenne (CEE) avait institué un ordre juridique propre intégré au système juridique des États membres et qui s'impose à leurs juridictions ; que les États ont dès lors limité leurs droits souverains et ne peuvent plus faire prévaloir, contre un ordre juridique accepté par eux sur une base de réciprocité, un texte interne quel qu'il soit ; la norme du droit de l'Union européenne (traité, règlement, directive, etc.) l'emporte donc toujours sur la norme nationale contraire, quelle que soit la place de cette dernière dans la hiérarchie des normes [2]. La Cour en a déduit, dans un arrêt *Simmenthal* du 9 mars 1978, qu'en cas de divergence entre le droit national et le droit de l'Union, le juge national doit laisser la règle nationale inappliquée, que celle-ci soit antérieure ou postérieure à la règle européenne [3].

Les juridictions françaises ne s'étaient jusque-là pas ouvertement inclinées et, pour le cas général des traités internationaux, elles ont même clairement affirmé la suprématie de la Constitution française (voir

1. C'est ainsi qu'a été introduit dans la Constitution un titre XV consacré à l'Union européenne, et notamment un article 88-1 consacrant la participation de la République à cette Union : c'est à nouveau la Constitution qui se reconnaît comme norme suprême en instituant un tel abandon de souveraineté.
2. CJCE, 15 juillet 1964, *Flaminio Costa c/ ENEL*, aff. 6-64.
3. CJCE, 9 mars 1978, *Adm. des finances de l'État c/ SA Simmenthal*, aff. 106/77.

supra n° 71). S'agissant du droit de l'Union européenne, elles ont en revanche fait quelques concessions, spécialement en matière de transposition des directives européennes. L'introduction de la question prioritaire de constitutionnalité a conduit à un nouveau vacillement, en raison précisément de son caractère « prioritaire ».

1 / Le contrôle spécifique des actes internes de transposition des directives européennes

89. Après avoir longtemps traité le droit de l'Union européenne (à l'époque droit communautaire) comme du droit international classique, les juges français lui ont finalement reconnu un statut spécifique. Il faut dire que le droit de l'Union est marqué par un principe d'intégration sans équivalent dans les autres systèmes supranationaux. Le droit de l'Union européenne est en effet « distinct de l'ordre juridique international et intégré à l'ordre juridique interne [1] » de chaque État membre. D'ailleurs, si l'article 55 de la Constitution régit toujours la place du droit international en droit interne, l'article 88-1 est désormais interprété comme conférant une place singulière au droit de l'Union européenne dans la hiérarchie interne des normes.

Cette spécificité a été reconnue pour la première fois à l'occasion du contrôle par le Conseil constitutionnel de la constitutionnalité d'une loi assurant la transposition d'une directive européenne. Dans ce cas, il existe une forte imbrication entre le droit européen et le droit interne. D'une part, une directive doit être transposée en droit interne, ce qui suppose l'adoption d'un acte soit législatif soit réglementaire, selon la distinction des domaines établie par la Constitution française (art. 34 et 37). Sur le plan quantitatif, on estime qu'environ 20 % des transpositions de directives se font par voie législative. D'autre part, il s'avère qu'une loi de transposition n'est bien souvent que le décalque de la directive européenne qu'il s'agit de transposer. Dans un tel cas, contester la loi française revient en réalité à discuter de la validité de la directive elle-même. C'est pourquoi le Conseil constitutionnel a été conduit à modifier son contrôle lorsqu'il est saisi d'une loi de transposition d'une directive.

Ainsi, alors que, comme nous l'avons vu, le Conseil constitutionnel a maintenu jusqu'à présent la jurisprudence issue de sa décision *IVG* du 15 janvier 1975 refusant de déclarer une loi inconstitutionnelle pour le motif qu'elle serait contraire à un traité, il a été conduit à accepter

1. Déc. n° 2004-505 DC du 19 nov. 2004 ; CE, Ass., 23 déc. 2011, *M. Kandyrine de Brito Paiva*, n° 303678.

d'exercer un contrôle minimum de conventionnalité en matière de droit de l'Union européenne. Le contrôle de la constitutionnalité d'une loi transposant une directive européenne implique en effet de vérifier la conformité de cette loi à la directive qu'elle est censée transposer. La distinction radicale entre la constitutionnalité et la conventionnalité des lois se trouve dès lors nuancée.

Le régime précis est le suivant. À partir d'une décision du 10 juin 2004 rendue à propos de la loi pour la confiance dans l'économie numérique (LCEN), le Conseil constitutionnel énonce qu'il ne peut exercer qu'un contrôle de constitutionnalité limité sur les lois transposant une directive européenne. Selon lui en effet, la transposition d'une directive en droit interne est une exigence constitutionnelle qu'il rattache à l'article 88-1 de la Constitution. Une loi est donc à l'abri de tout reproche sur le plan constitutionnel dès lors « *qu'elle se borne à tirer les conséquences nécessaires des dispositions inconditionnelles et précises* » d'une directive « *sur laquelle il n'appartient pas au Conseil constitutionnel de se prononcer* ». Ainsi, le Conseil constitutionnel estime que la constitutionnalité d'une loi de transposition est indiscutable en principe, dès lors que cette loi transpose fidèlement une directive. Ce principe s'explique par le fait qu'une directive européenne est déjà soumise au respect de règles européennes fondamentales, lesquelles apparaissent souvent équivalentes aux règles constitutionnelles françaises. Si la directive n'est pas discutable, la loi qui se contente de la transposer ne peut l'être non plus. Inversement, si la loi paraît discutable, c'est en réalité la directive qui est visée.

Toutefois, le Conseil constitutionnel tempère cette absence de contrôle de constitutionnalité des lois de transposition en formulant deux exceptions, qui le conduisent parfois à exercer finalement un certain contrôle de conventionnalité de ces mêmes lois.

En premier lieu, le raisonnement du Conseil implique que celui-ci s'assure préalablement de la fidélité de la loi à la directive qu'elle transpose, puisque c'est une condition du respect de l'article 88-1. Il assure donc en réalité ici un contrôle minimal de la conventionnalité de la loi de transposition. Comme l'affirme le Conseil dans sa décision précitée du 12 mai 2010 sur la loi relative à l'ouverture à la concurrence et à la régulation du secteur des jeux d'argent et de hasard en ligne, « *il appartient au Conseil constitutionnel, saisi dans les conditions prévues par l'article 61 de la Constitution d'une loi ayant pour objet de transposer en droit interne une directive [européenne], de veiller au respect de cette exigence* ». Ce contrôle suppose de confronter la loi de transposition à la directive qu'elle a pour objet de transposer. Comme on le voit, cette solution nuance le refus catégorique formulé en 1975 : dès lors que le Conseil s'estime compétent pour contrôler le respect par la loi d'une directive européenne, il est conduit à exercer une forme de contrôle de conventionnalité de la loi, même si ce contrôle reste très limité.

En effet, le Conseil n'entend pas contrôler la transposition de la directive dans le détail : il ne s'autorise à censurer une disposition législative que lorsque celle-ci est « manifestement incompatible » avec la directive qu'il s'agit de transposer (pour un exemple de censure, voir déc. n° 2006-543 DC du 30 nov. 2006, *Secteur de l'énergie*). Cette limitation du contrôle est justifiée par le fait que « *devant statuer avant la promulgation de la loi dans le délai prévu par l'article 61 de la Constitution* », il « *ne peut saisir la Cour de justice de l'Union européenne sur le fondement de l'article 267 du traité sur le fonctionnement de l'Union européenne* ». En cas de doute sur cette compatibilité, il affirme ne pas disposer du temps nécessaire pour la vérifier car il doit statuer sous un mois, voire huit jours en cas d'urgence. Cela étant, cette explication est quelque peu fragilisée depuis que le Conseil a posé une question préjudicielle à la CJUE dans le cadre d'une question prioritaire de constitutionnalité (déc. 2013-314 P QPC du 4 avril 2013). En tout état de cause, conclut le Conseil constitutionnel, il appartient toujours aux juridictions administratives et judiciaires d'exercer le contrôle de compatibilité de la loi au regard des engagements européens de la France et, le cas échéant, de saisir la Cour de justice de l'Union européenne à titre préjudiciel.

En second lieu, l'obligation de transposition résultant de l'article 88-1 de la Constitution pourrait être purement et simplement écartée dans le cas où la directive à transposer serait contraire à « une règle ou un principe inhérent à l'identité constitutionnelle de la France ». Dans une telle hypothèse (qui ne s'est pas encore produite), la loi serait tenue de respecter le « noyau dur » de la Constitution française, et la directive européenne ne pourrait ainsi pas être transposée en droit interne. La loyauté due au droit de l'Union est en effet supplantée par celle que le juge interne doit à ce noyau dur de sa Constitution, lequel doit donc bien toujours primer le droit issu de l'Union européenne. Bien entendu, la principale question est de savoir si et quand cette réserve sera activée par un juge interne pour contrer le droit de l'Union européenne. La Cour constitutionnelle allemande, dont la jurisprudence a inspiré celle du Conseil constitutionnel, a laissé entendre qu'elle serait particulièrement attentive à cet égard, notamment en vertu de l'exigence de respect des droits fondamentaux et du principe démocratique. Sans doute toutefois faudrait-il une insuffisance particulièrement grave du droit de l'Union pour que les juges internes soient incités à une telle résistance.

Ce noyau pourrait comprendre par exemple les principes affirmés dans l'article premier de la Constitution, qui dispose que « la France est une République indivisible, laïque, démocratique et sociale » (les potentialités de ce dernier qualificatif seraient innombrables mais restent assez largement inexploitées). Le Conseil pourrait se fonder encore sur les principes de la devise de la République, à savoir le triptyque « liberté, égalité, fraternité » (art. 2 Constit.). Dans pareil cas, le Conseil procéderait à nouveau à un contrôle plein et entier de la constitutionnalité des lois de transposition et ferait prévaloir la Constitution sur le droit de l'Union européenne.

Cette jurisprudence, affirmée à l'occasion du contrôle *a priori* de la constitutionnalité des lois, vaut également en matière de question prioritaire de constitutionnalité (déc. n° 2010-605 DC du 12 mai 2010 préc.), sachant toutefois que le contrôle de la fidélité d'une loi à la directive qu'elle transpose ne relève pas des droits ou libertés que la Constitution garantit, au sens de la QPC.

Dans un arrêt *Arcelor Atlantique* du 8 février 2007 [1], le Conseil d'État s'est engagé dans la même direction subtile et nuancée lorsqu'il est saisi d'un recours mettant en cause la constitutionnalité d'un règlement administratif transposant une directive européenne. Le même raisonnement est à l'œuvre : comme pour les lois de transposition, les règlements de transposition sont souvent un simple reflet de la directive transposée. Le Conseil d'État rappelle d'abord qu'il résulte de l'article 88-1 de la Constitution que « *la République participe aux Communautés européennes et à l'Union européenne, constituées d'États qui ont choisi librement, en vertu des traités qui les ont instituées, d'exercer en commun certaines de leurs compétences* ». Selon le Conseil d'État, fidèle en cela à la jurisprudence constitutionnelle, il en « *découle une obligation constitutionnelle de transposition des directives* », et « *le contrôle de constitutionnalité des actes réglementaires assurant directement cette transposition est appelé à s'exercer selon des modalités particulières dans le cas où sont transposées des dispositions précises et inconditionnelles* » (et donc seulement dans ce cas, c'est-à-dire lorsque le contenu de l'acte de transposition « découle nécessairement des obligations prévues par les directives [2] »).

Ces modalités particulières du contrôle tiennent à ce que le juge administratif, saisi d'un moyen tiré de la méconnaissance d'une disposition ou d'un principe de valeur constitutionnelle, doit « *rechercher s'il*

1. CE, Ass., 8 février 2007, *Sté Arcelor Atlantique et Lorraine et al.*, req. n° 287110 ; *D.* 2007, 2272.
2. V. en ce sens le dernier état de la jurisprudence *Arcelor* : CE, 3 oct. 2016, *Confédération paysanne*, n° 388649.

existe une règle ou un principe général du droit [de l'Union européenne] qui, eu égard à sa nature et à sa portée, tel qu'il est interprété en l'état actuel de la jurisprudence [de la CJUE], garantit par son application l'effectivité du respect de la disposition ou du principe constitutionnel invoqué ». Dans l'affirmative, on peut dire que la norme constitutionnelle invoquée trouve un équivalent dans le droit primaire de l'Union européenne. Cette équivalence fait que, pour s'assurer de la constitutionnalité du décret, le juge administratif doit vérifier la conformité de la directive transposée par le décret à cette règle ou à ce principe général du droit de l'Union (soit de son propre chef soit, s'il y a ambiguïté, en renvoyant la question préjudicielle à la CJUE). Autrement dit, l'équivalence des protections entre la Constitution française et le droit primaire de l'Union conduit à un raisonnement qui s'appuie sur ce dernier, plutôt que sur la Constitution. Parce que le contenu du règlement découle de la directive transposée, le litige mérite d'être reconfiguré dans les termes propres au droit de l'Union européenne (ce qui favorise une éventuelle saisine de la Cour de Justice), du moins tant que cette reconfiguration est possible.

Tel n'est pas toujours le cas. En effet, « *s'il n'existe pas de règle ou de principe général du droit [de l'Union] garantissant l'effectivité du respect de la disposition ou du principe constitutionnel invoqué* [...], *il revient au juge administratif d'examiner directement la constitutionnalité des dispositions réglementaires contestées* ». Dans cette hypothèse, l'équivalence des protections faisant défaut, c'est la Constitution qui doit primer, car elle n'est pas suffisamment protégée au niveau du droit de l'Union. Il en résulte qu'un acte réglementaire qui transpose une directive est contraire à la Constitution lorsque cette directive porte atteinte à la norme constitutionnelle invoquée, cette dernière étant spécifique à l'ordre juridique français.

On ne peut tirer de cette décision une supériorité du droit de l'Union européenne sur le droit constitutionnel interne. Il faut en réalité distinguer les normes qui existent *à la fois* en droit constitutionnel et en droit primaire de l'Union (hypothèse d'équivalence des protections) et les normes qui ne se trouvent que dans la Constitution (ce que le Conseil constitutionnel nomme « l'identité constitutionnelle de la France »). Le droit de l'Union n'est en effet appliqué directement que s'il permet de garantir le principe constitutionnel invoqué, et celui-ci n'est donc pas perdu de vue. En revanche, si la norme constitutionnelle n'est pas garantie par le droit de l'Union, c'est la Constitution qui doit être appliquée, ce qui contrarie assurément la bonne application du droit de l'Union (d'ailleurs l'État serait susceptible d'être condamné par la Cour de justice pour manquement à ses obligations de transposition). Dans tous les cas donc, le principe constitutionnel interne est protégé, soit par l'intermédiaire du droit de l'Union, soit directement (même si cette dernière hypothèse devrait rester rare).

L'imbrication entre le droit de l'Union européenne et les droits internes des États membres a cependant vocation à s'accroître. L'Union s'appuie en effet sur une dynamique d'intégration, en vertu de laquelle le droit édicté par les institutions de l'Union est destiné à « s'intégrer » au droit de chaque État membre – au point d'être assimilé à terme au droit national. Ce principe d'intégration devrait dès lors se traduire, selon l'Union européenne, par une participation conjointe à la construction et à la mise en œuvre loyale du droit de l'Union par les États qui l'ont décidée. Les juges des États membres sont ainsi les « juges de droit commun du droit de l'Union européenne » : ce sont eux qui sont chargés, en priorité, de sa bonne application. Leur coopération se perçoit à travers l'usage fréquent qui est fait de la procédure de renvoi préjudiciel d'une question à la Cour de Luxembourg, aussi bien de la part des juridictions ordinaires que, désormais, du Conseil constitutionnel (v. déc. préc. n° 2013-314 P QPC du 4 avril 2013).

2 / *La compatibilité de la question prioritaire de constitutionnalité avec le droit de l'Union européenne*

90. L'introduction de la question prioritaire de constitutionnalité a conduit à un certain vacillement dans la jurisprudence des hautes Juridictions des deux ordres, le Conseil constitutionnel s'invitant d'ailleurs dans la discussion. La question s'est posée de savoir si le caractère prioritaire de la QPC, qui oblige en principe les juridictions saisies d'un moyen tiré de la non-conformité d'une loi aux droits et libertés garantis par la Constitution à saisir par priorité le Conseil constitutionnel, était compatible avec l'exigence du respect du droit de l'Union européenne. La Cour de cassation a tout d'abord décidé de poser directement cette question à la Cour de Justice de l'Union européenne, laissant entendre que le droit constitutionnel français pourrait être condamné au motif de son incompatibilité avec le droit de l'Union européenne.

Avant la réponse de la Cour, le Conseil constitutionnel, dans une décision du 12 mai 2010 [1], a pris la liberté d'affirmer qu'une transmission de la QPC n'empêchait pas le juge de « *suspendre immédiatement*

1. Déc. n° 2010-605 DC du 12 mai 2010.

tout éventuel effet de la loi incompatible avec le droit de l'Union ». Par un arrêt du 14 mai 2010 [1], le Conseil d'État a confirmé qu'il pouvait, « *lorsque l'urgence le commande* », écarter une loi contraire au droit de l'Union, « *soit au terme de la procédure d'examen [d'une QPC], soit à tout moment de cette procédure* ». Le Conseil d'État a précisé en outre que le juge administratif pouvait « à tout instant » poser à la CJUE une question préjudicielle.

La CJUE a finalement comme on pouvait s'y attendre répondu, dans un arrêt du 22 juin 2010 [2], que les juges français devaient effectivement donner la priorité au droit de l'Union européenne. Selon la Cour de Luxembourg, les juges internes doivent ainsi toujours pouvoir assurer la primauté du droit de l'Union, « *à tout moment de la procédure* [...] *et même à l'issue d'une procédure incidente de contrôle de constitutionnalité* ». Or en l'espèce, la Cour juge que la priorité de la QPC n'exclut pas le contrôle, à tout moment, du respect du droit de l'Union.

Dès lors, dans deux arrêts du 29 juin 2010 rendus en assemblée plénière [3], la Haute Juridiction judiciaire a pris à nouveau position dans des termes controversés, plus brutaux et moins choisis que ceux du Conseil d'État. Estimant impossible pour elle de prendre des mesures provisoires ou conservatoires destinées à permettre le respect du droit de l'Union, la Cour de cassation déclare en effet sans détour qu'il convient alors de laisser « *inappliquées les dispositions de l'ordonnance du 7 novembre 1958 modifiée prévoyant une priorité d'examen de la question de constitutionnalité* ». Dans cette hypothèse, la priorité de la QPC par rapport au contrôle de conventionnalité doit ainsi être paralysée (priorité pourtant prévue expressément par l'article 23-5 de la loi organique du 10 décembre 2009 pour le cas où le Conseil d'État ou la Cour de cassation seraient saisis de moyens contestant la conformité d'une disposition législative à la fois aux droits et libertés garantis par la Constitution et aux engagements internationaux de la France). Selon la Cour de cassation, cette procédure l'empêcherait d'exercer son contrôle vis-à-vis du droit européen au motif prétendu qu'elle serait, si elle saisissait préalablement le Conseil constitutionnel, liée par la décision de celui-ci (qui s'impose à tous les pouvoirs publics), et qu'elle ne pourrait donc plus écarter la loi validée au nom du droit de l'Union [4].

1. CE, 14 mai 2010, n° 312305 ; *AJDA*, 2010, p. 1048.
2. CJUE, Gde Ch., *Melki et Abdeli*, aff. c-188/10 et C 189/10 du 22 juin 2010, *D.* 2010, p. 1640.
3. Pourvois n° 10-40001 et n° 10-40002 ; *D.* 2010, p. 1636.
4. V. déjà la décision n°10-40.001 QPC du 16 avril 2010, rendue dans l'affaire *Melki et Abdeli*, où la Cour de cassation posait à la CJUE une question préjudicielle sur la conformité d'une disposition du Code de procédure pénale au droit de l'Union avant de se décider à poser une question prioritaire de constitutionnalité, et alors même que se posait également la question de sa constitutionnalité.

Ainsi, selon ces différentes décisions, la question prioritaire de constitutionnalité ne serait nullement prioritaire en toutes circonstances vis-à-vis du droit de l'Union européenne. Cela illustre en réalité le caractère complémentaire des deux contrôles de constitutionnalité et de conventionnalité. Rien n'empêche la Cour de cassation ou le Conseil d'État d'écarter une loi qui, faisant l'objet d'une QPC ou ayant été déclarée conforme à la Constitution à l'issue de celle-ci, serait jugée contraire au droit de l'Union. Inversement (l'hypothèse étant certes fort improbable), le juge pourrait refuser d'appliquer une loi qui, même sans poser problème au regard du droit de l'Union, serait jugée contraire à la Constitution, spécifiquement en cas d'atteinte à « l'identité constitutionnelle de la France [1] ». Les deux contrôles de constitutionnalité et de conventionnalité sont donc différents et indépendants l'un de l'autre. Le risque de divergence n'est certes pas écarté, mais telle semble être la rançon de la multiplication des juges en la matière.

II / LE DROIT DU CONSEIL DE L'EUROPE

91. Le Conseil de l'Europe a été créé à Londres le 5 mai 1949 pour favoriser un espace démocratique et juridique commun en Europe. Le Conseil de l'Europe comprenait à l'origine dix membres et il en compte aujourd'hui quarante-sept (dont plusieurs ne font donc pas partie de l'Union européenne, comme la Turquie, la Russie, ou encore l'Azerbaïdjan). Il a adopté plusieurs conventions (un peu plus de deux cents) autour des droits fondamentaux de l'individu : la Charte sociale européenne du 18 octobre 1961, ou encore pour prendre une des dernières en date, la Convention pour la protection des enfants contre l'exploitation et les abus sexuels du 25 octobre 2007. La plus célèbre de ces conventions est la Convention de sauvegarde des droits de l'homme et des libertés fondamentales (couramment appelée Convention européenne des droits de l'homme, en abrégé Conv. EDH), signée à Rome le 4 novembre 1950 et entrée en vigueur le 3 septembre 1953. C'est la plus connue et, surtout, la plus effective dans la mesure où ce droit est assorti d'une procédure de mise en œuvre et de sanctions (là où, par exemple, pour la Charte sociale européenne, seule est organisée l'élaboration de rapports et de recommandations, ainsi qu'une procédure de

1. V. en ce sens, pour les QPC visant des lois de transposition de directives européennes, déc. n° 2010-79 QPC du 17 déc. 2010.

réclamation devant le Comité européen des droits sociaux), par l'intermédiaire de la Cour européenne des droits de l'homme (CEDH). L'appartenance au Conseil de l'Europe permet la ratification des conventions adoptées par cette institution mais ne la rend nullement obligatoire. Ainsi, la France n'a ratifié la Convention de sauvegarde des droits de l'homme et des libertés fondamentales qu'en mai 1974. Les États peuvent également faire des réserves ou des déclarations interprétatives ; la France a fait par exemple une réserve sur l'article 15 § 1 de la Conv. EDH relatif aux dérogations autorisées en cas de circonstances exceptionnelles, car elle craignait que le contrôle exercé par les organes de la Convention au titre de cet article 15 ne permette de censurer les décisions prises par le président de la République sur le fondement de l'article 16 de la Constitution. De façon plus ponctuelle, les États peuvent aussi mettre en suspens certaines dispositions de la convention, comme les y autorise sous certaines conditions l'article 15 : à la suite de l'adoption de l'état d'urgence après les attentats de novembre 2015, les autorités françaises ont ainsi informé le secrétaire général du Conseil de l'Europe que certaines des mesures prises dans ce cadre « sont susceptibles de nécessiter une dérogation à certains droits garantis par la Convention européenne des droits de l'homme ».

La grande originalité de la Convention européenne des droits de l'homme est le mécanisme institutionnel mis en place pour assurer son respect. Sur de nombreux points, le droit interne est aujourd'hui influencé par la jurisprudence de la CEDH.

A / La procédure de règlement des litiges

92. La procédure est désormais entièrement juridictionnelle, la fonction de filtrage des requêtes anciennement dévolue à la Commission ayant été confiée à la Cour elle-même [1]. La Cour se compose d'un nombre de juges égal à celui des États contractants. Les juges sont élus par l'Assemblée parlementaire du Conseil de l'Europe, à partir d'une liste de trois candidats présentés par les États (ils siègent cependant à titre individuel et non pas en tant que représentants de leur État). Ils sont élus pour une durée de six ans et sont rééligibles. La Cour est divisée en sections, constituées selon un équilibre entre les provenances

1. Pour une présentation par un ancien juge et président de la Cour, v. J.-P. Costa, *La Cour européenne des droits de l'homme. Des juges pour la liberté*, Dalloz, « Les sens du droit », 2013.

géographiques des juges, leur sexe, et les systèmes juridiques qu'ils représentent.

Dans leur grande majorité, les arrêts de la Cour sont rendus par des chambres composées de sept juges qui sont constituées au sein de chaque section. Un rôle de filtrage est confié à un comité de trois juges constitué pour une période d'un an au sein de chaque section et chargé de traiter les requêtes manifestement irrecevables.

Une Grande Chambre de la Cour a été créée qui se compose de dix-sept juges, dont le président et les vice-présidents de la Cour ainsi que les présidents de section. La Grande Chambre traite les affaires qui soulèvent une question grave relative à l'interprétation de la Convention ou de ses protocoles, ou dont la solution peut conduire à une contradiction avec un arrêt rendu antérieurement par la Cour. Une chambre peut se dessaisir d'une affaire en faveur de la Grande Chambre à tout stade de la procédure, tant qu'elle n'a pas rendu son arrêt, à moins que l'une des parties ne s'y oppose. Dans un délai de trois mois à compter de la date de l'arrêt d'une chambre, toute partie à l'affaire peut, dans des cas exceptionnels, demander le renvoi de l'affaire devant la Grande Chambre. La requête est examinée par un collège de cinq juges et, si elle est acceptée, la Grande Chambre rend un arrêt.

La procédure peut être engagée par les États membres qui veillent ainsi à l'application de la Convention par les autres États et peuvent intenter un recours même s'ils n'ont pas été les victimes de la violation. Les États sont cependant très réticents à exercer une telle ingérence qui risquerait, en retour, de provoquer un certain zèle à leur encontre.

Les particuliers peuvent également avoir un droit d'action individuel, c'est-à-dire le droit de se plaindre directement d'une violation de la Convention sans avoir à passer par leur État, ce qui est opportun dans la mesure où c'est souvent de leur propre État qu'ils souhaitent se plaindre. Ce droit de recours individuel suppose cependant que l'État dont le requérant est ressortissant l'ait admis pour ses nationaux. La France a ainsi autorisé ce droit de recours individuel en octobre 1981. Le protocole n° 11 du 1er novembre 1998 rend obligatoire le droit de recours individuel, qui est désormais ouvert à toute personne physique (sans condition de nationalité, de résidence ou de capacité) ou morale (sociétés, syndicats, partis politiques, associations, etc.).

Pour être recevable, la requête devant la CEDH doit remplir certaines conditions. En particulier, elle ne peut être présentée qu'après épuisement des voies de recours internes, c'est-à-dire lorsque la violation de la Convention par l'État considéré est certaine. S'agissant de la France, le requérant doit donc prouver qu'il a porté son affaire jusque devant les juridictions les plus hautes, en particulier la Cour de cassation ou le Conseil d'État. La requête doit en outre être présentée dans les six mois suivant la décision interne définitive. Enfin la violation alléguée doit être relative à un droit protégé par la Convention et être dirigée contre un État partie à la Convention.

La CEDH statue à la majorité de ses membres. Les juges peuvent joindre leur opinion individuelle à l'arrêt (opinion dissidente, qui a pour origine le *dissenting opinion* de la procédure de *Common Law*).

B / La portée des décisions de la Cour européenne des droits de l'homme

93. La Cour qui constate une violation d'une disposition de la Convention ne peut annuler la décision incriminée. Une décision de la Cour a en effet une valeur purement déclaratoire. Elle ne constitue pas un titre exécutoire dans l'ordre juridique sanctionné et « il appartient à l'État condamné de déterminer les moyens de s'acquitter de l'obligation qui lui incombe » suite à une condamnation [1]. Les États s'engagent néanmoins à se conformer aux arrêts définitifs de la Cour et donc à remédier à la violation constatée et la modification peut venir du législateur [2] mais aussi des juges [3]. Il arrive aussi que les juridictions internes anticipent spontanément des décisions de la Cour. L'assemblée plénière de la Cour de cassation a même indiqué explicitement, dans un arrêt du 15 avril 2011 relatif à la garde à vue [4], « *que les États adhérents à cette convention sont tenus de respecter les décisions de la Cour européenne des*

1. CE, Sect., 4 oct. 2012, *Baumet*, n° 328502. Le juge administratif français précise que « la complète exécution d'un arrêt de la Cour européenne des droits de l'homme condamnant un État partie à la Convention implique, en principe, que cet État prenne toutes les mesures qu'appellent, d'une part la réparation des conséquences que la violation de la convention a entraînées pour le requérant et, d'autre part, la disparition de la source de cette violation », cette disparition pouvant impliquer l'adoption des « mesures individuelles et, le cas échéant, générales nécessaires ».

2. C'est ainsi par exemple qu'après une condamnation par la CEDH dans un arrêt *Mazurek c/ France* du 1er février 2000 pour discrimination, le législateur, dans une loi n° 2001-1135 du 3 déc. 2001 relative aux droits du conjoint survivant et des enfants adultérins et modernisant diverses dispositions de droit successoral, a abrogé les dispositions du Code civil qui prévoyaient que les enfants adultérins succédaient pour une part inférieure à celle des enfants légitimes.

3. Ainsi, après une condamnation prononcée le 25 mars 1992 par la CEDH dans l'affaire *B c/ France*, la Cour de cassation a admis le changement de sexe des transsexuels à l'état civil : Ass. plén., 11 déc. 1992, pourvoi n° 91-11900 et n° 91-12373. Elle est d'ailleurs allée plus loin que la décision de la CEDH qui reprochait simplement à la France l'atteinte à la vie privée que constituait l'indication du sexe dans le numéro de sécurité sociale.

4. N° de pourvoi : 10-17049.

droits de l'homme, sans attendre d'être attaqués devant elle ni d'avoir modifié leur législation ».

Quoi qu'il en soit, la Cour ne peut pas ordonner aux États de mesures positives, ni leur adresser d'injonctions. L'article 41 de la Convention prévoit que la Cour peut accorder à la partie lésée une « satisfaction équitable ». Cette satisfaction équitable ne peut prendre la forme que d'une condamnation pécuniaire, et non pas d'une injonction de faire.

En raison du principe de l'autorité de la chose jugée des décisions de justice, le particulier qui a gagné devant la CEDH ne peut pas obtenir que son affaire soit rejugée lorsqu'elle a donné lieu à une décision juridictionnelle définitive. Le principe est en effet que l'exécution d'un arrêt de la Cour « ne peut [...] avoir pour effet de priver les décisions juridictionnelles de leur caractère exécutoire [1] ». Une loi du 15 juin 2000 a cependant institué une procédure de réexamen des décisions consécutives au prononcé d'un arrêt de la CEDH, mais limité à la matière pénale (art. 622-1 CPP et suiv.). Cette demande de réexamen ne peut être formulée que par certaines personnes : le ministre de la Justice ; le procureur général près la Cour de cassation ; le condamné ou, en cas d'incapacité, son représentant légal ; les ayants droit du condamné en cas de décès de ce dernier. Ainsi, le 11 juin 2004, dans l'affaire *Papon*, l'assemblée plénière de la Cour de cassation déclara recevable le pourvoi formé par celui-ci contre l'arrêt de la Cour d'assises de la Gironde du 2 avril 1998, alors qu'elle avait jugé l'inverse avant la condamnation de la France par la CEDH.

La loi de modernisation de la justice du XXIe siècle du 18 novembre 2016 porte une nouvelle atteinte à l'autorité de la chose jugée en introduisant, dans le Code de l'organisation judiciaire, une procédure de réexamen en matière civile. Selon le nouvel article L. 452-1 de ce Code, le réexamen d'une décision civile définitive rendue en matière d'état des personnes peut être demandé au bénéfice de toute personne ayant été partie à l'instance et disposant d'un intérêt à le solliciter, lorsqu'il résulte d'un arrêt rendu par la CEDH que cette décision a été prononcée en violation de la Conv. EDH ou de ses protocoles additionnels. Cette demande de réexamen est donc limitée aux décisions concernant l'état des personnes, et elle suppose que, « par sa nature et sa gravité, la violation constatée entraîne, pour cette personne, des conséquences dommageables auxquelles la satisfaction équitable accordée en application de l'article 41 de la même convention ne pourrait mettre un terme ». Le

1. Arrêt *Baumet*, préc.

réexamen peut être demandé dans un délai d'un an à compter de la décision de la CEDH. Le réexamen d'un pourvoi en cassation peut être demandé dans les mêmes conditions. Ce réexamen peut être demandé principalement par la partie intéressée ou, après le décès de celle-ci, par certains de ses proches parents dont la liste est fixée par le Code.

C / L'applicabilité directe et la primauté de la Convention européenne des droits de l'homme

94. La Convention européenne des droits de l'homme est d'application directe, et elle peut donc être invoquée par les particuliers dans un procès les concernant. Elle a en outre, comme tous les textes internationaux, une valeur supérieure à la loi (art. 55 Constit.) et le juge peut donc écarter une loi interne qui lui serait contraire.

Elle a dès lors été de plus en plus souvent invoquée, et ce dans les litiges les plus divers, dans la mesure où, avant l'introduction de la question prioritaire de constitutionnalité, elle était presque la seule façon d'écarter du litige une loi contraire à un droit fondamental.

La Convention européenne des droits de l'homme contient une liste des droits et libertés fondamentales : droit à la vie, interdiction de la torture, interdiction de l'esclavage et du travail forcé, droit à la liberté et à la sûreté, droit à un procès équitable, principe de la légalité des délits et des peines, droit au respect de la vie privée et familiale, liberté de pensée, de conscience et de religion, liberté d'expression, liberté de réunion et d'association, droit au mariage, droit à un recours effectif et l'interdiction de discrimination. Elle a été complétée par plusieurs protocoles additionnels concernant les droits protégés ou la mise en œuvre de leur respect.

La jurisprudence de la CEDH a permis de préciser et de compléter ces droits et libertés. Ne serait-ce que si l'on s'en tient à quelques matières essentielles du droit, la jurisprudence abonde. Ainsi, sur le fondement du droit à un procès équitable protégé par l'article 6 de la Conv. EDH, toute une série de principes essentiels de procédure ont été posés (v. *infra* n° 269) : droit d'accès à un tribunal, qui fait qu'une victime doit toujours pouvoir demander réparation de son dommage, droit à être jugé dans un délai raisonnable, droit à la motivation des décisions de justice, etc. Le droit au respect de la vie privée, prévu par l'article 8 de la Convention, a reçu une interprétation très large puisque, comme la notion de *privacy* du droit américain, il a été compris non seulement comme un droit de faire respecter son intimité, mais aussi comme un droit à l'autonomie personnelle permettant de faire librement des choix de vie (pour fonder par exemple la liberté sexuelle ; il a été invoqué aussi, mais sans succès jusque-là, pour fonder un droit à l'assistance au suicide dans la célèbre affaire *Pretty* de 1992). Le droit des personnes et de la famille a fait aussi l'objet de maintes décisions, notamment sur le fondement de l'article 12 de la Convention prévoyant un droit de se marier et de fonder une famille. Des incidences se font également sentir en droit des biens puisque l'article 1er du Protocole n° 1 a consacré le droit au respect des biens [1]. On peut ajouter que l'organisation et le fonctionnement de l'Administration publique ont aussi été influencés par la jurisprudence européenne, par exemple en ce qui concerne les conditions de détention dans les prisons françaises, régulièrement jugées contraires à l'interdiction des traitements inhumains et dégradants.

Les juridictions françaises se fondent très souvent sur des dispositions de la Conv. EDH qu'elles mentionnent dans les visas de leurs décisions. C'est ainsi que l'article 8 a permis de limiter le pouvoir d'un employeur d'ordonner à un salarié un changement de domicile en cas de modification de sa région d'activité [2], ou encore de juger que les clauses d'un bail d'habitation ne pouvaient avoir pour effet de priver le preneur de la possibilité d'héberger ses proches, en particulier le père de ses enfants ou sa sœur [3]. C'est ainsi encore que dans son arrêt du 15 avril 2011 relatif à la garde à vue, l'assemblée plénière de la Cour de cassation a précisé que « *pour que le droit à un procès équitable consacré par l'article 6 §1 de la Convention de sauvegarde des droits de l'homme et des libertés fondamentales soit effectif et concret, il faut, en règle générale, que la personne placée en garde à vue puisse bénéficier de l'assistance d'un avocat dès le début de la mesure et pendant ses interrogatoires* [4] ».

1. La CEDH a depuis jugé que les droits de créance étant des biens au sens de cet article, ils devaient dès lors également être protégés contre des ingérences étatiques excessives : arrêt *Van Marle c/ Pays-Bas* du 26 juin 1986, *JDI* 1987, 785.

2. Soc., 28 mars 2006, n° 04-41016 ; *RDC* 2006/4, 1163, obs. Ch. Radé ; Soc., 12 janv. 1999, n° 96-40755 ; *D.* 1999, 645, note J.-P. Marguénaud et J. Mouly

3. Civ. 3e, 6 mars 1996, n° 93-11113 ; *RTD civ.* 1996, 580, obs. J. Hauser ; Civ. 3e, 22 mars 2006, n° 04-19349 ; *RTD civ.* 2006, 722, obs. J.-P. Marguénaud ; *RDC* 2006/4, 1149, obs. J.-B. Seube.

4. N° de pourvoi : 10-17049.

III / LES INTERACTIONS ENTRE LE DROIT DU CONSEIL DE L'EUROPE ET LE DROIT DE L'UNION EUROPÉENNE

95. Bien qu'ils ne poursuivent pas exactement les mêmes buts, les deux droits européens ne s'ignorent pas l'un l'autre. Les liens qu'entretiennent, au-delà même des droits des États, les deux droits européens se traduisent par des influences réciproques. Ce contexte de « dialogue des juges » n'empêche cependant pas les éventuelles divergences.

Le droit de l'Union européenne prévoit ainsi que « *les droits fondamentaux, tels qu'ils sont garantis par la Convention européenne de sauvegarde des droits de l'Homme et des libertés fondamentales et tels qu'ils résultent des traditions constitutionnelles communes aux États membres, font partie du droit de l'Union en tant que principes généraux* » (art. 6 du TUE). La Cour de Luxembourg s'efforce, en général, d'interpréter le droit de l'Union à la lumière et dans le respect de la jurisprudence de la CEDH, lors même que la Conv. EDH ne s'applique pas formellement.

Le traité de Lisbonne prévoyait au demeurant qu'il en irait différemment dans un avenir proche en affirmant que « l'Union adhère à la Convention européenne de sauvegarde des droits de l'homme et des libertés fondamentales », ce qui aurait été de nature à renforcer encore le respect du droit de la CEDH par le droit de l'Union. Cependant, la CJUE a rendu fin 2014 un avis négatif sur le projet d'adhésion qui lui avait été soumis. À ses yeux, l'enjeu principal est de parvenir à adhérer à la Conv. EDH sans remettre en cause les caractéristiques propres du droit de l'Union. Or, elle juge le projet insuffisant sur ce point (avis 2/13 du 18 déc. 2014). Pour le moment, l'adhésion de l'Union à la Conv. EDH est donc bloquée.

De son côté, la Cour de Strasbourg s'est prononcée sur le statut particulier du droit de l'Union européenne. Il arrive en effet fréquemment que l'action des États soit contestée au regard de la Conv. EDH, alors même que ces États ont agi en application du droit de l'Union européenne. Dans ce cas, contrôler le respect par un État du droit de la Conv. EDH revient à contrôler l'action de l'Union européenne elle-même. En la matière, la Cour de Strasbourg a jugé qu'il existe une présomption de protection « équivalente » entre le droit de la Conv. EDH et le droit de l'Union européenne. Au regard des garanties qu'elle prévoit, l'Union est donc présumée respecter les droits fondamentaux protégés par la CEDH. Toutefois, cette présomption peut être renversée (CEDH, Gr. Ch., 30 juin 2005, *Bosphorus c/ Irlande*).

Cette marque de confiance de la part de la CEDH à l'égard du droit de l'Union connaît en effet deux limites. D'une part, la présomption peut être renversée, au cas par cas, si la Cour « *estime que la protection des droits garantis par la Convention était entachée d'une insuffisance manifeste* » (même arrêt). D'autre part, la présomption ne peut jouer lorsque l'action de l'État ne découle pas uniquement du droit de l'Union : si l'État a disposé d'une marge de manœuvre, c'est bien alors l'action de l'État lui-même qui mérite d'être jugée (CEDH, 6 déc. 2012, *Michaud c/ France*).

La CJUE a également récemment durci sa position, en semblant vouloir limiter la marge des États membres en matière de droits fondamentaux. Elle a en effet affirmé, dans un arrêt *Melloni* de 2013, que le niveau de protection des droits fondamentaux offert par le droit de l'Union constituait la référence commune dans l'ensemble des États membres. Il en résulte que la Constitution d'un État membre qui offrirait une protection plus élevée des droits fondamentaux que cette référence commune ne saurait faire obstacle à l'application du droit européen [1]. Autrement dit, le droit de l'Union n'autoriserait pas l'application d'un niveau plus élevé de protection des droits fondamentaux par les États membres. Si cette solution se comprend du point de vue du droit de l'Union lui-même (car un niveau national plus élevé de protection pourrait ruiner la coopération décidée à l'échelle de l'Union), elle est d'autant plus remarquable que le droit de la CEDH ne fixe, lui, qu'un « socle minimal » de protection, au-delà duquel les États peuvent aller.

Or, précisément, le droit de la CEDH s'impose simultanément dans le cadre de l'Union européenne. Bien que l'adhésion formelle de l'Union européenne semble compromise pour le moment, chacun des vingt-huit États membres de l'Union européenne est *en même temps* un État partie à la Conv. EDH. Les États disposent à cet égard d'une ressource juridique supplémentaire pour la protection des droits fondamentaux, voire un instrument de résistance à l'égard d'un niveau jugé insuffisant de protection des droits par l'Union européenne. Mais, ayant à « servir deux maîtres européens » à la fois, ils peuvent donc être confrontés à des situations délicates.

Au sein du droit du Conseil de l'Europe, il faut enfin mentionner la question des droits sociaux fondamentaux, qui font l'objet d'un corpus juridique spécifique : la Charte sociale européenne et son organe de

1. CJUE, 26 février 2013, *Melloni*, aff. C-399/11, à propos du mandat d'arrêt européen. V. aussi, s'appuyant considérablement sur cet arrêt de 2013, l'avis de la CJUE sur l'adhésion de l'Union à la Conv. EDH (CJUE, avis 2/13 du 18 déc. 2014).

protection qu'est le Comité européen des droits sociaux. Comme on le sait, l'une des questions sensibles du droit de l'Union européenne est son respect des droits sociaux et l'éventualité d'une « Europe sociale » dans le cadre de l'Union. Or, le Comité européen des droits sociaux, dans le contexte des suites de la crise financière de 2008, a affirmé que la présomption d'équivalence entre le droit de l'Union et le droit de la CEDH ne pouvait s'appliquer en matière de droits sociaux [1]. Le Comité s'est donc montré vigilant à ce sujet, comme d'ailleurs quelques États membres de l'Union qui se sont opposés à certaines mesures (notamment d'austérité) imposées par l'Union européenne (en coordination avec le Fonds monétaire international), au motif d'une contrariété à la Charte sociale européenne. Le Comité a précisé, selon une formule qui mérite d'être citée, que les États doivent « *faire en sorte que ces droits soient effectivement garantis au moment où le besoin de protection se fait le plus sentir* [2] ».

1. CEDS, déc. n° 55-2009 du 23 juin 2010, *CGT c/ France* ; CEDS, déc. n° 85-2012 du 3 juillet 2013, *CGT c/ Suède.*
2. CEDS, déc. n° 66/2011 et n° 65/2011 du 19 oct. 2012, *Fédération générale des employés des compagnies publiques d'électricité*. Sur ces enjeux, v. aussi A. Supiot (dir.), *Les Gardiens des droits sociaux en Europe*, Semaine Sociale Lamy, suppl. au n° 1746, 28 nov. 2016, 100 p.

Chapitre III

LA LOI

96. Au sens large, le mot « loi » est synonyme d'une règle de droit qui s'impose à tous. On dira que « la loi interdit de faire ceci ou cela » même lorsque, en toute rigueur, c'est la Constitution qui l'interdit ou un simple décret. Dans un sens plus précis employé ici, la loi est une règle de droit qui émane du Parlement (voir art. 34 Constit. : « La loi est votée par le Parlement »).

SECTION 1
Les différents types de loi

I / LES LOIS ORDINAIRES

97. Le terme de « loi » sans autre qualificatif vise les lois ordinaires votées par le Parlement dans le domaine de l'article 34 de la Constitution. Certaines lois ont un objet particulier et revêtent alors une dénomination particulière.

II / LES LOIS ORGANIQUES

98. Ce sont des lois qui complètent les dispositions de la Constitution, par exemple des lois sur le fonctionnement des assemblées parlementaires ou du Conseil constitutionnel. Elles sont soumises à une procédure d'adoption particulière (art. 46 Constit.) : en particulier, faute d'accord entre les deux assemblées, le texte ne peut être adopté par l'Assemblée nationale en dernière lecture qu'à la majorité absolue de ses membres. En outre, elles ne peuvent être promulguées qu'après la déclaration par le Conseil constitutionnel de leur conformité à la Constitution.

III / LES LOIS DE PROGRAMMATION

99. Il s'agit de lois qui déterminent les orientations générales de l'action gouvernementale dans un domaine donné, d'autres normes devant reprendre plus précisément ces objectifs-cadres. Elles sont prévues à l'article 34 de la Constitution, qui dispose que « des lois de programmation déterminent les objectifs de l'action de l'État » (on parle également de lois d'orientation ou lois-cadres). Dans sa décision n° 2005-512 DC du 21 avril 2005, rendue à propos de la loi d'orientation et de programme pour l'avenir de l'école, le Conseil constitutionnel a décidé que, pour être conformes à la Constitution, les objectifs énoncés dans une loi doivent avoir une portée normative (voir *supra* n° 21). Toutefois, il a admis dans cette décision que les « lois de programme », désormais qualifiées de « lois de programmation » par la Constitution échappent précisément à cette obligation de normativité, dans la mesure où elles sont généralement plus vagues (il peut même s'agir d'une seule disposition « de programmation » au sein d'une loi ordinaire : v. déc. n° 2015-718 DC du 13 août 2015).

IV / LES LOIS RÉFÉRENDAIRES

100. Le Parlement adopte les lois au nom de la souveraineté nationale qu'il représente. Le peuple peut cependant exercer lui-même ce pouvoir par la voie d'un référendum. Ces lois dites référendaires sont prévues par l'article 11 de la Constitution. Le président de la République ou, depuis 2008, une fraction de parlementaires soutenus par un dixième des électeurs peut ainsi soumettre au référendum « tout projet de loi portant sur l'organisation des pouvoirs publics, sur des réformes relatives à la politique économique, sociale ou environnementale de la nation et aux services publics qui y concourent, ou tendant à autoriser la ratification d'un traité qui, sans être contraire à la Constitution, aurait des incidences sur le fonctionnement des institutions ».

Les lois référendaires échappent au contrôle du Conseil constitutionnel, celui-ci s'estimant incompétent pour contrôler l'expression directe du peuple souverain (déc. n° 2003-469 DC du 26 mars 2003).

SECTION 2
Le domaine de la loi (art. 34 Constit.)

101. La grande nouveauté de la Constitution de la Ve République de 1958 était que la loi, jusque-là souveraine, se voyait désormais assigner un domaine, certes large mais énoncé de façon limitative. Ainsi, dans certains domaines, la loi « fixe les règles » : les droits civiques et les garanties fondamentales accordées aux citoyens pour l'exercice des libertés publiques (auxquelles la loi constitutionnelle du 23 juillet 2008 ajoute « la liberté, le pluralisme et l'indépendance des médias ») ; la nationalité, l'état et la capacité des personnes, les régimes matrimoniaux, les successions et libéralités ; la détermination des crimes et délits ainsi que les peines qui leur sont applicables ; la procédure pénale ; l'assiette, le taux et les modalités de recouvrement des impositions de toutes natures, etc. Dans d'autres domaines, elle ne fait que « détermine[r] les principes fondamentaux » (en pratique la formule est comprise de façon très extensive) : le régime de la propriété, des droits réels et des obligations civiles et commerciales, ou encore le droit du travail, le droit syndical et la sécurité sociale.

SECTION 3
L'élaboration de la loi

102. S'agissant des lois ordinaires, leur initiative appartient concurremment au Premier ministre et aux membres du Parlement (art. 39 Constit.). Dans le premier cas, on parle de « projet de loi », dans le second de « proposition de loi ».

Les projets de loi sont délibérés en Conseil des ministres après avis du Conseil d'État et déposés sur le bureau de l'une des deux assemblées (avec parfois un ordre : ainsi, les projets de loi de finances et de loi de financement de la Sécurité sociale sont soumis en premier lieu à l'Assemblée nationale). Une loi du 31 janvier 2007 de modernisation du dialogue social a instauré une forme de négociation de la loi : désormais, le gouvernement doit soumettre tout projet de réforme qu'il envisage en matière de droit du travail aux partenaires sociaux en vue d'une négociation (art. L.1 C. trav.). Quant aux propositions de loi, elles peuvent émaner d'un ou plusieurs parlementaires. Depuis 2008, le Conseil d'État peut être sollicité pour donner son avis sur une proposition de loi.

Lors de la présentation d'un texte devant l'une des assemblées, les membres du Parlement et du gouvernement ont le droit de présenter des amendements. Les propositions et amendements formulés par les membres du Parlement ne sont pas recevables lorsque leur adoption aurait pour conséquence soit une diminution des ressources publiques, soit la création ou l'aggravation d'une charge publique.

Les projets et propositions de loi peuvent être, à la demande du gouvernement ou de l'assemblée qui en est saisie, envoyés pour examen à des Commissions spécialement désignées à cet effet. Sinon, ils sont envoyés à l'une des six Commissions permanentes.

Tout projet ou proposition de loi doit être examiné successivement dans les deux assemblées en vue de l'adoption d'un texte identique. Lorsque, par suite d'un désaccord entre elles, un projet ou une proposition de loi n'a pu être adopté après deux lectures par chaque assemblée ou, si le gouvernement a déclaré l'urgence, après une seule lecture par chacune d'entre elles, le Premier ministre a la faculté de provoquer la réunion d'une Commission mixte paritaire (CMP) chargée de proposer un texte sur les dispositions restant en discussion (depuis 2008, les présidents des assemblées peuvent faire de même, pour une proposition de loi). Le texte élaboré par la CMP peut être soumis par le gouvernement pour approbation aux deux assemblées. Aucun amendement n'est recevable sauf accord du gouvernement. Si la CMP ne parvient pas à l'adoption d'un texte commun ou si ce texte n'est pas adopté dans les conditions prévues, le gouvernement peut, après une nouvelle lecture par l'Assemblée nationale et par le Sénat, demander à l'Assemblée nationale de statuer définitivement. En ce cas, l'Assemblée nationale peut reprendre soit le texte élaboré par la CMP, soit le dernier texte voté par elle, modifié le cas échéant par un ou plusieurs des amendements adoptés par le Sénat.

Section 4
La force normative de la loi

103. Les lois ont toutes une force normative, mais celle-ci est susceptible de gradations.

Les lois « impératives » s'imposent aux citoyens qui ne peuvent en écarter l'application (art. 6 C. civ. : « On ne peut déroger, par des conventions particulières, aux lois qui intéressent l'ordre public et les bonnes mœurs »).

Les lois « supplétives » suppléent à la volonté des contractants, c'est-à-dire qu'elles s'appliquent si ceux-ci n'ont rien prévu. Ils peuvent cependant, par l'expression de leur volonté, écarter l'application de ces lois. Ainsi, l'article 1651 du Code civil prévoit que si les parties n'ont rien prévu à cet égard dans leur contrat, « l'acheteur doit payer au lieu et dans le temps où doit se faire la délivrance » ; les contractants peuvent cependant prévoir au contraire que le paiement aura lieu avant ou après la livraison.

Enfin les lois « dispositives » sont des règles à la disposition des citoyens, que ces derniers peuvent choisir d'adopter à condition de le déclarer expressément. Il en est ainsi par exemple des régimes matrimoniaux autres que le régime légal (communauté réduite aux acquêts) : les époux peuvent, par contrat de mariage conclu devant notaire, adopter un autre régime matrimonial (par exemple la séparation de biens ou au contraire la communauté universelle).

Section 5
L'application de la loi dans le temps [1]

104. Il faut examiner l'entrée en vigueur de la loi et, à l'inverse, sa disparition, avant d'étudier plus précisément les conflits de lois dans le temps.

1. Sur l'application de la loi dans l'espace, voir *supra* n° 4 sur le droit international privé.

I / L'ENTRÉE EN VIGUEUR DE LA LOI

105. Pour entrer en vigueur la loi doit être promulguée et publiée.

A / La promulgation

106. Pour entrer en vigueur, une loi votée doit d'abord être promulguée par le président de la République. La promulgation permet d'attester que la loi existe et de déclarer qu'elle devra être « exécutée comme loi de l'État ». Le président doit le faire, en vertu de l'article 10 de la Constitution, dans les quinze jours qui suivent la transmission au gouvernement de la loi définitivement adoptée (une saisine du Conseil constitutionnel ayant pour effet de suspendre ce délai). On estime que le président exerce une compétence liée et ne peut donc refuser de promulguer la loi. Il peut cependant, avant l'expiration du délai de quinze jours, demander au Parlement une nouvelle délibération de la loi ou de certains de ses articles, et cette nouvelle délibération ne peut être refusée. Cette possibilité donnée au président de la République n'a été utilisée que de façon exceptionnelle. C'est le décret de promulgation qui fixe la date de la loi. Ainsi, on sait de la loi n° 2004-439 du 26 mai 2004 relative au divorce qu'elle a été promulguée le 26 mai 2004, et que ce fut la 439e loi à l'être pour l'année 2004.

La promulgation est une condition nécessaire mais non suffisante pour l'entrée en vigueur d'une loi. Celle-ci est en effet subordonnée à sa publication.

B / La publication

107. Aux termes de l'article 1er du Code civil, les lois entrent en principe en vigueur à la date qu'elles fixent ou, à défaut, le lendemain de leur publication. Toutefois, l'entrée en vigueur de celles de leurs dispositions dont l'exécution nécessite des mesures d'application (par exemple des décrets d'application) est reportée à la date d'entrée en vigueur de ces mesures. En cas d'urgence, les lois peuvent entrer en vigueur dès leur publication.

L'ordonnance du 20 février 2004 relative aux modalités et effets de la publication des lois et de certains actes administratifs a créé un *Journal Officiel* électronique qui est une version électronique authentifiée, faisant donc foi. Conformément à une recommandation de la Commission nationale informatique et liberté (CNIL) du 29 novembre 2001, sont écartés de la diffusion électronique certains actes individuels touchant au nom ou à la nationalité de certaines personnes. Depuis le 1er janvier 2016, le *Journal Officiel* n'est plus imprimé en version papier.

À compter de sa publication, la loi est censée être connue de tous : *nemo legem ignorare censetur.* Le rôle de cet adage est d'empêcher les citoyens de se prévaloir de leur ignorance de la loi pour échapper à son application. Il diffère de l'invocation d'une erreur de droit qui sera en revanche admise si elle n'est pas alléguée pour éluder l'application de la loi. Ainsi, si une personne demande l'annulation d'un contrat conclu au motif qu'elle en ignorait le caractère obligatoire, cette erreur n'est pas admissible en vertu de l'adage susvisé : l'erreur permettrait en effet d'éluder l'application de la loi posant que les conventions sont obligatoires. Si en revanche une personne demande l'annulation de l'engagement pris en croyant à tort être responsable, elle ne cherche ici nullement à éviter l'application de la loi puisqu'au contraire celle-ci ne la déclarait pas responsable.

II / LA PERTE DE VALIDITÉ DE LA LOI

108. La loi cesse tout d'abord d'être valable lorsqu'elle est abrogée. L'abrogation doit, pour produire son effet, émaner de la même autorité que celle ayant adopté le texte abrogé (ou une autorité supérieure). L'abrogation peut être expresse ou tacite.

Certaines lois disparaissent automatiquement, en particulier les lois dites « de circonstance », prises pour une circonstance particulière (la guerre par exemple), et qui cessent avec celle-ci. Il existe également les lois expérimentales, qui sont assez anciennes mais ont récemment connu un regain d'intérêt (art. 37-1 Constit.). Il s'agit de voter une loi tout en précisant que, au bout d'un certain délai, il sera procédé à son évaluation pour décider s'il faut la rendre pérenne, telle quelle ou en la modifiant. Si une nouvelle loi n'est pas adoptée, la loi expérimentale cesse automatiquement d'être en vigueur et de produire ses effets. Étaient ainsi des lois expérimentales la loi sur l'interruption volontaire de grossesse, la loi sur le revenu minimum d'insertion, ou encore les lois dites de bioéthique.

Par ailleurs, la loi peut être suspendue. Certaines lois récentes donnent des exemples de ce qui est une figure législative inédite. Ainsi, la loi du 3 janvier 2003 portant relance de la négociation collective en matière de licenciements économiques prévoyait, dans son article 1, la suspension de certaines dispositions du Code de commerce et du Code du travail, pour l'essentiel pour une période maximale de dix-huit mois à compter de la promulgation de la loi. À l'issue de la suspension, la loi redevient applicable.

III / LES CONFLITS DE LOIS DANS LE TEMPS

109. On doit au juriste Paul Roubier l'essentiel des principes gouvernant les conflits de lois dans le temps, que l'on appelle aussi le droit transitoire [1].

Aux termes de l'article 2 du Code civil, « la loi ne dispose que pour l'avenir ; elle n'a point d'effet rétroactif ». L'assertion règle donc tout à la fois le passé et le futur.

A / Le passé : le principe de non-rétroactivité de la loi nouvelle

110. Ce principe n'a pas la même portée en matière pénale et en matière civile.

1 / En matière pénale

111. En matière pénale, la règle exprime un impératif catégorique de justice. Toutes les périodes gravement attentatoires au droit ont eu leurs lois rétroactives, et les pires sont celles adoptées en matière pénale. On connaît, sous Vichy, la loi d'exception rétroactive adoptée en 1941 et signée par le ministre de la Justice de l'époque (qui était professeur de droit) : il s'agissait de condamner à mort six Français ayant commis des délits non passibles de la peine de mort à l'époque des faits, en représailles à l'attentat commis par un jeune militant communiste (le colonel Fabien) contre un militaire allemand [2]. Il est vrai toutefois qu'au regard de sa gravité, le crime contre l'humanité s'est vu reconnaître, au lendemain de la Seconde Guerre mondiale (procès de Nuremberg), une applicabilité rétroactive.

1. V. *Le Droit transitoire. Conflits des lois dans le temps*, Paris, Sirey, 1929, 2e éd. refondue 1960, réimp. Dalloz, « Bibliothèque Dalloz », 2008.
2. L'épisode a été relaté dans le très beau film de Costa Gavras, « Section spéciale » (1974).

Le principe de non-rétroactivité de la loi pénale est affirmé à l'article 112-1 du Code pénal selon lequel « sont seuls punissables les faits constitutifs d'une infraction à la date à laquelle ils ont été commis. Peuvent seules être prononcées les peines légalement applicables à la même date ». Ce principe de non-rétroactivité de la loi a en réalité, en matière pénale, une valeur constitutionnelle, puisqu'il est également prévu à l'article 8 de la Déclaration des droits de l'homme et du citoyen de 1789 [1]. La matière pénale doit s'entendre, selon le Conseil constitutionnel, au sens large, c'est-à-dire comme incluant les sanctions administratives.

Ce principe étant un principe de faveur pour le délinquant, il cesse lorsque cesse cette raison (*cessante ratione legis, cessat ejus dispositio*). Doit dès lors au contraire être rétroactive la loi pénale plus douce : c'est ce qu'on appelle la rétroactivité *in mitius* (du latin *mitis*, doux), qui est également un principe de valeur constitutionnelle. Ce principe de rétroactivité de la loi pénale plus douce est cependant aussi rappelé par le même article 112-1 du Code pénal qui énonce : « Toutefois, les dispositions nouvelles s'appliquent aux infractions commises avant leur entrée en vigueur et n'ayant pas donné lieu à une condamnation passée en force de chose jugée lorsqu'elles sont moins sévères que les dispositions anciennes. » Cette rétroactivité suppose que les faits commis antérieurement à l'entrée en vigueur de la loi plus douce n'aient pas encore donné lieu à une décision passée en force de chose jugée au jour où cette loi nouvelle entre en vigueur. Toute la difficulté est d'apprécier si la loi nouvelle est plus douce ou non, notamment lorsque certaines dispositions, mais pas toutes, le sont. La question se pose aussi de savoir si la rétroactivité s'applique en matière de dispositions nouvelles équivalentes [2].

Certaines lois de procédure ou certaines lois relatives aux recours disponibles sont également applicables immédiatement (art. 112-2 et 112-3 C. pén.).

2 / En matière civile

112. En matière civile, le principe de non-rétroactivité de la loi est posé par l'article 2 du Code civil. Il n'a donc que valeur législative, et ne s'impose dès lors pas au législateur qui peut prévoir la rétroactivité

1. « La Loi ne doit établir que des peines strictement et évidemment nécessaires, et nul ne peut être puni qu'en vertu d'une loi établie et promulguée antérieurement au délit, et légalement appliquée. »
2. En ce sens, voir Crim., 12 juin 1989, n° pourvoi : 87-85197.

de la loi dans des dispositions transitoires expresses. En l'absence de telles dispositions, le juge doit cependant appliquer le principe de cet article 2.

Si une loi peut donc être expressément rétroactive, elle ne peut cependant jamais revenir sur ce qui a fait l'objet d'une décision judiciaire définitive. Elle peut en revanche s'appliquer aux procès en cours, y compris aux affaires pendantes devant la Cour de cassation. Une telle disposition est très rare, mais on peut citer l'exemple de la loi du 5 juillet 1985 sur l'indemnisation des victimes d'accidents de la circulation, qui était particulièrement favorable aux victimes.

• Certaines lois sont même par nature rétroactives. Ce sont d'abord les lois « interprétatives », adoptées pour lever une ambiguïté d'une loi antérieure, et qui sont alors censées s'intégrer à cette dernière à la date d'entrée en vigueur de celle-ci. Cependant, « *une loi ne peut être considérée comme interprétative qu'autant qu'elle se borne à reconnaître, sans rien innover, un droit préexistant qu'une définition imparfaite a rendu susceptible de controverses* [1] ». Ce sont également les lois dites « de validation », qui viennent rétroactivement valider un acte (administratif ou de droit privé) dont la légalité est douteuse, par exemple un concours initialement entaché d'illégalité.

En application du droit à un procès équitable prévu par l'article 6 de la Convention européenne des droits de l'homme, la CEDH a posé quelques principes limitant la rétroactivité de la loi. Dans un arrêt fondateur du 28 octobre 1999 (*Zielinski c/ France*), elle affirma que « *si, en principe, le pouvoir législatif n'est pas empêché de réglementer en matière civile, par de nouvelles dispositions à portée rétroactive, des droits découlant de lois en vigueur, le principe de la prééminence du droit et la notion de procès équitable consacrés par l'article 6 s'opposent, sauf pour d'impérieux motifs d'intérêt général, à l'ingérence du pouvoir législatif dans l'administration de la justice dans le but d'influer sur le dénouement judiciaire du litige* ». La Cour de cassation adopta ces directives dans un arrêt du 23 janvier 2004 [2], et écarta ainsi parfois des mesures transitoires d'une loi remettant en cause une jurisprudence plus favorable au salarié [3].

1. Civ. 3e, 27 févr. 2002, n° pourvoi : 00-17902.

2. Ass. plén., n° pourvoi : 03-13617. Elle jugea « que si le législateur peut adopter, en matière civile, des dispositions rétroactives, le principe de prééminence du droit et la notion de procès équitable consacrés par l'article 6 de la Convention européenne de sauvegarde des droits de l'homme et des libertés fondamentales, s'opposent, sauf pour d'impérieux motifs d'intérêt général, à l'ingérence du pouvoir législatif dans l'administration de la Justice afin d'influer sur le dénouement judiciaire des litiges ; que cette règle générale s'applique quelle que soit la qualification formelle donnée à la loi et même lorsque l'État n'est pas partie au procès. »

3. V. Soc. 24 avr. 2001, n° pourvoi : 00-44148.

Le Conseil constitutionnel se montre également de plus en plus vigilant à l'égard de cette question de la sécurité juridique. S'appuyant sur l'article 16 de la Déclaration de 1789, le Conseil a énoncé ainsi de façon générale que le législateur ne saurait « ni porter atteinte aux situations légalement acquises ni remettre en cause les effets qui peuvent légitimement être attendus de telles situations » (déc. n° 2013-682 DC du 19 déc. 2013). La jurisprudence sur les lois de validation s'est ainsi progressivement durcie : désormais, seul un « motif impérieux d'intérêt général » est de nature à justifier que le législateur intervienne pour modifier rétroactivement ou « valider » un acte administratif ou de droit privé. Le Conseil précise que cette intervention doit également respecter « les décisions de justice ayant force de chose jugée [et] le principe de non-rétroactivité des peines et des sanctions » (déc. n° 2013-366 QPC du 14 février 2014).

B / Le futur

1 / Le principe : l'application immédiate de la loi nouvelle

113. Selon l'article 2 du Code civil, « la loi ne dispose que pour l'avenir ». On en déduit que, par principe, la loi nouvelle entrée en vigueur s'applique immédiatement, tandis que tout ce qui est passé reste soumis à la loi ancienne.

1° La constitution ou l'extinction d'une situation juridique. Pour juger si une situation juridique (un mariage, un divorce, un contrat, etc.) s'est valablement constituée ou éteinte, il faut considérer la loi en vigueur au jour de cette constitution ou de cette extinction. Ainsi, un mariage valablement contracté sous l'ancienne loi ne devient pas irrégulier au seul motif qu'une loi nouvelle pose de nouvelles exigences non satisfaites à l'époque.

Pour les situations en cours de constitution ou d'extinction quand intervient la loi nouvelle, les deux lois (l'ancienne et la nouvelle) peuvent s'appliquer de façon combinée. Ainsi par exemple, si une loi modifie un délai de prescription, elle s'applique immédiatement ; cependant, si le délai de prescription est allongé, on comptera, pour atteindre ce nouveau délai, le temps déjà écoulé ; si en revanche la loi nouvelle abaisse le délai pour prescrire, la prescription sera acquise dès lors que soit l'ancien délai soit le nouveau sera écoulé à compter de l'entrée en vigueur de la loi nouvelle (si par exemple le délai pour prescrire passe de trente à cinq ans et que vingt-six ans avaient couru avant l'entrée en vigueur de la loi nouvelle, il suffira de quatre années pour prescrire ; si en revanche moins de vingt-cinq ans avaient couru, il suffira de cinq années à compter de l'entrée en vigueur de la loi nouvelle).

2° Les effets d'une situation juridique. Souvent, une situation juridique s'étale dans le temps. La loi nouvelle qui s'applique en principe immédiatement dès son entrée en vigueur régit alors tous les effets futurs de celle-ci. Les effets passés restent en revanche régis par la loi ancienne. Par exemple une loi qui modifie les conditions d'exercice de l'autorité parentale s'appliquera immédiatement à toutes les filiations en cours.

2 / Les exceptions : la survie de la loi ancienne

114. Dans deux hypothèses, on continue à appliquer la loi ancienne après l'entrée en vigueur de la loi nouvelle.

1° L'application différée de la loi nouvelle. L'application de la loi nouvelle peut être différée en vertu de mesures transitoires expresses, si bien que la loi ancienne continuera à s'appliquer pendant un certain temps. On a vu en effet que le législateur pouvait retarder l'entrée en vigueur de la loi nouvelle pour permettre aux justiciables d'en prendre connaissance ou le temps d'adopter des décrets d'application qui seuls permettent sa mise en œuvre concrète.

2° Les effets des situations juridiques contractuelles (c'est-à-dire des situations juridiques qui ont été créées par contrat). En matière contractuelle, le principe est non pas l'application immédiate de la loi nouvelle, mais au contraire la survie de la loi ancienne : celle-ci continue de régir les effets futurs (c'est-à-dire postérieurs à l'entrée en vigueur de la loi nouvelle) des situations juridiques contractuelles en cours. La solution s'explique par la nécessité de respecter la liberté contractuelle et les prévisions des parties : celles-ci ont voulu conclure un contrat ayant les effets qu'il avait sous la loi ancienne ; s'ils avaient su que celui-ci aurait, en vertu d'une loi nouvelle, des effets différents, ils ne l'auraient peut-être pas conclu.

Cette exception au principe de l'application immédiate de la loi nouvelle connaît elle-même une exception (on en revient donc au principe). Parfois, bien que la situation soit formellement d'origine contractuelle, il apparaît en effet nécessaire d'uniformiser des situations similaires. Tel est le cas lorsque la situation, bien que trouvant sa source dans un contrat, est davantage statutaire que contractuelle : par exemple si une loi nouvelle vient diminuer le temps de travail ou augmenter le salaire minimum, elle sera appliquée immédiatement à tous les contrats de travail en cours : il n'est pas concevable que des salariés d'une même entreprise soient, sur ces points fondamentaux de leurs statuts, soumis à des règles différentes selon la date de conclusion de leur contrat. De même, si une loi nouvelle vient modifier les conditions du divorce, elle s'appliquera immédiatement à tous les époux, y compris à ceux mariés avant l'entrée en vigueur de cette loi nouvelle. Ce qui compte n'est donc pas le point de savoir si la loi nouvelle est d'ordre public : comme le dit la Cour de cassation, « *fût-elle d'ordre public* », la loi nouvelle ne s'applique pas si elle « *ne contient aucune disposition prévoyant son application aux contrats en cours* [1] ». Seule la Chambre sociale excipe du caractère d'ordre public de la loi pour l'appliquer à tous les contrats en cours mais, à nouveau, la solution s'explique par le caractère éminemment statutaire du contrat de travail et donc par la nécessité d'uniformiser les situations juridiques [2].

1. Civ. 3e, 1er juil. 1987, n° pourvoi : 83-11285.
2. V. ainsi Soc., 7 janv. 1988, n° pourvoi : 85-41246.

Chapitre IV

LES RÈGLEMENTS

115. Au sens large, les règlements sont les sources émanant du pouvoir exécutif (gouvernement, administrations publiques, organismes privés chargés d'une mission de service public, etc.). Les règlements entrent dans la catégorie plus générale des « actes administratifs unilatéraux » (par opposition aux actes administratifs contractuels, ou contrats administratifs), étant entendu que leur portée est générale et impersonnelle, contrairement aux actes administratifs individuels. Les règlements peuvent occuper des places diverses dans la hiérarchie des normes.

SECTION 1
Les ordonnances (art. 38 Constit.)

116. Si, en principe, la loi est votée par le Parlement (art. 34) et le règlement édicté par le gouvernement (art. 37), les deux catégories peuvent parfois se trouver entremêlées. Ainsi, dans certaines périodes agitées ou autoritaires, ou lorsqu'il s'agit de contourner ce qui apparaît comme des défauts de la procédure parlementaire (longueur des débats, complexité de certains sujets, etc.), le gouvernement peut être tenté de « faire la loi ».

L'article 38 de la Constitution prévoit, à titre dérogatoire, la possibilité d'une telle délégation du pouvoir législatif. Le gouvernement peut, pour l'exécution de son programme, demander au Parlement l'autorisation de prendre par ordonnances, pendant un délai limité, des mesures qui sont normalement du domaine de la loi. Sur le fondement d'une loi d'habilitation, les ordonnances sont prises en Conseil des ministres après avis du Conseil d'État. Elles entrent en vigueur dès leur publication mais deviennent caduques si un projet de loi de ratification n'est pas déposé devant le Parlement avant la date fixée par la loi d'habilitation. Le simple dépôt d'un projet de loi suffit donc à éviter la caducité, indépendamment de la date d'une éventuelle ratification. À l'expiration du délai prévu pour l'habilitation (et même si l'ordonnance n'est alors pas ratifiée), les ordonnances ne peuvent plus être modifiées que par la loi dans les matières qui sont du domaine législatif. Tant que l'ordonnance n'est pas ratifiée, elle conserve le caractère d'un acte administratif (et peut ainsi faire l'objet d'un contrôle par le Conseil d'État).

SECTION 2
Les règlements stricto sensu *(art. 37 Constit.)*

117. La grande nouveauté de la Constitution de 1958 avait été de donner à la loi un domaine d'intervention certes large, mais qui était un domaine d'attribution : selon l'article 37, en effet, tout ce qui n'est pas du domaine de la loi, tel que limitativement énuméré par l'article 34, est du domaine du règlement (« les matières autres que celles qui sont du domaine de la loi ont un caractère réglementaire ») : le règlement est donc la catégorie ouverte. Si une loi intervient dans un domaine relevant du règlement, ses dispositions peuvent être modifiées par décret après que le Conseil Constitutionnel aura déclaré qu'elles ont effectivement un caractère réglementaire (procédure de déclassement ou de « délégalisation »).

I / LES DIFFÉRENTS TYPES DE RÈGLEMENTS

118. On distingue d'abord, en fonction de l'auteur de l'acte, et par ordre de valeur décroissant : les décrets du président de la République délibérés en Conseil des ministres ; les décrets (simples) du président de la République ; les décrets du Premier ministre ; les arrêtés interministériels ; les arrêtés ministériels ; les arrêtés préfectoraux ; les arrêtés municipaux.

La place du règlement dans la hiérarchie des normes dépend surtout du domaine dans lequel celui-ci est intervenu. On distingue en effet les règlements autonomes des règlements d'application.

Les *règlements autonomes* sont ceux qui sont adoptés dans les domaines qui ne relèvent pas de la loi mais exclusivement du pouvoir réglementaire (tels que définis de la façon ouverte que nous avons vue, par l'article 37 de la Constitution). Ces règlements sont « autonomes » par rapport à la loi ; pour autant, ils n'occupent pas le même rang que la loi dans la hiérarchie des normes, puisqu'ils sont tenus notamment de respecter les principes généraux du droit. C'est le juge administratif qui s'assure de ce respect.

Les *règlements d'application* sont ceux qui peuvent compléter et préciser la loi dans les domaines, définis par l'article 34, où celle-ci ne fait que déterminer les principes fondamentaux. Ce sont par exemple des décrets d'application. Parfois d'ailleurs, une loi ne peut entrer en vigueur tant que les décrets d'application ne sont pas encore intervenus, dans la mesure où elle n'est pas par elle-même suffisamment précise pour recevoir application. En vertu d'un principe général du droit, le pouvoir réglementaire a d'ailleurs l'obligation de prendre dans un délai raisonnable les mesures qu'implique nécessairement l'application de la loi. Ces règlements d'application ont alors une place inférieure à la loi dans la hiérarchie des normes, et ne peuvent donc contredire celle-ci.

D'autres documents administratifs peuvent avoir des conséquences normatives, même s'ils sont censés être dépourvus de valeur réglementaire. Tel est le cas pour les actes relevant de l'ordre interne de l'Administration, ou ceux qui proposent une interprétation d'autres textes. Il en est ainsi par exemple des circulaires, des instructions, des lignes directrices ou encore des réponses ministérielles. Les juridictions administratives peuvent ainsi estimer que ces actes ont des effets juridiques, ce qui leur permet de les contrôler, voire de les annuler. Il en est ainsi, traditionnellement, lorsque le document administratif fait grief aux individus en ce qu'il ajoute à l'ordonnancement juridique (arrêt du Conseil d'État *Notre-Dame du Kreisker* du 29 janvier 1954). Depuis un arrêt *Duvignères* du 18 décembre 2002 [1], le critère est celui du caractère impératif de l'interprétation indiquée ; selon la Haute Juridiction administrative, « *les dispositions impératives à caractère général d'une circulaire ou d'une instruction doivent être regardées comme faisant grief, tout comme le refus de les abroger* » et le recours formé à leur encontre peut dès lors

1. Pourvoi n° 233618 ; v. *Les Grands Arrêts de la jurisprudence administrative* cités en bibliographie, n° 112.

être accueilli. Le juge administratif reconnaît donc une certaine portée normative à ces actes juridiques. Depuis plusieurs années, le juge administratif a d'ailleurs étendu son contrôle sur des actes administratifs qu'il se refusait autrefois à examiner. Ces actes étaient traditionnellement réputés ne pas produire de droit ou produire des effets trop dérisoires pour justifier un contrôle juridictionnel. Aujourd'hui, dans un souci de réalisme, la jurisprudence accepte un contrôle de plus en plus élargi sur les actes de l'Administration, y compris ses normes de droit souple (arrêts du Conseil d'État du 21 mars 2016, *Fairvesta* et *Numericable*).

II / LE CONTRÔLE DE LA LÉGALITÉ DES RÈGLEMENTS

119. Les règlements, qu'ils soient autonomes ou d'application, sont soumis au principe de légalité, c'est-à-dire qu'ils doivent être conformes à la loi (pour les règlements d'application) et aussi aux principes généraux du droit (pour les règlements autonomes) et, en toute hypothèse, aux principes supra-législatifs (Constitution ou sources internationales directement applicables).

Les règlements peuvent d'abord être contestés devant les juridictions administratives par un recours pour excès de pouvoir. En cas de succès de ce recours, l'acte est en principe annulé : il disparaît rétroactivement.

Les juridictions répressives peuvent également avoir à juger de la régularité d'un règlement (comme d'ailleurs d'un acte administratif individuel) par une exception d'illégalité : elles peuvent alors refuser de prononcer une peine qui serait fondée sur un règlement illégal [1].

Les juridictions judiciaires *stricto sensu* ne sont en revanche pas compétentes en principe pour apprécier elles-mêmes la légalité d'un règlement, et elles ne peuvent donc pas écarter un tel texte au motif qu'il serait illégal. Une seule exception est classiquement admise en vertu du principe (exprimé notamment par l'article 66 de la Constitution) selon lequel les juridictions judiciaires sont gardiennes de la liberté individuelle et du droit de propriété. Toutefois, ces compétences réservées « par nature » au juge judiciaire sont aujourd'hui limitées : l'atteinte à la liberté individuelle doit constituer une privation de liberté (et non pas seulement une restriction) et la méconnaissance du droit de propriété

1. V. art. 111-5 C. pén. : « Les juridictions pénales sont compétentes pour interpréter les actes administratifs, réglementaires ou individuels et pour en apprécier la légalité lorsque, de cet examen, dépend la solution du procès pénal qui leur est soumis. »

doit aboutir à son extinction [1]. En cas de violation de cette liberté ou de ce droit par un règlement, les juridictions judiciaires peuvent l'écarter et refuser de l'appliquer au litige. Le Tribunal des conflits reconnaît également compétence aux tribunaux judiciaires pour apprécier, par voie d'exception, la légalité des règlements qui auraient été pris dans une matière relevant de la loi, par exemple en ce qui concerne les impôts et taxes indirects [2]. Dans les autres hypothèses, la juridiction judiciaire doit toujours, en cas de difficulté sérieuse, renvoyer par voie préjudicielle la question de la légalité à la juridiction administrative concernée et, en attendant, surseoir à statuer.

Désormais, il est néanmoins permis au juge judiciaire non répressif de statuer lui-même, sans saisir le juge administratif, « lorsqu'il apparaît manifestement, au vu d'une jurisprudence établie » que la légalité de l'acte administratif fait défaut. Une seconde hypothèse est envisagée, qui confirme le sort particulier réservé aujourd'hui au droit de l'Union européenne (v. *supra* n° 88 sur ce statut spécifique) : lorsqu'est en jeu l'effectivité du droit de l'Union, le juge judiciaire n'est pas non plus tenu de saisir la juridiction administrative d'une question préjudicielle portant sur la conformité d'un acte administratif au droit de l'Union européenne. Il peut donc appliquer directement le droit de l'Union en cas de contrariété ou saisir la Cour de Justice de l'Union européenne en cas de difficulté d'interprétation [3].

Section 3
Les sources émanant des autorités administratives indépendantes

120. Depuis quelques dizaines d'années, le gouvernement a de plus en plus délégué son pouvoir à des autorités administratives (ou publiques) indépendantes. Ces institutions originales témoignent pour

1. TC, 17 juin 2013, *Bergoend c/ Sté ERDF Annecy Léman*, n° C3911, *GAJA*, n° 115.
2. V. TC, 27 oct. 1931, *Sté Pannier c/ Protectorat du Tonkin*, n° 777, *Rec.* p. 1173 : « L'autorité judiciaire, compétente pour statuer sur les réclamations relatives à l'application des contributions et taxes indirectes, l'est également pour apprécier la légalité et interpréter le sens des actes administratifs en vertu desquels la perception a eu lieu. » En ce sens, v. aussi Cass. com., 25 avr. 1989, n° pourvoi : 87-16351.
3. TC, 17 oct. 2011, *Sté civile d'exploitation agricole (SCEA) du Chéneau*, n° C3828, *GAJA*, n° 113.

le pouvoir politique traditionnel d'une sorte d'« autodéfiance[1] » : il s'agit en effet, au moins dans des domaines sensibles tels que la protection des libertés fondamentales, de renforcer l'impartialité et l'indépendance – voire l'expertise technique – des décisions publiques. C'est ce qui explique par exemple la création de l'AMF (Autorité des marchés financiers, qui a remplacé la COB, Commission des opérations de Bourse), de l'Autorité de la concurrence, du CSA (Conseil supérieur de l'audiovisuel), de la CNIL (Commission nationale de l'informatique et des libertés), ou encore, par la loi n° 2009-669 du 12 juin 2009, la Haute Autorité pour la diffusion des œuvres et la protection des droits sur Internet (HADOPI).

La réforme constitutionnelle du 23 juillet 2008 a introduit dans la Constitution (art. 71-1) le Défenseur des droits, dont le statut et les attributions ont été précisés par deux lois récentes : une loi organique n° 2011-333 du 29 mars 2011 et une loi n° 2011-334 du 29 mars 2011. Les attributions du Défenseur des droits reprennent celles du Médiateur de la République, du Défenseur des enfants, de la Haute Autorité de lutte contre les discriminations et pour l'égalité (HALDE) et de la Commission nationale de déontologie de la sécurité (CNDS). Selon ces textes, le Défenseur des droits est plus précisément une « autorité *constitutionnelle* indépendante », puisqu'il a été institué par la Constitution.

Dans le domaine précis de leurs compétences, ces autorités administratives indépendantes peuvent disposer d'un pouvoir réglementaire délégué, c'est-à-dire qu'elles peuvent édicter des décisions à portée générale et impersonnelle, dans le respect des lois et des décrets. Le cas échéant, elles peuvent prendre des décisions individuelles. Le droit souple (sur lequel, v. *supra* n° 53) est également un instrument privilégié par les autorités administratives indépendantes. Son succès explique d'ailleurs que le juge administratif ait accepté de le contrôler à partir de 2016 (arrêts du Conseil d'État du 21 mars 2016, préc.).

1. J. Rivero, *in* G. Timsit (dir.), *Les Autorités administratives indépendantes*, Puf, 1988, p. 308.

TITRE II

Les sources pratiques

121. Certaines sources ne sont pas instituées par la Constitution, ni reconnues officiellement, mais elles ont néanmoins une force normative dans le système juridique. Il en est ainsi de la jurisprudence, des usages, des conventions, ou encore des actes unilatéraux privés.

Chapitre I

LA JURISPRUDENCE

122. La jurisprudence est l'œuvre des tribunaux. Elle témoigne de la capacité des juges à créer du droit, y compris au-delà des affaires qu'ils ont pour tâche de résoudre. Mais les juges ne créent pas *tout* le droit : les marges indéniables de l'interprétation ne sont pas pour autant infinies.

SECTION 1
La définition de la jurisprudence

123. La jurisprudence est l'ensemble de règles générales issues des décisions de justice et qui font autorité sur un point de droit donné. L'activité juridictionnelle ne se réduit pas en effet à trancher des litiges au cas par cas : à l'occasion de la résolution de ces litiges, le juge s'appuie nécessairement sur des règles générales, comme des principes juridiques. Ces normes générales, explicites ou implicites, donnent leur fondement aux décisions prises et permettent au juge de respecter une cohérence d'ensemble de son activité. Ainsi, lorsqu'un juriste affirme qu'une décision « fait jurisprudence », cela signifie que la règle générale, qui donne son principe à cette décision, sert de référence *de façon générale*, pour la résolution d'affaires analogues. La jurisprudence est donc, en quelque sorte, la doctrine officielle du juge : la trame intellectuelle des décisions de justice.

Liée à la fonction de juridiction (*jurisdictio* : dire le droit), la jurisprudence est longtemps apparue en droit français comme une source subsidiaire du droit. Selon le mot célèbre de Montesquieu, qui avait théorisé la séparation des pouvoirs comme garantie de la démocratie, le juge devait n'être que « la bouche de la loi ». Le rôle du juge est d'appliquer la loi, générale et abstraite, aux cas particuliers qui lui sont soumis. Cette application était censée mettre en œuvre la volonté du législateur et dérouler logiquement les conséquences de la loi.

Cette forme de défiance à l'égard du pouvoir des juges s'explique historiquement. Les parlements de l'Ancien Régime, qui avaient notamment le rôle de juges, avaient souvent abusé de leur pouvoir, et un adage disait : « Méfions-nous de l'équité des parlements ». Avec la Révolution française, l'activité des juges a été subordonnée à la volonté du législateur, dont la volonté était réputée indiscutable. La séparation des pouvoirs signifiait moins alors la consécration d'un véritable contre-pouvoir juridictionnel qu'une prédominance de la loi, en vertu du « légicentrisme » : tout le droit était censé être contenu dans la loi. En cas d'incertitude sur le sens à donner à la loi, il avait même été prévu que le juge devrait solliciter le législateur lui-même, grâce à la technique du référé législatif (supprimé en 1837). La Constitution de 1958 préfère quant à elle au terme de « pouvoir » le qualificatif de simple « autorité » judiciaire (titre VIII).

Malgré ces préventions, la jurisprudence a acquis, spécialement au cours du XXe siècle, une place considérable parmi les sources juridiques. Loin de n'être qu'une application neutre ou mécanique de la volonté du législateur, l'activité juridictionnelle est elle-même une œuvre créatrice de droit, à travers le pouvoir d'interprétation du juge. Par ailleurs, le caractère prétendument indiscutable de la loi a été ébranlé par l'édiction de lois manifestement attentatoires aux libertés et par l'introduction de contrôles de la volonté du législateur. Peu à peu, la jurisprudence est devenue une source de droit à part entière.

Compte tenu de la hiérarchie juridictionnelle en droit français, la jurisprudence émane principalement des juridictions suprêmes de chaque ordre (Cour de cassation et Conseil d'État) dont les décisions font autorité sur les juges du fond. On peut cependant parfois parler de la jurisprudence d'une juridiction du fond lorsque celle-ci s'est illustrée en donnant une interprétation propre d'un point de droit discuté. Bien que la Cour de cassation et le Conseil d'État veillent à la cohérence du droit, il arrive ainsi que des résistances surviennent de la part des juridictions inférieures, surtout dans l'ordre judiciaire.

La jurisprudence émane donc à la fois de l'ordre juridictionnel judiciaire et de l'ordre juridictionnel administratif. Le Conseil constitutionnel, que l'on estime pouvoir être qualifié de juge, élabore également une jurisprudence constitutionnelle qui présente des caractères relativement spécifiques.

Par ailleurs, la jurisprudence dépasse le cadre national : les juridictions européennes – en particulier la Cour de justice de l'Union européenne et la Cour européenne de sauvegarde des droits de l'homme et des libertés fondamentales – jouent ainsi un rôle considérable, au niveau européen et par conséquent au niveau national.

En résumé, si donc théoriquement la jurisprudence n'est pas instituée comme source formelle de droit, elle l'est assurément devenue de fait et le système juridique lui reconnaît aujourd'hui cette valeur.

SECTION 2
Les marges de l'interprétation en droit

124. Voulant mettre fin aux dérives de l'Ancien Régime, l'article 5 du Code civil prohibait les arrêts dits « de règlement », c'est-à-dire les arrêts par lesquels les juges entendraient « faire la loi » : selon ce texte, « il est défendu aux juges de prononcer par voie de disposition générale et réglementaire sur les causes qui leur sont soumises ». Officiellement donc, les juges se voyaient dénier la possibilité d'énoncer des principes généraux applicables au-delà du litige qu'ils ont à trancher, et donc de créer du droit. Le texte est toujours inchangé, mais, par des voies diverses, il est aujourd'hui acquis que la jurisprudence est tout de même source de droit, dans des proportions plus ou moins importantes, notamment selon les branches du droit considérées. Si la jurisprudence tient une place sans doute plus modeste par exemple en droit civil, eu égard à l'existence d'un Code, il est d'autres domaines dans lesquels la jurisprudence tient un rôle fondamental. Ainsi le droit administratif, pour lequel les textes étaient rares, s'est essentiellement construit par la jurisprudence, en particulier celle du Conseil d'État et du Tribunal des conflits.

Qu'il s'agisse de donner un sens à un texte préexistant ou de pallier l'absence pure et simple de texte, la jurisprudence est donc assurément une source de droit. La fonction même de juger implique en effet la création de nouvelles normes juridiques. L'application d'une règle générale à un cas concret précis nécessite ainsi d'interpréter la loi. Le tissu juridique est tel que, dans la plupart des affaires, des arguments sérieux peuvent être et sont présentés par les deux parties. La loi n'ayant pas prévu tous les cas (elle ne le pourrait pas), le juge se voit souvent confronté à des cas particuliers où on peut hésiter sur la solution résultant de la loi applicable. Le juge doit alors trancher en faveur de l'une ou de l'autre interprétation et, ce faisant, son interprétation complète la loi et affine donc la règle de droit.

Le juge est en outre obligé de trancher même si la loi n'est pas claire, et même d'ailleurs s'il n'y a pas de loi applicable au litige. L'article 4 du Code civil interdit et punit en effet le déni de justice : « le juge qui refusera de juger, sous prétexte du silence, de l'obscurité ou de l'insuffisance de la loi, pourra être poursuivi comme coupable de déni de justice ». Si, dans le langage courant, on peut parfois dire qu'il y a un « vide juridique » lorsqu'aucune loi précise ne règle le cas particulier qui survient, la notion n'a en réalité pas de sens en droit. La loi n'est en effet pas la seule règle juridique et le « vide législatif » n'implique pas pour autant un « vide juridique ». Le droit contient en effet de multiples règles générales ou principes généraux qui peuvent toujours être invoqués dans un litige : ainsi, avant que la pratique des mères porteuses ne soit interdite par le législateur en 1994, la Cour de cassation, saisie d'une telle affaire en 1991, avait déclaré cette pratique illégale (en se fondant notamment sur l'interdiction de l'article 6 du Code civil de conclure des contrats contraires à l'ordre public).

La jurisprudence est ainsi (surtout celle des juridictions suprêmes, telles que la Cour de cassation, le Conseil d'État, le Conseil constitutionnel et les deux juridictions européennes) source de règles générales. En ce qui concerne par exemple la Cour de cassation, les juges de la Haute Juridiction rendent au demeurant des arrêts dits « de principe », qui contiennent un « chapeau », c'est-à-dire l'énoncé d'une règle abstraite et donc généralisable (voir *infra* n° 259).

Une autre preuve de la création de droit par les juges peut être trouvée dans la possibilité qu'ils ont de procéder à des revirements de jurisprudence. De nombreux arrêts de la Cour de cassation rompent ainsi avec la jurisprudence antérieure et, si l'état du droit est différent avant et après un arrêt, c'est bien la preuve que celui-ci a été source de droit. En principe, la répartition officielle des pouvoirs entre la loi et les juges n'octroyant à ces derniers que le pouvoir d'interpréter la loi sans créer de règles nouvelles, les juges rechignent à admettre ouvertement qu'ils ont procédé à un revirement de jurisprudence et que l'état du droit a changé du fait de leur décision. Par une fiction, les juges s'efforcent de faire « comme si » leur nouvelle interprétation ne créait pas de droit nouveau, comme si elle était contenue dans le texte qu'ils appliquent.

Cette fiction est sans doute utile, en ce qu'elle contient les juges dans une marge sinon limitée du moins délimitée d'interprétation.

Cela étant, cette conception d'une interprétation « neutre », censée n'être qu'une explicitation du texte interprété, ne résiste plus guère à la réalité de la jurisprudence aujourd'hui. Source de droit, la jurisprudence peut être plus ou moins autonome par rapport aux textes. Il n'est pas rare que la Cour de cassation elle-même retienne des interprétations inventives. Pour sa part, le Conseil d'État a fini par reconnaître explicitement qu'il crée des règles générales inédites (v. par ex. CE, Ass., 16 juillet 2007, *Sté Tropic Travaux signalisation*). Il faut dire que le droit administratif a été, pour une large part, construit et élaboré par la jurisprudence. Il est un exemple historique indiscutable de l'œuvre créatrice du juge et de la portée normative considérable des décisions de justice. Il arrive même aujourd'hui que des décisions de justice fassent référence à d'autres décisions de justice ayant façonné la jurisprudence, laquelle tend donc à être pleinement reconnue comme une source de droit. Dans le même ordre d'idées, le Conseil constitutionnel a estimé que le contrôle de constitutionnalité d'une loi promulguée devait s'entendre comme visant l'« interprétation jurisprudentielle constante » donnée par le juge ordinaire à un texte de loi (déc. n° 2010-39 QPC du 6 octobre 2010). Ce faisant, il a donc refusé de dissocier le texte de son interprétation juridictionnelle puisque c'est souvent moins le texte seul qui importe que le texte dans la lecture qu'en fait le juge. Dans un premier temps, la Cour de cassation avait entendu marquer une césure nette entre le « texte même d'une disposition législative » et « l'interprétation qu'en donne la jurisprudence » [1]. Il est acquis désormais, dans le champ de la QPC notamment [2], que l'interprétation d'un texte fait corps avec ce texte et que dissocier les deux serait largement artificiel.

La Cour européenne des droits de l'homme a précisé, dans un arrêt *Atanasovski c/ ex-République Yougoslave de Macédoine* du 14 avril 2010, que si l'évolution de la jurisprudence n'est pas en soi contraire à la bonne administration de la justice, l'existence d'une jurisprudence établie impose aux juridictions supérieures de donner des raisons substantielles pour expliquer leurs revirements de jurisprudence : elle retient ainsi en l'espèce une violation de l'article 6 §1 en ce qui concerne le droit du requérant d'obtenir une décision suffisamment motivée.

1. Cass., 19 mai 2010, n° 09-70.161.
2. Pour le ralliement de la Cour de cassation à la solution du Conseil constitutionnel, v. par ex. Cass. civ. 1re, 27 sept. 2011, n° 11-13.488.

La jurisprudence, par sa fonction même, est donc bien une source de droit. Les normes générales issues des décisions juridictionnelles sont normatives pour les justiciables comme toute autre règle de droit. Certes il y a un principe d'autorité relative de la chose jugée (la chose jugée n'a d'autorité qu'entre les parties concernées par la décision rendue), mais il n'en demeure pas moins qu'une jurisprudence constante s'appliquera à tous les autres justiciables, même si ceux-ci peuvent toujours espérer (ou peut-être craindre) un revirement (de même qu'ils pourraient espérer une modification législative, voire constitutionnelle, voire la résistance éventuelle d'une autre juridiction). S'il n'existe pas formellement de « règle du précédent » en droit français (comme c'est le cas en *Common Law*), ce sont essentiellement les exigences de sécurité juridique, d'égalité de traitement des justiciables et de justice qui expliquent la portée normative générale des décisions de justice. S'il doit veiller à adapter chaque solution à la singularité de chaque espèce, le juge ne peut toutefois décider sans s'appuyer sur des règles générales, même s'il doit les créer.

SECTION 3
Les limites de l'interprétation en droit

125. Tout cela ne signifie pas que les juges peuvent « faire la loi » au sens plein et polysémique de l'expression, c'est-à-dire édicter eux-mêmes *tout* le droit. L'enjeu est la légitimité des juges face aux autorités officiellement et démocratiquement chargées d'édicter les règles juridiques.

I / LES LIMITES DANS LA FORMULATION DES RÈGLES JURISPRUDENTIELLES

126. N'étant officiellement que les interprètes du droit, les juges n'ont pas toute liberté dans le contenu des règles qu'ils créent. En particulier, ils ne peuvent pas en principe distinguer là où un texte ne distingue pas [1]. Dès lors, si une loi prévoit une règle en termes généraux, il

1. Selon l'adage classique : *ubi lex non distinguit, nec nos distinguere debemus.*

n'est pas permis de l'interpréter comme posant une distinction au sein de la catégorie générale visée : ainsi, lorsque l'on interprète l'article 1384 alinéa 1er du Code civil (désormais article 1242) dont on a tiré un principe général de responsabilité du fait des choses, le texte visant les choses en général (« on est responsable [du dommage] causé par le fait [...] des choses que l'on a sous sa garde »), il n'est pas possible de distinguer par exemple selon que la chose est dangereuse ou pas dangereuse. Cet adage n'a pas empêché les juges, en utilisant quelques astuces, d'instaurer des distinctions formellement non prévues par le législateur, mais ils doivent toujours faire l'effort de les rattacher à un mot ou à un autre du texte. Ils ne peuvent pas davantage expressément poser des seuils ou des montants qui relèveraient uniquement du pouvoir législatif.

Parfois même, le juge peut créer de nouvelles règles sans s'appuyer sur aucun texte. Le droit français est certes globalement un droit écrit, les normes juridiques étant énoncées dans des textes en principe aisément identifiables. Pour autant, tout le droit n'est pas contenu dans les textes : toutes les situations ne peuvent être prévues et il faut parfois inventer de nouvelles règles lorsque le texte écrit se révèle insatisfaisant. Reste une question : s'il n'existe pas de texte avant l'interprétation du juge, comment expliquer, voire justifier la création du juge *à partir de rien* ? En réalité, le juge ne part jamais de rien. Il veille à ce que ses interprétations soient en cohérence avec le droit existant et l'état de la société tel qu'il le perçoit. Il s'assure aussi que sa décision soit suffisamment justifiée, c'est-à-dire fondée au regard du principe de justice. En effet, si le juge décidait de façon arbitraire, sa crédibilité serait mise en cause. C'est du reste ce qui explique l'importance de la motivation des décisions juridictionnelles. Le juge ne peut plus se contenter d'affirmations péremptoires ou de raisonnements implicites. Il lui appartient désormais de s'expliquer plus longuement qu'autrefois. Cette évolution est alimentée par le décloisonnement des systèmes juridiques et la comparaison avec d'autres juridictions européennes, généralement bien plus prolixes. Le juge français n'hésite d'ailleurs plus à s'exprimer et s'expliquer longuement, de façon parfois résolument pédagogique, au point de déborder si besoin les limites du cas qui lui était soumis, grâce à des *obiter dicta* [1]. Cette évolution reflète assurément le rôle croissant du juge dans la société contemporaine et la place indéniable de la jurisprudence dans les ordres juridiques.

1. Sur cette technique, en l'occurrence dans la jurisprudence administrative, v. M. Lannoy, *Les* obiter dicta *du Conseil d'État statuant au contentieux*, Dalloz, « NBT », 2016.

II / LES LIMITES LIÉES À L'APPLICATION DES RÈGLES JURISPRUDENTIELLES DANS LE TEMPS

127. La loi peut définir (dans certaines limites examinées ci-dessus) son champ d'application dans le temps, tandis que la jurisprudence est, par nature même, rétroactive : elle s'applique à des faits nécessairement antérieurs à la date de la décision du juge. Par ailleurs, en vertu de la conception ancienne de l'interprétation, le juge étant supposé ne faire qu'interpréter la loi, son interprétation, même nouvelle, était censée avoir toujours été contenue dans la loi qu'il applique.

Lorsque la jurisprudence est constante, cela ne pose pas de problème de sécurité juridique car alors les justiciables sont informés de la règle de droit qui leur sera appliquée. En revanche lorsque le juge procède à un revirement de jurisprudence (ou crée une nouvelle règle) qu'il met immédiatement en œuvre dans le litige qui lui est soumis, les justiciables se voient appliquer une règle nouvelle à laquelle ils ne pouvaient pas s'attendre.

Certains ont alors cherché à soulever cet argument, mais la Cour de cassation leur a répondu que « *la sécurité juridique invoquée ne saurait consacrer un droit acquis à une jurisprudence figée, l'évolution de la jurisprudence relevant de l'office du juge dans l'application du droit* [1] ».

Pour pallier l'inconvénient de la rétroactivité des revirements, et pour repousser dans le temps officieusement l'application de leur revirement, les juges peuvent parfois annoncer celui-ci, tout en trouvant une raison (manque d'une condition nouvellement posée par exemple) pour ne pas l'appliquer en l'espèce. La Cour de cassation procède souvent de la sorte. Par exemple, quand elle a admis la notion de violence économique (abus, par un contractant, de la situation de dépendance économique de son cocontractant pour obtenir un contrat déséquilibré en sa faveur), elle a jugé que, en l'espèce, la demanderesse ne prétendait pas avoir été en situation de dépendance si bien que la nouvelle solution posée ne pouvait pas s'appliquer [2].

1. Civ. 1re, 21 mars 2000, n° pourvoi : 98-11982 ; dans le même sens, Soc., 22 sept. 2010, n° pourvoi : 09-40968 ; Civ. 2e, 8 juil. 2004, n° pourvoi : 03-14717.
2. Civ. 1re, 3 avr. 2002, n° pourvoi : 00-12932.

Soutenus par quelques propositions doctrinales [1] s'inquiétant des effets économiques de certains revirements de jurisprudence défavorables en particulier à des banques [2], les juges ont parfois voulu aller plus loin et s'arroger le pouvoir de moduler leurs décisions dans le temps en procédant, officiellement cette fois-ci, à des revirements pour l'avenir.

Ainsi, dans un arrêt du 21 décembre 2006, l'assemblée plénière de la Cour de cassation, tout en reconnaissant que c'était à tort que la cour d'appel avait écarté le moyen tiré de la prescription (car celle-ci était acquise compte tenu d'une nouvelle solution jurisprudentielle), refusa néanmoins de censurer la décision attaquée de ce chef « *dès lors que l'application immédiate de cette règle de prescription dans l'instance en cours aboutirait à priver la victime d'un procès équitable, au sens de l'article 6 § 1 de la Convention de sauvegarde des droits de l'homme et des libertés fondamentales, en lui interdisant l'accès au juge* [3] ».

La Haute Juridiction judiciaire admet donc qu'après un revirement de jurisprudence, au moins quand il s'agit d'un point procédural de cette importance, les juges ne peuvent l'appliquer immédiatement aux procès en cours sans déjouer de façon excessive les prévisions des parties et donc la sécurité juridique garantie par l'article 6 de la Convention européenne des droits de l'homme.

De son côté, le Conseil d'État a jugé, dans son arrêt *Tropic Travaux* (préc.), qu'une jurisprudence nouvelle ne doit pas s'appliquer immédiatement lorsqu'elle porte atteinte « *au droit fondamental qu'est le droit au recours* » ou lorsqu'elle bouleversait par trop la sécurité juridique. En l'espèce, le juge a considéré que la nouvelle règle jurisprudentielle qu'il créait – une nouvelle voie de recours contre les contrats administratifs – ne produirait ses effets que pour l'avenir, « *eu égard à l'impératif de sécurité juridique tenant à ce qu'il ne soit pas porté une atteinte excessive aux relations contractuelles en cours* [4] ».

Il faudrait peut-être une autorisation législative pour aller plus loin et consacrer de façon générale le pouvoir des juges de moduler dans le temps les effets de leurs décisions. Il en résulterait en effet un important

1. V. en part. *Rapport sur les revirements de jurisprudence* remis au Premier président de la Cour de cassation de l'époque, M. Guy Canivet, le 20 nov. 2004, et rédigé par un groupe de travail présidé par le Pr N. Molfessis.

2. Ainsi, par un arrêt du 10 janvier 1995 (n° de pourvoi : 91-21141), la Chambre commerciale de la Cour de cassation avait condamné la pratique des dates de valeur (décalage entre la date de l'opération et la date de l'inscription en compte) bénéficiant aux banques, sauf pour les opérations nécessitant un certain délai de traitement comme les encaissements de chèques.

3. N° pourvoi : 00-20493. Avec déjà la même formule : Civ. 2e, 8 juil. 2004, n° pourvoi : 01-10426 ; v. également Com., 13 nov. 2007, n° pourvoi : 05-13248.

4. CE, 16 juillet 2007, *Sté Tropic Travaux Signalisation*, n° 291545.

bouleversement dans l'articulation entre les textes et la jurisprudence. Ce pouvoir a certes été consacré pour le Conseil constitutionnel dans le cadre de la question prioritaire de constitutionnalité puisque l'article 62 de la Constitution prévoit qu'« une disposition déclarée inconstitutionnelle sur le fondement de l'article 61-1 est abrogée à compter de la publication de la décision du Conseil constitutionnel ou d'une date ultérieure fixée par cette décision ». Cependant, il n'est pas sûr qu'il soit opportun d'octroyer le même pouvoir aux deux juridictions suprêmes des deux ordres, ou il faudrait à tout le moins le limiter à des hypothèses très particulières.

Le Conseil d'État et la Cour de cassation ont au demeurant clairement limité leur pouvoir de moduler les effets de leur jurisprudence aux hypothèses où l'application immédiate de leur revirement aurait pour effet de priver l'un des justiciables du droit à un recours. En revanche, une nouvelle jurisprudence qui alourdit une responsabilité est immédiatement applicable au procès en cours. Ainsi, dans un arrêt du 11 juin 2009 [1], la première Chambre civile de la Cour de cassation jugea que « *la sécurité juridique, invoquée sur le fondement du droit à un procès équitable pour contester l'application immédiate d'une solution nouvelle résultant d'une évolution de la jurisprudence, ne saurait consacrer un droit acquis à une jurisprudence figée, dès lors que la partie qui s'en prévaut n'est pas privée du droit à l'accès au juge* ». Dès lors, un médecin ne saurait se plaindre d'avoir été condamné vis-à-vis d'une patiente pour un comportement qui, à l'époque des faits, n'était pas encore prohibé. Ces hypothèses mettent en effet en jeu non seulement des intérêts pécuniaires, mais la santé d'une patiente, ce qui justifie l'application immédiate du revirement [2]. De même, lorsque, dans un arrêt du 15 avril 2011, l'assemblée plénière de la Cour de cassation précisa que le droit à un procès équitable impliquait que la personne gardée à vue puisse bénéficier de l'assistance d'un avocat dès le début de la mesure et pendant ses interrogatoires [3], elle décida fort justement d'appliquer immédiatement la nouvelle solution. En effet, bien que la mise en œuvre immédiate de

1. N° de pourvoi : 08-16914.

2. Un premier arrêt remarqué du 9 oct. 2001 (n° de pourvoi : 00-14564) avait précisé, pour appliquer immédiatement à un médecin un revirement de jurisprudence alourdissant son devoir d'information que celui-ci « trouve son fondement dans l'exigence du respect du principe constitutionnel de sauvegarde de la dignité de la personne humaine » et que dès lors, « la responsabilité consécutive à la transgression de cette obligation peut être recherchée, aussi bien par la mère que par son enfant, alors même qu'à l'époque des faits la jurisprudence admettait qu'un médecin ne commettait pas de faute s'il ne révélait pas à son patient des risques exceptionnels ».

3. N° de pourvoi : 10-17049.

sa nouvelle solution requît la mobilisation de moyens immédiats, notamment dans les commissariats, on ne pouvait concevoir que l'application d'un principe si fondamental pour le respect des personnes soit différée dans le temps.

III / LES LIMITES TENANT À LA LÉGITIMITÉ DES JUGES

128. Si le juge dispose incontestablement d'une marge d'interprétation créatrice de droit, c'est toujours sous le contrôle des autorités politiques. Ainsi, le gouvernement ou le législateur, face à une jurisprudence qu'ils désapprouvent, peuvent faire voter une loi qui imposera aux juges une modification de leur jurisprudence. C'est ainsi que face au fameux arrêt *Perruche* sur la responsabilité médicale en cas d'erreur de diagnostic sur un enfant handicapé à naître, dans lequel la Cour de cassation avait accordé réparation à l'enfant, le législateur, face au tapage médiatique qui en était résulté, avait, par une loi communément appelée « anti-Perruche », « cassé » cette jurisprudence. Le même phénomène peut avoir lieu à l'égard de la jurisprudence du Conseil constitutionnel : le constituant lui-même peut réviser la Constitution pour faire obstacle à une décision du Conseil. C'est ainsi que le principe de parité (égalité hommes/femmes) a pu faire son entrée dans la Constitution, après que le Conseil constitutionnel l'eut estimé inconstitutionnel. Par cette technique de « reprise en main » politique, le pouvoir de création des juges est quelque peu sous contrôle [1].

D'autres méthodes permettent d'éviter d'octroyer un trop grand pouvoir aux juges, en lieu et place des autorités habilitées. C'est ainsi que le Conseil constitutionnel se montre vigilant vis-à-vis du législateur qui ne doit pas, en adoptant des dispositions volontairement trop floues, se décharger de son rôle sur les juridictions (et les autorités d'application plus généralement) obligées alors de se livrer à une interprétation assez libre. Dans sa décision DC n° 2005-512 du 21 avril 2005, le Conseil constitutionnel énonce que « *les dispositions de portée normative incertaine* » sont en principe contraires à la Constitution. Le Conseil sanctionne ainsi « l'incompétence négative », c'est-à-dire les hypothèses dans lesquelles le législateur ne va pas au bout d'une compétence qu'il est

1. Cette technique est certes plus délicate à mettre en œuvre en ce qui concerne la CJUE et la CEDH, puisqu'une révision des traités impliquant des négociations entre différents États est généralement plus complexe qu'une révision de la Constitution.

pourtant le seul à pouvoir exercer. Selon le juge, l'objectif constitutionnel d'accessibilité et d'intelligibilité de la loi impose en effet au législateur « *d'adopter des dispositions suffisamment précises et des formules non équivoques afin de prémunir les sujets de droit contre une interprétation contraire à la Constitution ou contre le risque d'arbitraire* ». Dès lors, le législateur doit assumer son rôle « *sans reporter sur les autorités administratives ou juridictionnelles le soin de fixer des règles dont la détermination n'a été confiée par la Constitution qu'à la loi* ».

Quoi qu'il en soit, toutes ces précautions n'élimineront jamais le pouvoir de création détenu par les juges. À défaut d'une véritable légitimité politique, le juge est désormais considéré comme un contre-pouvoir essentiel, d'ailleurs de plus en plus sollicité. Son indépendance et son impartialité (y compris par rapport au pouvoir politique) sont censés lui permettre d'incarner le rôle de garant ultime du respect du droit – et donc l'espoir d'une certaine justice.

Chapitre II

LES USAGES

129. Les usages sont des pratiques ayant acquis une certaine portée normative.

SECTION 1
Les différents types d'usages

I / LES USAGES SECTORIELS

130. Certains usages sont « géographiques », c'est-à-dire qu'ils sont liés à un territoire donné. Le Code civil y fait de multiples allusions. On doit ainsi tenir compte des usages locaux, « constants et reconnus », pour déterminer la hauteur des clôtures entre propriétés voisines (art. 663), ou encore la distance à laquelle on peut planter les arbres, arbrisseaux et arbustes situés à la limite des propriétés voisines (art. 671). L'usage peut avoir une certaine généralité (voir art. 593 C. civ. qui fait allusion, pour la possibilité de prendre des échalas dans les bois ou des fruits dans les arbres, à « l'usage du pays »).

Dans le même ordre d'idée, c'est au regard d'une « tradition locale ininterrompue » que le Code pénal soustrait les « courses de taureaux » (corridas) ainsi que les « combats de coqs » à la répression des mauvais traitements envers les animaux (art. 521-1 C. pén.). Le Conseil constitutionnel a précisé que le législateur vise ainsi « certaines pratiques traditionnelles » ne s'appliquant que « dans les parties du territoire national où l'existence de cette tradition » est effectivement établie [1].

1. V. déc. n° 2012-271 QPC du 21 sept. 2012 (courses de taureaux) et déc. n° 2015-477 QPC du 31 juil. 2015 (combats de coqs).

D'autres usages sont « professionnels ». On en trouve des exemples dans le Code de commerce : ainsi, engage sa responsabilité le professionnel qui rompt brutalement une relation commerciale ancienne sans préavis suffisant par rapport aux usages du commerce (art. L. 442-6). Ils se prouvent souvent par des « parères », qui sont des attestations émanant de groupements professionnels certifiant l'existence d'une coutume. En droit du travail, les usages (par exemple une prime ou une pause) se voient reconnaître un caractère obligatoire dès lors qu'ils présentent des « caractères de généralité, constance et fixité[1] » ; la Chambre sociale a forgé tout un régime juridique de ces usages, et vise par exemple souvent « *le principe selon lequel l'employeur qui entend dénoncer un usage doit respecter un délai de préavis suffisant*[2] ». Plusieurs professions ont des usages qui peuvent devenir le point de comparaison dans l'appréciation de la légalité de certaines pratiques et donc de la responsabilité de leurs membres ; c'est le cas des pratiques notariales ou encore des pratiques médicales.

Il peut également y avoir des usages « conventionnels », c'est-à-dire suivis spontanément par des contractants liés sur une longue durée : même de tels usages peuvent acquérir une certaine valeur juridique et modifier la règle applicable à ces relations (par exemple le silence pourra valoir acceptation d'une offre si, dans leurs relations antérieures, les parties avaient toujours procédé de la sorte).

II / LES COUTUMES

131. Un usage prend en principe le nom de coutume lorsqu'il atteint un degré de généralité plus élevé, notamment lorsqu'il s'applique sur tout le territoire. Ainsi, lorsque l'article L. 3244-1 du Code du travail se réfère aux pourboires que la clientèle « a coutume » de remettre directement au personnel, il vise la pratique française en la matière. On parle aussi de coutume lorsqu'un usage s'établit sans aucune délégation de la loi (par exemple la coutume selon laquelle la femme prend l'usage du nom de son époux). Sur les coutumes internationales, voir *infra* n° 317 les développements sur la CIJ.

1. V. Soc., 28 juin 2000, n° pourvoi : 98-42978.
2. V. Soc., 12 févr. 1997, n° pourvoi : 96-40972.

SECTION 2
La valeur juridique des usages

132. Les usages tiennent souvent leur valeur juridique de la délégation expresse de la loi (on parle alors d'usages *secundum legem*) : celle-ci, pour régler une question donnée, renvoie aux usages. En dehors des exemples déjà vus, on peut citer encore le célèbre article 1194 du Code civil (ex-1135) selon lequel un contrat oblige les parties non seulement à ce qui y est exprimé mais encore à toutes les suites que lui donne l'usage. La délégation de la loi est implicite lorsque, pour l'appréciation de certaines notions-cadres ou standards d'interprétation (par exemple la notion de bonnes mœurs, de personne raisonnable, ou encore celle de délai raisonnable), il est nécessaire de tenir compte des usages en la matière.

Certains usages acquièrent une force juridique de façon autonome, c'est-à-dire en dehors même de toute délégation de la loi. On parle d'ailleurs plutôt dans ce cas de coutume. Ces coutumes sont souvent dites *praeter legem* (à côté de la loi) dans la mesure où elles viennent compléter la loi. La question se pose de la validité des usages *contra legem*, c'est-à-dire de ceux qui se développent en opposition à une loi : on fait parfois état de la pratique des dons manuels, consistant en une remise de la main à la main d'objets mobiliers, valable malgré l'article 931 du Code civil qui exige la rédaction d'un acte notarié pour toute donation.

Il est classique d'énoncer qu'un usage ou une coutume acquiert une force juridique dès lors que la pratique considérée est relativement constante – « une fois n'est pas coutume » – (c'est l'élément matériel de la coutume), et que les gens pensent qu'elle est obligatoire (élément psychologique de la coutume). Par exemple l'usage désormais légalisé et bilatéralisé selon lequel l'épouse utilisait le nom de son mari était très largement répandu en France, tant et si bien que beaucoup de personnes pensaient que cette pratique était légalement obligatoire.

Chapitre III

LES CONVENTIONS

133. Le législateur laisse une place à la volonté des parties pour régir certaines relations, en droit privé mais aussi en droit public.

Le contrat est ainsi un accord de volontés entre deux ou plusieurs personnes en vue de créer des obligations. Les contrats sont multiples et variés. En droit privé, ils vont de la vente au prêt, en passant par le contrat médical ou encore la transaction. En droit public, on peut citer par exemple les marchés publics, les délégations de service public ou encore les marchés de partenariat. Au sein même d'un type de contrat, il peut y avoir des différences de régime importantes, par exemple entre la vente d'un livre ou celle d'un immeuble ou d'un logiciel. Les contrats ont force de droit puisqu'ils sont exécutoires devant les tribunaux. Il y a là une délégation du législateur qui prévoit, à l'article 1103 du Code civil, que « les contrats légalement formés tiennent lieu de loi à ceux qui les ont faits » (*pacta sunt servanda*). Le droit y pose tout de même certaines conditions, en particulier que le consentement des parties n'ait pas été vicié (par une erreur, un dol, ou une violence), ou encore que ces contrats ne soient pas contraires à l'ordre public. En droit public, la relation juridique particulière qui découle d'un contrat administratif attribue à l'Administration publique contractante des droits spécifiques [1], tel le pouvoir de résilier unilatéralement le contrat s'il ne répond plus aux besoins publics.

Certaines conventions ont une place particulièrement importante dans les sources du droit : les conventions collectives de travail. Une convention collective est un accord conclu entre un employeur ou un

1. Ces droits n'empêchent pas, à l'inverse, l'existence d'obligations qui pèsent spécialement sur l'Administration contractante, par exemple en matière de commande publique : afin d'obliger les pouvoirs publics à respecter l'égalité entre les entreprises concurrentes et pour garantir un choix économiquement rationnel, le droit leur impose de suivre en principe des procédures de mise en concurrence.

groupement d'employeurs d'une part, et une ou plusieurs organisations syndicales d'autre part, en vue de déterminer certaines règles applicables en matière de conditions d'emploi, de travail et de garanties sociales. De telles conventions collectives peuvent exister à divers niveaux : interprofessionnel, de branche, ou d'entreprise. Les conventions collectives ont une nature juridique particulière, car si elles sont contractuelles dans leur formation, elles sont réglementaires dans leurs effets. Elles ont en effet une portée normative que n'ont pas les contrats en droit commun, dans la mesure où elles sont obligatoires non pas seulement pour les parties signataires (employeurs ou syndicats), mais pour tous les salariés des entreprises affiliées aux organisations patronales signataires, que les salariés de ces entreprises soient ou non eux-mêmes syndiqués. Les conventions collectives nationales sont même très souvent rendues obligatoires dans toutes les entreprises par un arrêté dit « d'extension » du ministre du Travail.

Chapitre IV

LES ACTES UNILATÉRAUX PRIVÉS

134. À côté des conventions, il y a place en droit privé pour des actes unilatéraux qui peuvent être source de droits et d'obligations. De prime abord, le caractère unilatéral des actes juridiques semble réservé aux pouvoirs publics (voir *supra* n° 115, à propos des règlements). Le principe en droit privé est en effet la rencontre des volontés individuelles. Pourtant, cette vision serait simpliste. De même qu'il existe des contrats en droit public, les actes unilatéraux de droit privé ne sont pas exceptionnels. Il s'agit d'une sorte de réglementation de droit privé édictée par certaines personnes dans la limite de leur compétence. Il y en a de très nombreux exemples.

Ce pouvoir normatif unilatéral repose parfois sur une base simplement statutaire ou même contractuelle : ainsi, l'adhésion à certaines personnes morales (sociétés, associations, etc.) entraîne la soumission à certaines règles établies par celles-ci ; de même, certains contrats (par exemple le contrat de transport en commun) obligent à se soumettre à certaines règles décidées unilatéralement (par exemple celles édictées par le transporteur relatives au comportement à adopter dans le train ou l'autobus).

Ce pouvoir résulte aussi souvent d'une habilitation législative. La loi délègue à certaines personnes le pouvoir de réglementer dans le domaine de leur compétence. On peut citer ainsi le règlement intérieur des entreprises, dont l'établissement est confié par le Code du travail à l'employeur : le Code limite le contenu possible de ce règlement (réglementation en matière de santé et de sécurité, règles de discipline, ou encore rappel des droits des salariés) et il prévoit un régime juridique précis, complété par la jurisprudence, pour son élaboration et sa modification.

D'autres réglementations d'origine privée ont été admises, au point d'atténuer parfois la frontière entre les actes unilatéraux privés et les actes unilatéraux publics. En droit des affaires, peuvent ainsi établir des règles les entreprises de marché gérant les marchés réglementés d'instruments financiers, ou encore les chambres de compensation chargées d'assurer la compensation sur les marchés financiers entre les valeurs mobilières, les marchés à terme, ou le marché des changes (sur tous ces points, voir le Code monétaire et financier). On peut citer encore l'Association française de normalisation (AFNOR), association créée en 1926 et ultérieurement reconnue d'utilité publique, qui élabore des documents de référence portant sur des règles, des caractéristiques, des recommandations ou des exemples de bonnes pratiques, relatives à des produits, à des services, à des méthodes, à des processus ou à des organisations (définition donnée par le décret n° 2009-697 du 16 juin 2009 relatif à la normalisation). Cette association se voit ainsi déléguer certaines prérogatives de puissance publique et le Conseil d'État a jugé que les normes homologuées pouvaient faire l'objet d'un recours en annulation devant les juridictions administratives.

Souvent, les pouvoirs publics viennent *a posteriori* ratifier des règles élaborées par des groupements privés. Un certain pouvoir normatif a été ainsi été reconnu à des groupements professionnels (médecins, avocats, etc.) pour adopter notamment des règles déontologiques. Celles-ci sont ensuite reprises par décret dans des Codes de déontologie. Parfois d'ailleurs, seules les règles privées qui ont été approuvées par les pouvoirs publics sont pleinement obligatoires [1].

Un tel mécanisme peut se retrouver également à un niveau international : ainsi, les normes comptables sont faites au niveau mondial par le bureau d'une association devenue fondation : l'*International Accounting Standards Board* ; ces normes privées ont été adoptées par l'Union européenne, qui les reprend à son compte par voie de directive et de règlement.

1. Cass. civ. 1re, 20 sept. 2012, n° 11-16.402.

TITRE 3

La doctrine

135. Le terme de « doctrine » (qui vient du latin *doctor*, issu de *docere*, enseigner), au sens que nous allons développer ici, est propre à la discipline juridique et aussi à la France. En droit français donc, la doctrine désigne les auteurs qui s'expriment sur un point de droit donné. Elle peut englober un ensemble plus ou moins large d'auteurs, allant de l'ensemble des auteurs (« la doctrine unanime soutient que... »), à un groupe d'auteurs ayant des opposants (« une partie de la doctrine soutient que... »), et peut parfois viser un auteur isolé, mais dont l'opinion compte particulièrement (« une doctrine soutient que... ») [1].

En droit romain, la doctrine – ou plus exactement une certaine doctrine – était formellement source de droit par délégation de l'empereur : ainsi, selon la célèbre Loi des citations de 426, lorsque sur un point donné, aucune législation ne donnait la réponse, les juges étaient liés par l'opinion commune ou majoritaire de cinq grands jurisconsultes décédés depuis parfois plus de deux siècles : Gaius, Papinien, Paul, Ulpien et Modestin ; la règle précisait que, en cas de partage des voix, l'opinion de Papinien devrait prévaloir. Il n'en est plus ainsi aujourd'hui et la doctrine est simplement une source d'inspiration possible pour les différents tenants du pouvoir de créer le droit (en particulier le législateur et les juges). Une opinion juridique vaut alors principalement par l'autorité de son auteur, universitaire ou praticien. On trouve parfois des formules du type : « selon une doctrine (particulièrement) autorisée », ce qui vise généralement des auteurs dont les propos ne sont pas sans lien avec l'institution à laquelle ils appartiennent. Leur positionnement institutionnel, doublé parfois d'un certain prestige, laisse penser que ces auteurs expriment une sorte de « doctrine officielle » qui est donc particulièrement écoutée (par exemple le Secrétaire général du Conseil constitutionnel ou tel membre du Conseil d'État). Un auteur peut au contraire

1. V. P. Jestaz et C. Jamin, *La Doctrine*, Dalloz, « Méthodes du droit », 2004.

perdre sa crédibilité voire son influence, si on sait par exemple qu'il est rémunéré par certains pouvoirs politiques ou économiques.

Le rôle de la doctrine en droit est de plusieurs ordres. Elle aide d'abord à porter à la connaissance des justiciables certains éléments du droit (par exemple en annotant un arrêt, un auteur le fait connaître). Les choix opérés par la doctrine ont à cet égard une influence : par l'accent mis sur un arrêt ou sur une réglementation, certaines évolutions peuvent être accélérées ou freinées, certaines réformes provoquées.

La doctrine contribue aussi à la systématisation du droit : elle construit et reconstruit en permanence les concepts et les catégories pour intégrer les solutions nouvelles dans un système ordonné qui apparaît comme la garantie d'un droit juste. Par ses commentaires, la doctrine aide à l'explicitation du contenu du droit, en mettant le doigt sur certaines difficultés d'application et, plus généralement, en proposant des interprétations. En présentant l'état du droit positif (*de lege lata,* le droit tel qu'il est), la doctrine met en lumière les modifications qu'elle estime opportunes (*de lege ferenda,* le droit tel que devant être modifié).

Il n'y a pas de commentaire neutre, et tout juriste qui commente le droit, même s'il semble ne pas porter de jugements de valeur, propose nécessairement des interprétations qui orientent le droit dans un sens ou dans un autre. Comme pour toutes les autres sciences humaines et sociales, l'observateur en droit ne peut se prétendre extérieur à ce qu'il observe et, comme le dit justement Christian Atias, la seule objectivité à laquelle le juriste puisse prétendre est une subjectivité consciente d'elle-même.

ÉTAT DES QUESTIONS

L'INTERPRÉTATION EN DROIT

136. Qu'est-ce que *l'interprétation*, sinon le travail même du juriste, au quotidien ? Tâche omniprésente, mais aussi tâche infinie, l'interprétation juridique est indissociable de la vie du droit. Le monde juridique est bien à cet égard un univers de significations multiples, partagées ou disputées. Le procès est la forme emblématique de cette arène qui oppose, par la parole, plusieurs significations concurrentes – celle, par exemple, du propriétaire qui estime être « dans son droit » face à celle du voisin qui allègue un abus de droit. Interpréter est l'opération intellectuelle fondamentale en droit. Elle peut être définie comme la détermination de la signification juridique d'un texte ou d'une idée. Interpréter est, plus largement, donner du sens.

L'interprétation peut viser différents objectifs. Le premier est d'ordre pratique : l'application d'une règle générale à un cas particulier exige nécessairement une interprétation, c'est-à-dire la détermination de la signification des textes ou des principes applicables à une situation donnée. Même la définition du champ d'application d'une règle juridique (celle-ci s'applique-t-elle à la situation concrète qui se présente au juriste ?) requiert un exercice d'interprétation. En ce sens, il n'est pas de règle de droit qui n'ait à être interprétée. Outre cet objectif pratique, l'interprétation peut être requise dans d'autres buts, par exemple pour fournir un conseil juridique pertinent à une personne ou pour formuler une critique à l'égard de l'état du droit positif (ce qui implique de connaître, donc d'interpréter précisément ce droit positif). Comprendre le droit, afin notamment de l'apprendre, demande encore de déterminer – avec, le cas échéant, l'aide de juristes confirmés – le sens des textes et des idées du droit, même si ce n'est pas dans une visée d'application concrète du droit. Comme on le voit, il existe donc différentes formes d'interprétation juridique, qui visent des buts différents. Certaines interprétations sont par elles-mêmes et directement créatrices de droit, par exemple celles des juges, en particulier lorsqu'ils statuent en dernier ressort. Certaines interprétations ont une portée plus modeste, par exemple lorsqu'un juriste propose une interprétation sans pouvoir la poser. Les interprétations de la doctrine, si elles ne créent pas directement du droit, n'en contribuent pas moins à l'élaboration, diffuse mais certaine, de celui-ci.

En raison précisément de son omniprésence en droit, l'interprétation fait l'objet de *nombreuses controverses* parmi les juristes eux-mêmes. Plusieurs théories du droit sont en réalité des théories de l'interprétation juridique ou en dépendent. Ces dernières entendent définir ce qu'est l'opération d'interprétation, de même que ses ressorts, ses enjeux voire ses limites. Il n'est pas rare que les théoriciens du droit aient besoin de procéder à des excursions dans le domaine de la linguistique (qui étudie la langue) ou de l'herméneutique (la science de l'interprétation). Certaines théories du droit entendent décrire l'activité interprétative des juristes, afin de l'expliquer. D'autres élaborent en outre des méthodes d'interprétation, dans le but de fournir un « mode d'emploi » en matière d'interprétation et des techniques de justification. Cette méthode peut alors avoir pour but de rationaliser l'interprétation, afin de la rendre plus prévisible voire pour l'encadrer ou la limiter.

En effet, l'interprétation juridique est non seulement une nécessité quotidienne, mais aussi un véritable enjeu d'autorité, dès lors que le droit se satisfait rarement d'une cacophonie, conduisant ses acteurs à retenir par exemple des sens durablement divergents sur des problèmes pourtant similaires. Univers de sens, les ordres juridiques seraient à terme ruinés s'il n'existait pas des moyens de canaliser, voire de concentrer le pouvoir d'interprétation, ne serait-ce qu'au nom du principe d'égalité. C'est ce qui explique notamment le rôle spécifique des juridictions suprêmes, chargées d'uniformiser la jurisprudence, en évitant les contrariétés et en levant les doutes lorsque cela semble nécessaire.

Un tel besoin d'uniformité répond assurément à l'exigence de cohérence et d'ordre (au sens d'ordonnancement) de tout système juridique. Mais il est manifeste aussi que le droit ne vit, n'évolue et ne s'améliore bien souvent que par les conflits d'interprétation, qu'il serait dangereux de vouloir étouffer *a priori*. Que plusieurs juges adoptent des positions inconciliables sur une même difficulté juridique n'est pas, en soi, une défaillance du système juridique, puisque cela nourrit un débat interprétatif qui permet d'apprécier les mérites et les défauts de chaque interprétation, avant de retenir celle qui, tout compte fait, paraît la meilleure – c'est-à-dire la plus acceptable, la plus cohérente ou même la plus juste.

Relativement à cette question cruciale de l'interprétation en droit, il faut d'abord exposer les principales théories de l'interprétation juridique, avant de revenir spécifiquement sur l'une des controverses actuelles en matière d'interprétation, portant sur le rôle et les éventuels dangers du principe de proportionnalité.

L'exégèse et son héritage

137. Parmi les grandes doctrines de l'interprétation juridique en droit moderne, il faut citer *l'exégèse*, méthode d'interprétation qui vise littéralement « l'explication », l'exposition en pleine lumière d'un sens qui préexiste à cette opération de dévoilement. Sur le plan juridique, l'exégèse fut le nom d'une technique interprétative, partagée par de nombreux juristes, ayant pour objet une analyse textuelle interne et pour but l'exposition ordonnée des textes formels existants, sur le modèle de l'exégèse de textes sacrés comme la Bible. La doctrine privatiste a spécialement adopté, au cours du XIXe siècle, la méthode exégétique pour exposer le droit issu du Code civil napoléonien. La codification n'a pu que conforter cette théorie, puisqu'elle laissait entendre que tout le droit se trouvait désormais dans les Codes – et qu'il suffisait donc d'exposer toutes les ramifications desdits Codes pour saisir l'ensemble du droit applicable. En d'autres termes, disait-on, « les codes ne laissent rien à l'arbitraire de l'interprète ; celui-ci n'a plus pour mission de faire le droit, le droit est fait [1] ». C'est le privatiste Julien Bonnecase qui se fit le plus vif critique de ce qu'il nomma, pour mieux la disqualifier, « l'École de l'Exégèse » ? Elle aurait conduit à un assèchement de l'étude du droit. Fondée selon Bonnecase sur le « culte du texte de loi », l'École de l'Exégèse « considère l'intention du législateur comme la source suprême du Droit positif [2] ». L'interprète ne saurait donc ajouter à cette intention : il doit simplement la révéler.

Suscitant de nombreuses critiques, l'exégèse n'en exprime pas moins encore une tendance lourde (mais souvent implicite) des juristes, au moins dans les systèmes de droit écrit. Même si peu de juristes pensent encore que tout le droit se tient dans le texte de la loi, ils restent attachés au « respect du texte » posé. Le déclin de la loi n'a pas fondamentalement changé les choses de ce point de vue : l'attitude spontanée des juristes tient le droit posé comme la seule source possible du droit. On ne s'émancipe pas si facilement que cela du formalisme juridique. Il faut dire que ce formalisme répond à l'idéal d'un droit organisé, dont les auteurs sont identifiables car habilités à créer du droit et même légitimes à ce titre. Mais cela sous-entend aussi une certaine conception de l'interprétation, qui est pensée comme une opération de simple dévoilement d'un sens « déjà-là ». L'interprétation juridique peut donc encore se passer de la subjectivité de l'interprète, dès lors que l'on identifie clairement les « sources réelles » et les auteurs véritables du droit. Le déclin et la crise de la loi ont conduit aujourd'hui à chercher le droit dans la

1. F. Laurent, *Cours élémentaire de droit civil*, t. 1, Bruylant/Marescq, 1887, p. 9. L'auteur, tout en fustigeant « ce prétendu esprit de la loi [qui] n'est autre chose que l'opinion individuelle de chaque interprète » ne manque pas de noter que « le respect du texte, que je prêche à chaque page de mon livre, trouve bien des contradicteurs » (p. 6 et 7).

2. J. Bonnecase, *Introduction à l'étude du droit*, Sirey, 3e éd., 1939, p. 186.

parole des juges. Alors qu'ils étaient classiquement pensés comme des exégètes de la loi, les juges sont désormais perçus comme de véritables auteurs du droit, voire parfois comme ses seuls véritables auteurs. En effet, l'interprétation par le juge en est venue à être analysée comme une totale *création* du droit. Source dérivée, la jurisprudence est devenue une source originaire, sinon exclusive du droit. Mais, contrairement aux apparences, cela n'a pas conduit à repenser l'interprétation elle-même. Lorsqu'elle se saisit de la parole créatrice du juge, l'interprétation demeure conçue comme une exégèse de cette parole, à laquelle elle est suspendue. À cet égard donc, l'exégèse de la loi a été seulement supplantée par l'exégèse des décisions de justice. Pas davantage aujourd'hui qu'hier, l'interprète n'a donc « pour mission de faire le droit, le droit est fait ». C'est seulement le foyer de création du droit qui s'est déplacé, sans modifier profondément la conception de l'interprétation juridique. C'est pourquoi la méthode exégétique peut permettre de mieux saisir les débats relatifs aux théories contemporaines de l'interprétation juridique. Au risque de réduire à outrance ces débats, il est possible d'en distinguer trois.

Le normativisme

138. Le *normativisme* tire son nom de la théorie juridique développée et diffusée par le juriste Hans Kelsen. Le droit est ici envisagé comme une structure hiérarchisée de normes juridiques (cet ordonnancement est parfois appelé, non sans simplifications, la « pyramide des normes »). Pour Kelsen, une norme juridique est la signification objective d'un acte de volonté. En tant qu'elle est une « signification », la norme est donc d'emblée tributaire d'une interprétation. En tant qu'elle est « objective », cette signification doit aussi s'inscrire dans un ensemble normatif plus vaste. Une norme (inférieure) suppose ainsi une autre norme (supérieure) : le système normatif est clos sur lui-même et hiérarchiquement organisé. Le point de clôture du système sur lui-même est la « norme fondamentale » (*Grundnorm*), c'est-à-dire une norme suprême dont il faut supposer qu'elle est elle-même une norme, donc qu'elle est « valide ». Dans sa *Théorie pure du droit*, Kelsen présente une conception « dynamique » de ce système, afin d'insister sur la production de la norme inférieure dans les conditions prévues par la norme supérieure. Ce système est purgé de tout contenu substantiel, ce qui permet de comprendre qu'une norme puisse être valide (qu'elle existe formellement) sans être conforme à une norme supérieure d'un point de vue substantiel. Tant qu'elle n'est pas supprimée par un autre acte de volonté ayant une signification objective (par exemple par une autorité juridictionnelle), une norme contraire au contenu d'une norme supérieure reste donc valide et le juriste qui étudie ce système n'a pas grand-chose à dire.

La théorie kelsénienne est donc d'abord une théorie de l'interprétation juridique. Contrairement aux conceptions alors traditionnelles de l'opération interprétative, Kelsen défend l'idée que l'interprétation n'est pas une opération de pure « connaissance » mais un « acte de volonté ». Donner un sens à un acte de volonté suppose une décision : il ne peut s'agir d'une opération neutre. L'application d'une norme ne saurait être analysée comme une exégèse au sens d'un dévoilement d'un droit qui préexiste. Interpréter, c'est toujours – au moins en partie – créer. Kelsen estime qu'il est inutile – d'un point de vue scientifique – de chercher à examiner la qualité substantielle des interprétations : la science étant une démarche de connaissance, elle bute nécessairement sur la part « volontariste » de toute interprétation. La science juridique ne peut que déterminer les bornes que la connaissance fixe au choix volontaire de l'interprète. La science ne choisit pas le sens à donner à un acte de volonté : elle se contente de préciser les différents sens admissibles, donc une palette de significations au sein de laquelle la volonté devra ensuite choisir. Quant à savoir qui peut choisir (volontairement) la signification de l'acte, Kelsen développe l'idée d'« interprètes authentiques », c'est-à-dire d'organes habilités à interpréter-créer le droit, sans possibilité d'être ultérieurement contredits.

La théorie kelsénienne de l'interprétation est donc délibérément *formaliste* ; elle refuse de s'interroger sur les fins substantielles du système juridique, en évacuant le problème de l'obéissance et de ses justifications en supposant ce point réglé, à travers l'hypothèse de la norme fondamentale. Le juriste normativiste écarte ainsi le problème de la raison d'être et de la légitimité du droit. Il faut dire que cette théorie de l'interprétation est étroitement solidaire, chez Kelsen, d'une théorie de la science juridique. La science du droit doit en effet rester « pure », c'est-à-dire qu'il faut la purger de considérations axiologiques : autant le droit est impur, autant la science du droit doit se cantonner à *décrire* le droit. Un tel projet aurait pu être séduisant – et même salutaire – si Kelsen n'avait pas conçu le droit lui-même en termes formels, conduisant parfois à une neutralisation de son contenu substantiel.

Sur la théorie de l'interprétation chez Kelsen. — L'ouvrage essentiel est la *Théorie pure du droit* de Hans Kelsen lui-même (traduction de C. EISENMANN, Dalloz, 1962, réédité par Bruylant/LGDJ en 1999). S'agissant de l'un des auteurs les plus importants du XXe siècle, les études sont innombrables. En langue française, v. spécialement C. M. HERRERA, *La Philosophie du droit de Hans Kelsen. Une introduction*, Presses de l'Université Laval (Québec), « Diké », 2004 ; O. JOUANJAN (dir.,), *Hans Kelsen, forme du droit et politique de l'autonomie*, Puf, « Débats philosophiques », 2010 ; P. HACK, *La Philosophie de Kelsen. Épistémologie de la théorie pure du droit*, Helbing (Genève), 2003.

Les réalismes

139. Le *courant réaliste* est né aux États-Unis, se développant au cours des années 1920 et 1930, en réaction vigoureuse à l'égard des théories de l'interprétation alors dominantes. Le réalisme conteste lui aussi que l'interprétation puisse être une opération de dévoilement ou de déclaration d'un droit préexistant, mais il le fait à sa manière. Loin de se contenter d'appliquer le droit existant, de relayer dans un cas particulier une règle préétablie, l'interprétation crée le droit. Le réalisme américain nie la pertinence des méthodes d'interprétation traditionnelles, censées offrir une solution unique et juste (*right*). L'interprétation juridique, notamment celle des juges, n'est jamais mécanique : sous les oripeaux de l'intemporalité et de la permanence (lesquelles revêtent un sens particulier en droit de *Common Law*, où l'histoire est fondamentale), toute décision est tributaire de la subjectivité de celui qui interprète et juge. L'objectivité supposée du droit n'est donc au mieux qu'une apparence : il n'y a que des interprétations subjectives. À cet égard, le droit ne répond pas à l'idéal que défendent les théories traditionnelles : il n'a pas cette prévisibilité qu'on lui prête, car il évolue continuellement au gré des changements et des besoins sociaux, politiques, économiques, tels que les perçoit le juge. L'étude et la pratique du « droit en action » (*law in action*) doit prendre acte de cette contingence et accepter l'ouverture du raisonnement juridique sur le monde qui l'entoure, y compris dans un souci de justice. Le réalisme juridique estime que « l'interprétation du droit n'est pas seulement influencée par des idées abstraites, mais par l'expérience concrète et la subjectivité du point de vue [1] ». Selon une formule fameuse du juge à la Cour suprême O. W. Holmes, « la vie du droit repose non sur la logique, mais sur l'expérience [2] ». Si, pour les réalistes, les juges peuvent donner l'impression de jouer un rôle modeste, cela tient à une stratégie visant à masquer l'exercice d'un véritable pouvoir politique. Cette conception essentiellement pragmatique du droit a pu laisser dubitatifs certains de ses critiques. Le réalisme présenterait le risque de décrédibiliser les principes juridiques, voire de nuire à l'idée d'un règne du droit (« État de droit » ou *rule of law*), en donnant l'impression qu'il n'est fait que d'interprétations arbitraires. Si les décisions juridiques peuvent dépendre du petit déjeuner du juge et de ce qu'il y a mangé, l'image d'un droit noble et rigoureux n'en ressort certes pas grandie. Mais peut-être les juges (ou les interprètes juridiques plus généralement) prennent-ils le droit plus au sérieux que n'a pu parfois l'affirmer le courant réaliste.

En tout cas, la question est aussi redoutable que passionnante aux États-Unis : pour décider, le juge doit-il (peut-il) taire ses préférences personnelles et son idéologie ou doit-il (peut-il) au contraire s'appuyer sur elles ? Les réalistes estiment que l'idéologie est intrinsèque au droit et que l'interprétation est nécessairement marquée par cette idéologie. Ce débat a resurgi par exemple lors d'une controverse portant sur la nomination à la Cour suprême des États-Unis de la juge Sonia Sotomayor, car celle-ci avait défendu – citant le réaliste Jerome Frank – une conception inspirée du réalisme américain, en arguant du fait qu'une femme pourrait ne pas juger de la même manière qu'un homme ou encore que la couleur de peau du juge ne serait pas indifférente à la teneur de sa décision ou au raisonnement qui la soutient.

Dans sa *version scandinave*, la théorie réaliste se veut empiriste : le droit n'est que ce qui est empiriquement observable. Loin du normativisme et sa « norme fondamentale », qu'il critique nettement, le réalisme scandinave – représenté notamment par Alf Ross – explique le phénomène juridique par une croyance collective dans le caractère normatif du droit. Voulant parfaire le positivisme juridique, Ross prône une science attachée aux seuls faits. Pour étudier le droit, il convient donc de n'étudier que ce qui est effectif : les normes en tant qu'elles sont perçues et utilisées par les acteurs sociaux comme des normes.

Pour leur part, les *variantes italienne et française* du réalisme juridique s'appuient moins sur le réalisme américain que sur une radicalisation du normativisme kelsénien, en poussant à son terme une position esquissée par Kelsen lui-même. Si une norme est bien la « signification d'un acte de volonté », alors l'interprétation n'est pas la recherche d'une signification préexistante, c'est cette signification même. Interpréter une norme est donc une impossibilité logique : ce qu'on appelle « interpréter une norme » n'est pas autre chose que la création de cette norme. Cette conception purement volontariste de l'interprétation cantonne le texte juridique à n'être qu'un prétexte, à l'égard duquel « l'interprète » est en réalité totalement libre. Les linéaments de cette radicalisation étaient perceptibles chez Kelsen, qui indiquait que la connaissance pouvait fixer un cadre

1. J. Zaremby, *Legal Realism and American Law*, Bloomsbury, 2014, p. xii.
2. O. W. Holmes Jr., *The Common Law*, 1881 : « *The life of the law has not been logic, it has been experience.* »

au sein duquel la volonté pourrait choisir, mais qui n'expliquait pas comment la connaissance pouvait ainsi conditionner la volonté de l'interprète authentique. Pour lever cette difficulté, le réalisme français a estimé qu'il fallait abandonner cette idée d'un cadre s'imposant à la volonté de l'interprète. Rien n'échappe plus au pouvoir de l'interprète authentique. Rien, en tout cas, qui puisse être juridiquement normatif. Car, dans un second temps, la théorie réaliste de l'interprétation a renoncé à cette conception de l'interprétation totalement débridée, en introduisant une théorie des « contraintes juridiques », censée expliquer pourquoi les interprètes, bien que libres par rapport aux textes, ne décident pas n'importe quoi. Ces contraintes n'ont rien de normatif : elles participent de limites politiques ou stratégiques et tiennent à « la configuration du système [1] ».

Sur les théories réalistes. — V. la synthèse de E. MILLARD, « Réalisme », *in* D. ALLAND et S. RIALS (dir.), *Dictionnaire de la culture juridique*, Puf, 2003 et, pour une anthologie de textes : *American Legal Realism*, Oxford Univ. Press, 1993. V. parmi les premiers grands auteurs réalistes : J. FRANK, *Law and the Modern Mind*, Brentano's, 1930 et Karl LLEWELLYN, *The Bramble Bush : On Our Law and its Study*, Columbia Law School, 1930 ; B. N. CARDOZO, *Selected Writings. The Choice of Tycho Brahe*, Fallon Publications, 1947 (compilation d'articles du juge Cardozo comprenant notamment son celèbre *The Nature of the Judicial Process* (publié initialement chez Yale Univ. Press, 1921, désormais présenté et traduit en langue française par G. CALVÈS sous le titre *La Nature de la décision judiciaire*, Dalloz, « Rivages du droit », 2011). Pour des études générales relatives au réalisme américain, v. E.W. THOMAS, *The Judicial Process. Realism, Pragmatism, Practical Reasoning and Principles*, Cambridge Univ. Press, 2005 ; J. ZAREMBY, *Legal Realism and American Law*, Bloomsbury, 2014. Parmi les auteurs du réalisme scandinave, v. Alf ROSS, *Introduction à l'empirisme juridique*, traduit par E. MILLARD et E. MATZNER, Bruylant/LGDJ, 2004 ; K. OLIVECRONA, *De la loi et de l'État. Une contribution de l'école scandinave à la théorie réaliste du droit*, présenté et traduit par P. B.-G. JONASON, Dalloz, « Rivages du droit », 2011. V. également le numéro « Le réalisme scandinave dans tous ses états » de la revue en ligne *Revus* 24/2014 (numéro coordonné par P. BRUNET, E. MILLARD et J. MERCIER). Pour le réalisme italien, v. partic. R. GUASTINI, *Leçons de théorie constitutionnelle*, présenté et traduit par V. CHAMPEIL-DESPLATS, Dalloz, « Rivages du droit », 2010. En France, les théories juridiques réalistes sont essentiellement dérivées de l'œuvre de Michel Troper, dont les travaux majeurs sont disponibles aux Puf (v. not. M. TROPER, *Pour une théorie juridique de l'État*, Puf, « Léviathan », 1994 ; *La Théorie du droit, le droit, l'État*, Puf, 2001 ; *Le Droit et la Nécessité*, Puf, « Léviathan », 2011). Sur la théorie des contraintes juridiques, v. M. TROPER, V. CHAMPEIL-DESPLATS, C. GRZEGORCZYK (dir.), *Théorie des contraintes juridiques*, Bruylant/LGDJ, 2005. La revue *Droits* a consacré un numéro à M. Troper et offre plusieurs critiques de la théorie réaliste (*Droits*, n° 37, 2003). Pour compléter ces critiques, v. O. PFERSMANN, « Contre le néo-réalisme juridique. Pour un débat sur l'interprétation », *Analisi e diritto*, 2001, p. 255 (dans la perspective normativiste) et E. PICARD, « Contre la théorie réaliste de l'interprétation », in *L'Office du juge. Actes du colloque au Sénat, Paris, 29-30 sept. 2006*, Publications du Sénat, 2008, p. 42 ; Th. Le Bars, « Positivisme, dogmatisme, réalisme et dérive de la Cour de cassation », *Mélanges dédiés à la mémoire du doyen Jacques Héron*, LGDJ, 2008, p. 297.

1. E. Millard, *Théorie générale du droit*, Dalloz, « Connaissance du droit », 2006, p. 119.

Les théories rationalistes : le raisonnement juridique

140. Sans retomber dans une conception qui prétendrait s'en tenir à l'intention exprimée par l'auteur d'un texte, il est possible de considérer qu'une théorie de l'interprétation doit attacher la plus grande importance à la fois à la substance du droit et à la teneur des textes, et plus largement des idées juridiques. Le droit est d'abord *un système culturel*, qui reflète des représentations humaines et des imaginaires sociaux et qui poursuit des ambitions spécifiques. Le droit ne peut être détaché de ce contexte culturel : l'interprétation doit donc être contextuelle, c'est-à-dire centrée sur le contenu matériel des règles juridiques et les buts qu'une société assigne au droit. Le déniaisement qu'offre le droit comparé est à cet égard salutaire, car il montre qu'un même mot peut prendre des sens tout à fait distincts selon les contextes culturels dans lesquels il est invoqué. Plus largement, il est acquis désormais qu'une énonciation quelconque (la parole du législateur ou celle du juge par exemple) mérite une interprétation contextualisée : les qualités de l'auteur (de quelle autorité jouit-il ?), les modalités d'énonciation (comment s'exprime-t-il ?), le contenu de l'énoncé (est-il pertinent, compréhensible ?) sont autant d'éléments sur lesquels doit se fonder une théorie de l'interprétation juridique.

Quant à l'*importance des mots et des textes*, l'œuvre de Friedrich Müller a notamment permis d'insister sur le fait que l'interprétation juridique est d'abord d'ordre linguistique [1]. Si un texte ne parle jamais seul, la langue elle-même est normative (voir *supra* n° 50). Les textes ne peuvent donc pas être tenus pour indifférents. S'il y a une indétermination des textes, elle n'est toutefois que relative. Un mot est porteur d'une dose minimale de signification intersubjective, sans laquelle d'ailleurs aucune interaction humaine durable ne serait possible. Sauf à saper sa crédibilité (qui est une composante nécessaire de l'interprétation juridique), un interprète ne peut faire dire n'importe quoi à un texte. Au demeurant, cela impliquerait que le texte de cet interprète n'aurait lui-même aucune normativité propre et laisserait à son tour ses interprètes totalement libres : l'ordre juridique serait finalement un chaos indescriptible de significations multiples. Il y a finalement dans tout texte des marges d'interprétation, mais ces marges marquent par là-même les limites au-delà desquelles l'interprétation n'aurait plus de sens et ne ferait plus sens.

Les textes ne s'imposent certes pas d'eux-mêmes à l'interprète : ils doivent être « travaillés », comme l'écrit F. Müller, pour dégager une norme, en tenant compte notamment de leur rédaction, des interprétations retenues antérieurement, des conséquences prévisibles de telle ou telle interprétation. Il arrive aussi que le juge ait à résoudre un litige alors qu'il n'existe pas encore de texte juridique pertinent. La norme est alors énoncée par le juge lui-même. Agit-il pour autant ici de façon arbitraire ? Il existe certes une dose irréductible de décision propre à tout interprète. Cette marge n'est cependant pas arbitraire dans la mesure où l'interprète aura toujours à s'expliquer sur son choix et à le justifier, sous peine de perdre sa légitimité. Même si l'on s'en tient strictement au but que l'on veut atteindre, il existe toujours plusieurs façons d'atteindre ce but et le choix opéré ne peut être intégralement enfermé dans une méthode prédéfinie. Une fois la règle posée, « c'est comme ça » : il a bien fallu choisir une règle, même s'il n'est pas possible de l'expliquer ou de la justifier entièrement. À cet égard donc, l'interprétation et la mise en

1. F. Müller, *Discours de la méthode juridique*, Puf, « Léviathan », 1996 ; v. aussi O. Jouanjan et F. Müller, *Avant dire droit. Le texte, la norme et le travail du droit*, PU Laval (Québec), « Dikè », 2007.

œuvre d'une règle juridique « jouissent d'une certaine indépendance par rapport à leur raison d'être [1] ». Malgré cette part irréductible de choix, le juge se fait néanmoins toujours l'interprète *du droit* en tant que tel, auquel il se rattache donc pour juger. Ses sources d'inspiration résident alors dans la textualité et la forme du droit tel qu'il est posé, mais aussi sur des éléments plus substantiels, au-delà des textes. C'est pourquoi il lui faut « travailler » les textes, qui ne sont jamais qu'une façon d'exprimer (parfois imparfaitement) le droit. En ce sens, une certaine représentation du droit objectif, de son but social et des valeurs qu'il promeut, la prise en compte des finalités des institutions juridiques et leurs fondements jouent des rôles essentiels. Lorsqu'il doit choisir une signification plutôt qu'une autre, l'interprète examine aussi les conséquences de son choix, autant pour le droit que pour la société ou les individus. L'évolution générale de la société et l'état des consciences sont également susceptibles d'être pris en compte, car le juge ne peut être indifférent aux « aspirations de la conscience juridique » : « La mission du juge [...] est de dégager, le moment venu, la règle de droit destinée à donner à un besoin d'ordre social son expression juridique [2] ». Le juge peut d'ailleurs également conférer à une source d'origine sociale (une pratique, un texte jusqu'à lors extérieur au champ juridique, etc.) une portée juridique opératoire, lorsqu'il estime qu'elle mérite d'être érigée au rang d'une source du droit, susceptible dès lors de constituer juridiquement un modèle à suivre.

De ce point de vue, le pouvoir de l'interprète n'est pas seulement enserré dans des « contraintes » d'ordre stratégique : l'interprète joue sa partie au sein d'une *communauté d'interprètes* qui, comme toute communauté, impose certaines règles du jeu. Il n'existe jamais à cet égard « une » solution, encore moins une solution qui s'imposerait d'elle-même, mais une pluralité de solutions plus ou moins crédibles, convaincantes ou souhaitables, dans un contexte donné. En d'autres termes, la principale règle du jeu interprétatif en droit est l'*argumentation*. La normativité du droit ne s'épuise pas dans les seules décisions prises : elle est une rationalité en actes, une normativité argumentative. Le droit lui-même n'est jamais qu'un refus de l'arbitraire, c'est-à-dire la recherche de raisons légitimes pour la prise de décision et, en dernier lieu, l'orientation des conduites sociales. La communauté des interprètes du droit peut ainsi se définir par le soin qu'elle accorde à la qualité des arguments fournis à l'appui des choix interprétatifs effectués. Les juristes croient encore, dans cette perspective, à la force normative de la raison. Malgré les déchéances qu'elle a pu subir, ou peut-être justement avec l'expérience de ce qu'elle peut engendrer de pire, la raison leur paraît encore digne de confiance pour la détermination des rapports sociaux. L'exemple des décisions de justice l'atteste : un juge ne se contente pas de décider ; il explicite des raisons susceptibles de justifier sa décision. Le système juridique n'est pas un système de décisions pures (en ce cas, il risquerait d'être arbitraire), mais de décisions s'appuyant sur des motivations. La vie du droit est argumentative. Une théorie de l'interprétation juridique doit donc être attentive aux ressources argumentatives dont disposent les acteurs du droit, ainsi qu'aux méthodes d'argumentation. En réalité, l'argumentation juridique renvoie toujours au contenu et aux finalités du système juridique. Lorsqu'il s'explique sur les raisons de sa décision, le juge expose en quoi sa décision vise à satisfaire tel objectif que poursuit le droit.

1. S. Goltzberg, *L'Argumentation juridique*, Dalloz, « Connaissance du droit », 2013, p. 2.
2. Conclusions Heumann sur CE, 24 nov. 1961, *Letisserand*, *D.* 1962, p. 37.

Bien entendu, il arrive qu'une autorité décide sans argumenter ou en ne présentant que peu d'arguments. Mais pour ce faire, encore faut-il qu'elle en ait les moyens : c'est une question de *légitimité*, c'est-à-dire une question de droit (v. *supra* n° 42). Quiconque affirme « je suis le chef » ne réussit pas pour autant à devenir juridiquement le chef : il faut pour cela des conditions et un contexte particulier. Cette énonciation suppose que celui qui parle fasse l'objet d'un certain crédit de la part de ceux qui l'écoutent : celui qui se proclame « le chef » doit être, d'une façon ou d'une autre *reconnu* comme tel par ceux qui le feront chef. Il est ainsi, en dernière analyse, constitué comme « chef » par ceux qui acceptent de lui reconnaître cette qualité, laquelle n'est donc pas naturelle mais toujours fabriquée. La Boétie l'avait déjà dit : « C'est le peuple qui s'asservit [...], qui, ayant le choix d'être asservi ou d'être libre, lâche sa franchise et prend le joug ; qui consent à son mal ou plutôt court après [1] ». Dans son effectivité, la norme est toujours à cet égard une coconstruction entre celui qui énonce et ceux qui reçoivent.

Sur le plan du droit, l'autorité des institutions en place, parce que celles-ci sont en place et le demeurent, paraît indéniable. En temps ordinaire, l'exigence de légitimité semble même se dissiper, à la faveur du fonctionnement quotidien des institutions, qui ne soulève pas les foules. Pourtant, l'impératif de légitimité n'en reste pas moins omniprésent et essentiel pour ce fonctionnement même. C'est ce que l'on peut constater de façon rétrospective, parfois malgré des signes avant-coureurs, lorsqu'un système institutionnel s'effondre, par défaut de soutien de la population : personne ne croit plus en lui, notamment pas les forces de l'ordre, qui semblaient pourtant en constituer les défenseurs ultimes. En dernière analyse en effet, l'autorité ne tient qu'en raison d'une reconnaissance suffisamment générale par ses destinataires. Ceux-ci peuvent certes se voir imposer ses ordres et ses logiques, mais ils détiennent aussi, en dernier lieu, le pouvoir de leur refuser ce consentement. S'il est improbable d'organiser la cité politique sans distinguer entre des gouvernants et des gouvernés, il est donc indéniable que les gouvernants n'ont pas de titre définitif ou indiscutable à gouverner. Dans cette optique, l'interprétation juridique mérite de prendre également au sérieux le contexte dans lequel les ordres sont énoncés. La théorie de l'interprétation juridique doit donc être aussi une théorie du performatif (« quand dire, c'est faire », selon la formule d'Austin), car le droit lui-même n'est qu'un complexe de discours qui prétendent s'imposer au monde social.

Sur l'interprétation juridique en général. — La référence est aujourd'hui : B. FRYDMAN, *Le Sens des lois. Histoire de l'interprétation et de la raison juridique*, Bruylant/LGDJ, « Penser le droit », 2e éd., 2011. — V. aussi la synthèse de J. CHEVALLIER, « Les interprètes du droit », *in* CURAPP, *La Doctrine juridique*, Puf, 1993, p. 259 ; P. AMSELEK (dir.), *Interprétation et droit*, Bruylant/PU Aix-Marseille, 1995.

Sur le processus juridictionnel : comment jugent les juges ? — Il existe de nombreuses réflexions émanant des juges eux-mêmes, lesquels peuvent chercher à systématiser leur propre pratique ou à exposer leurs méthodes. Ces prises de parole sont d'autant plus fréquentes dans les systèmes (comme les États-Unis) où les juges sont personnellement identifiables, notamment à travers leurs opinions séparées. V. not. B. N. CARDOZO, *La Nature de la décision judiciaire*, traduit et présenté par G. CALVÈS, Dalloz, « Rivages du droit », 2011 ; R. A. POSNER, *Reflections on Judging*, Harvard Univ. Press, 2013 ; v. aussi S. BREYER, *Active Liberty. Interpreting our Democratic Constitution*, First Vintage Books, 2006, trad. fr. *Pour une démocratie active*, préface de Robert Badinter, Odile Jacob, 2006.

1. É. de La Boétie, *Discours de la servitude volontaire*, GF Flammarion, 1983, p. 79.

Sur le précédent, v. Cross & Harris, *Precedent in English Law*, Oxford Univ. Press, Clarendon Law Series, 1991 ; N. Duxbury, *The Nature and Authority of Precedent*, Cambridge Univ. Press, 2008.

Sur l'argumentation juridique. — V. l'ouvrage essentiel de C. Perelman et L. Olbrechts-Tyteca, *Traité de l'argumentation. La Nouvelle Rhétorique*, préface de M. Meyer, éd. de l'université de Bruxelles, 5e éd., 1992, dont les premières lignes donnent l'inspiration : il s'agit d'opérer une « rupture avec une conception de la raison et du raisonnement, issue de Descartes, qui a marqué de son sceau la philosophie occidentale des trois derniers siècles » (p. 1). La théorie de l'argumentation a pour objet « l'étude des techniques discursives permettant de provoquer ou d'accroître l'adhésion des esprits aux thèses qu'on présente à leur assentiment » (p. 5). V. aussi C. Perelman, *Droit, morale et philosophie*, LGDJ, 1976 et du même auteur, *Éthique et Droit*, éd. de l'Université de Bruxelles, 1990. Pour une synthèse plus récente : S. Goltzberg, *L'Argumentation juridique*, Dalloz, « Connaissance du droit », 2013, qui note que « l'interprétation est une partie nécessaire de l'argumentation mais qui ne l'épuise pas » (p. 4) ; v. aussi les ouvrages collectifs : P. Livet (dir.), *L'Argumentation. Droit, philosophie et sciences sociales*, L'Harmattan/PU Laval, « Diké », 2000 ; O. Pfersmann et G. Timsit (dir.), *Raisonnement juridique et interprétation*, Publ. de la Sorbonne, « De Republica », 2001.

Controverse actuelle sur l'interprétation : la proportionnalité

141. La *proportionnalité* occupe aujourd'hui, comme principe d'interprétation juridique, une place de plus en plus importante. Cela ne va pas sans controverses – spécialement au sein de la doctrine privatiste – qu'il est utile d'aborder ici, en raison des liens qu'elle entretient avec la question de l'interprétation juridique. L'occasion en a été donnée par la Cour de cassation, qui a constitué des groupes de travail devant réfléchir à un renouveau de ses méthodes de jugement, en particulier sous l'influence de la Cour européenne des droits de l'homme, dans les affaires impliquant un contrôle juridictionnel en termes de respect des droits fondamentaux. Des réflexions parallèles ont été menées par le Conseil d'État, donnant lieu à un rapport sur la rédaction des décisions de justice dans l'ordre administratif [1]. La doctrine n'est pas en reste, autant en France qu'à l'échelle internationale [2]. Ces diverses réflexions ont d'ores et déjà été complétées par plusieurs décisions rendues depuis 2013 [3] et marquant un net infléchissement des techniques traditionnelles, faisant une place plus importante au contexte et à « toutes les données » de chaque affaire.

Il faut relever tout d'abord que la Cour européenne des droits de l'homme impose et applique un raisonnement général en termes de proportionnalité, qui envisage toutes

1. Rapport du groupe de travail sur la rédaction des décisions de la juridiction administrative, avril 2012 (disponible sur le site Internet du Conseil d'État).

2. V. not. A. Barak, *Proportionality. Constitutional Rights and their Limitations*, Cambridge Univ. Press, 2012 ; P. Muzny, *La Technique de proportionnalité et le juge de la Convention européenne des droits de l'homme : essai sur un instrument nécessaire dans une société démocratique*, préface F. Sudre, PU Aix-Marseille, 2005 ; A. Marzal Yetano, *La Dynamique du principe de proportionnalité. Essai dans le contexte des libertés de circulation du droit de l'Union européenne*, préface H. Muir Watt, Institut Universitaire Varenne, 2014.

3. Cass. civ. 1re, 4 déc. 2013, n° 12-26.066.

les circonstances de l'espèce à juger et qui opère une « balance » entre les droits, prérogatives ou intérêts en présence. À rebours de ces arrêts particulièrement motivés, la Cour de cassation – mais la même critique vaut pour le Conseil d'État ou le Conseil constitutionnel – s'en tient classiquement à une technique de la concision, dite de l'« *imperatoria brevitas* ». Longtemps enclin à une brièveté parfois extrême, le juge français était censé être d'autant mieux entendu qu'il en disait le moins possible. Ce faisant, la décision donne par ailleurs le moins de prise possible à la critique. Surtout, cette formalisation du raisonnement du juge est censée correspondre à un modèle (certes sommaire) du « syllogisme judiciaire », où la solution au cas d'espèce semble découler directement de la règle abstraite identifiée par le juge. Il est pourtant assez manifeste que les juges ne se font plus aujourd'hui une conception aussi simpliste du syllogisme. De longue date désormais, la règle écrite n'a pas la portée que cette conception veut lui prêter. Peu de juristes croient encore à l'enchaînement du juge vis-à-vis de la « loi » qu'il était censé, dans un contexte légicentriste, appliquer et non contrôler. La règle écrite ne prédétermine pas la solution d'un litige ; elle n'est que l'une des ressources (certes la principale) dont dispose le juge et qu'il doit de toute façon interpréter et confronter avec d'autres règles.

La concision a ses avantages. En particulier, moins le juge en dit et plus la marge d'interprétation peut être large, car les interprètes suivants pourront l'affiner et la préciser en fonction de nouveaux faits qui seraient différents. La Cour de cassation a par exemple toujours refusé de s'enfermer dans une définition précise du lien de causalité en matière de responsabilité civile (causalité exigée entre la faute et le dommage) pour se laisser la possibilité d'ajuster au mieux les solutions en fonction des faits de chaque litige. Face à des standards juridiques, c'est-à-dire des notions dont le contenu est relativement indéterminé [1], le juge peut ainsi faire le choix de ne pas trop en dire afin de préserver la souplesse de ces notions au stade de leur application. Le problème est cependant que la rédaction des décisions de justice reflète parfois de façon insuffisante la teneur exacte des raisonnements menés. Les juridictions en prennent progressivement conscience et la brièveté de la motivation connaît un reflux. Il faut dire que la place des droits fondamentaux dans les revendications, les litiges et les raisonnements, a pour conséquence que l'interprétation juridique prend un tour plus riche, plus concret, mais aussi peut-être plus incertain. Non seulement les droits fondamentaux sont divers voire contradictoires entre eux, mais ils ne s'exercent que dans le respect des exigences de la vie sociale, à condition que ces exigences soient elles-mêmes proportionnées dans leur ampleur. En ce sens, la proportionnalité présente certainement un risque d'« émiettement » des décisions de justice, chaque solution étant finalement tributaire de ses spécificités irréductibles [2]. Un autre risque est que le juge dispose d'une marge d'interprétation si grande qu'il puisse, au gré des mises en balance, revenir sur des arbitrages déjà effectués par le législateur ou une autre autorité publique [3].

1. V. à ce sujet S. Rials, *Le Juge administratif français et la technique du standard*, LGDJ, 1980 ; du même auteur, « Les standards, notions critiques du droit », *in* C. Perelman et R. Vander Elst (dir.), *Les Notions à contenu variable en droit*, Bruylant, Bruxelles, 1984, p. 39.

2. V. par ex. Cass. civ. 3e, 15 oct. 2015, n° 14-23.612, qui exige du juge du fond qu'il recherche si la démolition d'un ouvrage constituait une sanction proportionnée à la gravité des désordres et des non-conformités qui l'affectaient.

3. V. en ce sens F. Chénedé, « Le Droit à l'épreuve des droits de l'homme », *Mélanges en l'honneur du Pr Gérard Champenois*, Defrénois, 2012, p. 139 et s.

Les droits fondamentaux sont caractérisés par le fait qu'ils peuvent – parce qu'ils sont « fondamentaux » – s'imposer, en toute circonstance, à l'encontre d'exigences ou de droits qui n'ont pas cette prééminence dans l'ordre juridique. Dans l'examen concret d'une affaire, un droit fondamental peut donc venir contrarier des règles ou principes dont l'application entraînerait une atteinte disproportionnée à ce droit fondamental, même si le bien-fondé de ces règles ou principes est reconnu de façon générale.

Le droit contemporain redécouvre à cet égard la portée proprement fondatrice de ces droits (que l'on qualifie bien d'ailleurs de « fondamentaux »), de même qu'il rencontre leur force potentiellement subversive vis-à-vis du droit objectif. Qu'il existe des droits fondamentaux n'est pas discutable ; que l'atteinte à ces droits ne puisse être justifiée lorsqu'elle dépasse un seuil de proportionnalité ne l'est pas davantage, dès lors que les règles du droit objectif sont censées servir les droits fondamentaux, comme l'exprime le droit moderne au moins depuis 1789. Reste à identifier en quoi consiste la proportionnalité, non comme substance, mais comme méthode.

Du reste, ces interrogations méthodologiques ne sont pas inédites. Elles sont connues de longue date notamment dans le contentieux de la légalité des mesures de police administrative [1] ou, plus récemment, dans le contentieux constitutionnel. Classiquement, les mesures restrictives de libertés doivent passer un « triple test » de proportionnalité : dans la mesure où la liberté doit rester le principe, les limitations apportées à la liberté sont censées être strictement mesurées. Le triple test consiste ainsi à vérifier d'abord le caractère *adapté* ou *pertinent* de la mesure, en ce sens qu'une restriction qui ne serait pas propre à atteindre le but légitime recherché serait de toute façon injustifiable. La mesure doit ensuite être contrôlée sous l'angle de sa *nécessité*, entendue comme l'absence de mesure alternative moins attentatoire aux libertés. Mais même si une restriction est adaptée et nécessaire, il convient encore d'en vérifier la *proportionnalité au sens strict* : la rigueur de la mesure ne doit pas excéder l'importance du but que l'on cherche à obtenir, étant considérée également l'importance de la liberté ou du droit faisant l'objet de la restriction [2].

On voit par-là que la proportionnalité suppose d'entrer pleinement dans un débat sur le poids respectif des droits dits fondamentaux (sont-ils tous d'égale valeur ? Sont-ils même tous véritablement fondamentaux ? Toutes les revendications sont-elles des droits ?), mais aussi sur le degré d'impérativité des exigences sociales (sur quelles valeurs sociales faut-il refuser de transiger ? Tous les principes ou les valeurs du droit objectif ont-ils la même importance ? Toutes les violations des règles du droit objectif ont-elles la même gravité ?). De telles interrogations sont impliquées par les droits fondamentaux eux-mêmes, puisqu'ils ne peuvent être pensés et appliqués – comme le constataient déjà

1. V. par ex., concernant le contrôle par le juge administratif des mesures de police administrative, les conclusions Letourneur sur CE, Sect., 23 nov. 1951, *Sté nouvelle d'imprimerie, d'éditions et de publicité*, *RDP*, 1951, p. 1101, qui relevait que la valeur reconnue à une liberté n'est pas toujours la même : « Il convient [...] de distinguer suivant les libertés en cause, à la fois quant à leur nature et quant à la manière dont elles sont protégées par la loi. » Par ailleurs, « l'idée d'ordre public est vague ; elle recouvre, en réalité, plusieurs notions : circulation publique, tranquillité publique, sécurité publiques ; ces notions correspondent à des nécessités de la vie en société, de caractère plus ou moins impératif : la nécessité de maintenir l'ordre dans la rue est plus essentielle, par exemple, que celle d'y assurer la tranquillité ; et elle peut, par suite, motiver légitimement des restrictions plus importantes ».

2. Pour un exposé de ce triple test, v. P.-H. Teitgen, *La Police municipale. Étude de l'interprétation jurisprudentielle des articles 91, 94 et 97 de la loi du 5 avril 1884*, Sirey, 1934, p. 404 et s.

Jean Carbonnier et Michel Villey – comme des absolus. À défaut d'un tel débat et donc d'une méthode rigoureuse, la proportionnalité risque d'être soit une technique de jugement en équité, pulvérisant l'autorité du droit objectif sur l'autel des droits fondamentaux, soit un faux-semblant. De ce point de vue, la proportionnalité convoque décidément les juristes devant la nature axiologique du droit et elle introduit en droit des bouleversements plus profonds qu'il n'y paraît [1].

Bibliographie : les débats sur la proportionnalité dans la jurisprudence de la Cour de cassation. — P. Jestaz, J.-P. Marguénaud, C. Jamin, « Révolution tranquille à la Cour de cassation », *D.* 2014, p. 2016. — C. Jamin, « Juger et motiver », *RTD civ.* 2015, p. 263 ; P.-Y. Gautier, « Éloge du syllogisme », *JCP*, 2015, p. 902 ; P.-Y. Gautier, « Contre la balance des intérêts : hiérarchie des droits fondamentaux », *D.* 2015, p. 2189. — H. Fulchiron, « Flexibilité de la règle, souplesse du droit », *D.* 2016, p. 1376 ; H. Fulchiron, « Contrôle de proportionnalité ou décision en équité ? », *D.* 2016, p. 1472. — P. Puig, « L'excès de proportionnalité », *RTD civ.* 2016, p. 70. — P. Deumier, « Contrôle concret de conventionnalité : l'esprit et la méthode », *RTD civ.* 2016, p. 578. — « Regards d'universitaires sur la réforme de la Cour de cassation » (conférence débat 24 nov. 2015), *JCP G*, suppl. au n° 1-2, 11 janvier 2016.

1. Sur cette thèse et à propos des libertés de circulation du droit de l'Union européenne, v. A. Marzal-Yetano, *La Dynamique du principe de proportionnalité*, Institut universitaire Varenne, 2014, qui montre le potentiel transformateur du principe de proportionnalité sur les plans formel (le principe impose une forme de raisonnement factualisée, qui consiste en une évaluation coûts-bénéfices), matériel (dans le contexte du droit de l'Union européenne, on voit qu'il érige l'efficience des mesures étatiques en but ultime) et institutionnel (dans le cas particulier de l'Union européenne, il modifie la répartition de compétences entre l'Union et les États membres).

TROISIÈME PARTIE

Les fondements du Droit

TITRE I

Les origines historiques du droit

Chapitre I

L'ANTIQUITÉ

142. Pour l'Occident, l'Antiquité est l'époque qui suit la préhistoire ; elle commence avec l'invention des premières écritures en Mésopotamie (env. IVe millénaire av. J.-C.), et s'achève en 476 avec l'abdication du dernier empereur romain d'Occident. L'Empire romain se divisait en effet entre l'Empire romain d'Occident, ayant sa capitale à Rome, et l'Empire romain d'Orient ou Empire byzantin, ayant sa capitale à Byzance (appelée ensuite Constantinople), qui a perduré quant à lui jusqu'en 1453, date de la chute de Constantinople face aux attaques ottomanes, et qui marque la fin du Moyen Âge et le début de la Renaissance.

I / LA MÉSOPOTAMIE

143. La Mésopotamie est la région du Moyen-Orient située entre le Tigre et l'Euphrate (où se trouve aujourd'hui pour une grande part l'Irak) et qui abrita une très riche civilisation.

Le texte juridique le plus célèbre est le Code d'Hammourabi, du nom du 6e roi de Babylone (1792- env. 1750 av. J.-C.). Ce Code, gravé sur une stèle, est conservé au Musée du Louvre à Paris. Ces stèles étaient placées sur les places publiques afin que nul ne les ignore. À part un prologue et un épilogue lyriques consacrés aux dieux et aux récits des conquêtes, le Code lui-même contient 282 propositions sur la conduite sociale des sujets du royaume et qui sont toutes construites sur le même modèle (« si », puis le résultat qui s'ensuit) : par exemple « si un homme a porté contre un autre une accusation de meurtre, sans en fournir la preuve : l'accusateur sera mis à mort ». On trouve des règles très diverses, regroupées par thèmes : sur le faux témoignage, sur le vol, sur le travail agricole, sur les dépôts et dettes, sur la femme et la famille, ou encore sur les esclaves. Ce Code est connu pour avoir exprimé la loi du Talion (du latin *talis*, tel, pareil) selon laquelle la peine doit être proportionnée au délit commis et résumée par la formule « œil pour œil, dent pour dent », ce qui, à l'époque, constituait parfois un adoucissement par rapport aux peines anciennes.

Depuis, furent retrouvés une dizaine d'autres Codes, plus anciens encore mais plus ou moins complets, tous liés à l'histoire de la Mésopotamie : le premier en date est ainsi aujourd'hui attribué à Šulzi (env. 2094-2047 av. J.-C.), second roi de la IIIe dynastie d'Ur [1].

II / LA GRÈCE ANTIQUE

144. La culture grecque a joué un rôle majeur pour la civilisation occidentale, que ce soit en philosophie (avec Socrate, Platon ou encore Aristote) ou en sciences. D'un point de vue juridique, plusieurs concepts centraux virent le jour pendant cette période, par exemple la notion de démocratie (de *dêmos*, peuple, et *krátos*, pouvoir), née à Athènes autour du Ve siècle av. J.-C., ou encore la notion même de loi, en tant que règle qui, détachée de ses origines religieuses, est délibérée et votée par les hommes et pour les hommes [2].

III / LA ROME ANTIQUE

145. Le droit romain commence dès la fameuse Loi des Douze Tables (*Lex Duodecim Tabularum*), premier corpus de lois écrites, que l'on date

1. Sur tous ces points, v. les travaux du grand historien Jean Bottéro (1914-2007), spécialiste de la Bible et du Moyen-Orient antique, not. *Mésopotamie. L'écriture, la raison et les dieux*, Paris, Gallimard, 1987, dont un chapitre (« Folio », p. 284-334) est consacré au Code d'Hammurabi. Selon lui, ce Code n'est pas véritablement un code de lois destinées à réglementer uniformément toutes les espèces, mais plutôt une compilation de sentences de justice rendues dans des cas particuliers et qui ont semblé à Hammurabi les plus justes et les plus sages. Bottéro montre aussi comment ce Code était typique de la rationalité de l'époque, qui était déjà à certains égards une forme de pensée scientifique, se concentrant non pas sur l'individuel et le casuel mais sur l'universel et le nécessaire, même si son énoncé ne prend pas la forme de principes et de lois mais d'une énumération de cas.

2. Pour approfondir, v. surtout L. Gernet, *Droit et institutions en Grèce antique* (1968), auj. Paris, Flammarion, « Champs », 1982 ; J. de Romilly, *La Loi dans la pensée grecque, des origines à Aristote*, Paris, Les Belles Lettres, 2001.

aux alentours de 450 av. J.-C. Ce texte contient de nombreuses règles de procédure, de droit de la famille, de droit des biens, ou de droit pénal. Les règles qu'il édicte à l'encontre des débiteurs sont particulièrement sévères, et notamment leur possible contrainte par corps : le créancier pouvait ainsi attacher son débiteur par des cordes ou des chaînes jusqu'à ce que celui-ci règle sa dette ; passé un certain délai, le débiteur pouvait être vendu à l'étranger ou même coupé en morceaux. Le droit français trouve cependant surtout son origine dans les constructions juridiques romaines plus tardives, issues de la codification justinienne.

Chapitre II

LA CODIFICATION JUSTINIENNE

146. L'empereur Justinien, qui régna à Byzance de 527 à 565, procéda à une vaste compilation et refonte des textes romains. Ce Code de Justinien, ou *Corpus juris civilis*, comprend quatre recueils : le *Codex*, recueil des décisions (que l'on appelle Constitutions) impériales, c'est-à-dire des réponses aux questions posées à l'empereur ; le *Digeste* (encore appelé *Pandectes*, c'est-à-dire compilations), qui est une encyclopédie formée de plusieurs milliers d'extraits des jurisconsultes les plus célèbres depuis le début de l'Empire (notamment Gaius, Ulpien, Paul et Papinien) ; les *Institutes*, court manuel expressément destiné à la « jeunesse désireuse de connaître les lois » ; et enfin les *Novelles*, qui sont les Constitutions de Justinien postérieures à la rédaction du Code.

On retient aujourd'hui souvent du droit romain ce droit théorisé et abstrait, lequel est en réalité un droit tardif. Le droit romain des premiers siècles avant Jésus-Christ était au contraire un droit processuel et casuistique, très proche en réalité du droit de *Common Law* (voir *supra* n° 37). En particulier, comme en droit anglais actuel, la procédure est primordiale et un droit ne peut être reconnu que s'il existe une action pour le faire-valoir (l'action précède le droit, ou comme disent toujours les juristes anglais, « *remedies precede rights* »). Il est de même profondément casuistique : il n'existe par exemple pas de principe général de responsabilité, ni de notion théorique et abstraite de contrat, mais uniquement des délits particuliers dans lesquels il faut faire entrer son action (comme les « *torts* » actuels du droit anglais) ou des contrats particuliers dans lesquels devaient se mouler les accords pour être exécutoires (vente ou mandat par exemple) [1].

1. Pour approfondir le droit romain, v. not. B. Schmidlin, *Droit privé romain*, t. I : *Origines et sources, famille, biens, successions*, Bruylant, 2009 ; P. Pichonnaz, *Fondements romains du droit privé*, Schulthess, 2008 ; J. Gaudemet, *Droit privé romain*, Montchrestien, « Domat droit privé », 2e éd., 2000 ; P. F. Girard, *Manuel élémentaire de droit romain*, 8e éd. par F. Senn, Paris, 1929, réimp. Dalloz, « Bibliothèque Dalloz », 2003, préf. J.-Ph. Lévy.

Chapitre III

LA PÉRIODE MÉDIÉVALE

147. La période médiévale est très souvent le point aveugle de l'histoire du droit alors qu'il a été montré combien elle a été cruciale, en particulier par Pierre Legendre et par Harold J. Berman.

Toute l'œuvre de Justinien avait en effet très rapidement été perdue et oubliée dans l'Occident séparé de l'Empire byzantin. Elle fut redécouverte à la fin du XIe siècle dans le nord de l'Italie et cette redécouverte eut des conséquences majeures. Ainsi, un exemplaire du *Digeste*, la *Littera Florentina*, fut retrouvé, et la réapparition de cette somme de textes suscita immédiatement un immense travail d'interprétation, en particulier par l'école des glossateurs de Bologne dont le premier représentant célèbre fut Irnérius. C'est dans ce contexte que naquirent les premières universités. Le texte romain était accompagné de gloses, petites notes rajoutées dans le corps même du texte (gloses interlinéaires) ou plus tard dans la marge (gloses marginales). Irnérius eut de nombreux disciples et au XIIIe siècle, un autre professeur de Bologne, Accurse, résuma les travaux de ses prédécesseurs dans un célèbre ouvrage connu sous le nom de *Grande Glose*. Le travail fut poursuivi par les post-glossateurs, parmi lesquels Bartole au XIVe siècle.

Dans toute l'Europe, et notamment en France, l'évolution du droit fut profondément modifiée par cette redécouverte. Le droit romain fit pourtant au départ l'objet d'une certaine méfiance, en particulier de la part du roi de France qui y voyait la législation de l'empereur. Cependant, la richesse de ses catégories offrait une source irremplaçable d'interprétations et de solutions, parallèlement à l'autre grand corpus que constituait le droit canonique. À l'époque, tout juriste devait d'ailleurs être « docteur dans l'un et l'autre droit » (*doctor utriusque juris*) et l'expression *Corpus juris civilis* sera inventée au XVIe siècle pour désigner le legs du droit romain, par opposition au *Corpus juris canonici* (dénomination qui date quant à elle de la fin du Moyen Âge). Pierre

Legendre appelle cette période cruciale la « première révolution de l'interprète », période où se constitue la tradition juridique romano-canonique qui continue de nous porter. Dans son ouvrage majeur *Droit et Révolution*, Harold J. Berman montre aussi que la période est révolutionnaire du point de vue de l'histoire du droit [1]. Elle marque en effet la rencontre entre le droit romain, qui s'était détaché de ses origines religieuses, et l'Église. Celle-ci s'est alors appropriée les catégories du droit romain et s'est construite comme un système pyramidal et hiérarchisé dont le sommet était à Rome, préfigurant ainsi la notion moderne d'État. On assiste ainsi à l'invention d'un système institutionnel ayant vocation à régir le monde entier et qui s'incarne dans une figure – la « source vivante des lois » – qui est le pontife dans le cas de l'Église puis l'État législateur. Le texte majeur de l'époque est le célèbre Décret de Gratien (que l'on date entre 1140 et 1150), qui marque la naissance du droit canonique moderne. Gratien y utilise en effet les méthodes romanistes pour résoudre un certain nombre de questions. Le nom officiel du Décret est d'ailleurs « *Concordia discordantium canonum* », c'est-à-dire « Concorde des canons discordants » [2]. Le droit canon (ou canonique) comprend, outre le Décret de Gratien, les Décrétales composées de décisions pontificales rendues par le Saint Siège. Pierre Legendre qualifie de « schize » la faille ainsi introduite par le christianisme qui, pour combler l'absence de règles sociales, a repris à son compte le système juridique échafaudé par la Rome antique. Il en décrit les effets massifs et notamment le fait qu'en séparant radicalement les « préceptes du vivre » des « règles du croire », cette tradition a conduit à appréhender l'État et le droit comme de purs processus techniques (et donc notamment exportables partout) [3].

C'est en définitive dans cette période médiévale cruciale que se forge la tradition juridique continentale dont nous sommes les héritiers et qui est, en profondeur, distincte de la figure du juge casuiste de *Common Law*.

1. Harold J. Berman, *Law and Revolution I., The Formation of the Western Legal Tradition*, Cambridge, Harvard Univ. Press, 1983 ; trad. fr. R. Audouin, *Droit et Révolution*, préf. Ch. Atias, Libr. Univ. Aix-en-Provence, 2002 ; *Law and Revolution II., The Impact of the Protestant Reformations on the Western Legal Tradition*, Cambridge, Harvard Univ. Press, 2003 ; trad. fr., Fayard, 2011.

2. Sur tous ces points, v. le précieux viatique de P. Legendre, in *L'Amour du censeur. Essai sur l'ordre dogmatique*, Paris, Seuil, « Le champ freudien », 1974, nouv. éd. augm. 2005, p. 261.

3. V. en part. P. Legendre, *Dogma : instituer l'animal humain. Chemins réitérés de questionnement*, *op. cit.*

Chapitre IV

L'ANCIEN DROIT

148. Dans l'ancien droit, la France était encore largement un pays de coutumes. Chacun était régi par ses propres lois, selon le principe de territorialité des lois. Dans le Sud, dit pays de droit écrit, cette coutume s'inspirait surtout du droit romain. Le nord de la France, pays de droit coutumier, était quant à lui régi par de très nombreuses coutumes inspirées du droit germanique et demeurées souvent orales. La rédaction des coutumes fut finalement imposée par l'ordonnance de Montil-lès-Tours de 1454, même si celle-ci ne fut effective que très progressivement.

L'influence du droit romain devint cependant prépondérante dans tout le royaume et la référence à un droit commun, un *jus commune* (l'expression étant reprise du *Digeste*), devint de plus en plus fréquente, même pour l'interprétation des coutumes. Au XVIe siècle, les juristes de l'école historique (Alciat et surtout Cujas) renouvelèrent encore l'interprétation du droit romain classique.

Les rois réussirent progressivement à imposer quelques grandes ordonnances régissant l'ensemble du royaume. Les plus abouties sont l'ordonnance de Michel de Marillac, chancelier pendant la régence de Marie de Médicis (ordonnance appelée par dérision « Code Michau »), et surtout les grandes ordonnances de Colbert, contrôleur général des finances sous Louis XIV (ordonnance sur la procédure civile de 1667, ordonnance criminelle de 1670, ordonnance sur le commerce de 1673) puis, au siècle suivant, du chancelier d'Aguesseau (notamment ordonnance sur les donations de 1731, ordonnance sur les testaments de 1735).

Plusieurs auteurs ont, à cette époque, produit des travaux dont le Code civil s'inspirera largement. Les deux principaux sont Jean Domat (1625-1696), avocat du roi au présidial de Clermont-Ferrand et auteur d'un ouvrage de synthèse (*Les Lois civiles dans leur ordre naturel*, paru en 1777), et Robert-Joseph Pothier (1699-1772), professeur à l'université d'Orléans où il était aussi conseiller au présidial (les présidiaux étaient des juridictions de l'Ancien Régime, statuant sur des affaires dont le montant ne justifiait pas la saisine des parlements). De nombreux passages de ces deux auteurs furent repris presque textuellement dans le Code civil.

Chapitre V

LA RÉVOLUTION

149. La Révolution française de 1789 a bouleversé les principes de l'ancien droit. Dans la fameuse nuit du 4 août 1789, le régime féodal a été aboli et avec lui de nombreux privilèges (décret du 11 août relatif à l'abolition des privilèges). La Déclaration des droits de l'homme et du citoyen a été adoptée définitivement le 26 août 1789. Viendra ensuite la Constitution du 3 septembre 1791 investissant la nation du pouvoir souverain. C'est à travers la modification du droit que se firent la Révolution française et l'introduction des nouveaux principes de liberté et d'égalité dans la société civile : l'état civil était désormais laïc, et une loi du 20 septembre 1792 permit le divorce dans de très larges hypothèses (notamment par consentement mutuel ou même le divorce unilatéral) avant que le Code civil ne l'autorise que dans des cas bien plus strictement délimités ; de même la loi du 17 nivôse an II (6 janvier 1794) sur les successions instaura une égalité dans la famille et, de façon radicale, se déclara rétroactivement applicable à toutes les successions ouvertes depuis 1789, conduisant ainsi à une remise en cause de successions d'ores et déjà liquidées.

Sur le plan des institutions politiques également, la Révolution conduisit à une nouvelle définition des rapports entre le Pouvoir politique et les individus. En distinguant (pour les articuler) l'homme et le citoyen, la Déclaration de 1789 témoigne de ce nouvel ordre institutionnel. L'ordre social est séparé de l'ordre politique, dans le but de protéger l'égale liberté privée des membres de la société. Les institutions politiques se voient d'ailleurs assigner le rôle de « conserver » les droits de l'homme (art. 2), rôle qui est censé borner leur pouvoir et leur légitimité.

Chapitre VI

LA CODIFICATION NAPOLÉONIENNE

150. L'un des souhaits de la Révolution était la codification. L'Assemblée constituante du 16 août 1790 prévoyait ainsi qu'il serait fait un Code général de lois simples, claires, appropriées à la Constitution et surtout communes à tout le royaume. Mais un tel projet nécessitait une volonté politique forte et aucun des projets proposés par Cambacérès ne put voir le jour. Il a fallu la ténacité d'un Napoléon Bonaparte pour permettre au projet d'aboutir. Le Code civil fut rédigé par Jean-Étienne-Marie Portalis, qui en dirigea l'élaboration, avec la collaboration de Tronchet, Maleville et Bigot de Préameneu. Il prépara aussi le fameux « discours préliminaire » contenant plusieurs directives restées célèbres sur ce qu'est une bonne législation. Pour n'en citer que quelques-unes :

– Les lois ne sont pas de purs actes de puissance ; ce sont des actes de sagesse, de justice et de raison ;

– Le législateur exerce moins une autorité qu'un sacerdoce. Il ne doit point perdre de vue que les lois sont faites pour les hommes, et non les hommes pour les lois ;

– Il ne faut point de lois inutiles ; elles affaibliraient les lois nécessaires ;

– L'office de la loi est de fixer, par de grandes vues, les maximes générales du droit ; d'établir des principes féconds en conséquences, et non de descendre dans le détail des questions qui peuvent naître sur chaque matière. C'est au magistrat et au jurisconsulte, pénétrés de l'esprit général des lois, à en diriger l'application.

Napoléon suivit de près les travaux ; il assistait à de nombreuses séances après s'être fait expliquer les enjeux par Tronchet, et influença plusieurs passages ; il intervint notamment pour laisser une ouverture au divorce car il souhaitait mettre fin à son mariage avec Joséphine de Beauharnais, ce qu'il fit en 1809. Publié en 1804 sous le titre « Code civil des Français », le Code prit ensuite, en 1807, le titre de « Code Napoléon », qu'il perdit à la Restauration (il s'appela alors à nouveau « Code civil ») puis qu'il retrouva sous le second Empire en 1852. Officiellement, tel est toujours son titre, même si on parle couramment de « Code civil ».

Le Code civil est un texte de compromis, notamment un compromis entre le droit des pays de coutume (plutôt le nord de la France) et celui des pays de droit écrit fortement influencés par le droit romain (le sud de la France) ; compromis également entre le droit de l'Ancien Régime et le droit de la Révolution (traditionnellement qualifié de « droit intermédiaire ») : le Code civil se voulait ainsi, selon le mot célèbre de Planiol, « ni réactionnaire ni révolutionnaire ». On a souvent évoqué « l'esprit du Code civil », qui serait individualiste (voir les travaux de Xavier Martin), bourgeois, permettant la domination de la classe possédante sur les non-possédants (voir les travaux de André-Jean Arnaud), mais aussi marqué par la laïcité, la liberté et l'égalité. Les rédacteurs se méfiaient des principes généraux et trop philosophiques, ce qui les fit renoncer en particulier à introduire dans le Code civil un livre préliminaire général [1].

Les travaux préparatoires du Code civil sont précieux pour connaître les intentions des rédacteurs de 1804 [2]. On les connaît par deux recueils célèbres : celui de Fenet, paru en 1827 (*Recueil complet des travaux préparatoires du Code Civil*), et celui du baron Locré, paru en 1831 (*La Législation civile, commerciale et criminelle de la France*).

Le Code civil fut appliqué dans plusieurs autres pays, notamment à la suite des conquêtes napoléoniennes (en Belgique, aux Pays-Bas, au Luxembourg, ou encore dans certains États d'Allemagne). Il fut cependant le plus souvent remplacé ensuite par des Codes propres, par exemple en Allemagne où fut promulgué en 1900 le BGB, c'est-à-dire le Code civil allemand (*Bürgerlisches Gesetzbuch*). Le Code civil fut de même introduit dans les pays d'Afrique colonisés, où il continue d'ailleurs parfois à être appliqué dans la version en vigueur à la date de son introduction ; un renouveau se fait progressivement par le biais du droit de la dynamique OHADA [3], qui regroupe aujourd'hui 17 pays (les 14 pays de la zone franc CFA, plus les Comores, la Guinée Conakry et

1. V. Portalis, *De l'usage et de l'abus de l'esprit philosophique durant le XVIIIe*, réimp. 3e éd. 1834, Paris, Dalloz, « Bibliothèque Dalloz », 2007.

2. V. *Naissance du Code civil. Travaux préparatoires du Code civil*, extraits choisis par F. Ewald, préface de G. Canivet, Flammarion, 2004.

3. Organisation pour l'harmonisation en Afrique du droit des affaires, créée par le traité relatif à l'harmonisation du droit des affaires en Afrique signé le 17 octobre 1993 à l'île Maurice.

la République démocratique du Congo). Dans d'autres pays, c'est librement que le Code civil a servi de modèle : par exemple en Amérique latine (notamment au Brésil, au Chili ou en Argentine), en Louisiane, dans la province de Québec, ou encore en Roumanie. Au gré des modifications de leurs Codes, cette influence fut concurrencée par d'autres modèles, notamment le modèle germanique. C'est ainsi qu'au Japon, à la fin du XIXe siècle, un professeur français, Boissonnade de Fontarabie (1825-1910), avait été engagé comme « légiste au service du gouvernement japonais » afin d'aider à élaborer des Codes ; si un Code pénal et un Code de procédure criminelle du Japon furent ainsi adoptés de 1875 à 1880, le projet de Code civil proposé par le Français ne réussit en revanche pas à s'implanter car dès 1900, à la parution du BGB, le modèle français fut repoussé au profit du modèle germanique.

Le Code civil reste encore hautement symbolique en France. Il fait partie, pour reprendre l'expression fameuse de l'historien Pierre Nora, des « lieux de mémoire [1] ».

1. Voir J. Carbonnier, « Le Code Civil », in P. Nora (dir.), *Les Lieux de mémoire*, t. II : La Nation, 1987, les trois volumes sont à présent publiés chez Gallimard, « Quarto », 1997. V. aussi R. Badinter, *« Le plus grand bien »*, Fayard, 2004.

Chapitre VII

LE XIXe SIÈCLE

151. Le XIXe siècle fut marqué par l'influence du Code civil. Le texte, aboutissement de plusieurs siècles de tentatives d'unification, forçait l'admiration et les auteurs pouvaient tous dire, comme Bugnet, « je ne connais pas le droit civil, je n'enseigne que le Code civil ». Tous les grands traités du XIXe siècle (Toullier, Troplong, Duranton, Demolombe, Demogue, etc.) étaient alors des commentaires, article par article, du Code civil. Depuis Bonnecase (1878-1950), il est courant de regrouper ces auteurs dans « l'école de l'exégèse ». Aubry et Rau osèrent sortir de cette analyse exégétique du Code civil et leur traité fut le premier à proposer un cours de droit civil ordonné selon un plan abstrait se détachant de celui du Code. Ils dissimulèrent cette audace en présentant la première édition de leur ouvrage comme la traduction d'un ouvrage allemand de Zachariae : cette édition de 1838 s'intitulait ainsi *Cours de droit civil français d'après la méthode de Zachariae* ; le Code civil français s'appliquait à l'époque en Allemagne mais les auteurs allemands osaient davantage s'en écarter que leurs homologues français de l'époque. En réalité, dès la première édition, Aubry et Rau, loin de se borner à une simple traduction, ont ajouté plusieurs pages d'analyses personnelles (et notamment celles sur le patrimoine demeurées célèbres).

Au tournant du XXe siècle, François Gény (1861-1959) invita à sortir de ce « fétichisme » du Code civil en insistant sur de nouvelles méthodes d'interprétation plus ouvertes et fondées sur la « libre recherche scientifique [1] ». Ses travaux insistaient en particulier sur l'importance de la jurisprudence dans l'élaboration du droit, et aussi sur la distinction entre le donné et le construit.

1. V. ses deux ouvrages classiques, *Méthode d'interprétation et sources en droit privé positif*, de 1899 (rééd. LGDJ/Lextenso, « Anthologie du droit », 2016), et *Science et technique en droit privé positif*, de 1924.

En parallèle, le droit public français se densifia progressivement. Marqué par l'influence de la royauté puis de Napoléon, le Conseil d'État perdura sous les régimes républicains. Il put ainsi jouer un rôle de plus en plus important dans le traitement des litiges impliquant l'Administration publique, lui permettant d'élaborer lui-même, à distance du Code civil, un droit administratif jurisprudentiel [1]. La grande loi républicaine du 24 mai 1872 constitua une étape majeure pour asseoir la justice administrative en France, de même que le dualisme juridictionnel. Par ailleurs, l'autonomie des juristes de droit public se renforça, spécialement pour le droit constitutionnel à partir de la IIIe République [2]. En témoigne par exemple le « sectionnement » de l'agrégation de droit en 1896 : indifférencié lors sa création en 1855 et centré essentiellement sur le droit romain et le droit civil, le concours de recrutement des professeurs prit acte de la place spécifique du droit public (comme par ailleurs de l'histoire du droit) à l'égard du droit privé.

1. V. D. Lochak, *Le Rôle politique du juge administratif français*, LGDJ, 1972, rééd. LGDJ/Lextenso, « Anthologie du droit », 2015.
2. V. G. Sacriste, *La République des constitutionnalistes. Professeurs de droit et légitimation de l'État en France (1870-1914)*, Presses de Sciences-Po, 2011.

Chapitre VIII

LE XXᵉ SIÈCLE

152. Le droit du XXᵉ siècle se caractérise sans doute par le rôle croissant joué par la jurisprudence, notamment dans l'interprétation du Code civil, interprétation souvent libre et audacieuse. Le droit civil du XXᵉ siècle est ainsi fait autant de « grands arrêts [1] » que de grandes lois.

Dès le début du XXᵉ siècle, de grands auteurs ont pris en compte ces évolutions et proposé des interprétations pour mettre en phase la société avec leur époque. Pour n'en citer que quelques-uns (pour les publicistes, voir *supra* n° 9) : Marcel Planiol (1853-1931) et son *Traité élémentaire de droit civil*, Raymond Saleilles (1865-1912) et *L'Individualisation de la peine*, Louis Josserand (1868-1941) et son étude *De l'esprit des droits et de leur relativité*, Georges Ripert (1880-1958) et *Les Aspects juridiques du capitalisme moderne*, ou encore René Savatier (1892-1984) et *Les Métamorphoses économiques et sociales du droit civil d'aujourd'hui.*

La société du XXᵉ siècle a changé en profondeur et le droit a dû apporter des réponses aux nouvelles questions, que ce soit pour indemniser les victimes d'accidents dus à l'apparition de nouvelles machines (machines-outils ou véhicules automobiles), pour élaborer un droit du travail adapté aux nouvelles relations de travail issues de la révolution industrielle, pour faire évoluer le droit de la famille face aux changements de la société, ou encore pour prendre en considération les nouvelles techniques biomédicales. Il a fallu faire face aussi à l'internationalisation accélérée du droit, en particulier à son européanisation. Ces enjeux ont sollicité à parts égales le droit privé et le droit public, avec parfois pour résultat une imbrication plus forte entre ces deux branches du droit. Ainsi par exemple, la consécration de nouveaux droits a semblé nécessaire pour satisfaire des besoins sociaux inédits,

1. V. les ouvrages de « grands arrêts » cités en bibliographie.

dont la protection des personnes démunies ou vulnérables. Cela a logiquement conduit à l'extension du rôle des pouvoirs publics, du moins jusqu'aux années 1980. L'État a donc connu de profondes mutations, que les juristes ont cherché à comprendre et à accompagner, en proposant des tentatives de redéfinition du droit et de ses fonctions. Léon Duguit (1859-1928) reste emblématique à cet égard, son ouvrage *Les Transformations du droit public* ayant pour pendant ses réflexions sur *Les Transformations générales du droit privé depuis le Code Napoléon*. Sur le long terme, le XXe siècle a été essentiellement marqué par un approfondissement des droits fondamentaux et de leur protection juridique, à l'échelle constitutionnelle (avec l'expansion des contrôles de constitutionnalité, y compris pour les lois) mais aussi internationale (spécialement en Europe).

Le droit se retrouve aujourd'hui éclaté en de nombreuses matières, et les juristes sont de plus en plus spécialisés. Il devient parfois indispensable de retrouver le sens de la transversalité, au regard d'enjeux juridiques particulièrement complexes. Une chose est certaine : sous l'influence grandissante du positivisme juridique, dont le théoricien du droit Hans Kelsen (1881-1973) aura été le plus grand artisan, le droit devient de plus en plus technique, renvoyant la question de ses fondements à d'autres disciplines, alors qu'elle est la question du droit par excellence.

TITRE II

Les enjeux du droit

153. Le droit est un système normatif. En tant que tel, il est tout entier ordonné à la réalisation de certains buts que les êtres humains lui assignent. C'est ce qui explique le rôle d'une discipline particulière : la philosophie du droit, qui cherche à penser la nature et les fonctions du droit.

Chapitre I

L'AXIOLOGIE JURIDIQUE

154. Le droit n'est pas neutre. Il repose nécessairement sur des choix de valeurs : certaines actions sont autorisées et d'autres interdites, certains comportements sont l'objet d'incitations, d'autres de dissuasion, etc. Le droit n'est pas de l'ordre de l'être mais du devoir-être (pour reprendre la fameuse distinction entre le *sein* et le *sollen*), c'est-à-dire qu'il est nécessairement normatif (ce qui se traduit généralement par des énoncés prescriptifs). Or, la normativité juridique n'est jamais « intransitive ». Lorsqu'un ordre juridique édicte par exemple une interdiction, il n'interdit pas pour interdire, il n'interdit pas « tout court » : il interdit toujours quelque comportement, quelque activité, et ce afin d'atteindre certains objectifs ou de préserver certaines exigences sociales ou individuelles. Un système juridique n'est donc pas un système vide de contenu propre et ne se réduit assurément pas à sa dimension d'instrument. Un instrument n'a précisément pas de raison d'être s'il ne sert à rien. Comme n'importe quel outil, le droit est donc élaboré et pensé pour remplir certaines fonctions. On ne comprend véritablement le droit qu'à condition de saisir à quoi il sert.

À cet égard, il n'est pas question de confondre le contenu du droit (ce *pour quoi* il est fait) et ses instruments (ce *par quoi* il se réalise : telle institution ou telle règle de droit par exemple). Le droit est, comme la plupart des constructions humaines, une création finalisée. En ce sens, le monde du droit est donc bien axiologique (du grec *axios*, ce qui est convenable, ce qui vaut, ce qui mérite).

Ériger une chose (un comportement, une idée, etc.) en norme, c'est en effet la constituer comme une référence, donc lui conférer une certaine valeur, en considérant que cette chose est souhaitable et elle-même digne de valeur. Les normes juridiques ont partie liée avec les jugements de valeur : elles servent de référence pour l'appréciation des situations et des comportements. Une loi se rattache au système du droit dans la mesure où elle peut être utilisée par ses destinataires comme un modèle ou un idéal afin de procéder à des jugements de droit. « Tel comportement est conforme à la loi » veut dire qu'il correspond au modèle de comportement que fournit la loi. Dans ce cas, le comportement envisagé par la loi est celui qui *convient* (ou paraît convenir) du point de vue juridique : les comportements observés en pratique pourront être comparés au modèle fourni par la loi et pourront être appréciés en valeur au regard de cette loi.

Pétri de téléologie (du grec *telos*, le but), chaque système juridique dessine ainsi le modèle d'une société idéale. Par exemple, interdire le travail des enfants est certainement une norme dans la plupart des ordres juridiques (« le travail des enfants est interdit »), mais c'est d'abord une valeur, puisque la norme en question traduit la volonté de constituer ou maintenir un monde social idéal dans lequel le travail des enfants n'a pas sa place. Tout modèle de société repose sur des fondements axiologiques. Ceux-ci sont parfois justifiés par l'expérience humaine (la volonté de mettre fin à des pratiques que l'on juge inacceptables, d'éviter la survenance d'injustices ou de désordres sociaux, etc.), mais ils peuvent aussi être proprement dogmatiques, au sens où il en va de références indémontrables, irréductibles à l'ordre naturel du monde ou à la démonstration scientifique. On tient alors ces valeurs pour indiscutables, ce qui est le propre du dogmatisme. Qui pourrait nier par exemple le caractère dogmatique du principe juridique d'égalité ?

Le droit et les juristes se posent d'ailleurs constamment ces questions d'ordre axiologique : qu'est-ce qui est *souhaitable* socialement et/ou individuellement ? En quoi telle situation est-elle un problème et que *faut*-il faire pour résoudre ce problème ? Par exemple, si le droit pénal définit des incriminations et institue des peines qui constituent un ordre public, si les règles du Code civil tracent les contours socialement admissibles de la liberté contractuelle des individus, ou encore si le droit de l'urbanisme encadre les prérogatives des propriétaires, c'est bien parce que le droit en a décidé ainsi pour atteindre les buts qu'il s'est fixé.

Sous la technique juridique, gît donc toujours l'axiologie du droit. D'une manière ou d'une autre, les valeurs sont présentes dans toutes les opérations juridiques quotidiennes, notamment la qualification et l'interprétation. On peut même considérer que la technique n'est pas la partie la plus importante du droit, car elle n'est que la *conséquence* et le reflet des buts qui sont assignés au droit. Les valeurs précèdent, dans l'ordre du droit, la mise en normes. La technique juridique n'est pas maîtresse d'elle-même : elle est la servante d'un certain nombre d'idées et de représentations d'un monde social possible, souhaitable voire nécessaire. Même s'il se prétend « pur » technicien, le juriste doit donc faire avec les valeurs (fût-ce inconsciemment) car c'est bien l'axiologie juridique qui explique les normes de droit, leur genèse et leur évolution.

Cela n'empêche pas, en France, la plupart des juristes contemporains de considérer que le droit serait, par lui-même, ouvert à tous vents axiologiques. Simple formalisation d'une volonté politique, le droit n'aurait rien à faire valoir en propre. L'axiologie juridique n'existerait donc pas en tant que telle : en matière d'axiologie, tout serait exclusivement politique. C'est sans aucun doute exact si l'on veut dire ainsi que les valeurs du droit sont contingentes : elles ne sont pas intemporelles ni naturelles, mais dépendent effectivement de choix politiques délibérés. Chaque ordre juridique défend des valeurs qui peuvent lui être propres ou qu'il peut éventuellement partager avec d'autres. Mais il est par trop discutable de considérer que les valeurs du droit lui seraient imposées comme de l'extérieur. Le droit n'est pas neutre axiologiquement et on ne le trouve nulle part dans un état brut de toute axiologie. Il n'est pas jusqu'à la forme juridique elle-même qui ne soit au service d'une certaine représentation idéalisée des rapports sociaux, selon laquelle les individus doivent pouvoir connaître les règles applicables, pour agir en conséquence et voir assurée leur liberté individuelle. D'ailleurs, si le droit ne visait à promouvoir aucune valeur en propre, il se ruinerait lui-même, incapable de résister à des logiques et à des pouvoirs qui voudraient tôt ou tard l'assiéger.

Certes, notre monde post-moderne prétend s'être débarrassé à cet égard de toutes croyances collectives, en s'appuyant sur des logiques apparemment neutres, rationnelles et techniques. Mais il ne s'agit jamais que de l'avatar contemporain d'une vieille croyance humaine, qui précisément pense tenable de se passer de toute croyance, au profit d'une pure technique apparemment purgée d'irrationalité. Loin de rendre caduque une interrogation sur l'axiologie juridique, cette conception technicienne appelle, plus que jamais, à prendre au sérieux le rôle du droit et donc les valeurs qu'il promeut – ou devrait promouvoir. On ne peut pas désenchanter le droit sans le dessécher et lui faire perdre sa vitalité propre. En ce sens, « si l'on [veut] penser un peu sérieusement à ce que devraient être les études de Droit, il faut commencer par se poser la question de la finalité du droit [1] ». On peut essayer d'expliciter deux des valeurs fondatrices du droit : la justice et la dignité.

1. J. Ellul, « Essai sur la signification philosophique des réformes actuelles de l'enseignement du Droit », *Arch. Phil. Dr.*, 1961, p. 16.

Section 1
La justice

155. La principale valeur poursuivie par le droit est bien entendu la justice. Il s'agit, selon la célèbre formule du *Digeste*, d'attribuer à chacun le sien [1]. Cela ne résout pas pour autant la question délicate de savoir selon quelle mesure attribuer à chacun sa part, question sur laquelle se sont interrogés de très nombreux philosophes. Nous n'en prendrons que deux exemples, un ancien et un contemporain, dont les travaux ont été maintes fois commentés : Aristote et John Rawls.

Dans sa célèbre *Éthique à Nicomaque* (écrite en 335 av. J.-C.), Aristote distinguait principalement deux types de justices (voir livre V : « Théorie de la justice ») : d'une part la justice distributive, propre aux répartitions ou aux distributions et d'autre part la justice réparatrice ou corrective, propre aux échanges (dite encore justice commutative ou justice des commutations, c'est-à-dire des échanges). Il envisageait également un troisième type de justice, la justice de réciprocité proportionnelle, souvent oubliée car elle n'est pas annoncée dans le passage introductif. Il s'agit en quelque sorte de la justice sociale en général.

Aristote développe surtout les deux types de justices particulières. La justice doit d'abord être distributive lorsqu'il y a lieu de procéder à une répartition ou à une distribution (de biens ou de choses, mais aussi de droits ou de devoirs). Pour distribuer par exemple les honneurs ou la fortune entre les citoyens, la justice requiert une proportionnalité entre ces avantages et leurs vertus : il s'agit donc d'une justice géométrique, puisque l'on doit procéder à des divisions, à des rapports (chacun reçoit par rapport, *i. e.* proportionnellement, à ses mérites). La justice doit en revanche être réparatrice ou corrective (on parle encore de justice commutative) lorsqu'il s'agit de régler les transferts de valeurs et autres échanges entre les citoyens. Cette justice consiste à rétablir un équilibre rompu entre deux personnes, soit que l'une ait transmis à l'autre un bien, une richesse, soit au contraire qu'elle lui ait causé un dommage. Dans les deux cas, il s'agit de redresser la balance, d'obliger l'une des parties à verser à l'autre l'équivalent de ce qu'elle lui a par ailleurs retiré. Il s'agit donc cette fois-ci d'une justice arithmétique puisqu'il n'y a plus

1. Plus précisément, selon ce texte, le droit impose trois préceptes fondamentaux : *Honeste vivere* (vivre honnêtement), *neminem laedere* (ne nuire à personne) et *suum cuique tribuere* (attribuer à chacun le sien).

lieu de procéder à des opérations de rapport (divisions), mais à des opérations d'addition ou de soustraction : si A a remis 100 à B, B lui doit à son tour 100 ; si A a causé à B un dommage de 100, il doit lui verser 100. Aristote eut de nombreux continuateurs, en particulier le théologien italien Thomas d'Aquin (env. 1225-1274), qui essaya de concilier la raison et la foi chrétienne (notamment par ses fameuses tentatives de démonstration de l'existence de Dieu).

À l'époque moderne, le philosophe américain John Rawls (1921-2002) a proposé une « théorie de la justice » qui a été au cœur de très nombreuses discussions [1]. Pour John Rawls, il n'existe plus aujourd'hui de conception universelle du bien mais il est possible, tout en reconnaissant ce pluralisme, de déterminer certaines règles communes de justice.

La méthode de John Rawls repose sur le concept de voile d'ignorance. Il reprend le paradigme du contrat social originel tel qu'on le trouve chez Locke, Rousseau ou Kant. Mais contrairement à ces derniers, la position originelle est pour lui non pas une situation réelle ou historique, mais une situation purement hypothétique qui permettrait de choisir au mieux les principes de justice devant gouverner la société. Afin de garantir que « personne n'est avantagé ou désavantagé dans le choix des principes par le hasard naturel ou par la contingence des situations sociales », les principes de justice doivent être choisis « derrière un voile d'ignorance [2] ». Ainsi, pour définir ces principes, on raisonne comme si personne ne connaissait sa place dans la société, sa position de classe ou son statut social, ni non plus le sort qui lui est réservé dans la répartition des capacités et des dons naturels (l'intelligence, la force, etc.). Rawls ajoute même que tous les partenaires ignorent leurs propres conceptions du bien ou leurs tendances psychologiques. Ainsi, les personnes choisissent les principes de justice sans être influencés par les bénéfices qu'ils espèrent en tirer. C'est en ce sens que l'on classe Rawls comme le théoricien d'une justice procédurale et non pas substantielle : c'est la procédure juste qui garantit la justice du résultat.

La théorie de John Rawls repose alors sur deux principes de justice. Le premier principe est l'égalité des libertés de base (« chaque personne doit avoir un droit égal au système le plus étendu de libertés de base égales pour tous et qui soit compatible avec le même système pour les autres ») dont Rawls propose une liste : les plus importantes sont les libertés politiques (droit de vote et d'occuper un poste public), la liberté

1. Titre original : *A Theory of Justice*, Harvard Univ. Press, 1971, trad. fr. Catherine Audard, Paris, Seuil, 1987, dont sont extraites les citations.
2. *Ibid.*, p. 38.

d'expression, de réunion, la liberté de pensée et de conscience ; la liberté de la personne qui comporte la protection à l'égard de l'oppression psychologique et de l'agression physique (intégrité de la personne) ; et enfin le droit de propriété personnelle et la protection à l'égard de l'arrestation et de l'emprisonnement arbitraires. Le second principe permet de justifier des inégalités sociales et économiques : « Les inégalités sociales et économiques doivent être organisées de façon à ce que, à la fois, (a) l'on puisse raisonnablement s'attendre à ce qu'elles soient à l'avantage de chacun et (b) qu'elles soient attachées à des positions et à des fonctions ouvertes à tous. » La répartition de la richesse et des revenus peut donc n'être pas égale, mais elle doit être à l'avantage de chacun et les positions d'autorité et de responsabilité doivent être accessibles à tous.

La théorie de Rawls est séduisante : on imagine bien par exemple que si l'on pouvait faire « comme si » les Israéliens et les Palestiniens ne connaissaient pas leur nationalité, ils seraient plus enclins à procéder à un juste partage de leurs terres. On peut cependant reprocher à Rawls de raisonner uniquement, conformément au credo de l'individualisme libéral contemporain, sur un individu calculateur faisant des choix rationnels, en évacuant la question centrale pour les juristes – et présente chez Aristote – de l'homme comme animal social, fait et faiseur de liens.

Le philosophe allemand Jürgen Habermas (né en 1929), figure éminente de l'école de Francfort, a critiqué la théorie de Rawls en lui reprochant principalement de retirer de la discussion les différentes conceptions du bien. Les fins poursuivies n'ont pas selon lui à être mises sous un voile d'ignorance. Comme Rawls, il ne croit pas à la possibilité d'une connaissance rationnelle du bien et il évacue donc de son champ la métaphysique, mais, contrairement au philosophe américain, il fait confiance à la discussion rationnelle pour obtenir un consensus sur des principes de justice raisonnables. Habermas est ainsi, pour reprendre le titre de deux de ses ouvrages les plus célèbres, un théoricien de « l'agir communicationnel » et de « l'éthique de la discussion ». Certes, Habermas a précisé les conditions nécessaires à une discussion rationnelle (notamment des règles de sémantique ou de syntaxe pour pouvoir se faire comprendre, ou encore des règles de logique pour que la discussion puisse avoir une certaine rationalité). Peut-on cependant penser que tout le monde aura accès à cette discussion sans distinction, notamment sociale ? Qu'une discussion puisse être entièrement rationnelle et tout mettre sur la table, quand on sait ce qu'il en est de l'insu et de l'inconscient ?

SECTION 2
La dignité

156. La dignité apparaît aujourd'hui comme le principe juridique premier, si l'on en croit la place qu'il occupe par exemple dans la Charte des droits fondamentaux de l'Union européenne proclamée à Nice le 7 décembre 2000 (article 1er du chapitre I). Pourtant, la dignité de la personne humaine n'est apparue que récemment en tant que concept de droit positif.

Le terme ne figurait pas dans les déclarations adoptées par les États-Unis et la France à la fin du XVIIIe siècle, lesquelles se fondaient plus sur les notions de liberté et d'égalité que sur celle de dignité. La dignité imprégnait certes depuis longtemps les droits occidentaux [1], mais la conscience et surtout le besoin de l'exprimer n'apparurent qu'au lendemain des atrocités de la Seconde Guerre mondiale. La loi fondamentale pour la République fédérale d'Allemagne du 23 mai 1949 inscrivit ainsi, dès le premier alinéa de son article 1er : « La dignité de l'être humain est intangible. Tous les pouvoirs publics ont l'obligation de la respecter et de la protéger. » Au lendemain de la guerre, la plupart des grandes déclarations internationales affirmèrent l'impératif de dignité de la personne humaine (la première fut la Déclaration de Philadelphie du 10 mai 1944 [2], suivie par la Déclaration universelle des droits de l'homme de 1948, ou encore les Pactes internationaux de 1966).

Même après avoir été ainsi affirmé dans des déclarations internationales, le principe de dignité ne fut pas encore perçu comme autonome et opératoire, c'est-à-dire comme un concept juridique susceptible d'être invoqué directement devant les tribunaux. Il était simplement un principe général inspirant plusieurs règles et plusieurs droits. Le terme ne figure ainsi pas dans la Convention EDH. Ce n'est qu'à partir de deux arrêts rendus en 1995 à propos d'une affaire de viol entre époux, que la CEDH a reconnu que « la dignité, comme la liberté, est de l'essence même de la Convention [3] ». En France, c'est seulement en 1994 que le

1. Le décret Schœlcher du 27 avril 1848 abolissant l'esclavage énonçait ainsi déjà « que l'esclavage est un attentat contre la dignité humaine ». Déjà, la Déclaration des droits de l'homme et du citoyen du 24 juin 1793 (certes jamais appliquée) entendait faire en sorte que les citoyens « ne se laissent jamais opprimer, avilir par la tyrannie ».

2. Sur cette déclaration et son actualité, v. A. Supiot, *L'Esprit de Philadelphie. La justice sociale face au marché total*, Seuil, 2010.

3. Deux arrêts du 22 nov. 1995, *C. R. c/ Royaume-Uni* et *S. W. c/ Royaume-Uni* ; *adde Pretty c/ Royaume-Uni*, 29 avr. 2002 ; *Christine Goodwin c/ Royaume-Uni*, 11 juil. 2002.

principe de dignité fut inscrit dans le Code civil (art. 16) par l'une des lois dites « de bioéthique ». Le Conseil constitutionnel, dans une décision du 27 juillet 1994 rendue à propos de ces lois, lui reconnut immédiatement une valeur constitutionnelle en énonçant – sur le fondement du Préambule de la Constitution de 1946 – que « la sauvegarde de la dignité de la personne humaine contre toute forme d'asservissement et de dégradation est un principe à valeur constitutionnelle ».

Il peut sembler paradoxal que le principe de dignité soit si fondamental et en même temps qu'il ait mis tant de temps à apparaître sur la scène juridique. Mais, pendant longtemps, le principe de liberté a suffi à assurer la dignité de la personne humaine. Le concept de dignité n'est apparu sur le devant de la scène que lorsque les droits de l'homme traditionnels, centrés sur l'individu, sa liberté, sa vie privée, et son autonomie, n'ont plus suffi. Pour faire face à la déshumanisation engendrée par la technique et la marchandisation généralisée, la réponse n'est plus tant la liberté que la dignité.

Le concept de dignité est aujourd'hui galvaudé et déformé. Il est en particulier confondu avec le droit à l'honneur ou à la considération. La dignité de la personne humaine est en réalité d'une nature radicalement différente des autres concepts juridiques et n'entre dans aucune des catégories classiques. La dignité n'est ainsi pas un droit subjectif, même si sa mise en œuvre peut parfois requérir que soient accordés certains droits subjectifs, comme le droit à un travail ou à un logement décents (« décent » et non pas « digne », seule une personne méritant ce qualificatif : le travail ou le logement doivent être décents pour que la personne soit digne). La dignité de la personne humaine ne peut pas davantage être qualifiée de droit de l'homme au sens classique du terme. On l'a d'ailleurs parfois qualifiée de « droit de l'homme de la troisième génération » pour souligner le fait qu'à la différence des droits précédents, elle a comme sujet non plus les individus mais l'humanité dans son entier. En réalité, la dignité n'est pas un droit de l'homme, et elle ne devrait être mise en balance avec aucun autre droit ou liberté fondamentale.

La dignité est un « principe » qui marque l'appartenance au genre humain. L'une des conséquences – et l'une des difficultés – de la transformation du principe de dignité en concept juridique a été de devoir lui donner une définition. Or la définition de la dignité est délicate, et elle est très contestée en doctrine. Son contenu relève d'une interprétation casuistique et évolutive qui varie d'un pays à un autre. Elle devrait cependant être limitée à une définition très restrictive. La dignité ne requiert pas de définir ce qu'est un être humain, mais de définir comment il faut traiter les êtres humains et comment il ne faut pas les traiter. Dignement pour un être humain signifie « humainement », c'est-à-dire comme un être humain, ni plus (comme un Dieu), ni moins (comme une chose ou un animal ; un animal ne doit pas être traité de façon indigne, mais il ne doit pas non plus être traité comme un être humain). Concrètement, le principe de dignité exige, pour reprendre la formule du Conseil constitutionnel français, de sauvegarder la personne humaine « contre toute forme d'asservissement et de dégradation », ce qui se décline en plusieurs impératifs.

La dignité de la personne humaine implique d'abord, selon l'impératif kantien, que la personne ne soit jamais utilisée simplement comme un moyen, mais toujours en même temps comme une fin. La personne humaine doit être reconnue comme une personne juridique, dotée de volonté, et non pas instrumentalisée par autrui et ainsi avilie. Le principe de dignité interdit alors de réifier l'être humain en l'utilisant comme une chose, c'est-à-dire en l'aliénant à une autre fin que lui-même. L'homme ne doit pas être utilisé comme un animal ou un objet (interdiction de l'esclavage ou du travail forcé ou, plus ponctuellement, des contrats de mère porteuse, de la prostitution, ou encore du lancer de nain), ni comme un réservoir de pièces détachées ou de matériaux biologiques (c'est tout l'objet de la bioéthique).

Le principe de dignité exige encore que soient assurés les besoins vitaux de la personne humaine. Il est généralement perçu que le principe de dignité implique de ne pas réduire l'homme à son corps en le traitant comme un objet ; on voit moins que ce principe exige également de ne pas le traiter comme un pur esprit. L'idée demeure fermement ancrée, selon la formule de Pascal, que « toute notre dignité consiste en la pensée ». La personne est en réalité un être incarné et son corps a des besoins qui doivent être assouvis pour qu'elle soit préservée contre l'asservissement et la dégradation. On le perçoit éventuellement lorsque la personne est malade ou mourante (voir la loi du 22 avril 2005 relative aux droits des malades et à la fin de vie qui évoque ainsi à plusieurs reprises l'obligation du médecin de sauvegarder « la dignité du mourant »). On oublie cependant volontiers que le corps, même en bonne santé, entraîne des besoins physiologiques, car ceux-ci semblent ramener l'homme à des choses bassement matérielles et le rappeler à sa condition d'être humain. Le droit doit cependant prendre acte de cette condition humaine, pour l'adoucir et tenter de l'en libérer, et non pas la nier.

Il aurait sans doute été préférable que la dignité ne devienne pas un concept juridique tant elle est au fondement de tout le droit. L'étymologie du mot est éclairante. On la recherche souvent du côté du latin *dignitas*, de *decere* (convenir, être convenable). L'origine grecque est plus riche, où l'équivalent du mot « dignité » est *axios* (ce qui est convenable, ce qui vaut, ce qui mérite), qui a donné également le terme « axiome ». Or la dignité est structurellement, du point de vue juridique, un axiome [1]. La dignité de l'être humain n'est en effet pas démontrable, ni non plus l'égale dignité de tous les êtres humains.

Dans la mesure où la dignité est devenue un concept juridique, il faut au moins lui réserver un statut à part. La dignité doit ainsi être indérogeable et insusceptible d'abus. Nul ne peut donc y renoncer ni pour autrui ni pour soi-même. Cette nature particulière était apparue très clairement dès l'affaire dite « du lancer de nain » qui fut une des premières occurrences jurisprudentielles du principe de dignité [2]. La Haute Juridiction administrative considéra dans cet arrêt qu'un jeu organisé dans une discothèque consistant à faire lancer un nain par des spectateurs portait atteinte à la dignité de la personne humaine et pouvait donc être interdit par le maire. Le Commissaire du gouvernement avait justement expliqué que « le respect de la dignité de la personne humaine, concept absolu s'il en est, ne saurait en effet s'accommoder de quelconques concessions en fonction des appréciations subjectives que chacun peut porter à son sujet. De même que la soumission délibérée d'une victime à des actes de violence n'a nullement pour effet, selon la jurisprudence judiciaire, de retirer à ceux-ci leur caractère pénalement répréhensible, le consentement du nain au traitement dégradant qu'il subit nous paraît donc ici juridiquement indifférent ».

1. V. M. Fabre-Magnan, « La dignité en droit : un axiome », *Revue interdisciplinaire d'études juridiques*, 2007, p. 1-30.
2. CE, Ass., 27 oct. 1995, *Commune de Morsang-sur-Orge*, n° 136727, *GAJA*.

Chapitre II

LA PHILOSOPHIE DU DROIT

157. La philosophie du droit désigne, en France, la conception du droit sous-jacente à l'activité doctrinale des juristes [1]. On oppose classiquement deux courants : le positivisme et le jusnaturalisme.

Les positivistes considèrent comme du droit tout ce qui est « posé » par une autorité légitime pour le faire, c'est-à-dire par une autorité légalement habilitée. La figure considérée comme emblématique de ce courant est le juriste autrichien Hans Kelsen (1881-1973) qui est l'auteur d'un fameux ouvrage : *Théorie pure du droit*. Kelsen est souvent considéré comme la plus grande figure du positivisme juridique dans la mesure où, dans son ouvrage précité, il soutient que la science du droit ne doit s'intéresser qu'à la validité formelle des normes et non pas à leur contenu substantiel : ce n'est pas le contenu de la règle qui en fait une règle de droit mais la forme dans laquelle elle se coule. Une « théorie pure » du droit n'a donc pas à porter un jugement de valeur sur le contenu des normes. À cette aune, les pires lois de Vichy ou lois staliniennes seraient du droit dès lors qu'elles ont été adoptées selon les normes en vigueur à l'époque et surtout le juriste scientifique n'aurait rien à faire valoir à l'encontre de ces lois.

En réalité, il est possible de nuancer la position de Kelsen. En effet, sa théorie est confrontée à un problème logique : si le droit est un système normatif organisé, encore faut-il pouvoir expliquer la source de cette normativité. Pour ce faire, il s'agit de placer, au sommet de la

1. Pour aller plus loin, v. not., parmi une littérature très abondante, Ch. Atias, *Questions et réponses en droit*, Paris, Puf, « L'interrogation philosophique », 2009 ; du même auteur, *Philosophie du droit*, Paris, Puf, « Thémis droit », 2016 ; B. Oppetit, *Philosophie du droit*, Paris, Dalloz, « Précis Dalloz », 1999 ; G. Planty-Bonjour et R. Legeais (dir.), *L'Évolution de la philosophie du droit en Allemagne et en France depuis la fin de la Seconde Guerre mondiale*, Paris, Puf, 1991 ; S. Goyard-Fabre et R. Sève, *Les Grandes Questions de la philosophie du droit*, Paris, Puf, « Questions », 1986 ; M. Villey, *Seize essais de philosophie du droit*, Paris, Dalloz, 1969 ; du même auteur, *Philosophie du droit*, 2 tomes, Paris, Dalloz, 1980 et 1982.

pyramide des normes, une norme ultime permettant de fonder toutes les normes. Kelsen la qualifie de *Grundnorm*, c'est-à-dire de norme fondamentale. Or, Kelsen précise bien que la *Grundnorm* qui soutient tout le système juridique est d'une nature radicalement différente de toutes les autres normes. En effet, à la différence des autres normes qui sont toutes « posées » (*gesetzt*), la *Grundnorm* est « supposée » (*vorausgesetzt*) : il s'agit, selon les termes mêmes de Kelsen, d'une « hypothèse logico-transcendantale » (*transzendental-logische Hypothese*), et il dira plus tard qu'il s'agit d'une « fiction » (*Fiktion*). C'est uniquement pour pouvoir penser le droit comme un ordre normatif que le juriste doit supposer la *Grundnorm*. C'est donc un contresens que d'assimiler cette norme fondamentale à la Constitution [1]. Kelsen est bien un positiviste lorsqu'il dit que le juriste, dans une théorie « pure » du droit, n'a pas à s'intéresser à cette norme fondamentale, c'est-à-dire à la question des fondements, qu'il doit évacuer hors du droit. En revanche, il admet que le système juridique n'est pas autofondé et qu'il est nécessairement suspendu à une norme fondamentale d'une autre nature : une norme *supposée* et non pas *posée* [2].

Plus généralement, le positivisme pur ne permet pas de comprendre pleinement le phénomène juridique : le droit bute nécessairement sur un inconnaissable que l'on peut certes feindre d'ignorer mais que l'on ne peut évacuer. Ainsi, quand Hart (voir *supra* n° 22) pose sa règle de reconnaissance (*rule of recognition*), qui contient les critères de validité des autres règles, on ne sait pas d'où elle-même tire sa propre autorité et donc sa propre validité : le système positiviste de Hart est donc, comme les autres, incomplet.

On oppose à cette conception positiviste les jusnaturalistes, pour lesquels les règles de droit posées peuvent être écartées si elles ne sont pas conformes à un ordre supérieur au droit et qui s'impose à lui. La figure emblématique de ce courant est Antigone, telle qu'elle est présentée dans la tragédie grecque de Sophocle (Ve siècle av. J.-C.). Créôn, roi de Thèbes, prend un décret pour interdire d'inhumer tous ceux qui auront pris les armes contre sa ville. Antigone décide de passer outre ce décret pour enterrer son frère Polynice qui s'était battu à mort avec son frère Étéocle pour prendre le trône de Thèbes. Pour défendre son geste vis-à-vis de Créon, Antigone lui déclare, dans une célèbre tirade : « Et je ne pensais pas que tes défenses à toi fussent assez puissantes pour

1. V. en ce sens les travaux de la philosophe du droit Simone Goyard-Fabre.
2. V. H. Kelsen, *Théorie pure du droit*, Paris, Dalloz, 1962, p. 256 (rééd. Bruylant/LGDJ, 1999) ; v. aussi *Théorie générale des normes*, 1977 (œuvre posthume), trad. fr., Paris, Puf, « Léviathan », 1996.

permettre à un mortel de passer outre à d'autres lois, aux lois non écrites, inébranlables, des dieux ! Elles ne datent, celles-là, ni d'aujourd'hui ni d'hier, elles sont éternelles, et nul ne sait le jour où elles ont paru. »

Aucune loi positive ne peut donc aller à l'encontre des lois naturelles. Il s'agit alors de porter un jugement de valeur sur le contenu des lois car, selon la formule célèbre de Saint Augustin, *lex injusta non est lex* (une loi injuste n'est pas une loi). Le droit naturel est ainsi un ordre supérieur au droit positif et auquel ce dernier doit se conformer [1]. Historiquement, la référence de l'ordre naturel a varié [2]. Dans le droit naturel classique, que l'on retrouve dans les paroles d'Antigone, c'est le Dieu créateur qui a tout ordonné avec mesure et qui édicte les règles. Chez Aristote déjà, ou encore chez les auteurs de la seconde scolastique, notamment le théologien espagnol Francisco Suárez (1548-1617), le droit naturel s'identifie à la loi naturelle : il ne résulte plus de la volonté des dieux mais des lois inscrites dans les choses et que la raison humaine est apte à déchiffrer. Le droit naturel moderne, issu des Lumières, a accentué le mouvement avec sa confiance dans la raison pour découvrir l'ordre des choses, que l'on retrouve chez les fondateurs de l'école dite précisément « du droit de la nature et des gens » : Grotius (1583-1645) et Pufendorf (1632-1694).

Cette opposition simpliste entre positivistes et jusnaturalistes tend aujourd'hui à retrouver une certaine vigueur. Pendant toute une période, le positivisme ne fut pas une attitude valorisée, en particulier après des travaux comme ceux de Danièle Lochak, qui avait montré que le droit n'est jamais neutre et que même les travaux les plus descriptifs sur les lois de Vichy avaient contribué, par une banalisation de ce droit, à le légitimer [3].

Les jusnaturalistes étaient sans doute de doux rêveurs mais, contrairement aux positivistes, ils étaient prêts à rejeter un droit qui leur paraîtrait fondamentalement injuste. Un débat fameux opposa ainsi le théoricien positiviste Hart et le philosophe Lon L. Fuller (1902-1978) dans la *Harvard Law Review* de 1958 (vol. 71) : Hart soutenait que le droit et la morale étaient deux choses séparées et que, par exemple, les

1. Pour certains auteurs, cependant, le droit s'identifie au droit naturel : voir X. Dijon, *Droit naturel*, t. 1 : *Les Questions du droit*, Paris, Puf, « Thémis », 1998 ; t. 2 : *Droit naturel : relancer l'histoire ?*, ouvrage collectif, Bruxelles, Bruylant, 2008.

2. V. not. M. Villey, *Le Droit et les droits de l'homme*, Paris, Puf, « Questions », 1983 ; du même auteur, *La Formation de la pensée juridique moderne*, Paris, Dalloz, 1975 ; A. Sériaux, *Le Droit naturel*, Paris, Puf, « Que sais-je ? », 1999.

3. « La doctrine sous Vichy ou les mésaventures du positivisme », in *Les Usages sociaux du droit*, CURAPP/Puf, 1989, p. 252.

lois de l'Allemagne nazie, bien qu'oppressives ou immorales, remplissaient bien la règle de reconnaissance et devaient donc être considérées comme du droit [1] ; Lon Fuller lui répondit qu'on ne pouvait parler de système juridique que pour un système de gouvernement respectant certaines exigences internes de moralité, comme la publication des lois, ou encore leur non-rétroactivité [2]. Son jusnaturalisme a alors souvent été qualifié de procédural (*procedural naturalism*), car il insiste sur la structure procédurale du système juridique plus que sur le contenu matériel des règles. Aujourd'hui, ces débats sont largement oubliés, et la doctrine qui perd la mémoire se proclame avec force « positiviste », tandis que le jusnaturalisme est rejeté comme réactionnaire et moralisateur.

L'opposition est en réalité un peu courte et la philosophie du droit (au sens des conceptions du droit) ne s'épuise pas dans cette dichotomie. On peut réintégrer dans le droit la question de ses fondements dogmatiques (voir *infra* n° 158), sans pour autant croire en un ordre supérieur qui s'imposerait au droit (règles religieuses ou même règles naturelles). On peut de même s'intéresser aux effets anthropologiques des règles de droit (voir *infra* n° 159), c'est-à-dire à la façon dont le droit peut avoir des conséquences sur l'humanité des êtres humains (leurs conditions de vie, leur raison), et vouloir donc que ces effets soient pris en considération dans la discussion juridique, sans que cela implique de vouloir imposer des règles précises dont le contenu préexisterait au débat. Ne pas vouloir réduire le droit aux règles de droit posées (positivisme) ne conduit donc pas nécessairement à une position jusnaturaliste [3].

Le XXe siècle a vu naître un mouvement « critique du droit », sur la base d'une analyse matérialiste du droit issue du courant marxiste. Le droit est analysé comme un instrument de domination de la classe bourgeoise nécessaire au fonctionnement de la société capitaliste et dont il faut souhaiter, à terme, la disparition (comp. chez Marx, l'horizon du dépérissement de l'État) [4]. La critique s'est étendue dans le mouvement des « *Critical legal studies* » apparu aux États-Unis et qui ajoute à la critique du libéralisme la défense des minorités à travers les « *Racial studies* » ou les « *Gender studies* ». Le droit est très certainement un instrument de pouvoir, mais n'y voir que cela passe à côté de son rôle

1. « *Positivism and the Separation of Law and Morals* », p. 593 et s.
2. « *Positivism and Fidelity to Law – A reply to Professor Hart* », p. 630 et s.
3. Pour aller plus loin, v. quelques classiques en la matière, réimprimés chez Dalloz, « Bibliothèque Dalloz » : Michel Villey, *Philosophie du droit. Définitions et fins du droit. Les moyens du droit*, 1984-1986 ; *Leçons d'histoire de la philosophie du droit*, 2e éd., 1962 ; Giorgio del Vecchio, *Philosophie du droit*, 1953 ; Jean-Jacques Burlamaqui, *Principes du droit naturel*, 1756.
4. V. l'ouvrage devenu classique de Michel Miaille, *Une introduction critique au droit*, Maspero, « Textes à l'appui », 1976.

déterminant pour la défense des faibles, sans parler même de sa fonction anthropologique. La critique peut en outre se retourner : ne faut-il pas être bourgeoisement installé dans un État de droit pour en avoir oublié les bienfaits, et ce qu'est un État où les droits fondamentaux ne sont pas respectés ?

Chapitre III

L'ANTHROPOLOGIE DOGMATIQUE

158. Dans une œuvre puissante, d'une lecture exigeante, Pierre Legendre a remis à l'ordre du jour la question dogmatique [1]. L'être humain ne peut se construire sans un « déjà-là » auquel il adhère, au premier rang duquel se trouve le langage. De même, aucune société ne peut vivre sans des croyances indémontrables admises comme vérités. L'esprit humain comme les sociétés reposent donc sur des dogmes. Le mot doit être débarrassé de la connotation péjorative qu'il a acquise, et ce n'est pas une mince affaire tant c'est l'attitude « pragmatique » qui est aujourd'hui valorisée. Le dogme est ce qui se montre, mais ne se démontre pas : il ne s'agit pas d'une vérité absolue mais de quelque chose qui « tient lieu » de vérité, c'est-à-dire qui fait foi, et qui est donc admis sans démonstration. Toutes ces croyances sont légitimées par des mises en scène, et aucune société humaine n'a jamais été gouvernée sans cérémonies, sans musiques ou sans rituels : les rituels de la République sont ainsi innombrables, du défilé du 14 Juillet aux divers rites d'intronisation ou de passation des pouvoirs. On peut penser aussi aux rituels judiciaires, qui s'accompagnent de certaines tenues vestimentaires qui servent à légitimer la décision rendue.

Les sociétés primitives ne sont évidemment pas les seules à vivre sur de telles architectures dogmatiques : « Toutes les cultures, y compris

1. V. en particulier toutes ses *Leçons* publiées chez Fayard, et not. les dernières en date : *Leçons IX. L'autre Bible de l'Occident : le monument romano-canonique. Étude sur l'architecture dogmatique des sociétés*, 2009 ; *adde Dogma : Instituer l'animal humain. Chemins réitérés de questionnement*, Paris, Fayard, 2017 ; *De la société comme texte, Linéaments pour une anthropologie dogmatique*, Paris, Fayard, 2001 ; *Sur la question dogmatique en Occident*, I (1999) et II (2006). V. aussi, pour des ouvrages plus courts aux éditions Mille et Une Nuits, « Les quarante piliers » : *Ce que l'Occident ne voit pas de l'Occident. Conférences au Japon*, 2004 ; *La Balafre. À la jeunesse désireuse...* », 2007. V. enfin : *La Fabrique de l'homme occidental* ; *L'ENA. Miroir d'une Nation* ; *Dominium mundi. L'empire du management*, trois films de Gérald Caillat sur des textes de P. Legendre, coprod. Arte France, Idéale Audience, aujourd'hui disponibles en DVD.

donc l'occidentale, vivent de vérités indémontrables, de croyances aspirant au statut d'intouchables, dont la cohérence et les conséquences normatives tiennent à leur authentification en bonne et due forme sociale [1] ».

La plus grande croyance actuelle des Occidentaux consiste cependant à croire qu'ils se sont débarrassés de toutes les croyances et de tous les tabous. Nos valeurs les plus fondamentales comme la liberté, l'égalité ou la dignité de la personne humaine qui sont (à juste titre) admises comme vérités incontestables seraient-elles démontrables ? Il serait au demeurant dangereux de prétendre les démontrer, en particulier scientifiquement, c'est-à-dire souvent biologiquement. Ainsi, lorsque l'article 1er de la Déclaration universelle sur le génome humain et les droits de l'homme de l'Unesco du 11 novembre 1997 affirme que « le génome humain sous-tend l'unité fondamentale de tous les membres de la famille humaine, ainsi que la reconnaissance de leur dignité intrinsèque et de leur diversité », il énonce, sous une apparente neutralité scientifique, une assertion inquiétante. En effet, si l'unité du génome humain fonde l'égale dignité de tout le genre humain, est-ce à dire que si un jour – ce qui est possible – on découvrait une différence génétique entre les êtres humains, il faudrait alors renoncer à l'égale dignité de tous les hommes et prôner l'inégalité des races ? L'égalité entre les hommes et les femmes n'est pas davantage démontrable, ni biologiquement ni autrement ; elle doit néanmoins être posée et tenue comme un impératif, impératif dogmatique plus que catégorique au sens kantien du terme.

Comment prétendre sérieusement que nos sociétés se seraient débarrassées de tous les tabous ? Jette-t-on nos morts à la poubelle ? De telles prétentions montrent l'urgence, pour reprendre la formule de Pierre Legendre, d'essayer de comprendre « ce que l'Occident ne voit pas de l'Occident ». Nos sociétés occidentales n'en ont ainsi pas fini avec toute forme de sacré ; elles connaissent encore des interdits fondamentaux, et protègent par exemple, par le délit d'outrage, les croyances fondamentales de la République. C'est même une loi relativement récente, la loi n° 2003-239 du 18 mars 2003 pour la sécurité intérieure, qui a introduit dans le Code pénal un article 433-5-1 punissant « le fait, au cours d'une manifestation organisée ou réglementée par les autorités publiques, d'outrager publiquement l'hymne national ou le drapeau tricolore ». *La Marseillaise* ou le drapeau tricolore sont en effet plus qu'une simple chanson ou un bout de chiffon : ils sont les emblèmes de nos croyances

1. P. Legendre, *De la société comme texte*, *op. cit.*, p. 7.

(de notre dogmatique) républicaines. On peut dire la même chose du papier-monnaie, ou même du droit.

En Occident, le lieu de la référence, c'est-à-dire de l'autorité (du tiers) qui fait foi, s'est déplacé : après avoir été tenu par l'Église puis par l'État, il est aujourd'hui monopolisé par la science et le management, dont les discours tiennent lieu de vérité. Les lois du droit semblent toutes désormais à la disposition des individus, qui pourraient notamment décider librement de leur identité, tandis que les lois de la science ou de l'économie seraient les seules s'imposant sans possible discussion : la normativité de ces dernières n'est pas perçue, ce qui est le propre de la dogmatique.

Chapitre IV

LA FONCTION ANTHROPOLOGIQUE DU DROIT

159. Le droit a une fonction anthropologique, pour reprendre la formule d'Alain Supiot : le droit est certes un objet technique, c'est-à-dire que, à la différence d'un objet naturel, « son sens procède de l'homme qui le façonne et l'utilise [1] » ; mais on n'a rien dit d'une technique tant que précisément on n'a pas dit à quelle fin elle a été conçue. L'objet propre du droit est d'humaniser les autres techniques : il remplit « une fonction d'interposition entre l'homme et ses outils, dont l'usage est soumis à des interdits spécifiques qui varient avec les risques qu'ils lui font courir ». Ainsi, lorsque les nouvelles technologies (par exemple le gaz et l'électricité) ont rendu possible le travail jour et nuit, le droit a dû venir limiter le temps de travail autorisé, « pour reconstituer un espace-temps humainement vivable [2] ». De même en droit de la famille, les progrès de la génétique ont conduit progressivement à ce que Pierre Legendre a appelé une « conception bouchère de la filiation » (la filiation ne serait plus qu'une question de « viande », notamment de « vérité biologique ») et le droit de la filiation a dû intervenir pour rétablir l'équilibre, et en particulier l'équilibre psychique des individus menacé par une telle réduction de l'identité humaine [3]. Alain Supiot montre que, par la technique de l'interdit (« inter-dit », ce qui est dit entre, pour reprendre une remarque de Jacques Lacan), le droit s'interpose « entre l'homme et ses représentations, qu'il s'agisse de ses représentations mentales (la parole) ou matérielles (les outils) », et l'aide tout à la fois à ne pas délirer et à canaliser sa violence.

La fonction anthropologique du droit insiste ainsi sur les enjeux d'humanisation portés par le droit : le droit permet d'instituer la raison

1. A. Supiot, *Homo Juridicus. Essai sur la fonction anthropologique du droit* (2005), *op. cit.*, p. 180.
2. *Ibid.*, p. 204-205.
3. *Ibid.*, p. 219.

et de métaboliser les ressorts violents de l'être humain. On le voit, par contre-épreuve, lorsqu'un État fou (on pense à l'État nazi) ne peut conduire qu'à la déraison et au meurtre généralisé, ou lorsque des injustices, notamment au niveau international, conduisent à semer toujours plus de graines de terrorisme et de violence. Le droit permet d'instituer une société vivable, et il ne peut dès lors être une simple chambre d'enregistrement des évolutions sociales ou des avancées de la science, en ignorant les montages qui assurent l'identité, la raison et une forme de justice.

Ce sont ces enjeux anthropologiques qui doivent guider la recherche, toujours tâtonnante et modeste, de la solution des cas difficiles que soulève l'évolution du monde moderne [1]. La fonction anthropologique du droit ne prétend pas donner des solutions ou des réponses : elle est une façon de formuler les questions. L'opposition simpliste entre positivistes et jusnaturalistes ne peut rendre compte de la complexité des enjeux. Reconnaître au droit une fonction anthropologique éloigne certes du positivisme au sens réducteur où il est généralement perçu : le juriste se trouve investi d'un rôle de critique, et doit dénoncer l'instrumentalisation du droit qui conduit à le vider de sa fonction anthropologique. Mais une telle position n'est pas jusnaturaliste, au sens où ce terme est traditionnellement employé. Pour reconnaître au droit un rôle d'humanisation, il n'est nullement nécessaire d'admettre qu'il existe un ordre de règles (naturelles voire divines) qui s'imposent au droit : il s'agit simplement de prendre en considération les effets anthropologiques de la règle de droit, sur l'homme et la société dans laquelle il vit. Ces effets peuvent se discuter, et d'ailleurs souvent évoluer dans le temps, mais les juristes ne doivent pas s'en désintéresser. Ce n'est pas davantage une question de morale : il ne s'agit nullement de déterminer ce qui est bien ou mal en soi, mais d'admettre comme enjeu pleinement juridique l'institution de l'humanité de l'être humain.

1. Pour un exemple de ces raisonnements sur les questions bioéthiques, V. C. Labrusse-Riou, *Écrits de bioéthique*, Paris, Puf, « Quadrige », 2007.

TITRE III

Les grandes catégories du droit

160. Le plan des célèbres *Institutes* de Gaius divisait la matière juridique en trois parties : les personnes, les choses, et les actions : *Omne autem ius quo utimur vel at personas pertinet, vel at res, vel ad actiones*[1].

Il faut en effet instituer les personnes avant de définir leur rapport aux biens et les actions qu'elles peuvent intenter. Il faut ajouter à cette division tripartite ayant inspiré le plan du Code civil, la catégorie des droits qui, à l'époque moderne, est devenue le prisme à travers lequel tout le droit est perçu. Nous verrons ainsi les personnes, les choses, les droits et enfin les actions.

1. Les droits dont nous faisons usage se rapportent tous, soit aux personnes, soit aux choses, soit aux actions – *Gaius Institutes*, trad. J. Reinach, Les Belles Lettres, 1991, p. 2.

Chapitre I

LES PERSONNES

161. La personnalité juridique marque l'existence d'un sujet de droit, titulaire de droits et d'obligations. Ont la personnalité juridique les personnes physiques mais aussi les personnes morales. L'humanité est apparue aussi, ponctuellement, comme sujet de droit en tant que telle. La question se pose enfin du statut juridique de l'animal.

SECTION 1
Les personnes physiques

162. Les personnes physiques sont des êtres humains, qui ont tous, dès lors qu'ils sont nés vivants et viables, la personnalité juridique.

I / L'EXISTENCE DES PERSONNES PHYSIQUES

163. L'existence des personnes physiques est délimitée par leur naissance et leur mort.

A / La naissance

164. La personnalité juridique s'acquiert par la naissance. Plus précisément, l'enfant doit être né vivant et viable. Ce principe connaît une atténuation classique énoncée dans le célèbre adage *Infans conceptus pro* *nato habetur quoties de ejus commodis agitur* (un enfant simplement conçu est considéré comme né toutes les fois qu'il y va de son intérêt) : un enfant simplement conçu peut ainsi recueillir une succession ouverte avant sa naissance à la condition de naître vivant et viable (art. 725 C. civ.) ; pour être capable de recevoir entre vifs, il suffit aussi d'être conçu au moment de la donation, toujours à la condition que l'enfant naisse viable (art. 906 C. civ.).

Faute d'être nés, un embryon (premier stade du développement, lorsque les principaux organes ne sont pas encore formés, c'est-à-dire jusqu'à huit semaines de gestation environ) ou un fœtus ne sont pas des personnes juridiques. L'assemblée plénière de la Cour de cassation a ainsi justement refusé, dans un arrêt du 29 juin 2001 [1], d'appliquer l'incrimination d'homicide involontaire à un conducteur responsable d'un accident de la circulation ayant blessé une femme enceinte et entraîné la perte du fœtus qu'elle portait. Celui qui porte atteinte à un fœtus devrait certes être pénalement condamné mais, en l'état du droit positif ne prévoyant que l'incrimination d'atteinte à une « personne », le fœtus n'entre pas dans cette catégorie puisqu'il n'est, par hypothèse, pas né. *De lege ferenda*, en revanche, le législateur pourrait opportunément créer de nouvelles incriminations de coups et blessures ou homicide (volontaires ou involontaires) contre un fœtus. C'est bien d'ailleurs la justification qu'a donnée la juridiction suprême à sa solution en énonçant que « *le principe de la légalité des délits et des peines, qui impose une interprétation stricte de la loi pénale, s'oppose à ce que l'incrimination prévue par l'article 221-6 du Code pénal, réprimant l'homicide involontaire d'autrui, soit étendue au cas de l'enfant à naître dont le régime juridique relève de textes particuliers sur l'embryon ou le fœtus* ».

La Chambre criminelle a alors eu l'occasion de juger que lorsque l'enfant était en revanche né, mais mort immédiatement en raison des blessures causées *in utero*, l'incrimination d'homicide involontaire pouvait être retenue [2]. De même, à propos d'une demande de parents en réparation du préjudice causé par la perte de neuf ovocytes congelés suite à un réchauffement accidentel de la bonbonne d'azote qui les contenait, le tribunal administratif d'Amiens [3], puis la Cour administrative de Douai [4] ont jugé que les embryons ne sont ni des êtres humains

1. Pourvoi n° 99-85973.

2. Crim., 2 déc. 2003, pourvoi n° 03-82344, dans une affaire où la mère, enceinte de huit mois, avait été grièvement blessée dans un accident de la circulation la conduisant, le jour même, à subir une césarienne pour donner naissance à un garçon décédé une heure après l'accouchement.

3. Jugement du 9 mars 2004.

4. Arrêt du 6 déc. 2005, n° 04DA00376.

ni même des produits humains ayant le caractère de chose sacrée auxquels serait attachée une valeur patrimoniale ; les parents ne pouvaient donc prétendre à la réparation d'un préjudice moral résultant selon eux de la perte d'un être cher et, eu égard à leur jeune âge, ils ne démontraient pas avoir perdu une chance d'être parents.

Il n'en résulte pas pour autant que les embryons soient des choses ordinaires et une grande partie des lois bioéthiques a au contraire eu pour objet de leur ériger un statut protecteur spécifique, dans le prolongement du premier avis du Comité consultatif national d'éthique en date du 22 mai 1984, qui les avait qualifiés de « personnes humaines potentielles » dont le respect s'impose donc à tous.

Tous ces principes classiques ont récemment été contestés de plusieurs parts et de façon assez paradoxale : d'un côté, les lobbies scientifiques tentent d'obtenir la réification des embryons pour pouvoir procéder librement à des recherches et expérimentations diverses (y compris pour obtenir des brevets [1]) tandis que, dans le même temps, plusieurs parents réclament et obtiennent que leur enfant, même non « né vivant et viable », soit traité comme une personne.

La question s'est ainsi posée de l'inscription à l'état civil d'un enfant mort-né. Le Code civil a admis que lorsqu'un enfant est décédé à la naissance, l'officier d'état civil peut tout de même établir un acte de naissance et un acte de décès sur production d'un certificat médical indiquant que l'enfant était né vivant et viable et précisant les jours et heures de sa naissance et de son décès ou, à défaut de production d'un tel certificat médical, un acte d'enfant sans vie (art. 79-1 C. civ.). L'enfant mort-né peut donc être inscrit à l'état civil, ou encore inhumé ou incinéré. Il se pourrait également que le droit français doive désormais abandonner la règle traditionnelle énoncée à l'article 318 du Code civil selon laquelle un enfant qui n'est pas né viable ne peut être l'objet d'aucune action relative à sa filiation ; en effet, la CEDH, dans un arrêt *Znamenskaya c/ Russie* du 2 juin 2005, a jugé qu'en inscrivant un enfant mort-né sous le nom du mari de sa mère et en refusant de rectifier sa

1. V. CJUE, 18 oct. 2011, aff. C-34/10, *Oliver Brüstle contre Greenpeace eV*, jugeant que l'exclusion de la brevetabilité portant sur l'utilisation d'embryons humains à des fins industrielles ou commerciales énoncée à l'article 6, paragraphe 2, sous c), de la directive 98/44 porte également sur l'utilisation à des fins de recherche scientifique, seule l'utilisation à des fins thérapeutiques ou de diagnostic applicable à l'embryon humain et utile à celui-ci pouvant faire l'objet d'un brevet. Elle ajoute que ce texte exclut la brevetabilité d'une invention qui requiert la destruction préalable d'embryons humains ou leur utilisation comme matériau de départ. Dans un arrêt du 18 décembre 2014 (aff. C-364/13), elle a précisé que l'interdiction ne s'appliquait qu'aux embryons humains, ce qui n'était pas le cas d'un ovule humain non fécondé ne disposant pas de la capacité intrinsèque de se développer en un être humain (en l'espèce un ovule humain activé par voie de parthénogenèse).

filiation pour le rattacher à son père biologique, la Russie avait manqué à son obligation de garantir le respect effectif de la vie privée et familiale protégé par l'article 8 de la Conv. EDH.

La même revendication a ensuite été étendue à l'« enfant sans vie », qui n'est pourtant quant à lui jamais né vivant. Ainsi, dans trois arrêts du 6 février 2008 [1], la première Chambre civile de la Cour de cassation a censuré les juges du fond qui avaient refusé l'inscription à l'état civil de fœtus morts *in utero* au bout de quelques semaines de grossesse. Les Cours d'appel saisies dans ces affaires avaient jugé que « *pour qu'un acte d'enfant sans vie puisse être dressé, il faut reconnaître à l'être dont on doit ainsi déplorer la perte, un stade de développement suffisant pour pouvoir être reconnu comme un enfant, ce qui ne peut se décréter mais doit se constater à l'aune de l'espoir raisonnable de vie autonome présenté par le fœtus avant son extinction* ». Les juges retenaient alors souvent le seuil de viabilité défini par l'Organisation mondiale de la santé (22 semaines d'aménorrhée ou poids du fœtus de 500 grammes). Mais, selon la Cour de cassation dans les arrêts de revirement précités, « *l'article 79-1, alinéa 2, du Code civil ne subordonne l'établissement d'un acte d'enfant sans vie ni au poids du fœtus, ni à la durée de la grossesse* ».

À la suite de ces arrêts, un décret n° 2008-800 du 20 août 2008 relatif à l'application du second alinéa de l'article 79-1 précisa que « l'acte d'enfant sans vie prévu par le second alinéa de l'article 79-1 du Code civil est dressé par l'officier de l'état civil sur production d'un certificat médical établi dans des conditions définies par arrêté du ministre chargé de la santé et mentionnant les heure, jour et lieu de l'accouchement ».

Il faut donc au moins un « accouchement », ce qui soulève quelques problèmes d'interprétation (un avortement n'est sans doute pas un accouchement, mais *quid* d'une fausse couche ?).

Ces nouvelles solutions laissent perplexe. Non pas tant parce qu'elles marqueraient un retour en arrière par rapport à l'avortement. Certes la faculté de procéder à un avortement est justifiée par le fait que, dans le délai légal pour l'interruption volontaire de grossesse (douze semaines de grossesse selon l'art. L. 2212-1 du Code de la santé publique), le fœtus n'est pas encore un être distinct de la mère si bien que celle-ci peut, seule, décider d'interrompre sa grossesse. Or, l'inscription à l'état civil est indiscutablement le signe d'une existence juridique séparée de celle de la mère, avant même le délai de douze semaines fixé en matière d'interruption volontaire de grossesse. Une proposition de loi avait d'ailleurs été déposée, suite à l'arrêt précité de la Chambre criminelle de

1. Pourvois n°s 06-16498, 06-16499 et 06-16500.

la Cour de cassation, tendant à sanctionner pénalement l'interruption involontaire de grossesse ou la perte d'un fœtus provoquée par la faute d'un tiers. Elle ne fut cependant pas menée à son terme dans la mesure où elle suscita la crainte de voir, par là-même, l'avortement remis en cause. Le décret précité du 20 août 2008 s'inscrit pourtant dans la même logique consistant à reconnaître une existence juridique propre à l'enfant sans vie. On peut cependant penser que la liberté de l'avortement (malgré les assauts qu'elle peut encore subir) est suffisamment acquise pour qu'elle ne soit pas remise en cause par les nouvelles règles relatives à l'état civil.

Le principal problème est ailleurs. Il est délicat de vouloir faire jouer au droit un rôle thérapeutique dans le malheur des parents. Est-on certain d'aider les parents en les maintenant dans leur illusion d'avoir eu un enfant en cas de fausse couche intervenue au bout de quelques semaines, et pourquoi pas quelques jours ? Faudrait-il aussi, si les parents en avaient moins de peine, considérer que leur enfant n'est jamais mort et le maintenir vivant à l'état civil ?

B / La mort

165. Seule la mort physique met en principe fin à la personnalité juridique. Il existait, jusqu'en 1868, ce qu'on appelait la « mort civile », peine qui frappait les condamnés à de très lourdes peines (comme le bagne) et qui entraînait la perte de la personnalité juridique. Seul le décès a aujourd'hui cette conséquence.

1 / La définition de la mort

166. D'un point de vue biologique, il y a plusieurs définitions possibles de la mort (arrêt du cœur, de l'activité cérébrale, etc.) parmi lesquelles le droit doit choisir. Il s'en remet en principe au médecin qui délivre le certificat d'inhumer. L'article L. 2223-42 du Code général des collectivités territoriales précise en effet que « l'autorisation de fermeture du cercueil ne peut être délivrée qu'au vu d'un certificat, établi par un médecin, attestant le décès », sans définir cette dernière notion.

La règle est plus précise, car les enjeux sont plus lourds, lorsqu'il s'agit de savoir à partir de quel moment les médecins peuvent procéder à un prélèvement d'organes : celui-ci doit en effet être fait le plus rapidement possible, avec le risque cependant que les auteurs du prélèvement n'aient pas attendu que la situation devienne réellement irréversible. La mort est alors traditionnellement définie par l'état de mort cérébrale. Cependant, un décret n° 2005-949 du 2 août 2005 modifiant les conditions de prélèvement prévoit que, pour certains organes (le rein et le foie, précise un arrêté du même jour), un prélèvement pourra être pratiqué dès lors que la personne présente « un arrêt cardiaque et respiratoire persistant ».

2 / L'absence et la disparition

167. *1° L'absence* vise le cas où « une personne a cessé de paraître au lieu de son domicile ou de sa résidence sans que l'on en ait eu de nouvelles » (art. 112 C. civ.) ; c'est le cas type d'une personne qui descend acheter le journal et qui ne réapparaît plus. Dans une première phase, le juge des tutelles peut, à la demande des parties intéressées ou du ministère public, constater qu'il y a « présomption d'absence ». Durant cette première phase, l'absent est encore présumé vivant. Lorsqu'il se sera écoulé un délai de dix ans à compter du jugement ayant constaté la présomption d'absence, ou, à défaut d'une telle constatation, un délai de vingt ans depuis que la personne aura cessé de paraître au lieu de son domicile ou de sa résidence, le tribunal pourra cette fois-ci déclarer l'absence. Le jugement déclaratif d'absence emporte, à partir de la transcription, tous les effets que le décès établi de l'absent aurait eus (ses biens sont transmis, son conjoint peut se remarier, etc.). Si l'absent reparaît ou si son existence est prouvée postérieurement au jugement déclaratif d'absence, l'annulation de ce jugement peut être poursuivie, à la requête du procureur de la République ou de toute partie intéressée. L'absent dont l'existence est judiciairement constatée recouvre alors ses biens. Son mariage reste cependant dissous, dans la mesure où son conjoint avait pu se remarier.

168. *2° La disparition* concerne l'hypothèse où une personne a disparu « dans des circonstances de nature à mettre sa vie en danger, lorsque son corps n'a pu être retrouvé » (art. 88 C. civ.) : par exemple, une personne qui était dans un avion écrasé au sol et dont le corps n'a pas été retrouvé. Ici, compte tenu des circonstances de la disparition, on peut présumer plus vite que la personne est décédée. Dès lors, ce décès peut être judiciairement déclaré à la requête du procureur de la République ou des parties intéressées par le tribunal de grande instance. Si celui dont le décès a été judiciairement déclaré reparaît postérieurement au jugement déclaratif, l'annulation du jugement peut être demandée.

II / L'ÉTAT DES PERSONNES

169. L'état des personnes est ce qui constitue l'identité du sujet. Il comprend l'âge (la date de naissance), le nom et le sexe. Le premier point ne pose pas de difficultés.

A / Le nom

170. Le nom au sens large se compose du nom de famille et du (ou des) prénom(s). Il peut parfois être complété par un nom d'usage (par exemple celui du conjoint, que l'on peut utiliser), un pseudonyme (nom d'emprunt, en particulier pour les artistes), ou encore d'un surnom.

1 / Le nom de famille

171. Pendant longtemps, l'usage voulait que l'enfant prît le nom de son père. Le nom de famille s'appelait alors le « patronyme » (du latin *pater*, le père). La loi du 23 décembre 1985 a permis de donner à l'enfant, mais seulement à titre d'usage (donc de façon non transmissible à ses propres enfants), le nom de celui de ses parents qui ne lui a pas transmis le sien. La loi du 4 mars 2002 relative au nom de famille et celle du 18 juin 2003 relative à la dévolution du nom de famille ont fait une place désormais à la volonté des parents et autorisent diverses combinaisons entre le nom du père et/ou le nom de la mère. Le système a été confirmé par l'ordonnance du 4 juillet 2005 portant réforme de la filiation ratifiée par la loi n° 2009-61 du 16 janvier 2009 ; le nom de famille est désormais traité avec la filiation, dont il est un des effets (art. 311-21 et s. C. civ.).

Lorsque la filiation d'un enfant est établie à l'égard de ses deux parents (soit dès la naissance, soit par la suite mais simultanément), ces derniers choisissent le nom de famille qui lui est dévolu parmi quatre options possibles : soit le nom du père, soit le nom de la mère, soit leurs deux noms accolés dans l'ordre choisi par eux dans la limite d'un nom de famille pour chacun d'eux. Afin de ne pas générer de noms à rallonge dès la génération suivante, il est précisé que lorsque les parents ou l'un d'entre eux portent un double nom de famille, ils ne peuvent, par une déclaration écrite conjointe (ils doivent être d'accord sur ce choix), ne transmettre qu'un seul nom à leurs enfants. Ainsi, lorsque monsieur

Colin-Maillard aura épousé mademoiselle Gay-Lussac, ils ne pourront choisir, pour leurs enfants, qu'un nom simple ou un nom composé formé à partir de deux des quatre noms, ce qui fait déjà douze noms de famille possibles (Colin-Maillard, Colin-Gay, Colin-Lussac, Maillard-Colin, Maillard-Gay, Maillard-Lussac, Gay-Lussac, Gay-Colin, Gay-Maillard, Lussac-Gay, Lussac-Colin, Lussac-Maillard). Sans cette précaution, les choix auraient été exponentiels de génération en génération.

Une règle subsidiaire est posée pour le cas où les parents s'abstiennent, pour une raison ou pour une autre, d'indiquer conjointement leur choix à l'officier d'état civil : dans ce cas, l'enfant prend le nom de celui de ses parents à l'égard duquel sa filiation est établie en premier lieu, et le nom de son père si sa filiation est établie simultanément à l'égard de l'un et de l'autre.

Le choix fait pour le premier enfant commun vaut pour les autres, et ce afin que les frères et sœurs portent tous le même nom.

Lorsque la filiation n'est établie qu'à l'égard d'un parent à la date de la déclaration de naissance, l'enfant prend le nom de ce parent. Mais dès que le second lien de filiation sera établi, les parents pourront, durant la minorité de l'enfant, choisir, par déclaration conjointe devant l'officier d'état civil, soit de lui substituer le nom de famille du parent à l'égard duquel la filiation a été établie en second lieu, soit d'accoler leurs deux noms, dans l'ordre choisi par eux, dans la limite d'un seul nom de famille pour chacun d'eux. Si l'enfant a plus de 13 ans, son consentement personnel est nécessaire.

La faculté de choix ainsi offerte par la loi ne peut être exercée qu'une seule fois. Le nom doit en effet avoir une certaine stabilité, à la fois pour des raisons de police et pour l'institution de l'identité de l'enfant. Par la suite, le choix du nom n'est plus à la disposition des parents et il faut alors utiliser la procédure plus lourde de changement de nom.

Le nom est en effet considéré en France comme une institution de police et le principe est son indisponibilité, simplement tempérée aujourd'hui par la faculté de choix (limitée) offerte aux parents. Depuis une loi du 6 fructidor an II, le principe est celui de l'immutabilité du nom de famille : nul ne peut porter de nom autre que celui exprimé dans son acte de naissance et celui qui l'aurait abandonné serait tenu de le reprendre.

Il en résulte notamment l'imprescriptibilité du nom. Comme le rappelle un arrêt de la 1re Chambre civile de la Cour de cassation du 15 mars 1988 [1] au visa de « *la loi du 6 fructidor an II, ensemble les*

1. N° pourvoi : 85-17162.

principes qui régissent le droit au nom » : « *le nom ne se perd pas par le non-usage* » ; il en résulte que « *si la possession loyale et prolongée d'un nom est propre à conférer à l'individu qui le porte le droit à ce nom, elle ne fait pas obstacle à ce que celui-ci, renonçant à s'en prévaloir, revendique le nom de ses ancêtres, qu'il n'a pas perdu en raison de l'usage d'un autre nom par ses ascendants les plus proches* ».

La cour d'appel ne pouvait donc refuser au requérant de reprendre le nom « de Sainte-Catherine » avec particule, dès lors que celui-ci avait démontré que c'est à la suite d'une erreur des services de l'état civil commise lors de l'établissement de l'acte de naissance de son arrière-grand-père, en 1860, que le nom avait été écrit sans particule. Selon la Cour de cassation, cependant, « *le principe de l'immutabilité du nom patronymique ne fait pas obstacle à ce que la possession prolongée d'un nom puisse en permettre l'acquisition, dès lors que cette possession n'a pas été déloyale* ». Il faut donc que la possession n'ait pas été déloyale, ce qui suppose que l'altération soit justifiée par un motif extérieur et qu'elle ait duré un très long temps [1].

Il existe une procédure administrative de changement de nom [2]. Elle est facilitée lorsqu'il s'agit de perpétuer le nom de citoyens morts pour la patrie (loi du 2 juillet 1923) ou de franciser son nom (notamment à l'occasion de l'acquisition de la nationalité française : loi du 25 octobre 1972). La procédure normale suppose la démonstration d'un intérêt légitime à changer de nom (par exemple la consonance ridicule ou gênante d'un nom, ou encore le fait que l'on veuille éviter l'homonymie avec un personnage historique ou littéraire peu recommandable). Il est généralement plus facilement admis de proposer l'adoption d'un nom ayant un certain lien avec le précédent, par exemple parce qu'il n'en diffère que légèrement, ou encore parce qu'il a appartenu à d'autres branches de la famille [3].

Le nom est en principe inaliénable, toujours en raison du fait qu'il n'est pas à la disposition des individus mais qu'il constitue une mesure de police. Cependant, depuis un arrêt *Bordas* du 12 mars 1985 [4], il a été admis que « *le principe de l'inaliénabilité et de l'imprescriptibilité du nom*

1. V. Civ. 1re, 31 janv. 1978, n° pourvoi : 75-13011, pour un usage de deux siècles ; refus en revanche pour une possession d'à peine trente ans : Civ. 1re, 30 sept. 2003, n° pourvoi : 01-02065.

2. V. les modalités dans le décret n° 94-52 du 20 janv. 1994.

3. CE, 24 oct. 2005, n° 268006, où le Conseil d'État admet qu'une personne souhaitant franciser son nom adopte celui pourtant peu banal de « d'Artagnan », dès lors que ce nom était celui de la grand-mère maternelle de l'intéressé.

4. Com., n° pourvoi : 84-17163.

patronymique, qui empêche son titulaire d'en disposer librement pour identifier au même titre une autre personne physique, ne s'oppose pas à la conclusion d'un accord portant sur l'utilisation de ce nom comme dénomination sociale ou nom commercial ». Dans cette affaire, M. Pierre Bordas, qui avait créé les Éditions Bordas, ultérieurement transformées en société anonyme, voulait désormais faire interdiction à cette dernière d'utiliser son nom mais, selon la Haute Juridiction, ce patronyme était devenu « *un signe distinctif qui s'est détaché de la personne physique qui le porte, pour s'appliquer à la personne morale qu'il distingue, et devenir ainsi objet de propriété incorporelle* ». La nouvelle jurisprudence eut maintes autres occasions de s'appliquer dans des affaires similaires où un nom de famille avait été donné à une entreprise et était ainsi devenu une sorte de marque : les fondateurs ultérieurement évincés ne peuvent donc exiger le retrait de leur nom.

2 / Les prénoms

172. Les prénoms de l'enfant sont choisis par ses père et mère. Même la femme ayant demandé le secret de son identité lors de l'accouchement peut faire connaître les prénoms qu'elle souhaite voir attribuer à l'enfant. À défaut, ou lorsque les parents de celui-ci ne sont pas connus, l'officier de l'état civil choisit trois prénoms dont le dernier tient lieu de nom de famille à l'enfant (afin que si celui-ci est ultérieurement adopté, auquel cas il prendra le nom des adoptants, le nom qu'il avait jusque-là devienne naturellement un troisième prénom). Les parents peuvent donner plusieurs prénoms. Dans ce cas, tout prénom inscrit dans l'acte de naissance peut être choisi comme prénom usuel.

L'évolution est allée là aussi vers une certaine liberté de choix. Jusqu'à la loi du 8 janvier 1993, les parents devaient choisir un prénom en référence aux calendriers et aux personnages connus dans l'histoire ancienne. L'officier d'état civil pouvait dès lors refuser d'inscrire les prénoms choisis si ceux-ci étaient sans liens avec ces références, et sa censure s'exerçait pour les noms regardés comme ridicules ou trop lourds à porter pour l'enfant. Depuis cette loi, le principe a été inversé et devient celui de la liberté de choix : l'officier d'état civil doit inscrire le ou les prénoms proposés par les parents et, s'il estime que le choix effectué est contraire aux intérêts de l'enfant (ou, plus rarement, au droit des tiers), il en avertit sans délai le procureur de la République. Ce dernier pourra alors saisir le juge aux affaires familiales d'une action en annulation du prénom, à la condition de démontrer l'atteinte portée à l'ordre public. Les juridictions du fond admettent aujourd'hui les prénoms les plus divers (voir ainsi l'affaire des époux Renault ayant prénommé leur fille Mégane). Le changement de prénom est admis ; il est subordonné par l'article 60 du Code civil à la démonstration d'un intérêt légitime. Ainsi, le simple désir de substituer à ses prénoms leurs diminutifs, déjà habituellement utilisés dans la vie courante, ne repose pas sur un intérêt de nature à justifier la demande [1]. Si l'enfant est âgé de plus de 13 ans, son consentement personnel est requis. Un problème particulier s'est posé dans l'hypothèse où, après avoir effectué une francisation d'un prénom (admise sans difficulté), son titulaire souhaitait reprendre son prénom d'origine. Ainsi, dans une affaire, un jeune homme souhaitait reprendre son prénom d'origine (Mohammed) après avoir opté pour le prénom Daniel lorsqu'il s'était vu attribuer la nationalité française ; il justifiait sa demande par le fait qu'il avait fondé une famille avec une femme de confession musulmane comme lui, que ses cinq enfants portaient tous des prénoms arabes et que son prénom actuel l'isolait des siens ; la Cour de cassation censure les juges d'appel d'avoir rejeté cette demande par un motif d'ordre général (la cour d'appel avait considéré que l'intérêt légitime du requérant résidait en sa qualité de Français, dans une volonté d'intégration dans la communauté française plutôt que d'éloignement de cette communauté), « *sans rechercher si, eu égard aux circonstances, l'état de fait invoqué n'était pas de nature à constituer pour l'intéressé un intérêt légitime à la reprise de son prénom d'origine* [2] ».

B / Le sexe

173. Le sexe est également un élément de l'état des personnes. En tant que tel, il est traditionnellement indisponible. Pendant longtemps, la Cour de cassation a donc refusé d'opérer un changement de sexe à l'état civil, dans la mesure où celui-ci n'était pas l'effet d'une cause étrangère à la volonté de l'intéressé.

Dans l'arrêt *B. c/ France* du 25 mars 1992, la CEDH a jugé que la requérante, qui s'était ainsi vue refuser un changement de son état civil, se trouvait « *quotidiennement placée dans une situation globale incompatible avec le respect dû à sa vie privée* » (art. 8 Conv. EDH), dans la mesure où, en France, de nombreux documents tels que le numéro d'Insee font mention du sexe de l'intéressé(e). La Cour de cassation en a déduit (ce n'était sans doute pas la seule solution envisageable pour

1. Civ. 1re, 20 févr. 1996, n° 94-12313.
2. Civ. 1re, 2 mars 1999, n° 97-15958 ; dans le même sens, Civ. 1re, 22 juin 1999, n° 97-14794.

remédier aux inconvénients soulignés), dans deux arrêts du 11 décembre 1992 rendus en assemblée plénière [1], que le changement de sexe des transsexuels devait désormais être admis : « *Lorsque, à la suite d'un traitement médico-chirurgical, subi dans un but thérapeutique, une personne présentant le syndrome du transsexualisme ne possède plus tous les caractères de son sexe d'origine et a pris une apparence physique la rapprochant de l'autre sexe, auquel correspond son comportement social, le principe du respect dû à la vie privée justifie que son état civil indique désormais le sexe dont elle a l'apparence ; que le principe de l'indisponibilité de l'état des personnes ne fait pas obstacle à une telle modification* ».

Les transsexuels peuvent également obtenir une modification de leur prénom pour le mettre en accord avec leur nouveau sexe.

Dans un arrêt *Christine Goodwin c/ Royaume-Uni* du 11 juillet 2002, la CEDH a ajouté que « *s'il appartient à l'État contractant de déterminer, notamment, les conditions que doit remplir une personne transsexuelle qui revendique la reconnaissance juridique de sa nouvelle identité sexuelle pour établir que sa conversion sexuelle a bien été opérée et celles dans lesquelles un mariage antérieur cesse d'être valable, ou encore les formalités applicables à un futur mariage (par exemple les informations à fournir aux futurs époux), la Cour ne voit aucune raison justifiant que les transsexuels soient privés en toutes circonstances du droit de se marier* ».

Elle a alors conclu en l'espèce à une violation de l'article 12 (droit de se marier).

La loi du 18 novembre 2016 de modernisation de la justice du XXIe siècle insère dans le Code civil une section sur la modification de la mention du sexe à l'état civil. Il est désormais prévu que « toute personne majeure ou mineure émancipée qui démontre par une réunion suffisante de faits que la mention relative à son sexe dans les actes de l'état civil ne correspond pas à celui dans lequel elle se présente et dans lequel elle est connue peut en obtenir la modification ». Une liste est alors donnée des principaux faits que la partie demanderesse peut prouver par tous moyens : « 1° Qu'elle se présente publiquement comme appartenant au sexe revendiqué ; 2° Qu'elle est connue sous le sexe revendiqué de son entourage familial, amical ou professionnel ; 3° Qu'elle a obtenu le changement de son prénom afin qu'il corresponde au sexe revendiqué ». Le texte précise expressément que, contrairement à la jurisprudence pratiquée jusque-là, « le fait de ne pas avoir subi des traitements médicaux, une opération chirurgicale ou une stérilisation ne peut motiver le refus de faire droit à la demande ». Un décret du 29 mars

1. Pourvois n° 91-11900 et n° 91-12373.

2017 introduit dans le Code de procédure civile les modalités concrètes du changement de prénom et de la modification de la mention du sexe à l'état civil.

C / Le domicile

174. Le domicile est, aux termes de l'article 102 du Code civil, le lieu du principal établissement. Le texte précise que ce lieu est celui de « l'exercice de ses droits civils » (paiement des impôts, vote, etc.). Tout Français, même s'il vit à bord d'un bateau ou est sans domicile fixe au sens ci-dessus défini, doit choisir un domicile dans une commune dont la liste est établie. Une personne ne peut en revanche avoir qu'un seul domicile. Jusqu'à 1975, la femme était domiciliée chez son mari ; aujourd'hui les époux peuvent avoir un domicile distinct (art. 108 C. civ.). Le changement de domicile est libre et s'opère par le fait d'une habitation réelle dans un autre lieu joint à l'intention d'y fixer son principal établissement.

Le libre choix du domicile fait partie du droit au respect de la vie privée protégé par l'article 8 de la Conv. EDH. Selon la formulation de la Chambre sociale de la Cour de cassation, « *toute personne dispose de la liberté de choisir son domicile et nul ne peut apporter aux droits des personnes et aux libertés individuelles et collectives des restrictions qui ne seraient pas justifiées par la nature de la tâche à accomplir et proportionnées au but recherché* ». Ainsi, une clause qui oblige un avocat à fixer son domicile au lieu d'implantation du cabinet pour la seule raison d'une « bonne intégration de l'avocat dans l'environnement local », porte atteinte à la liberté individuelle de celui-ci [1].

La résidence est quant à elle une notion plus souple. Il s'agit d'un lieu où la personne habite de façon suffisamment stable, et il est donc possible d'avoir plusieurs résidences (on parle dans le langage courant de résidences secondaires).

D / La capacité des personnes

175. La capacité des personnes représente leur aptitude à accomplir des actes juridiques. Elle peut être amputée par certaines incapacités qui sont de deux types : les incapacités d'exercice et les incapacités de

1. Soc., 7 mars 2007, n° pourvoi : 05-21017.

jouissance. Une incapacité d'exercice prive une personne de la possibilité d'exercer seule ses droits, mais pas d'en être titulaire ; un mineur ou un majeur sous tutelle peuvent ainsi être propriétaires mais n'ont pas le pouvoir de vendre ou d'acheter si ce n'est par l'intermédiaire de leurs représentants légaux. Une incapacité de jouissance est plus grave puisqu'elle prive celui qui en est frappé de la possibilité même d'acquérir un droit. C'est pourquoi si les incapacités d'exercice peuvent être totales, c'est-à-dire porter sur tous les actes juridiques de la vie civile (sauf les actes de la vie courante) comme pour les mineurs ou les majeurs sous régime de tutelle, les incapacités de jouissance ne peuvent être que ponctuelles (l'incapacité totale de jouissance – appelée de façon évocatrice « mort civile » – pouvait frapper certains condamnés à de très lourdes peines, mais cette sanction a été supprimée en 1868). L'article 1125-1 du Code civil interdit ainsi en principe à quiconque exerce une fonction ou occupe un emploi dans un établissement hébergeant des personnes âgées ou dispensant des soins psychiatriques de se rendre acquéreur d'un bien ou cessionnaire d'un droit appartenant à une personne admise dans l'établissement, ou encore de prendre à bail le logement occupé par cette personne avant son admission dans l'établissement. L'incapacité sert ici à protéger le cocontractant de l'incapable, tandis que l'incapacité du mineur ou du majeur protégé servait à protéger l'incapable lui-même.

E / Les droits de la personnalité

176. Plusieurs droits de la personnalité sont protégés et dotés d'un régime juridique particulier.

1 / Les droits de la personnalité protégés

177. Plusieurs droits de la personnalité ont été progressivement reconnus.

1° Le droit au respect de la vie privée. L'article 9 du Code civil dispose, depuis une loi de 1970, que « chacun a droit au respect de sa vie privée ». L'article 8 de la Conv. EDH affirme également que « toute personne a droit au respect de sa vie privée et familiale, de son domicile et de sa correspondance ». L'atteinte à la vie privée étant difficilement réparable, il est plus opportun en la matière de prévenir que de guérir. L'article 9 du Code civil prévoit ainsi que les juges peuvent, sans préjudice de la réparation du dommage subi, prescrire toutes mesures, telles que séquestre, saisie et autres, propres à empêcher ou faire cesser une atteinte à l'intimité de la vie privée ; ces mesures peuvent même, s'il y a urgence, être ordonnées en référé. Le droit au respect de la vie privée implique aussi l'inviolabilité des correspondances, c'est-à-dire l'interdiction, pénalement sanctionnée, d'ouvrir le courrier adressé à autrui.

2° Le droit à l'image. Le droit à l'image des personnes a été reconnu. La question s'est posée de savoir s'il s'étendait à l'image des biens.

– L'image des personnes. Le droit à l'image était au départ l'une des composantes du droit au respect de la vie privée ; il a pris aujourd'hui une telle importance qu'il s'en est détaché. L'article 226-1 du Code pénal prévoit ainsi, parmi les infractions portant atteinte à la vie privée, le fait, au moyen d'un procédé quelconque, de fixer, enregistrer ou transmettre, sans le consentement de la personne concernée, l'image de cette personne se trouvant dans un lieu privé. Lorsque ces actes ont été accomplis au vu et au su des intéressés sans qu'ils s'y soient opposés, alors qu'ils étaient en mesure de le faire, le consentement de ceux-ci est présumé. Le droit à l'image est parfois protégé lors même que la personne se trouve dans un lieu public. Il est ainsi interdit de publier l'image d'une personne si le cadrage la met excessivement en vue. C'est surtout lorsque l'image, même prise dans un lieu public, risque de porter atteinte à la vie privée d'une personne ou à son honneur (si elle se trouvait dans une situation ou une position déshonorante), qu'elle sera sanctionnée. À cet égard, la loi du 7 octobre 2016 a introduit un délit spécifique, sanctionné plus lourdement, dans le but de lutter contre la diffusion non autorisée d'images présentant un caractère sexuel, même lorsqu'elles avaient été prises avec le consentement de la personne concernée, dans un lieu public ou privé (art. 226-2-1).

– L'image des biens. Sur le modèle du droit à l'image des personnes, la jurisprudence a forgé un droit à l'image des biens. La protection de l'image des biens est parfois nécessaire au respect de la vie privée des personnes : c'est l'aspect extrapatrimonial du droit à l'image des biens. Ainsi, un journal peut être condamné pour atteinte à la vie privée s'il publie la photographie d'une résidence en indiquant le nom du propriétaire et sa localisation précise [1]. Le droit à l'exploitation commerciale de l'image d'un bien peut également être protégé : c'est l'aspect patrimonial du droit à l'image des biens. La Cour de cassation a ainsi progressivement admis que le propriétaire d'un bien était également titulaire du droit à l'image de son bien. Dans un premier temps, elle est allée excessivement loin dans cette protection, en reconnaissant au propriétaire l'exclusivité sur l'utilisation de l'image de son bien. Toute utilisation

1. Civ. 2e, 5 juin 2003, n° pourvoi : 02-12853.

commerciale de l'image d'un bien sans l'accord de son propriétaire devait donc être prohibée. La Cour de cassation a ainsi jugé que « *le propriétaire [ayant] seul le droit d'exploiter son bien, sous quelque forme que ce soit* », « *l'exploitation du bien [en l'espèce un immeuble] sous la forme de photographies porte atteinte au droit de jouissance du propriétaire* » [1]. Le droit à l'image était, selon cette jurisprudence, un attribut du droit de propriété, protégé au visa de l'article 544 du Code civil. La jurisprudence était cependant incertaine, et la Cour de cassation atténua parfois sa sévérité, notamment en censurant une cour d'appel qui avait interdit l'utilisation, à des fins publicitaires, par le Comité régional de tourisme de Bretagne, d'une photographie représentant un paysage avec au premier plan un îlot, propriété d'un particulier, malgré l'opposition de celui-ci ; la cour d'appel n'avait en effet pas précisé « *en quoi l'exploitation de la photographie par les titulaires du droit incorporel de son auteur portait un trouble certain au droit d'usage ou de jouissance du propriétaire* [2] ». Toute utilisation de l'image d'un bien ne portait dès lors pas en elle-même atteinte au droit du propriétaire. C'est dans ce dernier sens plus raisonnable que s'est fixée la jurisprudence, à la suite d'un arrêt du 7 mai 2004 de l'assemblée plénière [3]. Une société de promotion immobilière avait fait confectionner des dépliants publicitaires comportant la reproduction de la façade d'un immeuble historique de Rouen, l'Hôtel de Girancourt. Se prévalant de sa qualité de propriétaire de cet hôtel, la SCP Hôtel de Girancourt demanda judiciairement réparation du préjudice subi du fait de l'utilisation de l'image de son bien. Pour rejeter le pourvoi formé contre l'arrêt d'appel ayant écarté cette demande, la Haute Juridiction énonça que « *le propriétaire d'une chose ne dispose pas d'un droit exclusif sur l'image de celle-ci ; qu'il peut toutefois s'opposer à l'utilisation de cette image par un tiers lorsqu'elle lui cause un trouble anormal* » (en l'espèce, « *les énonciations de l'arrêt font apparaître qu'un tel trouble n'était pas établi* »).

3° La protection de la voix. L'article 226-1 du Code pénal sanctionne le fait, toujours au moyen d'un procédé quelconque, de capter, enregistrer ou transmettre, sans le consentement de leur auteur, des paroles prononcées à titre privé ou confidentiel. La protection de la voix n'empêche cependant pas la parodie et la caricature, lorsqu'il est évident que ce n'est pas le véritable titulaire de la voix qui parle. L'humoriste Thierry Le Luron avait ainsi le droit, en chantant une chanson intitulée

1. Civ. 1re, 10 mars 1999, n° pourvoi : 96-18699 ; *adde* Civ. 1re, 25 janv. 2000, n° pourvoi : 98-10671.
2. Civ. 1re, 2 mai 2001, n° pourvoi : 99-10709.
3. N° pourvoi : 02-10450.

Douces transes, de parodier la célèbre chanson *Douce France* de Charles Trenet [1]. Selon la Cour de cassation, l'article 41-4° de la loi du 11 mars 1957 autorise notamment la parodie et la caricature.

4° *Le droit à l'honneur.* Le droit sanctionne aussi les atteintes à l'honneur ou à la considération due à une personne. Cette protection se poursuit au-delà du décès puisque le droit sanctionne, dans une certaine mesure, l'atteinte à l'honneur et à la mémoire des morts.

2 / Le régime juridique des droits de la personnalité

178. Les droits de la personnalité ont un double aspect, patrimonial et extrapatrimonial. Le cœur des droits de la personnalité est extrapatrimonial : ceux-ci permettent de protéger la personne dans ce qu'elle a de plus intime ; plus précisément même dans ce qu'elle est. Notre monde étant un monde de marchandisation généralisée, le droit a cependant progressivement admis que tous les droits de la personnalité avaient aussi une facette patrimoniale, qui pouvait donc le cas échéant être cédée. On l'a vu pour le droit au nom, avec l'affaire *Bordas* de 1985 qui a admis une cession du nom à titre de marque ou de dénomination sociale. Une personne peut également céder à un journal une information relative à sa vie privée, prêter sa voix ou son image à une publicité, etc. Elle ne se dépossède pas pour autant de sa vie privée, de sa voix ou de son image, mais ces éléments peuvent être, pour une part, patrimonialisés.

La question est classique de savoir si la sanction des atteintes au droit de la personnalité relève de la responsabilité délictuelle pour faute ou emprunte son régime à la violation des droits subjectifs et plus précisément au droit de propriété. Dans le premier cas, la victime de l'atteinte devrait démontrer que celle-ci lui a causé un dommage dont elle demande réparation. Dans le second cas, l'atteinte en elle-même ouvrirait droit à réparation, indépendamment du préjudice ayant pu en résulter. La nature de ces droits semble imposer une sanction de principe en cas de violation, sans préjudice de la réparation du dommage subséquent.

F / Le corps des personnes

179. Les personnes physiques ont un corps. D'un point de vue philosophique, les liens entre la personne et son corps ont toujours été l'objet

1. Civ. 1re, 12 janv. 1988, n° pourvoi : 85-18787.

de questions abyssales dans la mesure où, ontologiquement, le corps *est* la personne. D'un point de vue juridique, le corps s'est classé tout naturellement dans la catégorie des personnes, par opposition à celle des choses. Ceci n'a duré cependant que tant que, matériellement, le corps était indissociable de la personne. Mais, comme le disait Jean Rostand, « c'est le terrible forfait de la nature que d'avoir fait les êtres avec la substance des choses » (*Pensées d'un biologiste*), et lorsque la technique a rendu possibles et utiles les transfusions, prélèvements et greffes diverses, la question du statut juridique de ces « morceaux de corps » soudain séparés de la personne s'est posée ouvertement. L'objet des diverses lois bioéthiques a alors été d'encadrer cette réification de la personne et sa marchandisation (art. 16-1 C. civ. : « Le corps humain, ses éléments et ses produits ne peuvent faire l'objet d'un droit patrimonial. ») La protection se poursuit au-delà du décès de la personne lors même que, techniquement, il n'y a alors plus de personne juridique mais simplement un corps [1]. Le Code pénal sanctionne ainsi notamment la violation ou la profanation de sépultures. La question s'est posée aussi du rapport de l'homme aux éléments détachables de son corps et la pente est lourde et glissante qui pousse à admettre, comme pour les choses, la qualification de droit de propriété sous ses diverses formes (et notamment la brevetabilité).

Limiter la réification du corps de la personne est un enjeu crucial. Au-delà de la morale ou de l'éthique, qui ne suffisent pas en elles-mêmes à expliquer les raisons d'interdire, c'est la fonction anthropologique du droit qui est ici concernée au premier chef. Le traitement indigne du corps humain, et notamment sa marchandisation, construit et donne à voir un monde où certaines personnes seraient, pour d'autres, un réservoir de pièces détachées (vente d'organes) ou une machine pour porter leurs enfants (maternité de substitution). Cette mise à disposition d'une partie des êtres humains – on se doute que cela ne concernera ni les plus forts ni les plus riches – faisant sauter le principe d'égale dignité de tous, elle est porteuse de « dé-civilisation » au sens d'un « dé-chaînement » de l'injustice et de la violence que le droit a traditionnellement pour objet de canaliser.

1. V. art. 16-1-1 C. civ. ajouté par la loi n° 2008-1350 du 19 déc. 2008 : « Le respect dû au corps humain ne cesse pas avec la mort. Les restes des personnes décédées, y compris les cendres de celles dont le corps a donné lieu à crémation, doivent être traités avec respect, dignité et décence. » V. aussi art. 225-17 du Code pénal sanctionnant « toute atteinte à l'intégrité du cadavre ».

SECTION 2
Les personnes morales

180. Les personnes morales sont des groupements de personnes physiques qui sont dotés en eux-mêmes de la personnalité juridique (de droit privé ou de droit public). Ces groupements permettent de consacrer et de mettre en œuvre certains intérêts collectifs. Ils ont donc, en tant que tels, les principaux attributs de cette personnalité juridique : un nom (appelé dénomination sociale pour les sociétés), un domicile (un siège social), un patrimoine, une nationalité, la capacité juridique (par exemple de conclure des contrats), le droit d'ester en justice, etc. L'anthropomorphisme ne doit cependant pas être exagéré, et la personne morale ne peut, par définition, être titulaire des droits et obligations qui supposent tout à la fois un corps et un esprit : une personne morale ne peut ainsi pas être salariée, elle ne peut pas être l'objet d'un traitement contraire à la dignité, et elle ne peut pas non plus souffrir de certains préjudices, par exemple d'un préjudice d'anxiété.

La doctrine s'est longtemps interrogée pour savoir si les personnes morales relevaient de la fiction ou de la réalité. Les partisans de la thèse de la fiction (notamment Ihéring) relevaient qu'ils n'avaient « jamais dîné avec une personne morale » ; la personnalité morale ne pouvait donc qu'être une création du droit. Selon la thèse de la réalité (soutenue notamment par Gény), les juges peuvent au contraire, lorsqu'ils constatent qu'un groupement a, de fait, acquis une certaine autonomie, lui conférer la personnalité juridique. C'est cette seconde thèse qu'a consacrée un arrêt de 1954 [1] en reconnaissant la personnalité morale aux comités d'établissement : « *Attendu que la personnalité civile n'est pas une création de la loi ; qu'elle appartient, en principe, à tout groupement pourvu d'une possibilité d'expression collective pour la défense d'intérêts licites, dignes, par suite, d'être juridiquement reconnus et protégés.* » La Cour de cassation a jugé de même que le comité de groupe (l'équivalent du comité d'entreprise pour les groupes de sociétés) possédait la personnalité morale et pouvait donc agir en justice [2].

1. Civ. 2e, 28 janv. 1954, *D.* 1954, 217, note G. Levasseur.
2. Soc. 23 janv. 1990, *Bendix*.

SECTION 3
L'humanité

181. Le seul sujet de droit légalement reconnu a pendant longtemps été la personne juridique (personne physique ou morale). Les titulaires des droits de l'homme étaient également *in fine* des personnes physiques.

L'humanité a fait son entrée sur la scène juridique plus récemment, et d'abord comme une victime [1]. Ainsi, au lendemain de la Seconde Guerre mondiale, fut élaboré le concept juridique de crime contre l'humanité. Cette catégorie comprend aujourd'hui plusieurs crimes, au premier rang desquels le crime de génocide (art. 211-1 C. pén.) et, comme l'énonce l'article 211-2 du Code pénal, d'autres crimes encore tels que « la déportation, la réduction en esclavage ou la pratique massive et systématique d'exécutions sommaires, d'enlèvements de personnes suivis de leur disparition, de la torture ou d'actes inhumains, inspirées par des motifs politiques, philosophiques, raciaux ou religieux et organisées en exécution d'un plan concerté à l'encontre d'un groupe de population civile [2] ».

Une loi du 26 décembre 1964 énonça que ces crimes « sont imprescriptibles par nature ». Il fallait, pour appliquer cette loi aux faits survenus pendant la Seconde Guerre mondiale, que, par une fiction, cette loi soit considérée comme réaffirmant une règle déjà présente dans le système juridique, malgré l'absence de texte formel en ce sens. Sinon, la loi de 1964 n'aurait pas pu s'appliquer de façon rétroactive ; c'est ce qu'a jugé la Cour de cassation dans un arrêt du 26 janvier 1984 rendu dans l'affaire *Barbie* [3].

Le Code pénal a ajouté aux crimes contre l'humanité les crimes contre l'espèce humaine (art. 214-1 à 214-4 C. pén.). On rassemble sous ce terme aussi bien l'eugénisme (« le fait de mettre en œuvre une pratique eugénique tendant à l'organisation de la sélection des personnes ») que le clonage reproductif (« le fait de procéder à une intervention ayant pour but de faire naître un enfant génétiquement identique à une autre personne vivante ou décédée »). La notion d'espèce humaine a une

1. V. B. Edelman, « Le concept juridique d'humanité », in *La Personne en danger*, Paris, Puf, « Doctrine juridique », p. 527 ; C. Labrusse-Riou, « Que peut dire le droit de l'"humain" ? Vieilles questions, nouveaux enjeux », *Études*, oct. 2010, p. 110.

2. V. M. Delmas-Marty, I. Fouchard, E. Fronza, L. Neyret, *Le Crime contre l'humanité*, Paris, Puf, « Que sais-je ? », 2009.

3. N° pourvoi : 83-94425. Voir B. Edelman, *JDI* (*Clunet*) 1983, p. 779 ; 1984, p. 399 ; 1986, p. 127.

connotation « biologisante » : traditionnellement, l'ensemble des êtres humains constituait le « genre » humain, mais le substantif est désormais utilisé – l'anglicisme ayant malheureusement pris le dessus – par référence au sexe des personnes. Le terme biologique d'espèce est inadéquat dans la mesure où, génétiquement par exemple, il n'y a pas de gène proprement humain.

L'humanité est aussi aujourd'hui non pas exactement titulaire de droits, mais elle est l'horizon en vue duquel sont affirmés certains principes. Ainsi le principe de dignité de la personne humaine qui, dans son sens strict, n'est ni un droit subjectif ni même un droit de l'homme, mais un « principe » permettant de protéger l'humanité de l'homme et donc l'humanité de tous les hommes. De même est de plus en plus souvent utilisée la notion de « patrimoine commun de l'humanité » qui permet de retirer certains biens de l'appropriation privée afin de les mettre en dehors de l'emprise (destructrice) du marché ; il s'agit de protéger la planète pour les « générations futures », autre concept permettant de transcender les notions individualistes du droit [1]. La Charte de l'environnement, intégrée à la Constitution en 2005, pourrait par exemple constituer un fondement juridique pour protéger l'humanité en tant que telle. Au demeurant, la prise de conscience du rôle actif des êtres humains dans la destruction de la planète incite désormais à repenser les notions classiques du droit, dont celle de propriété.

SECTION 4
Les animaux

182. Certains expriment le souhait de donner des droits aux animaux, ce qui supposerait de les doter de la personnalité juridique. Un tel projet n'est pas raisonnable ; nul ne propose d'ailleurs de leur ajouter des devoirs, car l'absurdité du projet apparaîtrait alors plus nettement encore. Il n'est nul besoin de donner techniquement des droits aux animaux pour imposer aux êtres humains des devoirs envers eux : l'interdiction de maltraiter les animaux ou de détruire la nature, qui doit être

1. Même si le Conseil constitutionnel a décidé, pour l'instant tout au moins, « qu'aucune règle constitutionnelle ne garantit un principe dit de l'équité entre les générations » (déc. n° 97-388 DC du 20 mars 1997 sur la loi créant les plans d'épargne retraite).

fermement sanctionnée, ne suppose pas de reconnaître l'animal ou la nature comme sujets de droit. De plus, si les animaux étaient titulaires de droits, il faudrait accepter l'hypothèse – peu réjouissante – d'un procès entre un animal et un être humain, dès lors que tous les droits peuvent un jour entrer en conflit. C'est en outre la souffrance de tous les animaux, y compris les plus petits, qui doit cesser, et non pas seulement celle causés aux « grands animaux » qui seuls mériteraient des droits.

La faible différence génétique entre l'homme et l'animal ne saurait justifier un égal traitement juridique. C'est même au contraire précisément parce que l'homme a une part animale dont il doit se détacher pour acquérir et renforcer son humanité que le droit doit traiter les hommes et les animaux de façon radicalement différente : la différence doit d'autant plus fortement être posée juridiquement qu'elle est fragile dans les faits. L'homme a acquis son humanité en s'arrachant à la nature, à son animalité. Vercors voyait là la spécificité de l'être humain [1].

Les animaux n'ont pas accès au langage. Ils peuvent certes émettre des sons, et même communiquer, mais la communication n'est pas du langage. Le langage suppose l'accès à un monde symbolique. Les animaux peuvent seulement communiquer, c'est-à-dire répondre à certains signaux, et même apprendre à indexer des signaux sur des choses du monde réel : même un animal peu « intelligent », un pigeon par exemple, peut apprendre qu'en appuyant sur une certaine touche, des graines vont tomber ; seul un animal plus « intelligent » pourra associer au réel des signes plus abstraits comme des paroles (un chien par exemple saura répondre à son nom). En revanche, seul l'être humain accède à ce que Pierre Legendre appelle la « vie autonome de la représentation », c'est-à-dire peut penser dans un monde purement symbolique dissocié du réel, ce qui ouvre aussi la porte à tous les délires. L'animal n'est pas confronté à la question du sens de la vie. En d'autres termes, le suicide, dont Albert Camus disait qu'il est le seul problème philosophique vraiment sérieux (*Le Mythe de Sisyphe*), est propre à l'être humain : si l'animal peut, paraît-il, parfois se donner la mort (lorsqu'il est en danger), cette mort n'est pas un suicide, c'est-à-dire une mort volontaire justifiée par la difficulté d'être au monde.

1. Dans *Les Animaux dénaturés* (chap. XV), il relevait ainsi que : « Pour interroger, il faut être deux : celui qui interroge, celui qu'on interroge. Confondu avec la nature, l'animal ne peut l'interroger. Voilà, il me semble, le point que nous cherchons. L'animal fait un avec la nature. L'homme fait deux. Pour passer de l'inconscience passive à la conscience interrogative, il a fallu ce schisme, ce divorce, il a fallu cet arrachement. N'est-ce point la frontière justement ? Animal avant l'arrachement, homme après lui ? Des animaux dénaturés, voilà ce que nous sommes. »

Il est alors en particulier absurde, au sens le plus métaphysique de ce terme, de parler de dignité des animaux. « Dignité » est précisément le substantif qui marque la différence entre l'homme et l'animal, et il doit donc être réservé au premier (ce qui, une fois de plus, n'autorise pas à maltraiter les animaux). Une loi du 16 février 2015 introduit dans le Code civil un article 515-14 qui dispose que « les animaux sont des êtres vivants doués de sensibilité ». Il n'en résulte cependant aucune différence de régime puisque le même texte ajoute que, « sous réserve des lois qui les protègent, les animaux sont soumis au régime des biens ». L'affirmation est donc essentiellement symbolique, ce qui n'est pas rien ; l'on peut espérer que, progressivement, il soit mis fin aux très graves maltraitances causées aux animaux.

Chapitre II

LES CHOSES

183. Le Droit fait une différence entre les choses et les biens. Les biens sont rangés dans le patrimoine des personnes.

SECTION 1
Les choses et les biens

184. Les choses considérées par le droit sont principalement celles qui sont susceptibles d'appropriation : on les appelle des biens. Certaines choses communes ne sont en revanche pas appropriables, soit par nature (le soleil), soit parce qu'elles doivent être affectées à l'usage de tous (l'air, la haute mer, etc.). D'autres choses pourraient être appropriées, mais elles ne le sont pas (les animaux sauvages de même que les choses abandonnées, communément désignées par l'expression latine *res derelictae*).

Le droit a d'abord considéré uniquement les choses corporelles, qui seules étaient susceptibles d'appropriation. Avec l'évolution technologique, des choses incorporelles ont acquis de la valeur et le droit en a protégé la propriété : des valeurs mobilières (actions, obligations), des logiciels, des chansons, etc. On parle alors de propriété intellectuelle, qui comprend la propriété littéraire et artistique (le droit d'auteur) et la propriété industrielle (le droit des brevets et des marques).

La *summa divisio* des biens du Code civil est la division entre les meubles et les immeubles. La distinction repose principalement sur la nature des choses : les meubles sont mobiles, tandis que les immeubles sont fixés au sol. Le droit a cependant, par une fiction, donné une qualification immobilière à certains meubles par nature : sont ainsi immeubles par destination les choses mobilières attachées à un fonds à perpétuelle demeure. Parmi les meubles, on distingue les choses fongibles, remplaçables par n'importe quel autre bien de même nature, qualité et quantité (ex. : un kilogramme de blé), des corps certains, qui n'existent qu'en un exemplaire unique, ou à tout le moins ne sont pas interchangeables (ex. : *Guernica* de Picasso).

Certaines choses ont un statut à part. Retraçant l'histoire du capitalisme, le grand économiste et historien Karl Polanyi (1886-1964) a ainsi montré, dans son célèbre ouvrage paru en 1944 – *La Grande Transformation* –, que la révolution industrielle a été le résultat non pas tant d'innovations techniques, mais plutôt sociales (juridiques pourrait-on préciser) : le capitalisme a fictivement constitué en marchandises trois choses qui ne le sont pas naturellement : la terre, le travail et la monnaie. Le travail est ainsi une « chose » très particulière. L'obligation découlant du contrat de travail est souvent analysée comme une simple obligation de faire. En réalité, le salarié s'engage, par un contrat de travail, bien plus qu'un travailleur indépendant. Sa force de travail est en effet alors au service d'un employeur, qui en prélève les fruits à la source sans que ceux-ci aient préalablement appartenu au salarié. Or la force de travail n'est pas un bien, mais un aspect de la personne même du salarié. C'est donc ce dernier, dans son corps comme dans son esprit, qui est dans une certaine mesure l'objet du contrat de travail : une personne morale, si elle peut être employeur, ne peut d'ailleurs jamais être salariée, ce qui prouve bien qu'il lui manque quelque chose de nécessaire à l'exécution du contrat de travail ; ce quelque chose ne peut être que le corps, puisque, pour le reste, les personnes morales ont les mêmes attributs que les personnes physiques [1]. La monnaie est aussi une chose à part. Elle peut prendre la forme d'un objet matériel (pièces ou billets de banque) mais aussi d'un simple jeu d'écriture (inscription en compte). La monnaie est le signe d'une créance vis-à-vis de son émetteur (par exemple la Banque centrale européenne pour l'euro). Elle vaut non pas par la valeur de son enveloppe corporelle, mais par la croyance qu'ont ses titulaires en la capacité de son émetteur d'en garantir la valeur. La monnaie n'est pas un objet de propriété (droit réel), mais le signe d'une créance (droit personnel). Elle est une chose fongible par excellence (une dette de 100 euros s'acquitte avec n'importe quel billet, chèque, ou encore virement). Enfin, la terre est, dans de nombreux systèmes juridiques, sortie du régime normal de la propriété même si, en droit français, elle est

1. C'est la thèse de A. Supiot, exposée not. in *Critique du droit du travail*, Paris, Puf, « Quadrige », 2002.

considérée comme un immeuble et soumise au droit commun propre à cette catégorie.

SECTION 2
Le patrimoine

185. Le patrimoine vise tout à la fois un contenant et un contenu.

En tant que contenant, le patrimoine représente l'aptitude générale de toute personne juridique à être titulaire de droits et d'obligations. Il est un des attributs de la personnalité juridique et toute personne a donc nécessairement un patrimoine, même si elle ne possède rien.

En tant que contenu, le patrimoine est l'ensemble des droits et des dettes de la personne. À l'actif, il comprend les choses dont la personne est propriétaire (l'ensemble de ses biens), et aussi les autres droits dont elle peut être titulaire (par exemple l'usufruit qu'elle peut avoir sur certains biens appartenant en nue-propriété à autrui). Au passif, le patrimoine d'une personne est grevé par les dettes et les charges pesant sur elle. Le patrimoine est une universalité de droit : l'ensemble de l'actif répond de l'ensemble du passif (à la différence d'une universalité de fait, qui est un ensemble de biens ayant un simple lien de fait entre eux : par exemple une bibliothèque).

Aubry et Rau, célèbres civilistes du XIXe siècle, avaient énoncé en leur temps certains principes fondamentaux qui constituent encore la théorie classique du patrimoine telle qu'elle est couramment enseignée en France. Ils avaient lié le patrimoine à la personne et en avaient déduit plusieurs propositions : toute personne a un patrimoine ; une personne n'a qu'un patrimoine ; il n'existe pas de patrimoine sans personne qui en soit titulaire ; le patrimoine dure tant que dure la personne.

Cette théorie demeure, malgré certaines exceptions, comme la fiducie qui permet d'affecter à une personne un ensemble de biens séparés de son propre patrimoine et qu'elle doit gérer au bénéfice d'un tiers (comme le *trust* anglo-saxon mais la fiducie est pour l'instant limitée à certaines fonctions).

Chapitre III

LES DROITS

186. Les droits subjectifs sont des prérogatives individuelles accordées ou reconnues par le droit (au sens du droit objectif) : ainsi le droit de propriété, le droit au bail, ou encore le droit à l'image. Selon la formule classique du grand juriste allemand Ihéring, le droit subjectif est un intérêt juridiquement protégé. Pour Jean Dabin, il se caractérise par une relation « d'appartenance-maîtrise » unissant un sujet de droit et un objet donné : appartenance dans la mesure où la personne peut dire qu'un droit est le sien, maîtrise en tant que pouvoir de libre disposition de la chose objet du droit, résultat de l'appartenance [1].

Si les droits subjectifs sont toujours engendrés par le droit objectif, l'inverse n'est pas vrai : le droit objectif ne crée pas nécessairement des droits subjectifs, puisqu'il peut par exemple créer une institution (une association, une entreprise, etc.) ou encore mettre en place une procédure.

SECTION 1
Les divers types de droits subjectifs

I / LES DROITS PATRIMONIAUX ET LES DROITS EXTRAPATRIMONIAUX

187. Certains droits sont patrimoniaux dans la mesure où ils peuvent être évalués en argent et donc être inclus dans le patrimoine de la personne : le droit de propriété, le droit d'usufruit, etc. Les droits extrapatrimoniaux sont au contraire les droits non marchands, qui ne viennent

1. V. *Le Droit subjectif* (1952), Paris, réimp. Dalloz, « Bibliothèque Dalloz », 2007, préf. Ch. Atias.

donc pas accroître le patrimoine. On y trouve les droits civils (l'autorité parentale par exemple) et politiques (droit de vote en particulier).

II / LES DROITS RÉELS ET LES DROITS PERSONNELS

188. Certains droits portent sur des choses : ce sont les droits réels (du latin *res*, la chose). Le principal est le droit de propriété qui, aux termes du célèbre article 544 du Code civil, est « le droit de jouir et disposer des choses de la manière la plus absolue, pourvu qu'on n'en fasse pas un usage prohibé par les lois ou par les règlements ». La propriété est ainsi traditionnellement définie par les prérogatives qu'elle confère à son titulaire. Ce sont les attributs du droit de propriété, qui forment le triptyque *usus*, *fructus*, *abusus* : la propriété donne le droit d'user de la chose, c'est-à-dire de l'utiliser ; d'en jouir, c'est-à-dire d'en récolter les fruits, naturels ou civils (loyers par exemple) ; et enfin d'en disposer, par des actes matériels (pouvant aller jusqu'à la destruction) ou juridiques (pouvoir d'aliéner la chose). La propriété est ainsi une exclusivité donnée à une personne sur une chose. On distingue classiquement les droits réels principaux, qui sont le droit de propriété et ses démembrements (usufruit, droit d'usage), et les droits réels accessoires qui sont des garanties réelles de paiement des créances (le gage ou la caution réelle par exemple). Les droits personnels sont non pas des droits portant sur des choses, mais des droits que l'on peut réclamer à des personnes. On les appelle également les droits de créance. Le créancier peut ainsi demander paiement de sa créance au débiteur correspondant.

III / LES DROITS RÉELS, LES DROITS INTELLECTUELS ET LES DROITS DE LA PERSONNALITÉ

189. Les droits réels portent en principe sur des choses corporelles (meubles et immeubles). Le droit reconnaît et protège aussi les choses incorporelles par la propriété intellectuelle (propriété littéraire et artistique et propriété industrielle). Enfin des droits de la personnalité sont protégés de façon similaire aux droits de propriété.

SECTION 2
L'abus de droit

I / LE DOMAINE DE L'ABUS DE DROIT

190. Tous les droits sont susceptibles d'abus, sauf les droits qualifiés de « discrétionnaires ». La notion de droit discrétionnaire peut également être comprise, plus largement, au sens de droits dont l'exercice n'a pas besoin d'être motivé. Les droits véritablement discrétionnaires, c'est-à-dire insusceptibles d'abus, sont en nombre très limité dans la mesure où les tribunaux sont réticents à ne pas sanctionner un comportement gravement répréhensible ou très dommageable : on peut citer tout de même le droit de récuser un juré en matière pénale, ou encore le droit de révoquer un testament, car alors aucune attente n'a pu légitimement être certaine. Plus fréquemment, l'exercice de certains droits n'a pas à être motivé mais les juges sanctionnent tout de même les abus : ainsi par exemple, un mandataire ordinaire peut être révoqué sans motivation (l'article 2004 du Code civil dit ainsi que le mandant peut révoquer sa procuration « quand bon lui semble [1] »), mais les juges sanctionnent tout de même certaines hypothèses d'abus ; de même sans doute pour l'octroi de crédit par un banquier [2].

L'abus de droit suppose, quoi qu'en ait dit Planiol dans une formule restée célèbre (« le droit cesse où l'abus commence »), l'existence d'un droit ou au moins d'une prérogative, légale ou même simplement contractuelle. Si en effet une personne agit sans aucun droit ou prérogative qui puisse servir de fondement à son action (par exemple s'il construit sur un terrain ne lui appartenant pas), son action est illégitime et illégale ; il n'est alors pas nécessaire de passer par l'abus de droit pour en juger et il suffit de dire qu'il a agi sans droit. L'abus de droit est un contrôle des modalités d'exercice d'un droit ou d'une prérogative et il suppose donc l'existence d'un tel droit ou d'une telle prérogative.

1. On parle de révocation « *ad nutum* », ce qui signifie en latin « sur un signe de tête ».
2. L'assemblée plénière de la Cour de cassation a en effet affirmé, dans un arrêt du 9 octobre 2006 (pourvoi n° 06-11056), « que, hors le cas où il est tenu par un engagement antérieur, le banquier est toujours libre, sans avoir à justifier sa décision qui est discrétionnaire, de proposer ou de consentir un crédit quelle qu'en soit la forme, de s'abstenir ou de refuser de le faire ». Des formes d'abus seraient cependant sans doute envisageables (par exemple si, de façon illégitime, il a fait croire qu'il accorderait un crédit en se rétractant à la dernière minute).

II / LES CRITÈRES DE L'ABUS DE DROIT

191. L'abus de droit a été admis pour la première fois par la Cour de cassation dans la célèbre affaire *Clément-Bayard* de 1915 [1]. Le sieur Coquerel avait installé, sur son terrain, attenant à celui de Clément-Bayard, des carcasses en bois de seize mètres de hauteur surmontées de tiges de fer pointues ; ce dispositif n'avait pour lui aucune utilité et avait été édifié dans l'unique but de nuire à son voisin en rendant plus difficiles, notamment en cas de vent violent, les manœuvres de dirigeables dont il faisait loisir ; il espérait ainsi le convaincre de lui céder son terrain. La Cour de cassation approuva la cour d'appel d'avoir condamné Coquerel à réparer les préjudices déjà intervenus et aussi à supprimer les tiges de fer dans la mesure où « *l'arrêt a pu apprécier qu'il y avait eu par Coquerel abus de son droit* ». L'abus de droit était, dans cet arrêt, caractérisé par l'utilisation d'un droit dans la seule intention de nuire à autrui.

Le critère de l'intention de nuire est parfois élargi. Ainsi, malgré le droit d'agir en justice, l'abus de ce droit est retenu dès lors qu'est caractérisée « *une faute dans l'exercice d'une voie de droit* [2] ». Il faut cependant que cette faute ait entraîné un préjudice [3]. L'existence d'un droit conduit cependant à octroyer à son titulaire une certaine marge d'action et sa faute sera appréciée plus strictement. Ainsi, le seul échec du plaideur ne suffit pas à démontrer qu'il avait abusé de son droit d'ester en justice, et ce n'est que si son attitude était manifestement dilatoire et de mauvaise foi qu'il pourra être condamné (ainsi, dans l'arrêt précité du 20 décembre 2001, la Cour de cassation relève « *que M. Oks, dont la mauvaise foi était patente, avait adopté depuis plusieurs années une attitude dilatoire et avait refusé de tenir ses engagements, dans le dessein de se soustraire à sa dette* »).

Le critère de l'intention de nuire n'est pas toujours opportun. Ainsi, le droit de grève étant, par définition même, un droit de nuire à l'employeur, il ne peut dégénérer en abus qu'en cas de circonstances particulières, et l'assemblée plénière de la Cour de cassation a posé comme critère de l'abus la désorganisation de l'entreprise [4].

1. Req., 3 août 1915, *DP*, 1917, 1, 79, *GAJC*, n° 62.
2. Civ. 2e, 20 déc. 2001, n° pourvoi : 00-15068.
3. Civ. 2e, 28 mai 2003, n° pourvoi 01-14296.
4. Soc., 23 juin 2006, n° pourvoi : 04-40289 ; dans le même sens, Soc., 9 mars 2004, n° pourvoi : 02-30294.

Certains avaient proposé d'élargir encore le critère de l'abus de droit. Ainsi, Louis Josserand avait proposé de retenir un abus dès lors qu'un droit aurait été détourné de son esprit, plus précisément de sa fonction sociale [1].

SECTION 3
Les droits de l'homme

192. Les premières Déclarations générales des droits de l'homme au sens moderne du terme datent du XVIIIe siècle ; il s'agit de la Déclaration d'indépendance des États-Unis du 4 juillet 1776 et de la Déclaration des droits de l'homme et du citoyen adoptée en France au moment de la Révolution en 1789. Ces déclarations proclament ce qu'on a appelé les droits de l'homme de la première génération : liberté, égalité, propriété, résistance à l'oppression, etc.

D'un certain point de vue, les droits de l'homme peuvent être analysés comme des droits subjectifs. Néanmoins, la première génération de droits de l'homme correspond à des prérogatives qui sont censées préexister au droit objectif, car les droits de l'homme sont réputés « naturels et imprescriptibles » (art. 2 de la Déclaration de 1789). Il n'est pas anodin d'ailleurs que l'on parle davantage aujourd'hui de « droits de l'homme » – voire de « droits fondamentaux » – que de « droits subjectifs ».

En réalité, les « droits de l'homme » de première génération n'ont cessé de poser question. Une première critique souligne que le renouveau contemporain des droits de l'homme serait le signe d'une « pulvérisation du droit en droits subjectifs » (selon l'expression de Jean Carbonnier [2]). En effet, ces droits de l'homme sont rattachés par définition aux individus, conformément à l'idéal libéral. Or, réduire le phénomène juridique à des prérogatives individuelles reviendrait à ruiner l'idée même de droit, car celui-ci a pour fonction de tisser des *relations* sociales et non pas seulement de reconnaître des prérogatives à des individus pris

1. V. *De l'esprit des droits et de leur relativité. Théorie dite de l'abus des droits*, réimp. éd. 1939, Paris, Dalloz, « Bibliothèque Dalloz », 2006.
2. J. Carbonnier, *Droit et passion du droit sous la Ve République*, Flammarion, « Forum », 1996, p. 121 (rééd. Champs Essais, 2008).

isolément [1]. Cette critique de l'« atomisme » des « droits de l'homme » insiste donc sur la question de l'articulation des droits de l'homme entre eux, afin qu'ils coexistent à l'échelle de la société. Mais les grandes déclarations n'ont jamais prétendu constituer, en elles-mêmes, une politique : elles ont simplement refondé le système juridique sur les droits individuels, sans déterminer d'emblée les caractéristiques de l'organisation politique chargée de les garantir.

Une seconde critique peut être mentionnée, qui vise la teneur contingente des « droits de l'homme » : loin d'être des prérogatives intemporelles, les droits de l'homme seraient marqués par le contexte historique de leur reconnaissance. Pour les critiques marxistes par exemple, la Déclaration de 1789 reflèterait les présupposés de la bourgeoisie de l'époque, à l'instar du droit de propriété censé être « naturel ». De façon plus générale, la première génération de « droits de l'homme » a été critiquée comme trop abstraite et ineffective.

Les atrocités de la Seconde Guerre mondiale ont accéléré la prise de conscience des limites de la première génération des droits de l'homme et ont conduit à de nouvelles déclarations des droits fondamentaux de l'être humain : la Déclaration de Philadelphie du 10 mai 1944, la Déclaration universelle des droits de l'homme de 1948 (dont l'un des principaux rédacteurs fut le français René Cassin [1887-1976], prix Nobel de la paix en 1968), la Convention européenne de sauvegarde des droits de l'homme et des libertés fondamentales de 1950 (entrée en vigueur en 1953), ou encore les Pactes internationaux de 1966 (Pacte international relatif aux droits civils et politiques et Pacte international relatif aux droits économiques, sociaux et culturels). Ces textes contiennent, à côté des droits civils et politiques classiques, des droits dits de la deuxième génération qui sont des droits économiques et sociaux. On a parfois qualifié ces droits de « droits-créances » dans la mesure où pour être réalisés, ils nécessitent l'intervention de l'État comme débiteur et prestataire de ces droits. Pour être effectifs, les droits-créances supposent donc que l'État dispose des ressources nécessaires, notamment sur le plan fiscal.

Ces droits économiques et sociaux sont davantage contestés, notamment par le néolibéralisme et dans le contexte d'une réduction du périmètre des interventions publiques et de contraintes budgétaires, mais sont aujourd'hui plus que jamais nécessaires. La Charte des droits fondamentaux de l'Union européenne proclamée à Nice en décembre 2000

1. V. la critique classique de M. Villey, *Le Droit et les droits de l'homme* [1983], Puf, « Quadrige », 2004.

réaffirme plusieurs de ces droits (sur sa valeur juridique, v. *supra*). La CEDH semblait accepter de prendre le relais et de protéger, par le biais de la Convention et de ses protocoles additionnels, certains droits économiques ou sociaux. Elle paraît cependant être revenue en arrière en énonçant, dans un arrêt rendu en Grande Chambre le 27 mai 2008, que « *même si nombre des droits qu'elle énonce ont des prolongements d'ordre économique ou social, la Convention vise essentiellement à protéger des droits civils et politiques* [1] ». Elle a pourtant, dans d'autres arrêts, reconnu certains droits sociaux comme le droit à la négociation collective [2].

On parle parfois aujourd'hui de droits de la troisième génération pour viser les droits dont le sujet ne serait pas l'individu, c'est-à-dire l'être humain, mais l'humanité dans son entier (voir *supra* n° 181).

Les droits de l'homme peuvent laisser entrevoir l'apparition d'un droit commun mondial essayant de naviguer entre le relatif et l'universel [3]. Leur ancrage sur l'être humain en fait des droits universels : le droit à la vie, l'interdiction de la torture et de la barbarie, ou encore des traitements inhumains et dégradants valent pour tous les êtres et tous les peuples. Le projet, ambitieux, suppose cependant de sortir d'un fondamentalisme occidental et d'ouvrir les portes de l'interprétation des droits de l'homme aux autres cultures [4]. L'interprétation actuelle des droits de l'homme, notamment par la Cour européenne des droits de l'homme, est au contraire souvent typique d'un « deux poids, deux mesures » qui n'est pas de nature à convaincre de l'universalisme des droits de l'homme : par exemple lorsque cette juridiction admet qu'un État interdise le port du voile islamique à l'université en tant qu'il serait contraire aux « *valeurs de pluralisme, de respect des droits d'autrui et, en particulier, d'égalité des hommes et des femmes devant la loi* » (aff. *Leyla Şahin c/ Turquie*, 10 nov. 2005), tandis qu'elle refuse de condamner en soi des pratiques sadomasochistes barbares (la femme se faisait notamment marquer au fer rouge, suspendre par les seins à l'aide de poulies, entailler le corps, coudre le sexe, etc.) au nom de la liberté sexuelle, en focalisant ici ses recherches sur le seul point de savoir si la

1. *Aff. N. c/ Royaume-Uni*, § 44.
2. *Demir et Baykara c/ Turquie*, 12 nov. 2008.
3. V. en ce sens les travaux de Mireille Delmas-Marty, en part. *Pour un droit commun*, Paris, Seuil, 1994 ; *Trois défis pour un droit mondial*, Paris, Seuil, 1998 ; *Les Forces imaginantes du droit – I. Le relatif et l'universel*, Paris, Seuil, 2004 ; *Les Forces imaginantes du droit II. Le pluralisme ordonné*, Paris, Seuil, 2006 ; *Les Forces imaginantes du droit III. La refondation des pouvoirs*, Paris, Seuil, 2007 ; *Les Forces imaginantes du droit IV. Vers une communauté de valeurs*, Paris, Seuil, 2011.
4. C'est la thèse de A. Supiot, *Homo Juridicus. Essai sur la fonction anthropologique du droit* (2005), *op. cit.*, dernier chap. : « Lier l'humanité : du bon usage des droits de l'homme ».

victime avait ou non consenti (aff. *K.A. et A.D. c/Belgique*, 17 févr. 2005). Il est vrai que la Cour est elle-même aux prises avec la diversité des droits des États parties à la Convention : elle peut être tentée de reconnaître à ces États une marge d'appréciation sur certaines questions sensibles. Quoi qu'il en soit, la pratique de la torture ou d'autres violations des droits de l'homme par les pays occidentaux, doublée du refus de se voir juger à la même aune que les autres pays montrés du doigt, se paye d'un très lourd prix : la délégitimation des droits de l'homme [1].

1. Sur les dérives de la CEDH, voir B. Edelman, « Naissance de l'homme sadien », Revue *Droits*, n° 49/2, 2009, p. 107 et s. ; « La Cour européenne des droits de l'homme : une juridiction tyrannique ? », *D.* 2008, p. 1946. *Adde* la controverse in *Revue Droits*, n° 48/1 : « La liberté du consentement, le sujet, les droits de l'homme et la fin des "bonnes mœurs" », p. 3 et s.

Chapitre IV

LES ACTIONS

193. L'action en justice permet de faire valoir ses droits. En droit romain, il n'y avait pas de droit s'il n'y avait pas une action dans laquelle formuler son droit. Le droit anglais garde trace de cette idée dans son célèbre adage : « *Remedies precede rights* » (les actions précèdent les droits). En droit français, on considère plutôt à l'inverse que c'est le droit qui, par définition, implique qu'une action soit reconnue pour le faire valoir (le droit précède l'action).

Nul ne peut en principe se faire justice à soi-même (les exceptions sont très rares : voir art. 673 al. 2 C. civ. autorisant celui sur la propriété duquel avancent les racines, ronces ou brindilles venant du terrain voisin à les couper lui-même ; pour les branches en revanche, il devra aller en justice). Lorsqu'un litige s'élève, l'une ou l'autre des parties doit alors saisir une juridiction d'une action en justice afin de trancher leur différend. Selon la nature du litige et/ou des personnes impliquées (par exemple s'il s'agit d'assigner en justice une personne privée ou publique), le juge saisi sera différent. Pour les litiges qui concernent les personnes privées entre elles, le juge judiciaire est compétent. En revanche, pour les litiges qui impliquent l'administration publique, le juge administratif devra être saisi. D'autres litiges peuvent être portés devant des juges plus spécifiques, par exemple pour l'examen de la validité d'un acte pris par une institution de l'Union européenne (Cour de justice de l'Union européenne) ou encore pour vérifier le respect par un État des droits de l'homme (Cour européenne des droits de l'homme).

En principe, les parties doivent saisir une juridiction qui relève des institutions publiques. La justice, qui est « rendue de façon indivisible au nom de l'État [1] », est en effet essentiellement un service public. Dans

1. CE, Sect., 27 fév. 2004, *Mme Popin*, n° 217257, *GAJA*.

certains domaines toutefois, en particulier en matière de commerce international, les parties préfèrent recourir à l'arbitrage. Elles peuvent ainsi confier leur litige à un tiers désigné conformément à leur accord (par une clause dite « compromissoire » prévue dès l'origine dans un contrat, une telle clause n'étant valable que dans les contrats conclus à raison d'une activité professionnelle : art. 2061 C. civ.), ou alors après la naissance de leur litige dans un compromis d'arbitrage. Les juridictions étatiques étant considérées comme plus protectrices et garantes de l'intérêt public, l'arbitrage est interdit en certains domaines (par exemple sur les questions d'état des personnes ou de divorce : art. 2060 C. civ.).

Le droit favorise également la conciliation entre les parties et, en certaines matières, les juges sont même obligés de tenter une telle conciliation avant de pouvoir rendre leur jugement (par exemple en matière prud'homale).

De façon générale, on peut noter un certain développement de ce qu'on appelle les modes alternatifs de règlement des conflits (MARC) ou des litiges (« *alternative dispute resolutions* » selon le vocabulaire anglo-américain) [1].

ÉTAT DES QUESTIONS

LE RÔLE DU JURISTE

> « Ils sont juristes, disent-ils, et comme tels, ils font, exclusivement, du droit. [...] Vous n'avez pas à rechercher les raisons et les causes, à remonter à des origines qui vous dépassent, à vous pencher au dehors [2]. »

194. *Qu'est-ce qu'un juriste et quel est son rôle ?* La question peut surprendre, si l'on considère qu'il n'existe pas « un » juriste mais divers types de juristes, dont les fonctions sont fort différentes : les avocats, les juges, les notaires, les juristes d'entreprise, les professeurs, les administrateurs, etc. L'usage du singulier entend transcender cette diversité de métiers pour appréhender le fonds commun à tous les juristes. S'il existe, le juriste serait

1. V. L. Cadiet et T. Clay, *Les Modes alternatifs de règlement des conflits*, Dalloz, « Connaissance du droit », 2ᵉ éd., 2017.

2. H. Dupeyroux, « Quelques réflexions personnelles, en marge », *Arch. Phil. Dr.*, nº 1-2, 1938, p. 15.

l'acteur social qui utilise une logique, des raisonnements et des instruments spécifiques – en d'autres termes : une sorte de grammaire propre au droit, rapprochant l'ensemble des métiers du droit autour d'une véritable communauté des juristes, sinon réelle, du moins intellectuelle.

La culture du juriste

195. Cette communauté ne peut toutefois être admise que sous bénéfice d'inventaire, car il n'existe pas véritablement de communauté mondiale des juristes, malgré les nombreuses associations internationales de juristes. Le droit est et demeure marqué par un certain *ancrage territorial*, lui-même lié à la figure historique – bien que désormais fragilisée – de l'État-nation. Les aspirations internationalistes n'enlèvent rien au fait incontestable que l'internationalisation prend appui sur les nations existantes, dont elle envisage précisément des rapports réciproques [1]. En attendant l'avènement hypothétique d'un « droit universel » qui supposerait probablement un ordre politique et institutionnel mondial, les juristes restent, bon gré mal gré, imprégnés d'un système ou d'un mode particulier de pensée et de pratique juridiques : celui dans lequel il ont appris le droit, celui dans lequel ils le pratiquent et/ou, plus simplement, celui auquel ils sont soumis [2]. Ce constat dépasse d'ailleurs le champ du droit : il n'est pas jusqu'aux langues qui ne soient diverses, au point que l'hypothèse d'une langue unique car universelle paraît fort douteuse, sinon dangereuse, par ce qu'elle impliquerait d'abrasement culturel [3] et de perte de capacité de penser [4]. De même, les façons de comprendre le droit, son objet, ses fonctions, son poids et son importance diffèrent parfois considérablement selon les systèmes juridiques et les cultures qui les portent. Ce n'est pas à dire que ces systèmes soient cloisonnés de manière étanche, mais ils ne peuvent pas être trop facilement réputés identiques ou universalisables. Par exemple, la valeur sociale du droit aux États-Unis et la façon dont le droit est investi par la société sont fort singulières et propres à ce pays. La manière américaine de penser le droit ne coïncide guère, à cet égard, avec la manière française [5].

Ces précautions sont capitales pour le juriste contemporain, baigné de ces interactions toujours plus nombreuses à l'échelle de la planète, afin d'aborder sérieusement,

1. M. Mauss, « La Nation et l'internationalisme », in *Œuvres, t. 3 : Cohésion sociale et divisions de la sociologie*, Minuit, « Le sens commun », 1969, p. 626 et s., qui distingue cosmopolitisme (véritable remise en cause de la nation) et internationalisme (mise en rapport des nations au sens où l'internationalisme « ne nie pas la nation. Il la situe »).

2. V. M.-C. Ponthoreau, « Trois interprétations de la globalisation juridique. Approche critique des mutations du droit public », *AJDA*, 2006, p. 21.

3. Sur la traduction comme enjeu politique, v. B. Cassin (dir.), *Dictionnaire des intraduisibles. Vocabulaire européen des philosophies*, Seuil/Le Robert, 2004 ; P. Judet de la Combe et H. Wismann, *L'Avenir des langues*, CERF, « Repenser les humanités », 2004 ; H. Wismann, *Penser entre les langues*, Albin Michel, « Bibliothèque Idées », 2012.

4. V. « La science pense en plusieurs langues », Trivium 15 | 2013, Fondation Maison des Sciences de l'Homme, disponible sur Internet : https://trivium.revues.org/4525.

5. G. Calvès, « France – États-Unis : deux cultures juridiques », *Cahiers français*, Le droit dans la société, n° 288, 1998, p. 28. V. aussi E. Zoller, *Introduction au droit public*, Dalloz, « Précis », 2e éd., 2013 ; sur les efforts nécessaires du juriste en matière de droit comparé, P. Legrand (dir.), *Comparer les droits, résolument*, Puf, « Les voies du droit », 2009.

de façon générale, la question de savoir ce qu'est un juriste. Ces lignes mêmes sont marquées par les vues relatives et contingentes de leurs auteurs : en dépit d'une culture juridique commune de droit français, chacun mobilise des habitudes de pensée et des réflexes partiellement divergents, car se rattachant d'une part au droit privé et d'autre part au droit public. Or il n'est pas certain que ces points de vue différents conduisent à parler exactement du même droit ou, du moins, à en parler de la même façon.

Pour autant, au-delà ou en dépit des nombreux métiers réels qu'exercent ceux qui se donnent le droit pour profession, les juristes partagent sinon des solutions communes, du moins des façons analogues de (se) poser les problèmes. Malgré la diversité des droits, les juristes se définissent par une unité de vue, au moins relative, dans l'exercice d'une tâche commune : penser le droit. Derrière le juriste, se trouve le droit : pas de droit sans juriste. Ainsi, « la pensée juridique est en définitive la pensée des juristes [1] ».

Controverses sur la figure du juriste

196. Comme on le constatera bientôt, cela n'empêche pas des *divergences* parfois majeures quant aux façons de concevoir le métier de juriste, de l'exercer, de le faire valoir, ou de l'utiliser. C'est que les juristes eux-mêmes ne s'accordent pas sur la définition du juriste. Parfois, les grandes controverses qui les animent témoignent ainsi de désaccords fondamentaux sur la nature de l'activité qu'ils exercent. Ces débats sont d'ailleurs fréquemment réactivés. Ils n'aboutissent généralement qu'au constat de ce que ces divergences sont et resteront irréductibles. Il ne faut sans doute pas s'en inquiéter : de telles controverses sont saines. Elles ont au moins le mérite de montrer que les juristes s'interrogent sur ce qu'ils font, mais aussi sur ce qu'ils (ne) peuvent ou doivent (pas) faire. Elles sont également l'occasion, pour chaque juriste, d'une introspection nécessaire, tant il serait pathétique d'exercer son métier sans jamais se demander ce que l'on fait ni pourquoi on le fait.

Dans ces controverses sur la nature du juriste, l'une des plus anciennes oppositions s'est nouée entre *le positivisme et le naturalisme*. Ces deux écoles de pensée, bien qu'elles abritent en leur sein des conceptions très variables, défendent des représentations essentiellement différentes du droit et du juriste. Selon une présentation sommaire, le positivisme juridique s'attache au seul droit posé (d'où son nom), indépendamment de sa relation éventuelle avec un prétendu droit idéal, lequel en réalité n'existe pas de façon objective. De son côté, le jusnaturalisme estime de façon générale qu'il existe bien un droit naturel, c'est-à-dire un droit idéal, qui n'a pas besoin d'être posé pour agir sur le droit positif [2].

Il est rarissime aujourd'hui qu'un juriste se revendique jusnaturaliste [3]. Il faut dire que le positivisme a consacré l'expression comme un véritable anathème. Les juristes

1. A. J. Boyé, « Juriste, qui es-tu ? Esquisse pour un thème d'enquête ou de colloque », *Arch. Phil. Dr.*, 1961, p. 211. V. aussi P. Legendre, « Juriste, qui es-tu ? Libres propos sur la généalogie du droit », in *Le Point fixe. Nouvelles conférences*, Mille et Une Nuits, « Les quarante piliers », 2010, p. 63.

2. V. à ce sujet G. Ripert, *Droit naturel et positivisme juridique*, préface de Ph. Jestaz, Dalloz, « Tiré à part », 2013.

3. V. néanmoins les réflexions de M. Villey, « Le droit naturel », *Revue de synthèse*, n° 118-119, avril-sept. 1985, p. 175 ; A. Sériaux, *Le Droit naturel*, Puf, « Que sais-je », 1re éd., 1993 ; X. Dijon, *Droit naturel. t. 1 : Les Questions du droit*, Puf, « Thémis Droit privé », 1998 ; D. Rousseau et A. Viala (dir.), *Le Droit, de quelle nature ?*, Montchrestien, « Grands colloques », 2010.

contemporains se déclarent plutôt positivistes et le positivisme paraît ainsi avoir définitivement triomphé. Il continue cependant à être critiqué. Est-ce à dire que certains juristes ne seraient ni naturalistes, ni positivistes ? Force est d'admettre que l'alternative est insuffisante, en ce qu'elle implique une séparation du monde des juristes en deux catégories, sans reste possible [1]. Or si elle s'explique notamment par des raisons historiques, *cette séparation ne semble plus guère correspondre à la teneur des enjeux contemporains portant sur le métier du juriste.* Si le positivisme juridique est en effet largement dominant, il n'en suscite pas moins la critique.

LE POSITIVISME, POSTURE DOMINANTE DU JURISTE CONTEMPORAIN

197. La représentation, sinon la vulgate dominante [2], qu'est le positivisme juridique peut se définir en première approximation comme une réponse particulière à la question de savoir ce qu'est un juriste. Héritée (de façon plus ou moins consciente et exacte) de la théorie du droit élaborée et diffusée par le juriste Hans Kelsen, le positivisme juridique promeut une séparation nette entre le droit tel qu'il s'agit de l'étudier et le discours du juriste qui procède à cette étude.

Une science pure du droit : l'héritage de Kelsen

198. Kelsen a entendu développer une « science du droit » en vertu de laquelle le juriste doit étudier le droit « du dehors », c'est-à-dire sans le déformer, le juger ou l'apprécier d'une façon ou d'une autre. Les Pandectistes allemands de la fin du XIXe siècle préfiguraient déjà une « science » positiviste du droit, mais Kelsen s'efforce de parfaire cette ambition. Si le positiviste se prétend neutre dans sa description du droit, c'est parce qu'il se donne pour objet d'étude le droit *tel qu'il est* et non pas *tel qu'il devrait être.* Selon Kelsen, la fonction de la science du droit est en effet de décrire son objet, d'en donner une explication la plus fidèle qui soit, de faire œuvre de *connaissance* [3]. Cette

1. Sur le dépassement éventuel de cette alternative, v. not. S. Goyard-Fabre, *Les Fondements de l'ordre juridique*, Puf, « L'interrogation philosophique », 1992 et O. Jouanjan, « Une alternative à l'opposition positivisme/jusnaturalisme ? Sur l'École historique du droit », *in* D. Rousseau et A. Viala (dir.), *Le Droit, de quelle nature ?*, *op. cit.*, p. 3.

2. V., parmi de nombreuses sources, outre l'œuvre de Kelsen lui-même, M. Waline, « Positivisme philosophique, juridique et sociologique », *Mélanges Carré de Malberg*, p. 519 ; J. Lhuillier, « Défense du positivisme juridique », *RDP*, 1954, p. 941 ; U. Scarpelli, *Qu'est-ce que le positivisme juridique ?*, traduction de C. Clavreul, préface de L. Gianformaggio, Bruylant/LGDJ, « La pensée juridique », 1996.

3. V. spéc. H. Kelsen, *Théorie pure du droit*, traduction de Ch. Eisenmann, Dalloz, 1962. Sur Kelsen, v. P. Hack, *La Philosophie de Kelsen. Épistémologie de la Théorie pure du droit*, Helbing & Lichtenhahn, Faculté de Droit de Genève, 2003 ; C.-M. Herrera, *Théorie juridique et politique chez Hans Kelsen*, Kimé, 1997 ; C.-M. Herrera, *La Philosophie du droit de Hans Kelsen. Une introduction*, Presses de l'université Laval, « Diké », 2004 ; O. Jouanjan (dir.), *Hans Kelsen. Forme du droit et politique de l'autonomie*, Puf, « Débats philosophiques », 2010. V. aussi, en guise de critique, H. Heller, *La Crise de la théorie de l'État*, préface de O. Jouanjan, Dalloz, « Tiré à part », 2013.

description, comme la science juridique elle-même, doit être « pure », comme le montre l'ambition de Kelsen de construire une « science pure du droit ». Cette pureté s'entend de deux façons complémentaires. D'une part, elle implique que la description reste pure de toute prescription : la démarche *prescriptive* – ou réputée telle – du droit ne doit pas animer le juriste scientifique. D'autre part, la science du droit exclut du juriste qu'il ait recours à des considérations extra-juridiques pour étudier et connaître le droit. Ces considérations « impures » – par exemple d'ordre moral, politique, philosophique, économique ou religieux – n'ont pas leur place dans l'opération de description du droit : l'étude du droit doit s'appuyer exclusivement sur des données juridiques, que l'on doit pouvoir distinguer des données extra-juridiques. Bien entendu, cela ne signifie pas que le droit lui-même puisse être purgé de ces diverses impuretés : le positiviste le plus rigoureux reconnaît que le droit lui-même est impur. Simplement, la science du droit doit rester indifférente à ces impuretés et ne doit pas en tirer prétexte pour fausser sa description du droit existant.

Cela signifie que *la science du droit* peut – et même doit – décrire *tout* système juridique, indépendamment de ses qualités politiques, économiques, morales. Un système de droit, *dès lors qu'il existe*, mérite de ce fait d'être étudié par le juriste positiviste. Le contenu ou la teneur du droit considéré ne joue aucun rôle dans l'attitude du juriste à son égard : qu'il approuve le droit analysé ou que ce dernier lui répugne, le droit en vigueur demeure le droit en vigueur. Il reste donc digne, en tant que tel, d'être décrit. L'analyse est censée être identique qu'il s'agisse d'un système juridique libéral ou totalitaire, protecteur des individus ou abject. Le juriste scientifique du droit doit laisser ses convictions personnelles à la porte de son bureau d'étude. La qualité de sa science se mesure même à cette capacité d'abnégation, dès lors que toute immixtion de « jugements de valeur » dans le discours scientifique friserait la faute déontologique [1]. De même qu'il doit être possible d'étudier la religion sans être croyant, le juriste scientifique doit pouvoir étudier un système de droit sans y adhérer. Il doit bien être comme extérieur au droit qu'il étudie [2].

Le fondement philosophique affirmé : la « loi de Hume »

199. Cette posture dominante du juriste positiviste s'appuie sur une interprétation implacable de ce qu'il est convenu aujourd'hui d'appeler la « loi de Hume », du nom du philosophe anglais David Hume. Dans un passage de son œuvre, Hume relève que, trop souvent, les descriptions se mêlent à des jugements de valeur et que ces glissements entre « être » et « devoir-être » ne sont que rarement explicités [3], ce qui ne peut qu'entretenir

1. V. en ce sens, A. Viala, « Un principe fondamental reconnu par les lois de la République contre le mariage gay ? », *RDLF*, 2013, chron. n° 4 [en ligne], qui, à l'occasion des débats sur les éventuels obstacles constitutionnels au mariage entre personnes du même sexe, notait qu'une prise de position tranchée était une « prise de distance et de liberté à l'égard des principes les plus élémentaires de l'éthique du juriste universitaire » et qu'elle était « contraire à l'office du juriste ».

2. M. Troper, *Pour une théorie juridique de l'État*, Puf, « Léviathan », 1994, p. 31 : « Si l'on veut construire une science du droit, il faut [...] nécessairement la concevoir comme extérieure au droit. »

3. D. Hume, *Traité sur la nature humaine*, 1777.

la confusion. Selon l'interprétation qui a été faite de cette remarque [1], il s'agirait donc de cloisonner soigneusement les *relevés de fait* (relevant d'une description de l'être) d'une part et les *appréciations en valeur* (exprimant un devoir-être) d'autre part. Ce n'est pas parce qu'un objet du monde est dysfonctionnel ou qu'une personne est particulièrement déplaisante que cet objet ou cette personne n'existent pas. Cela signifie également que la description de cette personne ou de cet objet doit rester objective, nonobstant les jugements de valeur éventuels que l'on peut formuler à leur égard. Selon cette césure entre l'être et le devoir-être, le fait n'est pas et ne saurait être affecté par l'appréciation portée sur lui. En d'autres termes, le monde du devoir-être est séparé du monde de l'être. De ce que quelque chose *est*, on ne saurait dériver que quelque chose *doit être* : la logique interdit de fonder un jugement de valeur sur des éléments de fait.

Cette dichotomie entre *être* et *devoir-être* se double généralement d'une seconde séparation d'ordre épistémologique, entre *connaissance* et *volonté* : le juriste positiviste n'exerce pas de pouvoir de décision, il ne dispose pas d'une volonté lui permettant de créer du droit, ou de décider ce que doit ou devrait être le droit. Il ne peut et ne doit que le connaître, c'est-à-dire en dévoiler la nature et le fonctionnement, sans le changer. Selon Kelsen, la science du droit doit en effet adopter un discours *sur le droit* (non normatif) tandis que les règles juridiques sont un discours *de droit* (normatif). Pour être tout à fait scientifique, la science juridique doit veiller à utiliser un « métalangage [2] » distinct du langage juridique lui-même.

Par exemple, le rôle de la science juridique est d'affirmer qu'« il existe une norme juridique qui interdit de fumer dans les lieux publics » (description de la norme prescriptive) et non pas qu'« il est interdit de fumer dans les lieux publics » (énoncé de la norme prescriptive). Sans doute le texte de droit positif doit-il être interprété ; mais l'interprétation scientifique doit se contenter de déployer l'éventail des significations *possibles* (opération de pure connaissance) sans retenir une signification particulière parmi cet éventail de possibilités (opération de décision). Lorsque le droit positif n'a pas lui-même tranché ces questions d'interprétation, la science positiviste du droit doit s'abstenir de le faire à sa place. Inversement, lorsque le droit positif a tranché, par des voies officielles aussi qualifiées d'« authentiques », la décision s'incorpore pleinement au droit positif : l'interprétation n'est donc plus discutable sur le terrain scientifique.

En d'autres termes, le juriste positiviste estime que seul le droit *positif* mérite d'être étudié, en tant qu'il est *posé* délibérément par des auteurs juridiques identifiables. Si en effet il s'agit de *connaître* le droit, seule est possible la connaissance d'un droit décidé et voulu par d'autres. Pour sa part, la connaissance ne peut donc pas elle-même vouloir : la science n'est pas censée créer du droit. Du reste, elle n'en a tout simplement pas les moyens, car elle ne détient pas de pouvoir de décision et n'est pas censée exercer d'autorité. La connaissance ne peut donc pas porter sur les valeurs elles-mêmes, mais sur le *fait* qu'un jugement de valeur a été effectué (on peut décrire le fait que le Parlement français ait décidé d'abolir la peine de mort en 1981 – ou le constituant en 2007 – et donc en conclure qu'en droit français, la peine de mort est abolie depuis cette date). Pour qu'il

1. La façon dont « la loi de Hume » a été ainsi isolée du reste du projet philosophique de Hume a été critiquée, v. V. Nurock, « Faut-il guillotiner la loi de Hume ? », *in* J.-P. Cléro et P. Saltel (dir.), *Lectures de Hume*, Ellipses, 2009, p. 262 et s. Pour une recherche de théorie juridique à ce sujet, v. S. Mareschal de Charentenay, *Origines et développement de la loi de Hume dans la pensée juridique*, thèse, univ. Montpellier I, 2008, dactyl.

2. Du grec « meta » qui signifie « au-delà », « après ».

existe du droit, connaître importe peu ; il faut vouloir. Le monde de la connaissance est soigneusement séparé du monde de la volonté.

Autorité et raison

200. Cette conception du rôle de la science du droit appelle immédiatement des remarques plus fondamentales sur le droit lui-même. Les exigences méthodologiques du positivisme s'appuient en effet sur des options philosophiques qui doivent être mises en lumière. Si le positivisme juridique marque nettement une césure entre *être* (connaissance) et *devoir-être* (volonté), cette césure trouve son pendant dans une séparation tout aussi fondamentale entre l'*autorité* et la *raison*[1]. Dans la perspective positiviste, le droit se définit essentiellement comme un phénomène social d'autorité, l'autorité se réduisant à l'imposition d'une volonté. Mais si le droit découle de jugements de valeur, il y a plus : les valeurs elles-mêmes ne doivent rien à la raison. L'option philosophique essentielle du positivisme est bien, en effet, celle qui consiste à réputer les valeurs « inconnaissables », à n'être que des prises de position subjectives[2]. De même que « des goûts et des couleurs, on ne se discute pas », le juriste positiviste n'hésite pas à affirmer : « des valeurs, on ne discute pas ». C'est la thèse largement admise du « non-cognitivisme éthique » : les valeurs (l'éthique) ne peuvent être connues ou découvertes par la raison ou par des arguments rationnels, mais seulement voulues ou rejetées, promues ou combattues.

C'est pourquoi le positivisme estime que le droit positif n'a pas besoin d'être rationnel pour exister : il suffit qu'une autorité *décide* de créer du droit, indépendamment de toute exigence de rationalité ou de qualité substantielle. Il suffirait de constater que l'apartheid sud-africain, le régime de ségrégation raciale aux États-Unis ou encore le régime nazi ont été juridiquement organisés pour s'en convaincre. Pour le juriste positiviste, le droit ne doit donc pas son existence à la qualité de son contenu, non plus qu'à son éventuelle conformité à un droit idéal ou naturel. Il ne procède que de l'autorité – ou, en termes moins subtils, d'un pouvoir – et non de la raison. Comme l'avait souligné Hobbes, dans le contexte spécifique qui était le sien[3], « c'est l'autorité et non la vérité qui engendre le droit » (*auctoritas non veritas facit legem*). Georges Ripert reprendra à sa façon l'idée en affirmant que « le droit positif tire sa valeur, non de l'idéal qui l'inspire, mais de sa seule existence[4] ». En définitive, il suffit à une autorité de prétendre poser du droit pour que le juriste soit tenu de le considérer comme tel.

1. V. par ex. M. Troper, « Autorité et raison en droit public français », in *Pour une théorie juridique de l'État*, Puf, « Léviathan », 1994, p. 107.
2. M. Troper, *Pour une théorie juridique de l'État*, p. 31 : « Les jugements de valeur sont en réalité l'expression de nos émotions ou de notre volonté. »
3. Pour Hobbes, il s'agissait par cette formule de soustraire la question de la vérité au débat politique.
4. G. Ripert, *Les Forces créatrices du droit*, LGDJ, 1955 (*reprint* 1998), p. 74. V. aussi J. Waldron, *Law and Disagrement*, Oxford University Press, 1999, p. 33 : « *A norm is law, not by virtue of its content, but by virtue of its source.* »

Le « droit positif » : critères de définition

201. Si l'on souhaite s'en tenir ainsi à l'étude du droit positif, la question essentielle est tout de même de savoir ce qu'il faut entendre par « droit positif » et en particulier quels critères vont permettre de reconnaître les normes du droit positif. Au regard de ce qui précède, il paraît logique de rechercher le droit positif dans les manifestations de volonté des « auteurs » du droit. Or qu'est-ce qu'un auteur ? Quelles sont les manifestations de volonté qui méritent d'être considérées comme du droit ?

Une chose est certaine : si, pour le positiviste, le droit est pétri de valeurs telles que la justice et l'ordre, les valeurs elles-mêmes sont proprement étrangères à l'investigation scientifique. Logiquement, le contenu du droit ne peut donc pas être un critère de définition du droit, car on ne peut connaître un objet que si cet objet est connaissable. Comme les valeurs sont inconnaissables, les valeurs qui pourtant font le droit ne peuvent être l'objet pertinent d'étude pour le positivisme juridique. En dernière analyse, le juriste positiviste est prêt à estimer que le droit positif n'a pas besoin de lui pour exister et qu'en retour, la science juridique n'influence pas le droit positif. Connaître le droit n'est pas le poser, le déterminer, ni l'influencer. Dans cette perspective, on distingue généralement (mais pas toujours) la *théorie* du droit, qui décrit le phénomène juridique selon ce vœu d'extériorité, et la *philosophie* du droit, qui pense conceptuellement le droit et cherche – de façon plus spéculative ou plus dogmatique – à en comprendre la raison d'être, la nature et les fonctions [1].

Cela dit, suffit-il à quiconque de « vouloir » pour créer du droit ? Assurément non : le droit ne naît pas de la volonté arbitraire d'un individu quelconque, mais d'un système institutionnel, qui organise voire canalise les expressions de volonté. Dans ce cas, comment reconnaître qu'un « acte de volonté » est bel et bien *du droit* ? Les réponses des positivistes sont diverses.

Le normativisme kelsénien

202. Kelsen lui-même n'a pas éludé la question. La méthode normativiste, qu'il a largement contribué à systématiser, entend en effet se doter d'une définition du droit comme *ordre normatif*. Un acte de volonté quelconque n'est considéré comme juridique que dans la mesure où une signification *objective* peut être conférée à cet acte. Si Kelsen insiste sur cette objectivité, c'est parce qu'elle évite de surestimer la subjectivité de celui qui voudrait ou poserait un acte de volonté. Il ne suffit pas de vouloir et toute manifestation de volonté ne peut pas créer du droit. La principale difficulté est alors de déterminer sur quoi repose cet ordre normatif objectif, ce qui fonde sa validité. Selon Kelsen, seul un ordre normatif « globalement efficace et sanctionné [2] » est digne d'être traité comme

1. V. sur cette distinction, M. Troper, *La Philosophie du droit*, Puf, « Que sais-je », 4e éd., 2015 (spéc. p. 9 et s.) ; J.-P. Chazal, « Philosophie du droit et théorie du droit, ou l'illusion scientifique », *Arch. Phil. Dr.*, 2001, p. 303 et s.

2. O. Pfersmann, « Le statut de la volonté dans la définition positiviste de la norme juridique », *Droits*, n° 28, 1999, p. 86.

un ordre juridique. Il est vrai qu'un ordre normatif se prête d'autant mieux à l'observation, donc à la description, que l'on peut repérer des « formes extérieures en lesquelles il s'incarne [1] » : les actes de volonté de certaines autorités [2] ou encore les sanctions prononcées. C'est en définitive grâce à son effectivité que le droit peut être reconnu comme tel [3]. Mais Kelsen ne peut faire reposer l'édifice normatif sur ce simple fait de l'obéissance au droit : ce serait méconnaître cette « loi de Hume » qui interdit de faire dépendre le devoir-être de l'être. Où trouver le principe de la validité de la Constitution, qui permettrait de la dire valide ? L'issue tient à ce que Kelsen nomme une « norme fondamentale », qui « fonde la validité objective du droit » [4], en assurant la clôture du système normatif sur lui-même (voir *supra* n° 157). La Constitution n'est pas normative parce qu'il existerait une introuvable norme positive prescrivant le respect de la Constitution ; elle est valide en tant que le juriste doit *logiquement* remonter à une norme inaugurale, qui imprime sa normativité au système juridique. La norme fondamentale n'est pas posée mais seulement supposée par le juriste scientifique : elle n'est pas une réalité du droit positif, mais elle est une hypothèse nécessaire au juriste pour penser le caractère normatif du droit, quel qu'il soit par ailleurs. Grâce à cette norme supposée, la validité du droit n'est pas tributaire d'un fait – par exemple, le fait d'un pouvoir quelconque – mais d'une norme, même si cette norme n'est qu'une expérience de pensée [5]. La théorie kelsénienne entend bien en ce sens décrire des normes en tant que normes, en veillant à ne pas les réduire à des faits.

D'autres approches positivistes

203. D'autres conceptions, tout en se réclamant du positivisme juridique, préconisent une méthode proprement empirique, contrairement à l'approche normativiste. Ainsi, les *théories empiristes* s'attachent à décrire un objet empiriquement observable, c'est-à-dire uniquement des faits sociaux que l'on pourrait néanmoins qualifier de « droit ». Elles entendent marquer en ce sens les limites du normativisme, dès lors que « Kelsen prétend construire une science du droit sur le modèle des sciences empiriques tout en considérant qu'elle doit décrire un objet qui n'est pas lui-même empirique [6] ». Au contraire, les thèses empiristes prétendent que la science juridique doit s'inspirer des sciences empiriques pour décrire un objet lui-même empirique. Ainsi, selon Alf Ross, la science du droit doit décrire des comportements sociaux observables et vérifiables. L'étude ne porte plus alors sur les normes juridiques, mais sur les comportements sociaux. Il s'agit de « décrire ce qui dans les faits est appelé droit [7] ». Mais le risque est

1. H. Batiffol, *Problèmes de base de philosophie du droit*, p. 12.
2. V. X. Magnon, « En quoi le positivisme – normativisme – est-il diabolique ? Étude critique », *RTD civ.* 2009, p. 269, qui estime que « retenir comme support matériel [...] le droit tel qu'il est posé » rend « l'identification de l'objet [...] chose aisée ».
3. H. Kelsen, *Théorie pure du droit*, *op. cit.*, p. 15 : « On ne considère une norme juridique comme objectivement valable que si la conduite humaine qu'elle règle y correspond effectivement, tout au moins jusqu'à un certain point. [...] Un minimum d'"efficacité" est donc une condition de la validité des normes juridiques. »
4. H. Kelsen, *Théorie pure du droit*, *op. cit.*, p. 12.
5. V. H. Kelsen, *Théorie pure du droit*, *op. cit.*, p. 261 et s.
6. M. Troper, *Pour une théorie juridique de l'État*, Puf, « Léviathan », 1994, p. 43.
7. E. Millard, *Théorie générale du droit*, Dalloz, « Connaissance du droit », 2006, p. 48.

alors de nier le caractère normatif du droit, ou du moins d'en faire une pure affaire de croyance subjective.

APPRÉCIATION CRITIQUE DU POSITIVISME JURIDIQUE

204. La principale difficulté du positivisme juridique réside dans son rapport profondément ambigu aux valeurs. L'argument pourra sembler contestable, dès lors que le positivisme juridique s'échine au contraire à clarifier quelle doit être son attitude à l'égard des valeurs en général et des valeurs du droit en particulier. C'est en réalité l'extériorité supposée du juriste vis-à-vis du droit et des valeurs qui mérite discussion. D'une part, il n'est pas évident que le positivisme soit aussi neutre qu'il y paraît dans son opération de description du droit. Il faut tout d'abord évoquer cette question du rapport du juriste aux valeurs et notamment au pouvoir. D'autre part, et par suite, il n'est pas certain que la science positiviste puisse décrire le droit au moyen d'une théorie axiologiquement neutre du droit, alors que le droit lui-même est un objet pétri de valeur(s). Il faut donc examiner si cette prétention à la neutralité est bien tenable.

Légalité et légitimité

205. La *distinction entre légalité et légitimité* est une antienne de la culture et de la pensée juridiques. De longue date, le positivisme juridique est critiqué pour le clivage qu'il maintient entre l'existence du droit positif et sa légitimité. Cette séparation serait le signe d'une démission légaliste – « la loi est la loi » – face au droit existant à un moment donné, quel que soit son contenu. Le refus du positivisme de prendre position sur le contenu du droit positif reviendrait à admettre que le droit peut prendre n'importe quel contenu – y compris le plus abject – et continuer pourtant d'être étudié de façon neutre et distanciée.

Nombre de juristes estiment au contraire qu'il leur incombe d'être attentifs à la *teneur* du droit positif, y compris pour le critiquer si besoin. Une riche et intense controverse s'est nouée au sujet de l'attitude des juristes, spécialement universitaires, sous le régime de Vichy [1]. Sous couleur de neutralité scientifique, certains d'entre eux avaient simplement pris acte du droit de Vichy et avaient consenti à le commenter comme si de rien n'était. Avec le recul, cette attitude passive pose assurément question. Est-elle le résultat d'une discipline méthodologique de fer, interdisant au juriste de prendre position quelles que soient les circonstances et lui imposant de se désintéresser des conséquences de ses commentaires ? Témoigne-t-elle plutôt d'une forme d'adhésion, au moins implicite (mais parfois assumée), au régime de Vichy ?

1. D. Lochak, « La doctrine sous Vichy ou les mésaventures du positivisme », in *Les Usages sociaux du droit*, CURAPP/Puf, 1989, p. 252 ainsi que M. Troper, « La doctrine et le positivisme (à propos d'un article de Danièle Lochak) », *ibid.*, p. 286 ; v. aussi *Le Droit antisémite de Vichy*, Seuil, « Le genre humain », 1996 ; *Juger sous Vichy*, Éditions du Seuil, « Le genre humain », 1999 ; M.-O. Baruch (dir.), *Faire des choix ? Les fonctionnaires dans l'Europe des dictatures 1933-1948*, Doc. Fr., 2014.

Selon certaines analyses, le positivisme juridique n'a pas été sans lien avec cette forme de *démission*. En commentant le droit de Vichy sans trahir aucune forme de distance critique (sans parler d'aversion ou d'horreur), les juristes ont contribué à légitimer ce droit, puisqu'ils ont laissé entendre qu'il méritait d'être commenté, en tant qu'il était « le droit positif ». En restant silencieux sur la nature des valeurs promues par ce droit, mais aussi sur les conséquences de son application, les juristes ont banalisé un droit pourtant inacceptable. En ce sens, sous Vichy comme de nos jours, « la neutralité du commentaire neutralise le contenu de ce qui est commenté [1] ».

Certains défenseurs du positivisme juridique ont répliqué à cette charge. Du point de vue positiviste en effet, l'argument ne tient pas : c'est justement en séparant la question de la validité du droit et celle de la qualité du droit (ou de sa justification) que l'on peut entrevoir la possibilité de la désobéissance aux ordres du droit positif. Aux yeux du positivisme juridique, les conditions de validité sont distinctes des conditions de légitimité du droit. Le positivisme distingue la question de savoir ce qu'est le droit positif d'une part et celle de savoir quels sont ses mérites (par exemple : est-il juste ?) d'autre part. Selon les défenseurs du positivisme, il est possible de décrire, en tant que juriste scientifique, le droit de façon neutre (donc conformément aux exigences scientifiques telles que les définit le positivisme) et de le critiquer, par ailleurs, en tant que juriste citoyen. Mais le métier du juriste n'est plus du tout le même dans le premier et le second cas.

La principale difficulté de cette réplique tient à ce qu'elle néglige par trop les formes de porosité qui existent (et que l'on peut d'ailleurs régulièrement constater) entre le discours de la science du droit et le droit lui-même. Le positivisme fait comme s'il était possible de tracer une limite nette et étanche entre deux types de juriste (le juriste scientifique et le juriste citoyen) et entre deux types de discours (le discours de la science et le discours du droit). Or cela n'est guère évident.

Juriste scientifique et juriste citoyen

206. La critique porte tout d'abord sur la séparation entre l'analyse du droit positif – qui peut être scientifiquement menée *en toutes circonstances* – et la critique de celui-ci – qui suppose de faire référence à des considérations extérieures au droit positif et donc de cesser d'être scientifique. Le meilleur exemple de dédoublement a été donné par Kelsen, qui admettait sans difficulté qu'un juriste anarchiste puisse étudier le droit de façon neutre, c'est-à-dire en dépit de ses convictions anarchistes. Le principal reproche adressé à la vulgate positiviste est bien cette dichotomie entre le juriste scientifique, donc axiologiquement neutre, et le juriste citoyen et engagé.

Contrairement à ce que soutenait Kelsen, Max Weber estimait pour sa part que le juriste anarchiste pouvait effectivement étudier le droit, mais qu'il le faisait alors *de son point de vue anarchiste* et non pas en dépit de ses convictions [2]. L'idée qu'il existe un point de vue totalement neutre est effectivement intenable. La science du droit opère nécessairement d'un certain point de vue, lequel est relatif, contingent et subjectif. Faut-il

1. D. Lochak, « Une neutralité impossible », *in* P. Amselek (dir.), *Théorie du droit et science*, Puf, « Léviathan », 1994, p. 300-301.

2. M. Weber, *Essais sur la théorie de la science*, traduit et présenté par J. Freund, Plon, 1965, p. 411. Pour la position kelsénienne, v. H. Kelsen, *Théorie pure du droit*, *op. cit.*, p. 295.

faire semblant que la description est neutre malgré cette subjectivité, ou ne faut-il pas plutôt chercher à mettre au clair cette subjectivité irréductible ?

De tels enjeux sont particulièrement délicats concernant l'attitude du juriste *face à un droit inacceptable.* La description neutre du droit positif contribue en effet à asseoir l'idée que ce droit positif doit être appliqué, précisément parce qu'il est le droit positif. La description « neutre » ne se présente pas comme une entreprise de légitimation du droit positif, puisque le positiviste se refuse obstinément à prendre position. Mais ne pas prendre position équivaut à taire un éventuel désaccord. Il en résulte que le silence peut au moins entretenir l'apparence d'une approbation. Dans la mesure où le positivisme ne donne par ailleurs aucun moyen *juridique* de critiquer le droit positif (car il n'existe pour lui que *ce* droit positif), la description relève bien, dans le meilleur de cas, de la passivité. Le positivisme juridique se place volontairement en aval du droit tel qu'il existe et les juristes présentent le risque de devenir de « consciencieux garagistes » du droit [1]. La sérénité du juriste scientifique à toute épreuve paraît ainsi très discutable, particulièrement lorsqu'elle est censée pouvoir cohabiter, chez une même personne et dans le même temps, avec l'indignation du juriste citoyen.

Du reste, le positivisme néglige trop souvent la *porosité* qui existe entre son propre discours de facture scientifique et le droit positif. La possibilité même d'un métalangage n'est guère interrogée [2] : elle est postulée. La science positiviste repose en effet sur le présupposé qu'elle n'exerce ou ne produit aucune influence sur le droit qu'elle étudie. Or peut-on être certain que les convictions du juriste citoyen ne contaminent pas les recherches du juriste scientifique ? Certes un juriste pourrait, comme un non juriste, lire le texte d'un article de Code en demeurant descriptif et donc neutre. Mais peut-on être juriste, c'est-à-dire « faire » du droit, en se bornant à le « décrire » ainsi ? Dans le même ordre d'idée, « ferait »-on de la physique ou de la biologie en se bornant à lire et à décrire le contenu d'un manuel exposant le dernier état de la science en la matière ? Peut-on même d'ailleurs simplement décrire le droit positif de façon plus précise ou plus approfondie sans dire quelque chose de la marge d'interprétation et donc des diverses interprétations possibles – et donc sans toucher au contenu ?

Le droit est avant tout *une œuvre de l'esprit* : c'est moins un résultat observable (la norme voulue de façon péremptoire) qu'une manière de raisonner (la norme voulue en fonction de tel résultat, pour tel motif, au regard de tel argument). Loin de se déployer dans deux univers totalement séparés, la science juridique et le droit positif partagent d'ailleurs un instrument identique : le langage juridique, c'est-à-dire le vocabulaire (la terminologie) et la grammaire (la logique argumentative) juridiques. Pour connaître le droit, il s'agit moins de le décrire comme du dehors, mais le comprendre comme de l'intérieur. Il ne suffit évidemment pas de récolter les manifestations du droit et de les assembler dans ce qui serait une sorte d'herbier des normes juridiques. Il faut saisir la logique et la raison d'être de ces normes, ce qui suppose une forme d'intimité avec le système juridique. En d'autres termes, au-delà de la positivité du droit, il y a la *culture* propre à ce droit. Sans doute n'est-il pas nécessaire d'adhérer au droit pour le comprendre

1. J.-D. Bredin, « Remarques sur la doctrine », *Mélanges Pierre Hébraud*, Toulouse, 1981, p. 116.

2. V. R. Barthes, *Leçon*, Seuil, « Points », 1978, p. 36 : « Toute relation d'extériorité d'un langage à un autre est, *à la longue*, insoutenable [...] : je ne puis être à vie *hors* du langage, le traitant comme une cible, et *dans* le langage, le traitant comme une arme. » Il notait quelques lignes plus loin que « c'est par un abus épistémologique, qui commence précisément à s'effriter, que nous identifions le métalangage à la science ».

intimement ; mais il faut certainement que le juriste y mette du sien, qu'il investisse le droit d'une certaine logique, qu'il envisage les motifs susceptibles de justifier les normes et qu'il explore les raisons d'être du système juridique. La description du droit ne peut décidément pas être assimilée à cet égard à la description d'un phénomène physique : le droit est un phénomène humain, qui a des raisons et des conséquences humaines. Il est fait par les êtres humains et pour eux. À cet égard, le juriste de *Common Law* court sans doute moins le risque (ou même la volonté) de déconnection du réel inhérent au positivisme : la casuistique oblige en effet, au cas par cas, à justifier la règle par les faits de l'espèce, et donc à intégrer plus immédiatement la raison de juger (la *ratio decidendi*) dans la règle de droit.

Dès lors, la science juridique peut difficilement prétendre à un « désintéressement » absolu. De même que l'étude scientifique des religions est en définitive une recherche des ressorts humains de la croyance religieuse, la science juridique est essentiellement l'étude des ressorts du droit : dans quels buts une société se dote-t-elle d'un système juridique et comment ce système fonctionne-t-il ? Par exemple, la notion d'interprète « authentique », dont on a vu qu'elle est essentielle pour le positiviste à l'identification du droit positif, renvoie à une interprétation « faisant foi ». De façon significative, la question de savoir par quels mécanismes une parole « fait foi » n'est guère abordée. Il ne suffit pourtant pas de prendre le droit comme un objet purement technique que l'on pourrait purger du sens qu'il a pour les hommes qui l'utilisent. En tant qu'œuvre humaine, le droit doit être saisi dans sa complète dimension humaine : il faut prendre au sérieux ce qui préside à son élaboration et à son application. De façon plus générale, celui qui se prétend extérieur ou en position de surplomb fait en réalité lui-même partie de la doctrine et son discours entrera nécessairement dans le jeu des interprétations. Même s'il estime devoir rester spectateur du jeu social qu'il se donne pour objet d'étude, le juriste fait donc nécessairement partie de ce jeu social même.

Le dilemme du positivisme est le suivant : il faudrait pouvoir se détacher totalement du milieu social considéré pour répondre aux réquisits de la science pure, lors même qu'une connaissance intime de ce milieu est nécessaire pour procéder à une étude scientifique rigoureuse du droit. Ce problème a conduit certains juristes à distinguer différents « points de vue » que le scientifique est susceptible d'adopter [1]. Néanmoins, une porosité est souvent constatée entre la science juridique et le droit lui-même. L'épistémologie contemporaine, y compris en sciences dites « dures » confirme ce point somme toute assez banal : le sujet chercheur interagit nécessairement avec son objet d'étude, au point que la façon de chercher conditionne partiellement ce qui est trouvé. Les descriptions qu'opère la science du droit sont en effet susceptibles d'être utilisées à des fins idéologiques, pour exercer une influence normative sur le droit. Le cloisonnement entre la science et son objet apparaît alors au mieux comme un horizon, au pire comme une pétition de principe. Ainsi que le reconnaît l'un des éminents représentants français du positivisme juridique, « ou bien on s'accroche à la vision positiviste d'une science du droit véritable, qui contiendrait seulement des assertions vraies sur un objet totalement extérieur, mais on se prive ainsi de la possibilité de rendre compte des rapports entre la

1. Outre l'œuvre de H. Hart, v. F. Ost et M. van de Kerchove, « De la scène au balcon : d'où vient la science du droit ? », *in* F. Chazel et J. Commaille (dir.), *Normes juridiques et régulation sociale*, LGDJ, « Droit et société », 1991, p. 67 ; J.-Y. Chérot, « La question du point de vue interne dans la science du droit », *RIEJ*, 2007, p. 244.

science du droit et le droit ; ou bien on rend compte de ces rapports, mais on doit renoncer à l'idée d'une science du droit descriptive, c'est-à-dire à ce qui constitue l'essentiel de la conception positiviste [1] ». Il ne paraît pas satisfaisant de répliquer, en guise d'issue à ce dilemme, que la science elle-même n'est pas responsable des usages idéologiques ou normatifs de ses affirmations. Faut-il rappeler par exemple que Albert Einstein et Robert Oppenheimer ont fait la douloureuse expérience des limites de cette « bonne conscience » lorsque leurs découvertes menèrent à la bombe atomique ?

Au demeurant, *fort peu de juristes positivistes restent en pratique fidèles à leur idéal de neutralité absolue*. Ainsi, quelques thuriféraires contemporains du positivisme juridique n'ont pas manqué de manifester leur désaccord lorsque d'autres juristes prirent publiquement position, en leur qualité de juristes, contre le projet de loi de réforme du mariage, ouvrant celui-ci aux personnes de même sexe. Dans une tribune, ces juristes positivistes n'ont pas hésité à intimer le silence à leurs collègues sortis du rang de la neutralité axiologique [2]. Il s'agissait ici de dénoncer des juristes s'exprimant « au nom du Droit » pour défendre une opinion particulière, en l'occurrence contre la réforme législative annoncée, au motif qu'il n'existe pas d'autre « Droit » que celui qui est posé comme tel. Présentée comme un enjeu de méthode et d'épistémologie, la discussion revenait ici à exclure du champ de la controverse scientifique tout élément extérieur au droit existant, au motif qu'il ne pouvait s'agir alors d'un argument juridique mais bien plutôt d'une option morale, politique, idéologique, religieuse, etc.

Le problème est toutefois que, contrairement à ce que laissaient entendre les auteurs de cette tribune, toute controverse sur le droit est d'ordre « politique », en ce sens qu'il s'agit d'argumenter pour un droit qui n'existe pas encore, ou de combattre le droit existant au nom d'un autre droit. S'il faut se taire au motif qu'il n'existe que le droit posé, alors le juriste est condamné à attendre les décisions des autorités pour les enregistrer en silence. Sa science devient un adjuvant du pouvoir en place. D'ailleurs, en engageant cette controverse, les auteurs de la tribune pouvaient-ils vraiment se prétendre indifférents à la teneur politique du débat en question ? Est-il certain que l'option des juristes qu'ils entendaient critiquer n'était pour rien dans leur réaction ? Les mêmes juristes n'ont-ils pas pris d'ailleurs eux-mêmes la parole pour dénoncer publiquement les dangers du droit positif, par exemple le maintien de l'état d'urgence déclaré au lendemain des attentats de Paris du 13 novembre 2015, ou encore pour dessiner les contours que (ne) devrait (pas) prendre le principe de laïcité ? N'y aurait-il pas là un « deux poids deux mesures » ? La neutralité serait-elle à géométrie variable, selon la teneur du combat qu'il s'agit de mener ou de taire ? Car dirait-on par exemple qu'un juriste de droit du travail n'a rien à dire, en tant que juriste, sur les dernières évolutions de sa matière ? Un commercialiste ne pourrait-il d'exprimer qu'en tant que citoyen lorsqu'il critique telle ou telle disposition de droit des faillites ou de droit des sociétés ?

1. M. Troper, « Le positivisme juridique », *Revue de synthèse, Philosophie et épistémologie juridiques*, n° 118-119, avril-septembre 1985, p. 194, reproduit in *Pour une théorie juridique de l'État*, Puf, « Léviathan », 1994, p. 27.
2. S. Hennette-Vauchez, V. Champeil-Desplats, E. Millard, P. Brunet, « Mariage pour tous : juristes, taisons-nous ! », Raison Publique, 20 mars 2013 [http://www.raison-publique.fr/article601.html, dernière consultation : le 20 mai 2016], article repris sous le titre « Mariage pour tous : les juristes peuvent-ils parler "au nom du Droit" ? », *D.* 2013, p. 784.

L'hypothèse du « positivisme critique »

207. Ces difficultés sont redoublées par le fait que le positivisme juridique revendique parfois explicitement sa portée critique. Il existerait tout d'abord une « fonction critique du fait » : pouvoir rappeler l'existence du droit positif – par exemple que telle norme juridique est en vigueur – permettrait de dénoncer au besoin des affirmations juridiquement fausses, ou des manipulations (politiques ou médiatiques par exemple) sur l'état du droit positif. Cette « portée critique du fait » serait en soi bénéfique sur le terrain de la connaissance comme de la pratique juridique. À cet égard, il est indéniable que, pour le positivisme, « le fait est devenu valeur, le fait est la seule preuve décisive, le fait est devenu raison [1] ». Cette fonction critique du fait est sans doute indispensable, car le premier élan de la science juridique consiste bien à établir le droit existant. Cela dit, il n'existe aucun fait brut et cette tâche première du juriste suppose nécessairement de sa part un effort d'identification et d'interprétation des sources. Il est paradoxal par ailleurs de prétendre s'attacher aux « faits » quand l'objet d'étude relève précisément du droit, c'est-à-dire d'un objet normatif. Envisager le droit comme fait, c'est assimiler l'autorité à un fait et s'interdire de saisir la complexité du phénomène juridique. Enfin et surtout, il n'est pas certain que ce « retour aux faits » épuise le rôle du juriste, même scientifique. On peut en effet s'interroger sur l'utilité d'une science qui ne ferait que *refléter* le droit positif au motif de le connaître.

Dans une autre perspective, le vœu de neutralité du positivisme juridique n'empêcherait pas l'examen simultanément *critique et scientifique* du droit positif. Ainsi par exemple, il serait possible de développer une approche scientifique du droit qui déplace radicalement le point de vue sur le droit, afin de « voir les choses telles qu'elles sont » plutôt que de reproduire sans y prendre garde les représentations et présupposés du droit positif [2]. En déployant ces « récits critiques sur le droit [3] », la science juridique viserait fondamentalement à *déniaiser* sur le droit existant, à poursuivre un « désenchantement de la raison juridique [4] ». Ce « positivisme critique » présente certes le mérite de ne pas prêter le flanc à la dénonciation d'une trop faible distance entre le droit positif et sa description. Mais force est d'admettre que ces récits alternatifs supposent bien un point de vue théorique lui-même alternatif à celui que déploie (fût-ce implicitement) le droit positif. S'il s'agit de déniaiser, encore faut-il expliciter *d'où* ce déniaisement opère : pas plus ici qu'ailleurs, le juriste n'est en position de surplomb ou ne s'exprime au nom d'une vérité « brute » ou de « faits » s'imposant d'eux-mêmes. Spécialement s'agissant de phénomènes sociaux, le déniaisement se situe nécessairement dans un contexte théorique spécifique, qui ne peut donc être considéré comme « objectif » ou « neutre ». Ce déniaisement est-il par exemple une opération de destitution de tous les mythes juridiques, de dévoilement de tous les

1. J. Ellul, « Essai sur la signification philosophique des réformes actuelles de l'enseignement du droit », *Arch. Phil. Dr.*, 1961, p. 5.

2. V. Champeil-Desplats, *Méthodologies du droit et des sciences du droit*, Dalloz, « Méthodes », 2013, p. 293 et s.

3. V. Champeil-Desplats, *ibid.*, p. 294.

4. E. Millard, « Quelques remarques sur la signification politique de la théorie réaliste de l'interprétation », *in* D. de Béchillon, P. Brunet, V. Champeil-Desplats, E. Millard, *L'Architecture du droit – Mélanges en l'honneur du professeur Michel Troper*, Economica, p. 732.

foyers masqués de pouvoir [1] ? Peut-être s'agit-il même de déconstruire purement et simplement le droit pour en faire table rase : dans ce cas, il est évident que la science juridique n'a absolument rien de neutre par rapport à son objet. Même s'il n'est question que de déconstruire certains « présupposés » juridiques (fût-ce pour en reconstruire d'autres), encore faut-il exposer ce qui autorise *scientifiquement* cette déconstruction, en tout cas dans le sens que le positivisme lui-même donne à la science. Si la subversion du droit positif peut paraître une perspective stimulante, il n'est pas certain qu'une science du droit rigoureusement positiviste puisse cautionner un tel projet.

La neutralité axiologique, source de malentendus

208. Tout cela pose décidément la *question de savoir si la neutralité axiologique du juriste est bien tenable.* Il est permis de se demander si l'on peut étudier le droit en refusant de prendre en compte son contenu axiologique. Si l'axiologie est tellement déterminante de l'objet, comment pourrait-elle n'être pas déterminante aussi pour la science de cet objet ? Peut-on décrire l'objet « tel qu'il est » sans le saisir en tant qu'il « doit être » ? Le vœu de « neutralité axiologique » de la science juridique positiviste n'est pas seulement un vœu d'objectivité et d'honnêteté intellectuelle : c'est bien davantage un vœu de neutraliser, pour les besoins de la cause scientifique, les impuretés axiologiques dont le droit déborde pourtant (voir *supra* n° 154).

Telle que théorisée par Max Weber, la neutralité axiologique de la science (*Wertfreiheit*) mérite en réalité d'être entendue au sens d'une « non-imposition des valeurs [2] » : il n'appartient pas au scientifique de présenter ses propres convictions comme étant la réalité objective des choses. Pour Weber, ce mélange des genres est particulièrement inadmissible pour un professeur qui, en cette qualité, a face à lui des étudiants privés de parole. Le professeur ne doit pas faire œuvre de propagande ou de prosélytisme du haut de sa chaire, il doit s'interdire de conditionner son auditoire en imposant l'adhésion à ses propres valeurs, *a fortiori* en les faisant passer pour indiscutables. La fonction de l'enseignant est au contraire de développer les instruments intellectuels indispensables pour que les étudiants puissent eux-mêmes procéder à des choix parfaitement informés.

Mais cette « non-imposition des valeurs » signifie-t-elle l'absence pure et simple d'axiologie dans le discours ou les pratiques des scientifiques ? La « neutralité axiologique » doit-elle conduire à taire absolument ses convictions ? Pour Max Weber, au contraire, la distinction entre fait et valeur (ou entre être et devoir-être) n'avait pas la portée radicale que choisissent de retenir la plupart des juristes contemporains. D'une part, il admettait parfaitement que, dans le champ juridique et spécialement au regard de la nature normative du droit, la science juridique soit fondée à discourir sur les valeurs. Il est ainsi possible d'apprécier le rapport entre les valeurs et les moyens censés permettre de les atteindre, y compris pour proposer une norme juridique adéquate au regard de la fin recherchée. Voilà déjà une singulière nuance apportée au principe d'une abstention

1. « La théorie réaliste de l'interprétation déconstruit la représentation du droit liée à cette croyance [dans la raison juridique]. Le droit est seulement affaire de pouvoirs », E. Millard, « Quelques remarques sur la signification politique... », art. préc., p. 733.

2. M. Weber, *La Science, profession et vocation*, traduction par I. Kalinowski, Agone, « Banc d'essais », 2005.

totale du juriste scientifique sur le terrain des valeurs. D'autre part et surtout, le principe de « non-imposition des valeurs » visait à condamner l'instrumentalisation de la science à des fins politiques dans le cercle spécifique de l'amphithéâtre, c'est-à-dire lorsqu'il n'y a aucun débat ni aucune controverse possible entre l'orateur et ses auditeurs [1]. La confusion entre politique et science était répréhensible aux yeux de Weber dans le cadre d'un « face-à-face où le droit à la parole est tout entier d'un côté, tandis que l'autre côté est condamné au silence [2] ». La situation est bien différente dans la communauté scientifique, puisque les prises de position sont alors susceptibles d'être (et méritent d'être) discutées rationnellement. Non pas donc se taire, mais discourir et débattre, sachant que Weber ne s'était d'ailleurs pas privé d'intervenir publiquement, non pas malgré sa science mais grâce à elle, « faisant jouer à plein les ressources » de sa qualité de scientifique vis-à-vis du pouvoir politique [3]. En ce sens, il contestait le fait de rabattre les questions de valeur sur les questions de fait ou de technique, cet « usage malhonnête qui peut être fait des valeurs lorsqu'elles sont présentes sans être données comme telles, lorsqu'elles sont "masquées", "cachées" [4] ». Le propos reste à cet égard d'une actualité brûlante aujourd'hui car, sous couleur de technicité et d'expertise, la teneur politique d'un certain nombre d'enjeux est trop souvent occultée.

Le droit comme valeur

209. C'est aussi la « neutralité axiologique » qui explique que le droit puisse être défini, par la vulgate positiviste, de façon exclusivement formelle, en prenant soin d'écarter tout contenu substantiel. La forme sans contenu n'est pas ici un attribut parmi d'autres du droit : elle est censée en être la nature même, le reste n'étant que pouvoir. Toute élaboration intellectuelle donnant un minimum de densité doctrinale et de corps substantiel au droit est alors dénoncée comme une « essentialisation » du phénomène juridique – cet anathème tenant lieu d'argument théorique définitif, comme si « la perfection de l'esprit juridique [était] l'aptitude à nier le Droit [5] ».

Or, au niveau d'analyse le plus général possible et au risque d'une telle « essentialisation », le droit est pourtant bien en soi une *valeur*. C'est d'abord une valeur dans la mesure – finalement assez élémentaire – où le droit est normatif (ou se prétend tel). Il entend donc régir les faits sociaux, s'imposer à eux d'une certaine façon et les ordonner au regard de certains buts. En tant qu'il est porteur de normativité, le droit est donc irréductible au fait – y compris au fait de pouvoir. Cette normativité le range parmi les valeurs sociales, parmi les idéaux qu'une société se donne à elle-même [6]. Le droit ne peut

1. V. en ce sens, C. Colliot-Thélène, « Préface », *op. cit.*, p. 32-33 et I. Kalinowski, « Un savant très politique », *in* M. Weber, *La Science, profession et vocation*, *op. cit.*, p. 193 et s.

2. C. Colliot-Thélène, « Préface » à M. Weber, *Le Savant et le politique. Une nouvelle traduction*, La Découverte, Poche, 2003, p. 33.

3. I. Kalinowski, « Un savant très politique », *op. cit.*, p. 198.

4. I. Kalinowski, *ibid.*, p. 199.

5. J.-D. Bredin, « Remarques sur la doctrine », art. préc., p. 123.

6. Sur la normativité du droit, v. not. J. Ellul, « Essai sur la signification philosophique des Réformes actuelles de l'Enseignement du Droit », *Arch. Phil. Dr.*, 1961, p. 1 ; A. Supiot, *Homo Juridicus. Essai sur la fonction anthropologique du droit* (2005), *op. cit.* ; F. Brunet, *La normativité en droit*, préface de E. Picard, postface de A. Supiot, Mare et Martin, « Bibl. des thèses », 2012.

se contenter de refléter passivement l'état de la société, sauf à perdre sa raison d'être. Imaginons un système juridique totalement conservateur, qui se contente d'enregistrer les faits sociaux tels quels : ce serait encore un système normatif, dont l'idéal serait le conservatisme pur et dont l'ambition serait de ne rien changer. Même dans ce cas, le droit s'imposerait encore de façon normative à la société, celle-ci risquant bien d'évoluer et de se transformer contrairement à l'idéal conservateur de son système juridique. Autrement dit, se profile toujours derrière le droit une certaine idée de la société idéale. Cela autorise à considérer que « le juriste est voué à une certaine forme de bien, qui est le bien social humain [1] », à condition toutefois d'admettre que les idées de « bien » ou de « mal » ne ressortissent pas exclusivement à la morale.

Le droit est une valeur dans un sens supplémentaire : c'est *un* mode d'organisation sociale parmi d'autres, un type spécifique de résolution des conflits sociaux. Le système juridique veut démentir l'idée que les conflits sociaux ne peuvent être résolus que par la violence ou la force physique. Cette fonction de résolution pacifique des désaccords sociaux [2] montre combien le droit n'a rien de naturel, mais relève au contraire d'une construction humaine volontaire et artificielle. De ce point de vue, gît à la racine de tout droit positif cette idée qu'il est *souhaitable* (acte de volonté) que les rapports sociaux soient traités par la parole du droit, c'est-à-dire d'une façon la plus pacifique possible. Bien qu'ils puissent être eux-mêmes violents à leur façon, les mots du droit sont en l'occurrence des alternatives à la violence physique. Au fond de tous les actes de volonté qui composent le droit, se loge cette volonté fondamentale de s'accorder sur une alternative à la force brute. Il ne semble donc pas qu'une théorie générale du droit puisse s'élaborer indépendamment des valeurs qui déterminent essentiellement son objet. Ainsi, la « loi de Hume » ne saurait être entendue de façon radicale et finalement fort stérile [3]. Si le droit est indéniablement un système formel ou formaliste, la forme juridique n'est elle-même qu'une *conséquence* d'un choix beaucoup plus fondamental, d'ordre axiologique.

Sans doute l'ambition du positivisme doit-elle être reconsidérée à cet égard : autant il est parfaitement légitime de vouloir construire une théorie susceptible de décrire « tout système de droit positif [4] », autant il convient de se demander quels sacrifices sont alors consentis et à quel prix. En cherchant à élaborer une théorie « générale », le positivisme laisse entendre qu'il existe des propriétés parfaitement universelles du droit d'une part, et que ces propriétés universelles sont neutres axiologiquement d'autre part. Pourtant, il ne paraît pas possible, sous prétexte du caractère général d'une théorie juridique, de faire abstraction ce qui fait l'essentiel de l'objet étudié, à savoir l'axiologie qui préside à tout système de droit positif – et qui explique que des êtres humains utilisent, pensent et pratiquent quotidiennement ce qu'on appelle le droit en tant que système normatif [5]. Si

1. J. Dabin, « La place du droit et du juriste dans la société », *RDP*, 1963, p. 400.

2. Laquelle peut passer également par la formalisation d'un accord sur des valeurs essentielles, censées constituer le socle indiscutable, dans une société et à une période donnée. Sauf à être interrogées à nouveau, ces valeurs sur lesquelles la société s'accorde en principe bornent d'autant les débats et les conflits sociaux quotidiens.

3. J.-L. Gardies, *L'Erreur de Hume*, Puf, 1987 ; du même auteur, « De quelques voies de communication entre l'"être" et le "devoir-être" », *Revue philosophique de la France et de l'étranger*, t. 166, n° 3, 1976, p. 273.

4. E. Millard, *Théorie générale du droit*, Dalloz, « Connaissance du droit », p. 23.

5. V. M. Virally, « Le juriste et la science du droit (à propos de la traduction de la "Théorie pure du droit" », *RDP*, 1964, p. 591 et s.

donc la généralité suppose de s'abstraire du contenu de *tel* ou *tel* système juridique, il ne saurait être question d'en conclure que cette abstraction doit conduire à une neutralisation des valeurs, puisque le droit lui-même est alors ruiné comme objet. Placée à un tel degré d'abstraction et de généralité, la description éloigne donc en réalité du droit tel qu'il est pensé, vécu et pratiqué en société.

Dès lors, une théorie générale du droit semble difficilement pouvoir faire l'impasse sur les valeurs qui imprègnent le ou les droits actuels. À défaut de tenir ces valeurs pour déterminantes, cette théorie se condamne à un formalisme sans doute logiquement parfait, mais juridiquement et socialement invraisemblable, qui risque de ne pas décrire l'essentiel du droit contemporain. Une théorie ne peut donc supposer ou concevoir de telles propriétés universelles du droit, si cela se fait au prix d'une neutralisation du contenu axiologique qu'il présente. L'existence même d'un quelconque « droit général » ou « universel » est d'ailleurs fort douteuse au regard de la densité culturelle de chaque système juridique.

Dans tous les cas, le juriste a, par métier, les valeurs chevillées au corps. Que serait le droit sans, par exemple, la notion de justice ? Ces valeurs impliquent la responsabilité du juriste, car le droit est conçu et pensé pour avoir des effets, pour entraîner des conséquences sur les êtres humains en société. En acceptant ou en embrassant certaines valeurs, le juriste « engage la société dans une impasse ou bien rend le droit inapplicable [1] ». Dans ces conditions, autant ne pas se cacher derrière son petit doigt. L'essentiel est plutôt de développer des arguments les plus convaincants qui soient et de s'engager le cas échéant dans des controverses, celles-ci faisant aussi partie de la science et de ses avancées.

L'impossible neutralité

210. Le juriste ne prend son sens que relativement au droit qu'il étudie, manipule ou forge. Est-ce à dire que le droit ne tient son existence que du juriste ? À bien des égards, il paraît indispensable à la vie du droit que des juristes en fassent leur vocation, afin d'assurer une application cohérente ou pertinente de l'ensemble des pièces du jeu juridique, ou encore pour conduire à améliorer la justesse et la justice des solutions rendues. L'expertise du juriste, son habileté à manier les concepts et les techniques du droit, ses compétences pour écrire les formules juridiques adéquates, en font un rouage essentiel du système juridique lui-même. Bien qu'elle ne soit pas toujours requise pour s'adresser au juge, la présence d'un avocat fait souvent la différence. Un contrat qui n'est pas au minimum relu par un juriste risque d'exposer à des déconvenues. Cette place privilégiée du juriste au regard du droit n'en est pas moins discutable, si elle conduit à enfermer le droit dans une technicité, voire une opacité qui échappe à beaucoup, sauf précisément aux plus avertis. De surcroît, les juristes ne font-ils pas généralement payer leurs services ? Rétribution logique d'une compétence, cette rémunération n'a toutefois jamais laissé d'interroger : les juristes auraient-ils quelque intérêt professionnel ou corporatif à défendre l'aridité du droit, au nom d'une irréductible spécificité de son langage,

1. J. Ellul, « Essai sur la signification philosophique des réformes actuelles de l'enseignement du droit », *Arch. Phil. Dr.*, 1961, p. 16.

de ses sources, de son évolution ? Ne seraient-ils pas les « gardiens de l'hypocrisie collective », comme l'écrivait le sociologue Pierre Bourdieu [1] ?

Bien qu'il semble être l'apanage des juristes, le droit est en réalité un phénomène profondément social avant tout, dont les ressorts ne sont pas à disposition des juristes eux-mêmes. Une société se dote d'un système juridique à des fins qu'elle lui assigne. Le droit charrie nécessairement avec lui et en lui les finalités qu'il poursuit. En effet, le droit ne pourrait guère opérer sur la société – telle étant sa fonction normative – s'il n'était pas *public*, si son sens et ses buts n'étaient pas (ou plus) partagés ou, au moins, admis par les membres de la société. Si la maîtrise du droit peut supposer une connaissance particulière, le juriste sait que le droit ne peut être obéi en société sans bénéficier d'une reconnaissance de celle-ci. L'autorité dont dispose le juriste est tributaire, en dernière analyse, de cette adéquation nécessaire entre sa volonté propre et les ambitions que le droit lui-même exprime et que la société partage, au moins de façon générale.

L'image si courante du juriste en conservateur ne reflète donc que partiellement la réalité. Il est indéniable que le droit a une fonction de stabilisation et d'ordre. De l'ordre au conformisme social, il n'y a certes qu'un pas. Le monde du droit et des juristes est marqué par une sérénité apparente, celle des procédures, des textes et des institutions, celle aussi de la mise à distance des passions et autres désordres humains. Il n'est qu'à évoquer ce maître-mot contemporain de « sécurité juridique » pour mesurer combien le juriste recherche activement cette mise en ordre, comme nombre d'acteurs sociaux qui le sollicitent en ce sens. À travers le droit et grâce à lui, le juriste se représente une société idéale qui, en obéissant à la norme juridique, serait le lieu d'une normalité rassurante. Il faut bien noter aussi que la sécurité juridique est nécessaire au droit lui-même, puisqu'un système juridique se ruinerait à vouloir constamment se renouveler, en changeant ses règles de façon incohérente et… désordonnée.

Si les juristes sont souvent perçus comme défenseurs (malgré eux ?) de l'ordre établi, c'est d'abord parce que cet ordre a été érigé et n'est maintenu que par décision de la société ou, du moins, parce que la société n'a pas souhaité ou trouvé les moyens de modifier davantage cet ordre. De ce point de vue, le juriste est donc toujours suspect de suivisme : sa propension naturelle est de se placer à la remorque de la société, au motif – consolidé par le positivisme dominant – qu'il ne lui appartient pas de décider pour elle. Une telle usurpation pourrait même être contraire à la démocratie et au pluralisme axiologique que la théorie démocratique est censée fonder… Au reproche de conservatisme, le juriste positiviste répondra d'ailleurs que cet ordre est voulu par la société, par décision délibérée ou par inertie. Que cet ordre tombe ou soit supplanté par un autre, il y verra tout autant un phénomène social et se contentera d'en prendre acte pour devenir le nouveau rouage du nouvel ordre. Dans ces évolutions du droit, le juriste a tendance à ne se percevoir que comme un messager largement passif des mutations sociales.

Cette conception du métier de juriste s'explique par l'idée selon laquelle le droit serait, en définitive, à disposition de la société et que celle-ci, ou du moins ses pouvoirs agissants, seraient intégralement maîtres du droit. Phénomène social, le droit n'aurait rien à faire valoir face aux changements sociaux, aux mouvements d'idées, aux mutations

1. P. Bourdieu, « Les juristes, gardiens de l'hypocrisie collective », *in* F. Chazel et J. Commaille (dir.), *Normes juridiques et régulation sociale*, LGDJ, « Droit et société », 1991, p. 95. V. aussi J. Caillosse, « Quelques observations sur "le pouvoir du juriste" », *Liber Amicorum Darcy. Détours juridiques : le praticien, le théoricien et le rêveur*, Bruylant, « Mélanges », 2012, p. 29.

politiques ou économiques. Réceptacle neutre des doléances affirmées dans le monde social, le droit serait tel une girouette offerte à tous vents, sous réserve toutefois que le vent souffle suffisamment longtemps dans un sens déterminé, sans quoi il ne serait pas possible de savoir à quoi s'en tenir.

Le rôle social du juriste

210-1. Dans ces conditions, peut-il exister – à rebours de l'accusation de conservatisme – une intranquillité du juriste, une réelle volonté *de changer ou d'améliorer le droit* ? Si l'on examine les choses plus avant, il s'avère que le juriste est particulièrement bien placé pour savoir combien le droit – loin de l'image qu'il souhaite donner de lui-même – est en réalité incertain, imprécis, incohérent, instable. Nul autre que le juriste ne perçoit à ce point que l'interprétation d'un texte est fondamentalement ouverte, sujette à l'argumentation sinon même la déformation : « au fur et à mesure qu'on fait du droit, on se rend compte, en effet, du peu de précision qu'ont les notions fondamentales sur lesquelles s'appuie tout l'édifice. Ce sont toujours les bases d'un système juridique qui donnent lieu aux controverses les plus nombreuses : ce sont les expressions les plus courantes qui sont les plus difficiles à définir [1] ». À cet égard, le droit n'est jamais que l'envers du décor social : de même que la société est pétrie de contradictions, de discussions et de luttes, le droit est essentiellement vivant. Il exprime les incertitudes du monde social lui-même, quand bien même chercherait-il à les canaliser. Le juriste a donc aussi son rôle à jouer, sur le terrain qui est le sien.

Non seulement il est bien peu de problèmes sociaux qui ne touchent tôt ou tard le droit mais, surtout, le droit et la société ne peuvent être envisagés comme deux sphères radicalement distinctes. Si le droit cherche l'ordre, ce ne peut être à tout prix. L'ordre n'est viable qu'à condition qu'il réponde aux aspirations de ses destinataires – en l'occurrence, des membres de la société. Cela suppose notamment que les exigences de l'ordre n'étouffent pas la liberté et la spontanéité des individus. Le droit ne mérite d'être protégé qu'à condition d'être facteur de paix sociale et de justice ; dans le cas contraire, il est voué tôt ou tard à faire l'objet d'une défiance, laquelle risque de ruiner le droit si elle se généralise. Le juriste ne peut faire fonction de conservateur qu'en oubliant que ni l'ordre ni même le droit ne sont des fins en soi. Si l'ordre est censé constituer une protection, il est aussi susceptible de susciter l'ire du monde social, lorsqu'il n'est plus que l'instrument du pouvoir en place, spécialement lorsque ce pouvoir n'apparaît plus en mesure de protéger les membres de la société ou lorsqu'il ne s'attache qu'à sa propre survie. À cet égard, la disparition d'un ordre juridique peut être proprement déroutante pour le juriste, car elle marque combien le droit est fragile, ne tirant sa solidité que d'être socialement reconnu et admis comme souhaitable.

Or loin d'être cantonnée aux hypothèses extrêmes de révolution, cette dialectique entre les aspirations d'une société et les normes juridiques est à l'œuvre quotidiennement, bien qu'elle passe plutôt inaperçue. Le ressort ultime du droit est une croyance en ses capacités à faire advenir ou maintenir une société idéale. De ce point de vue, le droit a

1. L. Julliot de la Morandière, *La Notion d'ordre public dans le droit privé français*, cours de doctorat (droit civil approfondi), éd. Cours de droit, 1931-1932, p. 10.

constamment partie liée avec des questions de valeur. Aucun ordre normatif ne peut fonctionner sans cette adhésion sociale, lubrifiant indispensable de l'obéissance.

C'est pourquoi *le droit ne s'épuise pas dans sa vocation d'institution et de maintien d'un ordre.* Il est tout autant le reflet des utopies sociales, des imaginaires actuels et à venir, des exigences de la justice. Au demeurant, c'est aussi bien souvent par le droit que les ambitions sociales les plus profondes peuvent trouver une chance d'advenir. Ce n'est qu'à condition que tel discours politique se traduise dans un texte de loi qu'il pourra avoir – éventuellement – une portée sociale effective. Les échanges économiques ont également besoin d'un ordre juridique pour se développer. Plus généralement, les idées ont besoin d'infuser dans le droit et ses institutions pour espérer exercer quelque influence. Le droit est bien le catalyseur des attentes et des promesses d'une société à l'égard d'elle-même.

Cette dialectique fait toute la richesse du droit et aussi tout le sel du travail du juriste. L'« office propre » du juriste est certainement de « découvrir, d'inventer, avec toutes les ressources de la connaissance et de l'imagination créatrice, les solutions de justice, de bien commun, de sécurité, qui représentent les valeurs essentielles et permanentes du droit [1] ». Le droit du moment constitue certes le point d'ancrage *hic et nunc* de ses réflexions, mais le juriste ne s'en satisfait jamais et est fondé à intervenir *de lege ferenda.* Car « si l'homme est un être pensant, il n'est rien de plus normal que d'accepter qu'il *pense* sur son activité ordinaire [2] ». Qu'il conçoive par exemple un droit meilleur, plus pertinent, plus juste. Qu'il anticipe d'autres façons d'interpréter les normes, qu'il imagine d'autres manières de penser ou poser les problèmes eux-mêmes. Conscient des réalités sociales et des besoins des individus, qu'il envisage encore d'autres problèmes, en estimant que le droit mériterait de s'en saisir. Au demeurant, si le juriste ne se pose pas de telles questions, qui le fera et qu'adviendra-t-il du droit lui-même ?

Le juriste sait que l'ordre juridique qui s'impose à un moment donné n'est aucunement intemporel ou nécessaire : il mérite d'être envisagé comme une tentative provisoire et perfectible d'organiser les relations sociales. Selon les objectifs qu'il poursuit ou écarte, selon les promesses qu'il réalise ou trahit, cet ordonnancement juridique peut mériter protection et défense, ou au contraire donner prise à la critique voire à la subversion. Pour le juriste, le droit positif est donc assurément une pierre angulaire, sans laquelle sa pensée se perdrait dans les nuages. Mais c'est un instrument nécessairement imparfait, car tout le droit idéal ne s'épuise pas dans le droit positif. Le juriste imagine, au-delà du droit positif, un autre monde, une autre société, un autre droit. Il a les pieds sur terre, mais il regarde l'horizon, où il pense entrevoir le droit de demain.

1. J. Dabin, « La place du droit et du juriste dans la société », art. préc., p. 398.
2. H. Dupeyroux, « Quelques réflexions personnelles, en marge », art. préc., p. 17.

QUATRIÈME PARTIE

Les pouvoirs publics

211. Les pouvoirs publics sont les autorités chargées de décider des grandes orientations politiques, dans le respect des exigences démocratiques. Dans les États modernes, c'est la notion de souveraineté qui désigne la capacité d'une collectivité humaine à déterminer elle-même, sur un territoire, ses règles de fonctionnement. La Constitution française énonce à cet égard que « la souveraineté nationale appartient au peuple qui l'exerce par ses représentants et par la voie du référendum » (art. 3). Le Conseil constitutionnel a précisé que le peuple français, en tant que concept juridique abstrait, est unitaire et empêche par exemple de reconnaître, au sein du peuple français, un « peuple corse [1] ». Il s'agit là en réalité d'une déclinaison du principe d'égalité, lequel forme avec la liberté et la fraternité la devise de la République française.

Ces trois principes – liberté, égalité, fraternité – sont à la fois des objectifs politiques et des impératifs juridiques pour les pouvoirs publics. La liberté implique que les pouvoirs publics doivent reconnaître aux individus une sphère privée irréductible, les seules limites tenant aux nécessités de la vie sociale et de la liberté d'autrui. En ce sens, la liberté doit se conjuguer avec l'égalité. Ainsi, les pouvoirs publics doivent en principe soumettre les individus aux mêmes droits et devoirs, mais des différences de traitement peuvent être admises sous conditions, en raison de différences de situation ou pour poursuivre des objectifs d'intérêt général. Enfin, la fraternité – trop souvent négligée, alors même que la France est bien une République « sociale » – impose aux pouvoirs publics de

1. Déc. n° 91-290 DC du 9 mai 1991.

garantir à tous les membres de la société une protection contre les injustices sociales et de les prémunir notamment contre les exclusions et les causes de précarité. Dans tous les cas, on voit que la République démocratique ne se définit pas en termes purement procéduraux : les pouvoirs publics sont chargés de poursuivre des objectifs substantiels.

Avant d'examiner plus en détail les finalités assignées à l'action publique, c'est l'organisation et la répartition des institutions et de leurs pouvoirs qui doit être exposée.

Chapitre I

L'ORGANISATION INSTITUTIONNELLE

212. En termes d'organisation institutionnelle, le principe essentiel est la séparation des pouvoirs. Il faut aussi envisager la répartition des pouvoirs sur le territoire de la République. Enfin, il convient de revenir sur la distinction essentielle, mais parfois négligée, entre les autorités civiles et militaires. D'autres distinctions pourraient être développées, par exemple au regard des relations parfois étroites et problématiques entre les pouvoirs politique, économique et médiatique. De façon plus large, la séparation des pouvoirs mériterait aujourd'hui d'être enrichie d'une réflexion sur les rapports entre pouvoirs publics et pouvoirs privés [1].

SECTION 1
Le principe de séparation des pouvoirs

213. En faisant abstraction des organisations internationales (dont l'Organisation des Nations unies) et européennes, les autorités publiques en droit français sont d'abord identifiées par la Constitution, puisque c'est elle qui définit et organise les principales institutions publiques. Au niveau national, il s'agit notamment du président de la République, du gouvernement, du Parlement et des juges. Ces principales autorités peuvent être regroupées en une triade bien connue : le pouvoir législatif

1. Pour une analyse, v. O. Beaud, « La multiplication des pouvoirs », *Pouvoirs*, n° 143, nov. 2012, p. 47.

exercé par le Parlement (Assemblée nationale et Sénat), le pouvoir exécutif revenant au président de la République et au gouvernement (dont le Premier ministre et les ministres) et le pouvoir juridictionnel, que l'on appelle parfois « pouvoir judiciaire » (sur la justice, voir *infra*, cinquième partie).

En tant que telles, les institutions doivent obéir au principe de séparation des pouvoirs, énoncé en droit positif par l'article 16 de la Déclaration de 1789, qui dispose que « toute société dans laquelle la garantie des droits n'est pas assurée, ni la séparation des pouvoirs déterminée, n'a point de Constitution ». Principe de valeur constitutionnelle [1], la séparation des pouvoirs est une technique d'aménagement et de répartition du pouvoir politique, dans le but de le modérer et d'éviter d'entraver la liberté. On sait, au moins depuis Montesquieu, que « tout homme qui a du pouvoir est porté à en abuser ». La séparation des pouvoirs fut d'abord pensée pour mettre fin à l'absolutisme. Selon les systèmes et les cultures politiques, la séparation des pouvoirs a pris toutefois des formes variables. En France, c'est le pouvoir législatif qui a occupé pendant longtemps le premier rang, au point d'être le seul pouvoir véritable : il s'est alors agi d'organiser une séparation des fonctions (législative, exécutive et juridictionnelle), dans le respect du principe de souveraineté de la loi. Pour sa part, la Ve République organise les pouvoirs en articulant un régime parlementaire (qui suppose la confiance du Parlement à l'égard du gouvernement, le Parlement étant chargé de contrôler l'action du second) et une fonction présidentielle centrale (sauf période de cohabitation). La sanction du principe de séparation des pouvoirs est renforcée par la création du Conseil constitutionnel, qui veille en particulier à ce que ni le législateur ni le pouvoir exécutif ne méconnaissent l'indépendance et l'impartialité des juridictions. En ce sens, il leur est interdit « de censurer les décisions des juridictions, d'adresser à celles-ci des injonctions et de se substituer à elles dans le jugement des litiges relevant de leur compétence » (déc. n° 83-119 DC du 22 juin 1980, *Loi portant validation d'actes administratifs*).

La Cour européenne des droits de l'homme veille également au respect du principe de séparation des pouvoirs, particulièrement pour protéger l'indépendance du pouvoir juridictionnel tant à l'égard du pouvoir législatif que du pouvoir exécutif. C'est à l'occasion d'une condamnation de la France en raison d'une ingérence du législateur dans le cours de

1. A. Pariente (dir.), *La Séparation des pouvoirs. Théorie contestée et pratique renouvelée*, Dalloz, « Thèmes et commentaires », 2007.

la justice [1] que le Conseil constitutionnel a renforcé sa propre jurisprudence, exigeant – comme la Cour désormais – un « motif d'intérêt général impérieux » pour admettre une telle ingérence [2]. Selon la Cour, « pour établir si un tribunal peut passer pour "indépendant", il faut prendre en compte, notamment, le mode de désignation et la durée du mandat de ses membres, l'existence d'une protection contre les pressions extérieures et le point de savoir s'il y a ou non apparence d'indépendance [3] ». L'inamovibilité des magistrats est une exigence essentielle. Par ailleurs, les pressions extérieures peuvent être constituées lorsque les garanties légales ou financières sont insuffisantes ou lorsque les magistrats sont subordonnés à une autorité elle-même sous le contrôle du ministre de la justice. La France a été condamnée en raison du défaut d'indépendance et d'impartialité du parquet. En effet, contrairement aux magistrats du siège, les magistrats du parquet participent du ministère public, qui est lui-même placé sous le contrôle du pouvoir exécutif [4]. À la suite de cette condamnation, le Code de procédure pénale a été modifié pour interdire au Garde des sceaux d'adresser des instructions « dans des affaires individuelles », même s'il est toujours chargé d'adresser « aux magistrats du ministère public des instructions générales » (art. 30 du Code de procédure pénale dans sa rédaction issue de la loi du 25 juillet 2013). Une réforme plus générale du parquet est envisagée pour compléter ces règles.

SECTION 2
L'organisation territoriale de la République

214. En termes d'organisation des institutions publiques sur le territoire, la France est caractérisée par un système administratif particulièrement développé. De façon générale, l'Administration publique est censée être subordonnée au gouvernement, puisque celui-ci en « dispose » (art. 20 Constit.). Néanmoins, certaines autorités publiques échappent au contrôle de l'exécutif, lequel ne peut leur adresser d'ordres ou

1. CEDH, Gr. Ch., 28 oct. 1999, *Zielinski et Pradal & Gonzalez et autres c/ France.*
2. Déc. nº 99-422 DC du 21 déc. 1999.
3. CEDH, 26 août 2003, *Filippini c/ Saint-Martin*, req. nº 10256/02.
4. CEDH, 23 nov. 2010, *Moulin c/ France*, req. nº 37104/06 ; CEDH, Gr. Ch., 29 mars 2010, *Medvedyev et autres c/ France*, req. nº 3394/03

d'injonctions : les autorités administratives (ou publiques) indépendantes (v. *supra* n° 120).

Les services administratifs de l'État se composent d'une part des administrations centrales (qui prennent notamment les décisions présentant un caractère national) et d'autre part des services déconcentrés. La déconcentration consiste à distribuer le pouvoir de l'État au niveau local, dans un souci d'efficacité et de proximité [1]. L'institution emblématique de ce système est le préfet, créé par Napoléon, qui représente l'État à l'échelon local et dirige les services déconcentrés que sont les circonscriptions régionales, les circonscriptions départementales et l'arrondissement.

Mais la République française n'est pas seulement déconcentrée : son organisation est également décentralisée (v. art. 1er Constit. 1958 et son titre XII). La décentralisation territoriale consiste à créer des personnes juridiques distinctes de l'État et relativement autonomes à son égard : les collectivités territoriales (régions, départements, communes et intercommunalités). Ces collectivités territoriales ont fait l'objet à partir des années 1980 d'un transfert de compétences de la part de l'État et se sont vues reconnaître la possibilité de prendre des décisions politiques propres, au nom d'un principe de « libre administration » (art. 72 Constit.). Cette autonomie locale doit toutefois respecter l'indivisibilité de la République, qui empêche par exemple la France de devenir une fédération et impose aux collectivités territoriales de respecter les « intérêts nationaux ».

SECTION 3
Autorités civiles et autorités militaires

215. Il faut distinguer par ailleurs les autorités civiles des autorités militaires. Parmi les agents civils, seuls certains sont dépositaires de la « force publique » (art. 12 Décl. 1789), comme les officiers de police judiciaire au sein de la police nationale. Ils peuvent à ce titre exercer certains pouvoirs coercitifs (par exemple la garde à vue), sous le contrôle du juge judiciaire.

1. V. décret n° 2015-510 du 7 mai 2015 portant charte de la déconcentration.

De leur côté, les agents militaires – chargés d'exercer la force armée – sont soumis à un statut particulier, marqué par des droits et obligations à l'image de la nature particulière de leurs missions (interdiction du droit de grève par exemple). Le président de la République est le chef des armées (art. 15 Constit.). Aussi dépositaire de la force publique, la gendarmerie nationale a été rattachée en 2009 au ministère de l'Intérieur, mais elle garde son statut militaire. Par ailleurs, un même Code de déontologie vise désormais la police et la gendarmerie nationales.

En droit romain déjà, cette distinction entre autorités civiles et militaires était au fondement de la vie d'une cité digne de ce nom. Comme le relevait Cicéron, le principe de l'organisation politique est « que les armes le cèdent à la toge [1] » : que la force soit supplantée par la parole, sauf à ce que s'instaure la loi du plus fort. Le principe est donc que le commandement militaire soit à la fois distinct de l'autorité civile et subordonné à celle-ci. Néanmoins, pour répondre à des situations particulièrement graves tenant à un « péril imminent résultant d'une guerre étrangère ou d'une insurrection armée », peut être déclaré l'état de siège, régime dont l'origine remonte à plusieurs lois du XIXe siècle. L'état de siège prévoit le transfert à l'autorité militaire des « pouvoirs dont l'autorité civile était investie pour le maintien de l'ordre et la police [2] ». L'article 36 de la Constitution impose que la prorogation de l'état de siège au-delà de douze jours soit autorisée par le Parlement.

1. Cicéron, *Les Devoirs*, I, 22, 77, Les Belles Lettres, 2014, p. 87.
2. Art. L. 2121-2 du Code de la défense.

Chapitre II

LES FINALITÉS DE L'ACTION PUBLIQUE

216. Les buts de l'action publique sont extrêmement variables, selon les conceptions que l'on se fait du rôle de l'État et les idéologies à l'œuvre dans une société donnée. La Constitution pose les grands choix de société qu'opère une nation : en consacrant des droits et libertés individuels, en reconnaissant le rôle de l'État dans leur garantie, en énonçant les missions essentielles des pouvoirs publics, la Constitution assigne aux pouvoirs publics des finalités qui tout à la fois leur donnent une légitimité et limitent leur arbitraire. Outre les options fondamentales posées dans la Constitution, certains traités internationaux et européens peuvent également conditionner, parfois de façon très nette, les politiques menées en France. Il faut mentionner à ce sujet le cas particulier du droit de l'Union européenne, dont les inspirations économiques (marquées par une forme de libéralisme) déterminent aujourd'hui largement la nature et l'étendue de l'action publique, par exemple en matière de services publics.

Pour le reste, les politiques publiques prennent des formes très diverses et nombreuses, qui procèdent de choix politiques effectués en France par le Parlement (en votant les lois) et le pouvoir exécutif (en édictant notamment des actes réglementaires).

Dans l'ordre juridique français, les finalités de l'action publique prennent classiquement deux formes : le maintien de l'ordre public à travers les missions de police, que l'on associe à un État dit libéral mais aussi les buts liés à des préoccupations sociales à travers le service public. Si le droit français a pu opérer une synthèse entre ces deux grandes orientations politiques, il connaît aujourd'hui des bouleversements importants, au point que les formes d'action publique sont en voie de redéfinition.

SECTION 1
La police : le maintien de l'ordre public

217. Le libéralisme est autant une philosophie politique que juridique. Bien qu'il comprenne plusieurs courants parfois très différents, toutes les versions du libéralisme s'accordent sur un principe essentiel : la primauté de l'individu, considéré du point de vue de sa liberté et ses droits privés. Le principe libéral suppose à cet égard la distinction entre l'État et la société, l'État étant conçu comme une réponse institutionnelle aux enjeux de la société. C'est ce qui explique d'ailleurs que la Déclaration de 1789 vise tout autant l'homme (individu privé) que le citoyen (qui participe du lien politique). Juridiquement, c'est l'individu privé qui est premier. Les droits de l'individu sont même considérés comme attachés naturellement à tout être humain : les révolutionnaires français ont entendu à cet égard rompre avec un ordre social et juridique qui avait méconnu ces droits individuels. Ainsi, la Déclaration de 1789 qualifie de « naturels et imprescriptibles » les quatre « droits » suivants : « la liberté, la sûreté, la propriété et la résistance à l'oppression » (art. 2). Bien qu'il n'apparaisse pas explicitement dans la liste de ces « droits », le principe d'égalité est tout aussi fondamental, puisque les libertés sont articulées sous un rapport d'égalité.

L'enjeu du libéralisme est de garantir les droits individuels, à la fois *face* à l'État (c'est-à-dire *contre* lui) mais aussi *grâce* à lui.

Face à l'État, tout d'abord, car les droits privés sont des limites à l'action publique. Le caractère « naturel » des droits individuels a pour corollaire le caractère artificiel de l'État. Les pouvoirs publics n'ont rien de naturel : il sont au contraire un artifice, une création humaine. Le libéralisme pose que cette création humaine doit rester constamment au service des droits privés fondamentaux. C'est ainsi que l'article 2 de la Déclaration de 1789 énonce : « *Le but de toute association politique est la conservation des droits naturels et imprescriptibles de l'homme.* » Il faut à tout prix que l'État soit limité dans l'exercice de ses pouvoirs car, à défaut, les droits privés seraient violés. Si l'État pouvait agir sans raisons valables, par exemple pour emprisonner un individu, l'arbitraire prendrait le pas sur les prérogatives de l'individu. La liberté privée étant première, les individus sont prioritaires dans l'exercice des activités sociales, l'État n'intervenant qu'à titre second. Cette conception libérale de l'État-gendarme se perçoit nettement en matière économique : la prise en charge des activités économiques relève en principe de l'initiative des individus privés. Le rôle de l'État est limité aux activités qui ne peuvent être assurées par des personnes privées : la police, la justice, la diplomatie, l'armée, les finances (voir par exemple la loi du 21 avril 1791 qui créé les six ministères emblématiques d'un État-gendarme : Justice, Finances, Guerre, Marine, Affaires étrangères et Intérieur). Cette limitation de l'étendue de l'action publique est pensée comme la meilleure garantie des droits individuels.

Mais on perçoit immédiatement que le libéralisme ne se réduit pas à une telle défiance vis-à-vis de l'État. C'est aussi un appel à l'action de l'État, dans la mesure où les droits privés doivent être garantis effectivement. Pour jouir de la liberté, encore faut-il qu'un ordre social le permette. En la matière, l'État joue un rôle capital : il préserve les conditions d'exercice des droits privés en maintenant l'*ordre public*, c'est-à-dire les conditions institutionnelles et matérielles minimales d'une vie sociale considérée comme paisible et juste. La mission chargée d'assurer cet ordre public est appelée *police* (du grec *polis*, la cité).

Bien qu'elle puisse être exercée aussi par le législateur, la police se divise essentiellement en police judiciaire et police administrative. La police judiciaire s'exerce *a posteriori*, pour « constater les infractions à la loi pénale, en rassembler les preuves et en rechercher les auteurs » (art. 14 CPP). Il s'agit donc de préparer la répression par les tribunaux judiciaires. Pour sa part, la police administrative intervient *a priori* afin de prévenir les troubles à l'ordre public et éventuellement de les faire cesser.

Dans un cas comme dans l'autre, la mission de police assurée par l'État est potentiellement dangereuse pour les droits privés. Tout dépend, bien entendu, de la définition de l'ordre public, notion cardinale du droit moderne mais difficilement définissable. Quelles sont les conditions minimales de la vie en société ? Une réponse satisfaisante à cette question est introuvable. L'ordre public est une notion relative : elle dépend de l'état d'une société donnée et des circonstances (particulières en principe) auxquelles la police doit répondre. Sans doute doit-on admettre qu'il existe un socle minimal de valeurs qu'une société partage en commun. Pour autant, ce qui est jugé socialement inacceptable aujourd'hui ne l'était pas il y a cinquante ans. En réalité, ce sont les pouvoirs publics eux-mêmes qui définissent l'ordre public, sous le contrôle du juge. Tout au plus, donc, peut-on alors approcher le contenu de l'ordre public à un moment et dans une société déterminée, notamment en fonction de la jurisprudence. Celle-ci vient souvent compléter voire suppléer les textes, lorsque les circonstances les rendent insuffisants pour répondre aux nécessités concrètes de l'ordre public.

Dans sa conception originaire, celle de l'idéal libéral, l'État n'a aucune ambition de transformer la société ; il ne trouble pas la spontanéité des rapports sociaux mais se contente de « conserver » les droits et assurant un ordre public qui comprend essentiellement la sécurité, la salubrité et la tranquillité publiques. Si l'État est légitime à intervenir (et il l'est parfois indiscutablement), cette intervention doit être proportionnée aux besoins sociaux. Or, la proportionnalité est à géométrie variable. L'ordre public est donc condamné à être suspect.

La conception minimale de l'ordre public est cependant depuis longtemps dépassée. Les composantes de l'ordre public se sont enrichies à mesure notamment de l'élargissement du rôle des pouvoirs publics. Cette souplesse de la notion lui permet de produire des effets (juridiques et pratiques) considérables.

En 1995, le juge administratif a ainsi intégré à l'ordre public la protection de la dignité humaine, en confirmant l'interdiction par un maire du spectacle dit du « lancer de nain » (v. *supra* n° 156, sur la notion de dignité). En matière contractuelle, l'ordre public s'impose au contenu des contrats. C'est ainsi que la Cour de cassation a estimé qu'était nul un contrat d'assurance qui « avait pour objet de garantir les conséquences de l'annulation d'une exposition utilisant des dépouilles et organes de personnes humaines à des fins commerciales » (Cass. civ. 1re, 29 oct. 2014, n° 13-19.729, à propos de l'exposition « *Our Body* »). La solution s'appuie sur « le principe d'ordre public selon lequel le respect dû au corps humain ne cesse pas avec la mort », dont la Cour estime en l'espèce qu'il préexistait à son introduction dans le Code civil (art. 16-1-1), confirmant que l'ordre public n'a pas besoin d'être écrit pour s'imposer.

On comprend que, du fait de ses contours imprécis et de ses conséquences considérables, la notion d'ordre public fasse régulièrement débat. En réaction à certaines interdictions controversées, la société actuelle craint parfois un retour de l'« ordre moral » qui imposerait, à la place des individus, une conception standardisée de ce qui est bon ou mauvais. Le contexte de la lutte contre le terrorisme fait également redouter que les États n'en tirent prétexte pour porter atteinte aux libertés fondamentales, à travers un contrôle généralisé de la population.

SECTION 2
Le service public : la satisfaction de l'intérêt général

218. Outre la police, la deuxième grande finalité de l'action publique est le « service public ». Cette notion est souvent critiquée pour son imprécision, ou malmenée pour des raisons diverses. Sur le plan juridique, elle désigne toute mission d'intérêt général prise en charge, directement ou indirectement, par les pouvoirs publics. Une activité peut être d'intérêt général sans pour autant être qualifiée de service public : pour cela, il faut que les pouvoirs publics soient particulièrement impliquées dans l'activité en cause, soit en assurant directement cette activité, soit en contrôlant étroitement la personne morale qui l'exerce [1]. La teneur proprement politique du service public (et de l'intérêt général) est indéniable. En effet, il existe service public lorsque les autorités politiques estiment qu'une activité sociale présente des enjeux majeurs de solidarité sociale. Si l'on considère parfois que le service public est très ancien, sa théorisation contemporaine est en réalité plutôt récente. C'est en effet essentiellement au début du XXe siècle que de nouvelles idéologies et théories juridiques (en particulier celle de Léon Duguit) vont favoriser l'émergence du service public, révélateur d'un nouvel rôle pour l'État, bien au-delà du modèle du libéralisme. Ce nouveau rôle sera également un moyen de légitimer l'action de l'État, devenu État social ou État-Providence.

L'État social résulte d'une prise de conscience progressive des limites du libéralisme politique et économique. Au cours du XIXe siècle, il apparaît de plus en plus nettement que les droits « naturels » consacrés en 1789 sont parfois illusoires, face à des conditions sociales et économiques qui récusent l'affirmation optimiste de la liberté individuelle pour chacun. Comment prétendre par exemple qu'un ouvrier dispose de la même liberté que son patron, s'il vit dans la misère et dépend essentiellement de la volonté de son employeur pour disposer d'un salaire ? De façon plus générale, comment peut-on parler de liberté lorsqu'un individu ne peut vivre qu'avec des revenus dérisoires ? L'État social naît de cette prise de conscience que le libéralisme, en prétendant

1. Cette personne morale peut être une personne privée. Sur le « mode d'emploi » pour reconnaître un service public dans ce cas, v. CE, Sect., 22 févr. 2007, *Association du personnel relevant des établissements pour inadaptés [APREI]*, n° 264541.

« conserver » les droits individuels, ne fait qu'entretenir les inégalités sociales.

Les activités de service public se sont progressivement multipliées, à mesure que les pouvoirs publics décidaient de prendre en charge ou de contrôler certaines activités sociales cruciales pour l'intérêt général : activités de transport collectif, piscines publiques, etc. Cette extension s'explique par l'intérêt majeur de l'existence d'un service public, à savoir son régime juridique spécifique, marqué par trois grands principes : l'égalité (dont la neutralité, notamment en matière religieuse, est une composante), la continuité (pas d'« État à éclipses » selon le mot célèbre d'un membre du Conseil d'État) et l'adaptabilité (le service public doit s'ajuster aux besoins sociaux et aux nécessités de l'intérêt général).

Fondé traditionnellement sur la notion d'interdépendance ou de solidarité sociale, le service public a connu ces dernières décennies des assauts politiques et juridiques, liés aux idéologies néolibérales désormais dominantes.

Section 3
Les nouvelles formes d'action publique : la régulation

219. C'est certainement ce nouveau contexte qui explique l'émergence d'une nouvelle forme d'action publique, plus ou moins théorisée et généralement qualifiée de « régulation [1] ». La régulation serait une nouvelle façon d'exercer le pouvoir politique, spécifiquement en matière économique, où l'État ne devrait plus jouer qu'un rôle d'arbitre. La régulation a ainsi pour fonction d'instaurer la concurrence sur les marchés économiques puis de superviser le fonctionnement de ces derniers. Le droit est donc sollicité à la fois pour instituer les marchés concurrentiels et pour canaliser ensuite les dynamiques économiques (par exemple en sanctionnant les abus de position dominante).

En réalité, les juristes n'ont jamais réussi à s'accorder sur une définition de la régulation. De ce point de vue, l'expression de « régulation » est moins une clé d'analyse précise qu'un symptôme des difficultés à cerner aujourd'hui le rôle exact de l'État et du droit aujourd'hui, spécialement dans une société où prédominent les enjeux économiques [2]. Symbole de l'État social français, le service public a ainsi été frappé par une

1. V. M.-A. Frison-Roche, *Les 100 mots de la régulation*, Puf, « Que sais-je ? », 2011.
2. V. la synthèse de J. Chevallier, « L'État régulateur », *RFAP*, 2004/3, n° 111, p. 473.

crise de légitimité, en raison de ce contexte néolibéral, favorisant un rôle réduit des pouvoirs publics, en particulier pour des missions économiques qui peuvent être assurées par des entreprises ordinaires [1]. Juridiquement, le service public s'est donc « banalisé », spécifiquement sous l'influence du droit de l'Union européenne, dont le ressort essentiel est un principe de libre concurrence.

Du point de vue juridique, la régulation atténue en tout cas certaines caractéristiques traditionnelles de la norme juridique. La sanction peut prendre des formes extrêmement variées, voire se révéler inutile, l'objectif étant plutôt d'inciter, de recommander, d'informer. Par ailleurs, la distinction entre droit public et droit privé se révèle tout à fait relative, le modèle de l'entreprise privée et du management étant prédominants. Toutefois, il reste à savoir si le discours juridique peut se contenter ainsi de mettre en forme l'économie, ou s'il n'a pas un rôle à jouer dans l'humanisation de la société contemporaine.

ÉTAT DES QUESTIONS

LE PRINCIPE D'ÉGALITÉ

220. Le principe d'égalité est au cœur du système juridique. Il est fréquemment invoqué par les justiciables et ne cesse de susciter des débats, même bien au-delà du cercle des juristes. Il faut dire que les conceptions de l'égalité peuvent être très diverses et, à travers elles, se dessinent des choix de société fort contrastés. Du point de vue juridique, le principe d'égalité implique avant tout un traitement identique des sujets de droit. En ne considérant que des individus abstraitement définis, le droit leur assure une certaine protection, puisqu'il s'interdit de prendre en considération les caractéristiques particulières des membres de la société, lesquelles sont donc soustraites à toute réglementation juridique. Cette conception abstraite et impersonnelle transparaît notamment dans la Déclaration de 1789, qui fait de l'égalité une donnée « naturelle » dans l'ordre du droit : « Les hommes naissent et demeurent libres et égaux en droits. » En effet, « ce qui est de l'essence de l'homme ne peut pas ne pas appartenir à tous les hommes de façon identique [2] ».

L'égalité formelle ne suffit pas. La conception formelle de l'égalité a été critiquée pour son caractère irréaliste. Il a été de plus en plus difficile de concevoir un Homme abstrait ; il a alors été demandé au droit d'envisager plutôt les « hommes situés », en fonction de catégories de plus en plus nombreuses, censées correspondre à la réalité sociale. L'égalité est donc peu à peu devenu un facteur d'égalisation. Selon la formulation

1. Sur cette crise de légitimité, v. A. Supiot, *Grandeur et misère de l'État social*, Collège de France/ Fayard, « Leçons inaugurales », 2013.
2. J. Rivero, *Cours de libertés publiques*, Les Cours de Droit, 1972, p. 51.

du Conseil constitutionnel, « le principe d'égalité ne s'oppose ni à ce que le législateur règle de façon différente des situations différentes ni à ce qu'il déroge à l'égalité pour des raisons d'intérêt général pourvu que, dans l'un et l'autre cas, la différence de traitement qui en résulte soit en rapport direct avec la loi qui l'établit » (voir par ex. déc. n° 96-375 DC du 9 avril 1996). Toute différence de traitement n'est donc pas nécessairement constitutive d'une inégalité dès lors qu'elle est justifiée par l'objet de la loi et strictement proportionnée à cet objectif. Ainsi, l'égalité ne se réduit pas à une uniformité de traitement puisque des modulations sont admises, soit pour correspondre à des différences entre des situations factuelles (disparités de revenus ou de ressources par exemple), soit pour satisfaire un but d'intérêt général (même lorsqu'aucune différence de fait n'existe). Par ailleurs, la Constitution a été révisée pour imposer au législateur qu'il « favorise l'égal accès des femmes et des hommes aux mandats électoraux et fonctions électives, ainsi qu'aux responsabilités professionnelles et sociales » (art. 1er).

Parfois même, le droit institue des « discriminations positives », qui compensent la situation de personnes ou de groupes défavorisés en leur réservant un traitement juridique particulier, destiné à « rattraper » l'égalité [1]. Ce faisant, l'égalité est surtout pensée dans les termes de la « diversité [2] ».

En toute hypothèse, certains critères de différenciation sont catégoriquement prohibés et ne peuvent donc jamais fonder une différence de traitement. La Constitution affirme par exemple qu'est assurée « l'égalité devant la loi de tous les citoyens sans distinction d'origine, de race ou de religion » (art. 1er). De leur côté, le droit du travail ou le droit pénal fourmillent aujourd'hui de ces critères interdits, dont la liste ne cesse d'être allongée. En l'état actuel du droit, le Code du travail n'énonce pas moins d'une vingtaine de critères prohibés, notamment l'origine, le sexe, les mœurs, l'orientation sexuelle, l'identité de genre, l'âge, la situation de famille ou la grossesse, les caractéristiques génétiques, la particulière vulnérabilité résultant de la situation économique, apparente ou connue de son auteur, l'appartenance ou la non-appartenance, vraie ou supposée, à une ethnie, une nation ou une prétendue race, les opinions politiques, les activités syndicales ou mutualistes, les convictions religieuses, l'apparence physique, le nom de famille, le lieu de résidence ou de la domiciliation bancaire, l'état de santé, la perte d'autonomie ou le handicap, la capacité à s'exprimer dans une langue autre que le français (art. L. 1132-1). Cette énumération donne le sentiment d'une fuite en avant, tant il semble impossible au droit de lister de façon exhaustive les motifs interdits de discrimination : on peut malheureusement toujours en imaginer d'autres, qui ne sont pas moins répréhensibles que ceux que le droit positif énonce.

Quoi qu'il en soit, le principe d'égalité prend donc désormais un tour plus dynamique. Les droits européens (et par suite le droit français en tant qu'ils les met en œuvre) sont d'ailleurs exemplaires de cette conception active de l'égalité, à travers le principe de non-discrimination. On distingue ainsi les discriminations directes et les discriminations indirectes. Une discrimination directe est un traitement différencié qui résulte de la prise en compte délibérée d'un critère prohibé. Il s'agit par exemple d'une différence de rémunération qu'un employeur justifie illégalement par l'orientation sexuelle du salarié. Contrairement au droit français qui les autorise sans les imposer [3], les droits européens

1. G. Calvès, *La Discrimination positive*, Puf, « Que sais-je ? », 2016.
2. V. les réflexions critiques de W. B. Michaels, *La Diversité contre l'égalité*, Liber, « Raisons d'agir », 2009.
3. Pour un rappel, voir par ex. déc. CC n° 2016-618 QPC du 16 mars 2017.

exigent à cet égard que des différences de situations soient traitées différemment. Pour sa part, une discrimination indirecte correspond à une situation plus subtile : la différence de traitement ne résulte pas d'une action délibérée, mais elle découle des effets d'une mesure apparemment anodine. En la matière, la personne qui s'estime victime d'une discrimination indirecte doit d'abord apporter un commencement de preuve de ces effets discriminatoires censés être engendrés par la mesure d'apparence neutre. Si ces indices sont probants, la charge de la preuve est renversée : il revient au défendeur de prouver que la mesure poursuit un but légitime et que la mesure est proportionnée à ce but.

L'ORDRE PUBLIC : NÉCESSITÉ ET DANGERS

221. Parce qu'il implique la possibilité de fortes restrictions à l'exercice des droits et libertés individuels, l'ordre public est mal perçu. Dans sa phase préventive, la fonction de sauvegarde de l'ordre public est contestée en tant qu'elle permettrait aux pouvoirs publics de faire preuve d'un excès de précaution, au détriment de l'exercice des libertés. Le principe fondamental du libéralisme est, globalement (mais pas totalement, car les hommes ne sont pas des anges), de faire crédit aux individus de savoir utiliser adéquatement leur liberté. En cas de doute, un régime libéral laisse place à l'exercice de la liberté : pour intervenir préventivement, il faut des troubles ou risques avérés de troubles à l'ordre public. Dans le cas contraire, c'est la police judiciaire qui devra intervenir, pour établir les faits et les réprimer *a posteriori*. Le caractère indéfini de la notion d'ordre public montre toutefois les difficultés d'un régime intégralement libéral. Pour assurer ses conditions minimales, l'ordre juridique doit bien souvent se référer à une certaine « normalité » sociale, susceptible de s'imposer à certains individus, même si cette normalité sociale est en réalité une (re)construction des pouvoirs publics.

Quoi qu'il en soit, il est désormais admis que l'ordre public n'est pas seulement « matériel et extérieur », selon une formule de Maurice Hauriou : il ne viserait donc que les troubles tangibles et non pas ceux qui affectent les consciences. En réalité, l'ordre social ne peut sans doute exister si les consciences individuelles et collectives sont fortement troublées. De ce point de vue, l'ordre matériel dépend aussi d'un certain ordre dans les têtes. En ce sens, « l'ordre public matériel sous-entend un minimum de valeurs morales, une éthique commune sans laquelle il s'effondre [1] ». Reste à savoir jusqu'où les pouvoirs publics peuvent faire cesser des troubles sans s'immiscer dans ce qui relève du for intérieur. Tel est l'enjeu de « l'ordre public immatériel ». Certains principes ou valeurs participent des exigences minimales de la vie sociale : sans causer des désordres matériels, leur méconnaissance peut constituer, par elle-même, un trouble à l'ordre public. Parmi ces exigences, la dignité humaine est sans doute la plus prégnante. Les autorités de police sont en effet « garantes du respect du principe constitutionnel de sauvegarde de la dignité humaine ». L'ordre public peut ainsi justifier des restrictions à l'exercice d'une liberté, notamment un spectacle portant de « graves atteintes au respect des valeurs et principes, notamment de dignité de la personne humaine, consacrés par la Déclaration des droits

1. J. Rivero, « Ordre public et État démocratique », *Revue de la police nationale*, 1980, n° 113, p. 17.

de l'homme et du citoyen et par la tradition républicaine [1] ». Cela étant, la dignité n'est pas uniquement un creuset de « valeurs et principes » immatériels : elle peut également imposer aux pouvoirs de police de prendre les mesures nécessaires pour garantir à toute personne l'absence de traitements inhumains ou dégradants [2].

Les dangers de l'ordre public sont plus manifestes encore lorsqu'une situation anormalement troublée suppose une aggravation des pouvoirs de police afin d'y faire face. Le contexte de l'état d'urgence, issu de la loi du 3 avril 1955, en donne des illustrations nombreuses. Déclaré au lendemain des attentats de Paris et Saint-Denis le 13 novembre 2015, l'état d'urgence est « un régime de pouvoirs exceptionnels [ayant] des effets qui, dans un État de droit, sont par nature limités dans le temps et dans l'espace [3] ». Cela n'a pas empêché plusieurs prorogations par le législateur, les autorités estimant que les risques demeurent très élevés face à une menace terroriste diffuse. Sans aller jusqu'à la remise en cause de la distinction entre les autorités civiles et militaires (comme le permet l'état de siège), l'état d'urgence permet notamment de prononcer des assignations à résidence et de mener des perquisitions administratives au titre de pouvoirs préventifs. L'autorité judiciaire, compétente en principe en matière de « liberté individuelle » en vertu de l'article 66 de la Constitution n'est pas impliquée, tant qu'il ne s'agit pas de mesures de « privation de liberté ». C'est donc essentiellement le juge administratif qui est chargé de contrôler les mesures prises, en appliquant le principe de proportionnalité. D'autant que les États peuvent, comme nous l'avons vu, décider de suspendre partiellement l'application de la Convention EDH et, certes sous le contrôle de la Cour européenne des droits de l'homme, déroger à certains droits et libertés (v. *supra* n° 91).

Si l'instrument juridique qu'est l'état d'urgence paraît indispensable pour faire face à des situations de « péril imminent », la nature de la menace terroriste fait que l'imminence risque de devenir permanente. Or un maintien durable de l'état d'urgence pose problème du point de vue de l'exercice des libertés. Les causes idéologiques et sociales du terrorisme ne doivent pas être occultées, car ni les restrictions aux libertés permises par le régime de l'état d'urgence ni les outils de renseignement ne pourront suffire à répondre, à terme, aux enjeux du terrorisme contemporain [4].

LE SERVICE PUBLIC

Doctrines du service public

222. La doctrine du service public est, en France, emblématique d'une certaine conception de la puissance publique et de son rôle en matière sociale et économique. Audelà même du droit, la notion de service public est, comme le note Jacques Chevallier,

1. CE, ord., 9 janvier 2014, *Ministre de l'Intérieur c/ Sté Les Productions de la Plume et M. Dieudonné M'Bala M'Bala*, n° 374508.
2. Sur les conditions d'hébergement et de vie dans la « lande de Calais », v. CE, 27 juillet 2016, n° 400055.
3. CE, ord., 27 janvier 2016, *Ligue des droits de l'homme*, n° 396220.
4. A. Garapon, M. Rosenfeld, *Démocraties sous stress. Les défis du terrorisme global*, Puf, « Hors collection », 2016 ; O. Beaud, C. Guérin-Bargues, *L'État d'urgence. Étude constitutionnelle, historique et critique*, LGDJ, « Systèmes », 2016.

« saturée de significations multiples [1] ». Le service public reste une ressource politique et idéologique majeure, qu'il s'agisse de remettre en cause le trop grand nombre des services publics, la gabegie qu'ils représentent ou, à l'inverse, de déplorer la « casse des services publics » ou la « perte du sens du service public ». Le droit de l'Union européenne a cristallisé, pendant plusieurs décennies, les débats. Largement favorable à « l'économie sociale de marché », projet politique de construction d'un marché commun, le droit de l'Union ne condamnait-il pas, tôt ou tard, le modèle de l'interventionnisme économique ? Creuset du lien social, « le service public à la française » pouvait apparaître en danger. « Service public à la française : oui, mais lequel ? », écrivait le doyen Vedel [2], tant les malentendus furent légion. Il faut dire que la crise du service public était déjà fort ancienne en droit public français lorsque la construction européenne s'amplifia. Il faut noter aussi que le droit de l'Union européenne est un coupable trop commode, tant les politiques de libéralisation n'ont pas été imposées par les institutions européennes à des États récalcitrants, mais promues voire initiées par ces mêmes États [3]. De façon générale, le reflux du rôle des pouvoirs publics, spécialement en matière économique, n'est pas à démontrer, ni la prégnance de discours et de pratiques vouées à l'efficacité et à la performance, dans un contexte budgétaire contraint. Le service public est mis à l'épreuve [4]. Ces évolutions sont parfois jugées inéluctables, spécialement au nom d'un « réalisme économique » par ailleurs critiqué par les économistes eux-mêmes. Il est certes indéniable que le droit de l'Union européenne n'empêche pas les États d'ériger des activités économiques en services publics, qualifiés ici « services d'intérêt économique général ». Mais s'il l'admet, ce n'est qu'à titre d'exception au principe autrement plus moteur et puissant de la libre concurrence. Saisi par le droit de l'Union européenne, le service public doit donc se justifier s'il veut espérer échapper à l'application des règles concurrentielles. C'est sans doute sur ce point que les sensibilités françaises ont pu être heurtées. Cette exigence de justification aurait pu conduire les juristes, spécialement en France, à s'interroger sur la raison d'être du service public. Expression d'un choix politique, le droit du service public n'est assurément pas une simple technique et il s'agit donc de réfléchir au sens du service public ainsi qu'à son périmètre dans la société. Le service public s'est en effet construit dans le but de faire échapper certaines activités à la loi du marché. L'hégémonie de la rationalité marchande (qui imprègne non seulement les activités économiques mais aussi les autres, comme la justice ou l'hôpital public) ne doit sans doute pas faire oublier les fondements sérieux à l'idée de service public [5]. L'avenir du service public est donc tributaire de la place que lui accorderont les idéologies de demain [6], peut-être autour de la notion de « République sociale [7] » ou encore celle de « communs [8] ».

1. J. Chevallier, *Le Service public*, Puf, « Que sais-je ? », 10e éd., 2015.
2. *Le Monde*, 22 décembre 1995.
3. V. par ex. M. Lombard, *L'État schizo*, Lattès, 2007.
4. *Le service public*, *Actes du colloque de l'AFDA*, Dalloz, « Thèmes et commentaires », 2014.
5. V. en ce sens, J. Caillosse, « Service public et concurrence. Le service public entre deux mythologies », *Droit ouvrier*, 2008, p. 199 ; E. Cherrier, S. François (dir.), *Le Service public et les idéologies politiques*, Septentrion, 2016.
6. G. Jeannot, O. Coutard, *Revenir au service public ?*, Doc. Fr., 2015.
7. M. Borgetto, R. Lafore, *La République sociale. Contribution à l'étude de la question démocratique en France*, Puf, 2000.
8. B. Parance, J. de Saint-Victor, *Repenser les biens communs*, CNRS Éd., 2014 ; P. Dardot, C. Laval, *Commun. Essai sur la révolution au XXIe siècle*, La Découverte, 2014 ; M. Cornu, F. Orsi, J. Rochfeld (dir.), *Dictionnaire des biens communs*, Puf, 2017.

Les principes du service public : l'exemple de la laïcité

223. La laïcité est la déclination du principe plus général de neutralité, en ce qui concerne les manifestations religieuses. La neutralité religieuse n'est en effet que l'une des facettes de la neutralité du service public, qui vise aussi notamment les manifestations philosophiques ou politiques. En tant que telle, la laïcité est d'abord un principe constitutionnel inscrit à l'article 1er de la Constitution de 1958, en vertu duquel « la France est une République [...] laïque » (mais aussi indivisible, démocratique et sociale). Historiquement, ce fut d'abord un principe consacré et précisé par la loi du 1er décembre 1905 concernant la séparation des Églises et de l'État [1], sachant toutefois que des régimes spécifiques peuvent s'appliquer sur le territoire de la République (notamment en Guyane, à Mayotte ou en Alsace-Moselle). En tant que technique juridique, la laïcité doit être considérée non comme une fin en soi, mais comme un instrument permettant d'assurer l'égale liberté privée des individus composant la société, en particulier leur égale « liberté de conscience ». Il est significatif d'ailleurs que la loi de 1905 s'ouvre, en son article 1er, sur un rappel de ce que « la République assure la liberté de conscience » et « garantit le libre exercice des cultes sous les seules restrictions édictées ci-après dans l'intérêt de l'ordre public ».

Son caractère instrumental signifie que la laïcité ne peut se comprendre qu'au regard de la distinction fondamentale entre l'État (plus généralement les pouvoirs publics, les institutions ou personnes juridiques représentant et servant d'une manière ou d'une autre la République) et la société (composée d'individus privés, titulaires de droits et libertés individuels). En effet, le principe est que la laïcité ne s'impose pas à la société ou à ses membres, tant qu'ils n'agissent pas dans le cadre de missions publiques ou n'incarnent pas la République [2]. Au contraire, dans la société en ce sens d'une collectivité d'individus privés, le principe est celui de la liberté privée, dont la liberté de conscience, laquelle comprend notamment la liberté de manifester ses convictions religieuses, sous « les seules restrictions » de l'ordre public comme l'affirme la loi de 1905, c'est-à-dire des exigences tenant à l'égale liberté d'autrui et aux impératifs de la vie sociale. Sur ce dernier point, comme l'affirme le Conseil constitutionnel, la laïcité interdit « à quiconque de se prévaloir de ses croyances religieuses pour s'affranchir des règles communes régissant les relations entre collectivités publiques et particuliers [3] ». Ce régime de liberté privée uniquement limité par l'ordre public est emblématique d'un régime libéral et n'est d'ailleurs pas spécifique au principe de neutralité. La laïcité n'est donc pas une composante de l'ordre public : cela autoriserait sinon à généraliser une neutralité religieuse pensée comme une règle de comportement indispensable à la vie sociale. Or, ce serait un renversement du régime libéral, qui considère au contraire que c'est la liberté privée qui est le principe. Ainsi, Aristide Briand énonçait, lors des débats parlementaires sur la loi de 1905, dont il était le rapporteur, qu'en cas de doute sur l'interprétation de la loi, « c'est la solution libérale qui [serait] la plus conforme à la pensée législative ». Au demeurant, la laïcité n'impose pas seulement des restrictions à l'action publique, obligeant au respect

1. Sur cette loi, v. E. Poulat, *Scruter la loi de 1905. La République française et la Religion*, Fayard, « Les Quarante Piliers », 2010.
2. V. C. Kintzler, *Penser la laïcité*, Minerve, 2014.
3. Déc. n° 2004-505 DC du 19 nov. 2004.

de la neutralité ou interdisant de « reconnaître ou de subventionner aucun culte ». Elle peut aussi justifier des actions positives afin de « garantir le libre exercice » des cultes lorsque cela est nécessaire [1].

En revanche, le principe de laïcité s'impose dans toute sa rigueur à l'ensemble des personnes (physiques ou morales) qui incarnent la République et agissent en son nom, qu'il s'agisse des pouvoirs publics au sens strict (représentants de l'autorité publique) ou des personnes morales chargées de la gestion d'un service public (le service public relevant en dernier ressort de la responsabilité des pouvoirs publics). Ainsi, la puissance publique ne « reconnaît, ne salarie ni ne subventionne aucun culte » (art. 2 loi 1905). De plus, un fonctionnaire doit s'abstenir de manifester ses convictions religieuses dans l'exercice de ses fonctions (parfois même hors service), parce que les administrés doivent être traités de façon égale et doivent ne pas pouvoir en douter. À cet égard, la fonction publique et le service public sont soumis à un impératif de crédibilité : « pour que le citoyen croie à la neutralité du service, il faut que le comportement des agents la rende crédible [2] ». De façon générale, « l'appartenance à une confession ne saurait conférer aucun privilège, ni entraîner aucune discrimination [3] ».

Dans le cadre du service public, il faut donc distinguer d'une part les agents auxquels s'impose l'exigence de neutralité et d'autre part les usagers du service qui, n'incarnant pas ou n'engageant pas l'autorité publique, bénéficient en principe de la liberté privée, sous réserve des limites liées à l'ordre public et au bon fonctionnement du service public [4]. Le législateur a toutefois décidé d'instaurer un régime d'interdiction particulier, s'agissant des usagers (élèves) du service public de l'enseignement dans les écoles, collèges et lycées publics, en raison des spécificités (affirmées de longue date, la loi du 28 mars 1882 ayant par exemple supprimé l'instruction religieuse des programmes dans l'enseignement primaire public) de ce service public, dont l'objet est de former et d'encadrer les élèves, à des âges où ils sont considérés comme influençables (loi n° 2004-228 du 15 mars 2004 encadrant, en application du principe de laïcité, le port de signes ou de tenues manifestant une appartenance religieuse dans les écoles, collèges et lycées publics). Bien que son fondement soit beaucoup plus ambigu, la loi interdisant la dissimulation du visage dans l'espace public est un autre texte spécifique dont l'objet est de limiter la liberté de manifester ses convictions religieuses dans « l'espace public ». Cette notion d'espace public ne recouvre d'ailleurs pas la distinction classique entre l'État (la sphère de la puissance publique) et la société (composée d'individus privés). D'après le Conseil constitutionnel, il s'agissait pour le législateur de répondre à des pratiques « jusqu'alors exceptionnelles, consistant à dissimuler son visage dans l'espace public » (notamment le port de la « burqa ») et qui, selon le Conseil, « méconnaissent les exigences minimales de la vie en société [5] ». La Cour européenne des droits de l'homme n'a pas condamné cette législation, admettant, non sans réserves toutefois, que la volonté du législateur français puisse être

1. Sur ce point, v. par ex. CE, 10 février 2016, n° 385929.
2. J. Rivero, « Sur l'obligation de réserve », *AJDA*, 1977, p. 583.
3. J. Rivero, « De l'idéologie à la règle de droit : la notion de laïcité dans la jurisprudence administrative », in *La Laïcité*, Puf, 1960, p. 275.
4. Pour un rappel, avant la loi de 2004 citée plus loin : CE, avis, 27 nov. 1989, n° 346893 ; CE, 2 nov. 1992, *Kherouaa*, n° 130394.
5. Déc. n° 2010-613 DC du 7 oct. 2010.

de protéger ce que l'exposé des motifs de la loi, cité par la Cour, nomme étrangement le « vivre ensemble [1] ».

Le licenciement d'une employée de la crèche Baby-Loup, personne morale de droit privé, au nom d'un principe de neutralité inscrit dans le règlement intérieur de l'entreprise, a réactivé les débats sur les frontières de la laïcité. Selon les principes précités, il s'agissait de déterminer avant tout si la crèche devait être considérée comme exerçant une mission de service public. Dans le cas contraire, les restrictions à la liberté de manifester ses convictions religieuses ne pouvaient être admises qu'à titre d'exceptions au regard du principe de liberté privée. Il fallait certes réserver le cas des « entreprises de tendance » qui peuvent, sans exercer une mission de service public, s'inscrire délibérément dans un courant politique ou philosophique déterminé [2]. Pour le reste, le Code du travail prévoit que « les restrictions à la liberté du salarié de manifester ses convictions religieuses doivent être justifiées par la nature de la tâche à accomplir et proportionnées au but recherché ». La Chambre sociale de la Cour de cassation a jugé dans cette affaire qu'en tant que principe constitutionnel, la laïcité ne s'impose pas à une entreprise privée [3]. Après de multiples péripéties contentieuses, la Cour de cassation a cependant fini par admettre le principe d'un tel licenciement, écartant l'hypothèse d'une entreprise de tendance et approuvant la cour d'appel d'avoir raisonné « en fonction des conditions de fonctionnement de la crèche, de dimension réduite, employant seulement dix-huit salariés, qui étaient ou pouvaient être en relation directe avec les enfants et leurs parents [4] ». Cette solution, qui n'est pas particulièrement limpide dans sa motivation, laisse largement ouverte la question de savoir quelles sont les limites de cette « laïcité » pensée comme une « tendance » ou, à défaut, comme un « principe » dans une entreprise qui ne gère pas un service public. Selon certaines analyses, il existerait donc désormais deux laïcités : l'une, sous la forme classique d'un principe constitutionnel, qui régit la puissance publique et ses démembrements et une autre, plus récente, sous la forme d'une option ou d'une tendance, susceptible de justifier, en dehors de la sphère des pouvoirs publics, des restrictions à l'exercice de la liberté privée, au-delà des seules limites traditionnelles de l'ordre public [5]. Une autre analyse peut être proposée, qui estime que l'entreprise privée ne saurait être un espace purement privé, mais qu'elle mérite d'être considérée comme une communauté politique, conformément à l'idéal de la démocratie sociale. À cet égard, il a pu être dit que, « dans ses rapports avec ses salariés, l'employeur se trouve, comme l'État dans ses relations avec les citoyens, soumis au principe de laïcité [et doit] empêcher que chaque salarié puisse arguer de ses convictions religieuses pour échapper à la loi commune, qui soude la collectivité de travail [6] ». En l'état actuel du droit positif, il ne semble pas toutefois qu'une distinction soit opérée, relativement aux personnes privées, entre les « collectivités de travail » et les autres formes de collectivités. La Cour de justice de l'Union européenne a été saisie, dans deux affaires (une belge et une française), de la

1. CEDH,Gr. Ch., *SAS c/ France*, 1er juillet 2014, req. n° 43835/11.

2. Par ex. la neutralité au sens philosophique du terme ; v. sur ce point F. Gaudu, « L'entreprise de tendance laïque », *Droit social*, 2011, p. 1186.

3. Soc., 19 mars 2013, n° 11-28.845.

4. Cass., Ass. plén., 25 juin 2014, n° 13-28.369.

5. V. par ex. S. Hennette-Vauchez et V. Valentin, *L'Affaire Baby Loup ou la nouvelle laïcité*, LGDJ/ Lextenso, 2014.

6. A. Supiot, commentaire sous l'avis du 26 sept. 2013, *in* C. Lazerges (dir.), *Les Grands Avis de la Commission nationale consultative des droits de l'homme*, Dalloz, 2016, p. 306.

question du port du voile dans les entreprises privées. Dans deux décisions du 14 mars 2017, elle a jugé que ces dernières ont par principe le droit d'interdire dans leur règlement intérieur le port du voile à leurs salariées. Selon la Cour, « l'article 2, paragraphe 2, sous a), de la directive 2000/78/CE du Conseil, du 27 novembre 2000, portant création d'un cadre général en faveur de l'égalité de traitement en matière d'emploi et de travail, doit être interprété en ce sens que l'interdiction de porter un foulard islamique, qui découle d'une règle interne d'une entreprise privée interdisant le port visible de tout signe politique, philosophique ou religieux sur le lieu de travail, ne constitue pas une discrimination directe fondée sur la religion ou sur les convictions au sens de cette directive ». Elle ajoute cependant qu'une telle règle interne serait néanmoins « susceptible de constituer une discrimination indirecte [...] s'il est établi que l'obligation en apparence neutre qu'elle prévoit entraîne, en fait, un désavantage particulier pour les personnes adhérant à une religion ou à des convictions données ». Cette discrimination indirecte pourrait cependant être admise dès lors qu'elle est « objectivement justifiée par un objectif légitime, tel que la poursuite par l'employeur, dans ses relations avec ses clients, d'une politique de neutralité politique, philosophique ainsi que religieuse » et si « les moyens de réaliser cet objectif [sont] appropriés et nécessaires », ce qu'il appartient aux juridictions éventuellement saisies de vérifier. La position de la CJUE n'est ainsi pas si différente de celle introduite dans l'article L. 1321-2-1 du Code du travail à la suite de la loi Travail du 8 août 2016, qui dispose désormais que « le règlement intérieur peut contenir des dispositions inscrivant le principe de neutralité et restreignant la manifestation des convictions des salariés si ces restrictions sont justifiées par l'exercice d'autres libertés et droits fondamentaux ou par les nécessités du bon fonctionnement de l'entreprise et si elles sont proportionnées au but recherché ».

Il faut citer en dernier lieu l'exemple des crèches de Noël installées dans certaines mairies et contestées au nom d'une méconnaissance du principe de laïcité, plus particulièrement du principe énoncé par l'article 28 de la loi de 1905, qui dispose qu'il est interdit « d'élever ou d'apposer aucun signe ou emblème religieux sur les monuments publics ou en quelque emplacement public que ce soit ». Examinée en dernier lieu par le Conseil d'État, la question était de savoir si une crèche de Noël devait être regardée comme un « signe ou emblème religieux » ou si elle avait acquis une dimension culturelle. Le Conseil d'État a répondu qu'elle pouvait présenter les deux aspects à la fois. Dès lors, si son « caractère religieux » empêche en principe d'installer une crèche de Noël « dans un emplacement public », il en va différemment « lorsqu'elle présente un caractère culturel, artistique ou festif, sans exprimer la reconnaissance d'un culte ou marquer une préférence religieuse » – ce qui n'est guère convaincant, dès lors que le « caractère religieux » de la crèche est par ailleurs explicitement affirmé par le Conseil d'État... Si la crèche est un « emblème religieux », on saisit mal comment il pourrait, sous prétexte qu'il revêt également des significations non religieuses, perdre cette première qualité... Nuançant encore sa décision, le Conseil d'État a distingué deux hypothèses. D'une part, l'installation d'une crèche dans un « bâtiment public » est en principe interdite, « en l'absence de circonstances particulières permettant de lui reconnaître un caractère culturel, artistique ou festif ». D'autre part, « dans les autres emplacements publics, eu égard au caractère festif des installations liées aux fêtes de fin d'année notamment sur la voie publique, l'installation à cette occasion et durant cette période d'une crèche de Noël par une personne publique est possible, dès lors qu'elle ne constitue pas un acte de prosélytisme ou de revendication d'une opinion religieuse [1] ». Comme on le voit, la décision laisse donc une place importante à la casuistique. On pourrait gloser aussi sur la qualification de caractère « festif » qui seule permet d'autoriser une manifestation et d'en faire pardonner le caractère religieux [2].

LA DISTINCTION DROIT PUBLIC-DROIT PRIVÉ

224. La séparation entre droit public et droit privé constitue l'une des classifications typiques du droit, par lesquelles les juristes se représentent la société afin de l'organiser et de la régir. Il serait aisé de montrer combien la réalité sociale, dans sa complexité, n'est jamais fidèle à cette répartition entre droit public et droit privé. Il n'est pas rare en effet qu'une même activité humaine relève pour une part du droit privé et, pour une autre part, du droit public. Dans ce cas, la détermination du droit applicable à cette activité nécessite de se référer aux deux branches du droit, en faisant apparemment fi de leur frontière. En pratique, la distinction entre droit public et droit privé ne serait plus guère opératoire. Pourtant, il n'y a pas lieu de s'étonner que la diversité foisonnante et désordonnée du monde social ne coïncide pas avec les catégories juridiques. Il est banal de rappeler la distance entre la norme juridique et la réalité sociale qu'elle entend régir. Les classifications des juristes sont d'abord des instruments intellectuels et pratiques, élaborés dans des buts normatifs spécifiques ; il ne s'agit pas de purs reflets du monde social. À cet égard, la distinction entre droit public et droit privé est bien déterminante pour le juriste. Elle témoigne d'une certaine façon de penser le droit lui-même, spécialement les rapports entre les pouvoirs publics et les individus. C'est à la lumière de ce rapport au pouvoir que les nombreuses hybridations entre droit public et droit privé doivent être examinées. En définitive, il apparaît ainsi que, loin d'opposer droit public et droit privé, la distinction articule ces deux dimensions du monde juridique, mettant en évidence la profonde unité du droit.

Le sens et les implications de la distinction entre droit public et droit privé

225. La distinction entre le droit privé et le droit public structure la pensée juridique, spécialement en France. Au cours de leur formation universitaire, les étudiants (comme d'ailleurs les enseignants) doivent généralement choisir une spécialisation, soit en droit public (orientation « publiciste ») soit en droit privé (parcours « privatiste »). Cette répartition n'aurait que peu d'importance si elle ne répondait qu'à une logique strictement académique, propre au système universitaire. Mais son sens et sa portée sont plus considérables. D'une part, la formation du juriste ne peut être neutre quant à son activité future : au-delà d'un fonds commun, un privatiste ne pratique pas ni même ne conçoit le droit tout à fait de la même façon qu'un publiciste. D'autre part, la division entre

1. CE, Ass., 9 nov. 2016, *Fédération départementale des libres penseurs de Seine-et-Marne et autre*, n° 395122.
2. V. sur ce point les analyses de Ph. Murray, *Festivus. Festivus*, Champs essais, 2008.

droit privé et droit public traverse bel et bien le système juridique français. En première approximation, le droit privé régit les personnes et les biens, envisagés sous l'angle des rapports juridiques ordinaires, ceux des particuliers. Il en va ainsi par exemple du droit civil (état des personnes, famille, contrats, etc.) ainsi que du droit du travail (concernant les rapports entre l'employeur privé et ses salariés), ou encore du droit commercial. Pour sa part, le droit public définit et organise les institutions publiques, leurs pouvoirs réciproques et leurs relations avec les personnes privées. Les juristes parlent encore volontiers d'une *summa divisio* : toute la matière juridique serait ainsi répartie en deux ensembles distincts et nettement séparés.

En France, cette distinction public-privé se décline également en matière d'organisation juridictionnelle. Sauf exceptions, les juridictions judiciaires ne traitent en effet que des affaires soumises au droit privé. Aux juridictions administratives, il revient le contentieux des affaires relevant du droit public – ou plus exactement du droit administratif. Le dualisme juridictionnel (voir *supra* n° 3 et *infra* n° 302) coïncide donc globalement avec la dualité des droits, privé d'un côté et public de l'autre. S'il n'existe en droit français qu'un seul *ordre juridique* (on ne peut parler de « dualisme juridique » au sens strict du terme), il faut bien distinguer, au sein de cet ordre juridique, ces deux *ordres juridictionnels* : judiciaire d'un côté et administratif de l'autre.

Si la justice administrative est historiquement liée à l'Administration, c'est parce qu'on a longtemps estimé que le juge judiciaire ne pouvait pas résoudre de façon satisfaisante les difficultés en matière administrative, ce juge n'étant pas au fait des nécessités et des besoins de l'action administrative. Au lendemain de la Révolution française, les litiges administratifs furent donc globalement soustraits au juge judiciaire. En l'absence à l'époque d'un juge administratif, ces litiges furent confiés à l'Administration elle-même. Celle-ci pouvait être regardée comme juge et partie et ce n'est que progressivement qu'un juge administratif fit son apparition, pour se distinguer de plus en plus nettement de l'administration dite active. La dualité juridictionnelle s'explique donc, comme la distinction public-privé qu'elle redouble en partie, par l'idée fondamentale selon laquelle le droit public ne peut être assimilé au droit privé, car il serait inconcevable de soumettre l'État ou les autres administrations publiques à des règles juridiques conçues pour des personnes privées. Les institutions publiques doivent au contraire être régies par un droit qui leur est spécifique, lequel doit demeurer attentif aux buts que poursuivent les pouvoirs publics, au premier rang desquels l'action gouvernante au nom de l'intérêt général. En droit romain, le *Digeste* affirmait déjà que le droit public est « relatif aux choses sacrées » utiles à la collectivité, tandis que le droit privé porte sur les intérêts particuliers [1]. Pierre Legendre a bien montré la part du mythe dans cette séparation, qui fait que « du côté droit public, on range les choses sublimes » tandis que « côté droit privé, règne le commerce sous toutes ses formes » [2]. Ce mythe n'en est pas moins agissant et continue de produire des effets juridiques concrets : la spécificité des buts poursuivis par les pouvoirs publics justifie ainsi qu'ils détiennent des instruments juridiques généralement introuvables en droit privé, que l'on appelle des « prérogatives de puissance publique ». Le droit public est marqué par son « exorbitance » à l'égard du droit privé (ou « droit commun »).

1. La formule exacte, que le *Digeste* tire des *Institutes* d'Ulpien, est en réalité plus dense : « Le droit public a pour objet le statut de la chose romaine, le droit privé est relatif aux utilités particulières. [...] Le droit public a pour objet les choses sacrées, les prêtres et les magistrats. Le droit privé comprend trois éléments : les préceptes du droit naturel, le droit des gens et le droit civil. »

2. P. Legendre, *Jouir du pouvoir. Traité de la bureaucratie patriote*, Minuit, 1976, p. 169-170.

Il sort du cadre juridique élaboré pour les relations interindividuelles, lesquelles n'impliquent pas l'action gouvernante. Qu'il s'agisse des buts ou des techniques employées, celles-ci font donc du droit public un ensemble original et séparé du droit privé.

L'exorbitance du droit public – constitutionnel ou administratif – se manifeste de plusieurs façons. Le concept de souveraineté condense l'autorité politique légitime entre les mains de la Nation, celle-ci étant constituée en puissance publique. En principe, la puissance publique dispose ainsi du monopole de l'édiction en dernier ressort du droit, comme du monopole de l'exercice de la « force publique [1] », laquelle se distingue bien à cet égard d'éventuelles forces privées. Ces marques d'exorbitance sont liées à la nature particulière de l'institution politique. Censée gouverner les individus, la puissance publique doit détenir les moyens d'imposer efficacement sa volonté. C'est pourquoi « l'âme du droit public [...] et la justification de sa technique autoritaire, c'est le souci de réaliser directement l'intérêt général [2] ». Le droit administratif est exemplaire de cette logique : il n'est pas question de soumettre l'État aux mêmes règles que celles qui gouvernent les rapports privés, parce qu'il faut préserver la capacité de l'Administration à agir pour l'intérêt général. Des sacrifices doivent donc être consentis par les administrés au nom des nécessités de l'action administrative. Par exemple, comme l'affirme en 1873 le Tribunal des conflits dans la décision *Blanco*, la responsabilité de l'État ne peut être régie par le principe général de responsabilité énoncé par le Code civil, car elle doit pouvoir varier selon les besoins spécifiques que poursuit l'appareil administratif.

Mais l'exorbitance du droit public n'implique pas qu'il soit constamment favorable aux gouvernants ou qu'il constitue un véritable privilège pour eux. En effet, le droit public est également exorbitant en ce sens qu'il impose aux pouvoirs publics des règles particulières, qui n'existent pas ou n'ont pas le même sens en droit privé. Ainsi, les pouvoirs publics ne bénéficient pas d'une « liberté » d'action au sens où les personnes privées peuvent en jouir : ils exercent tout au plus des compétences, dont l'exercice est plus ou moins conditionné par le droit. Par ailleurs, les biens des personnes publiques appartenant au domaine public font l'objet d'une nette protection, laquelle contraste avec les prérogatives d'un propriétaire privé sur son bien. Dans le même sens, les agents publics titulaires exercent leurs activités dans le cadre spécifique de la fonction publique (on les appelle des « fonctionnaires »), et non pas conformément au Code du travail. De plus, seules les personnes publiques ou exerçant une activité de service public sont en principe soumises à l'exigence de neutralité, notamment en matière religieuse (laïcité). Dans ces différentes hypothèses, le droit applicable à l'action publique ne coïncide pas avec celui qui régit les rapports privés.

Pour sa part, le droit privé régit les rapports « ordinaires » ou « communs » entre les individus privés, c'est-à-dire les relations soustraites à l'autorité publique ou qui n'impliquent pas la force gouvernante. Le droit privé, en ce sens, « se préoccupe d'abord d'offrir aux libertés des particuliers un milieu juridique permettant leur plein essor, assurant leur protection et leur coexistence paisible [3] ». L'exorbitance du droit public ne se

1. Art. 12 Décl. 1789 : « La garantie des droits de l'homme et du citoyen nécessite une force publique : cette force est donc instituée pour l'avantage de tous, et non pour l'utilité particulière de ceux auxquels elle est confiée ». V. C. Vigouroux, *Du juste exercice de la force*, Odile Jacob, 2017.

2. J. Rivero, « Droit public et droit privé, conquête ou *statu quo* ? », *D.* 1947, p. 69.

3. *Ibid.*, p. 69.

justifie plus ici, puisqu'il n'est plus question d'imposer une volonté extérieure aux individus, mais de leur permettre d'organiser leurs propres relations.

La relativité de la distinction entre droit public et droit privé

226. Quels que soient ses fondements théoriques, la distinction public/privé est critiquée de longue date et il faut certainement éviter d'en exagérer la teneur. Il convient tout d'abord de noter que cette division n'a pas exactement la même portée dans des systèmes juridiques qui n'ont pas subi l'influence du droit romain, par exemple en droit anglais [1]. Au demeurant, certains théoriciens du droit comme Kelsen n'ont pas manqué de la contester en raison de son caractère relatif et donc « idéologique [2] ». Surtout, c'est le droit positif lui-même qui montre qu'il n'est pas possible ni souhaitable d'opposer trop radicalement le droit public et le droit privé. Le droit pénal est exemplaire de la difficulté d'un classement satisfaisant. Si l'action publique est conduite « en recherchant la protection des intérêts de la société [3] », le droit pénal présente également des enjeux fondamentaux pour la liberté individuelle, au point que le droit pénal est couramment considéré comme relevant du droit privé, les juridictions pénales étant rattachées à l'ordre juridictionnel judiciaire. Cet exemple montre qu'il serait vain d'opposer la satisfaction de l'intérêt général censée être assurée par le droit public et la poursuite des intérêts particuliers protégée et organisée par le droit privé. Si d'ailleurs le doyen Carbonnier a pu voir dans le Code civil la « véritable constitution » de la France [4], c'est au regard de sa fonction véritablement *politique* d'organisation et de stabilisation des rapports sociaux « ordinaires ».

De longue date, les juristes ont réfléchi à cette hybridation, y compris pour la déplorer. Pour certains privatistes, la multiplication des normes encadrant les rapports individuels serait le signe d'une « publicisation du droit privé », qu'ils peuvent dénoncer comme une limitation dangereuse de la liberté privée. De leur côté, les publicistes ne manquent pas d'évoquer une « privatisation du droit public », liée à une forme de banalisation de l'autorité publique [5]. Ces débats sont parfois associés à une lutte de prestige entre publicistes et privatistes, notamment quant au point de savoir laquelle des deux branches du droit supplanterait l'autre.

1. Pour une analyse comparée (France, Angleterre, États-Unis), v. E. Zoller, *Introduction au droit public*, Dalloz, « Précis », 2e éd., 2013.

2. H. Kelsen, *Théorie pure du droit*, *op. cit.*, p. 372 et s. Pour Kelsen, toutefois, c'est moins la division elle-même que son caractère « absolu » qui mérite la critique puisque cela sépare abusivement l'État et le droit ; v. les remarques de M. Troper, « L'opposition public/privé et la structure de l'ordre juridique », *Politiques et management public*, 1987, vol. 5, n° 1, p. 181 ; de façon plus générale, F.-X. Testu, « La distinction du droit public et du droit privé est-elle idéologique ? », *D.* 1998, chron., p. 345.

3. Déc. n° 2016-555 QPC du 22 juillet 2016.

4. J. Carbonnier, « Le Code civil », *in* P. Nora (dir.), *Lieux de mémoire, t. II : La Nation*, vol. 2, Gallimard, « Bibliothèque illustrée des histoires », 1986, p. 309.

5. V. à ce sujet les travaux déjà anciens de R. Savatier, *Du droit civil au droit public*, LGDJ, 2e éd., 1950 ; G. Ripert, *Le Déclin du droit*, LGDJ, 1949 ; H. Mazeaud, « Défense du droit privé », *D.* 1946, chron. p. 17 ; R. Savatier, « Droit privé et droit public », *D.* 1946, chron., p. 25 ; J. Rivero, « Droit public et droit privé, conquête ou *statu quo* ? », *D.* 1947, p. 69 ; C. Eisenmann, « Droit public et droit privé (en marge d'un livre sur l'évolution du droit civil français du XIXe siècle et du XXe siècle) », *RDP*, 1952, p. 923.

Les manifestations classiques de l'hybridation

227. Ces débats ont le mérite de montrer combien le droit privé ne peut être envisagé comme relevant exclusivement de l'initiative ou de la liberté privée. En effet, bien qu'il ménage une place essentielle à la liberté individuelle (par exemple pour la conclusion de contrats), le droit privé fait lui aussi l'objet de législations et de réglementations publiques, comme de sanctions prononcées par des juridictions qui participent bien des institutions publiques. S'il est conclu librement entre deux particuliers, un contrat de droit privé est ainsi soumis aux limites d'ordre public ou conditions fixées par la loi ou d'autres normes édictées par les autorités publiques. Le rapport contractuel n'est jamais purement horizontal : il suppose au contraire la verticalité d'un pouvoir garant de l'échange. D'ailleurs, le cadre juridique des contrats privés relève souvent du Code civil, lequel a valeur législative. Or, considéré sous l'angle de son origine formelle, le Code civil relève bien du droit public, puisqu'il a été élaboré par les autorités publiques. En revanche, si l'on examine son objet et sa matière, le Code civil se rattache évidemment au droit privé, puisqu'il règle des rapports entre particuliers et qu'il permet aux contrats privés de produire les effets que recherchent les personnes privées. Il arrive certes que certains contrats de droit privé soient imposés par la loi, par exemple en matière d'assurances. Mais ce n'est pas parce que la signature d'un contrat d'assurance est prescrite par le législateur que ce contrat devient un contrat de droit public. Autant la loi est l'œuvre d'une autorité publique, autant elle vise ici à imposer la forme de certains rapports inter-individuels. Les pouvoirs publics ont estimé qu'une assurance était parfois indispensable, dans l'intérêt même des individus privés et des rapports sociaux.

On voit donc que les choses peuvent être complexes et que l'hybridation entre le droit privé et le droit public peut se manifester de façon variable. Si l'on envisage le phénomène de « publicisation » du droit privé, il s'avère que la menace est fort contrastée. En reprenant une typologie présentée par Jean Rivero [1], trois degrés au moins peuvent être distingués. On peut tout d'abord relever « l'annexion », par laquelle le droit public saisit des rapports juridiques jusque-là régis par le droit privé. Tel est le cas dans un système totalement socialisé, où par exemple les fonctionnaires prennent en charge l'ensemble des activités économiques, à la place des personnes privées. Il est clair dans ce cas que le droit privé connaît un reflux majeur. Un degré moindre est « le protectorat », par lequel le droit public s'empare d'une activité et en régit l'organisation, tout en laissant la main au droit privé pour ce qui concerne la gestion quotidienne. Tel est le cas lorsqu'une activité économique est érigée en service public ou en cas de nationalisation : bien souvent, le droit public ne se substitue que partiellement au droit privé, lequel continue de régner, fût-ce dans une ambiance de droit public. Enfin, un dernier niveau est constitué par « l'asphyxie » du droit privé par le droit public, c'est-à-dire l'extension progressive du droit public à des activités qui, bien que régies par le droit privé, se voient de plus en plus encadrées par des considérations ou des finalités imposées par les pouvoirs publics. Dans ce cas, le droit privé ne disparaît pas, mais son environnement est de plus en plus contraint.

Les critiques d'une « publicisation du droit privé » ont souvent porté sur la place grandissante de l'ordre public, qu'il soit économique ou social, dans les domaines régis

1. J. Rivero, « Droit public et droit privé, conquête ou *statu quo* ? », *D.* 1947, p. 69.

par le droit privé. Or, il est faux de voir dans l'ordre public un vecteur de publicisation pure et simple du droit privé, car les relations privées sont toujours établies sous une réserve générale d'ordre public, c'est-à-dire à la condition impérative de respecter les exigences essentielles de la vie sociale, telles qu'elles sont déterminées par les pouvoirs publics. Ainsi par exemple, si des particuliers peuvent conclure un contrat de droit privé pour régir leurs droits et obligations réciproques, ledit contrat ne peut contrarier les exigences propres à l'ordre public. Si les conventions tiennent lieu de loi à ceux qui les ont faites, c'est à condition qu'elles soient « légalement formées » et qu'elles respectent les bornes fixées par l'ordre public. Celles-ci empêchent notamment à des particuliers de s'entendre sur la vente par l'une des parties du corps de l'autre, parce que le corps humain, réputé indisponible, fait en principe l'objet d'une protection par la loi. On voit par-là que l'ordre public n'est pas le cheval de Troie d'une « publicisation » totale du système juridique, au sens d'une « annexion ». L'ordre public est la condition même des relations privées et une extension du domaine de l'ordre public n'équivaut pas à la transformation du droit privé en droit public.

Cela dit, il est indéniable que le contenu de l'ordre public ne peut s'étoffer sans risquer de menacer les libertés privées. Les règles d'ordre public sont souvent, spécialement en droit privé, des règles de protection de l'une ou l'autre des parties. Ces règles d'ordre public de protection sont alors sanctionnées par une nullité relative et non pas absolue (seule la partie protégée par cette règle pouvant se plaindre d'une méconnaissance de celle-ci). Mais il arrive aussi que l'on soit en présence d'un ordre public de direction, par lequel les pouvoirs publics orientent positivement les conduites, plutôt que de fixer des limites à celles-ci. Perdant son statut d'« exception modeste [1] », l'ordre public peut alors tendanciellement imposer toutes les exigences que le pouvoir juge nécessaires. On peut donc légitimement s'inquiéter d'une multiplication des limites apportées par les réglementations d'ordre public à la liberté privée, lorsque se rapproche la perspective d'une « asphyxie » du droit privé par le droit public. La menace est bien réelle. Mais l'ampleur du danger dépend en réalité de la place ménagée aux initiatives individuelles par ce droit public. Si les particuliers ne disposent plus d'aucune liberté dans l'organisation de leurs rapports, tout devient effectivement du droit public. Le terme ultime de l'asphyxie est bien à cet égard l'annexion, la suppression des marges de respiration nécessaires à une société libre. Dans un État totalitaire, les individus sont ainsi réputés n'être qu'au service d'un projet de société imposé par le pouvoir.

En ce sens, il faut garder à l'esprit qu'un État ne devient pas totalitaire du seul fait qu'il s'immisce dans les rapports entre individus privés, car tout dépend en réalité des buts que se donne cet État. On constate ainsi que de telles interventions publiques visent bien souvent à protéger une partie faible, à rééquilibrer des rapports juridiques inégaux, par exemple dans les relations commerciales ou de travail. Au cours du XXe siècle, l'État a multiplié ses interventions dans un nombre croissant d'activités sociales, légitimé en cela par de nouvelles idéologies juridiques et politiques. Le droit privé n'a plus été seulement un droit individualiste, mais il s'est socialisé. Léon Duguit a notamment contribué à théoriser et à légitimer cette expansion de ce qui serait bien plutôt l'État-Providence. Pour Duguit, l'État ne pouvait plus s'expliquer par sa souveraineté, car il voyait dans celle-ci un instrument de domination, conduisant à une séparation nette entre droit public et droit privé. Duguit élabore une nouvelle doctrine de l'État fondée sur la notion de

1. J. Carbonnier, « Le Code civil », *in* P. Nora (dir.), *Les Lieux de mémoire*, *op. cit.*, 1986, p. 296.

service public, censée rendre compte du fait que « l'obligation d'agir pratiquement » se serait substituée au « pouvoir de commander [1] ». Le droit public n'est plus un droit autoritaire ; il n'est pensé qu'en raison de son but social légitime. Un telle conception relativise d'autant la distinction droit public-droit privé, puisque l'État ne se présente plus comme une puissance tutélaire utilisant un droit inégalitaire. En réalité, il n'existe plus, pour Duguit, « qu'une règle de droit [...] : coopérer à la solidarité sociale [2] ». Poursuivant sur cette voie, on a pu alors affirmer que les droits privés, comme la propriété privée, « ne sont en réalité que des fonctions sociales dont l'exercice doit être subordonné aux nécessités générales [3] ». La formule est sans doute quelque peu exagérée : les droits privés ne sont pas *que* des « fonctions sociales », mais aussi et même d'abord des prérogatives, assurant aux individus une sphère d'action et de pensée soustraite à la socialisation. Il n'en reste pas moins qu'une telle conception se rattache à ce qui était alors une nouvelle façon de penser l'État et son rôle. La séparation entre l'État et la société, garante de l'autonomie du droit privé par rapport au droit public, ne pouvait plus qu'être relative. Il fallait désormais que l'État intervienne plus directement dans et au sein de la société, au nom d'une solidarité nécessaire.

Mais le succès de ces idéologies sociales a pu inquiéter les juristes attachés à un système plus individualiste. Quelle place une économie dirigée réserve-t-elle en effet à la propriété privée ? En s'immisçant dans les affaires réputées privées, l'État risquait de se mêler de ce qui ne le regardait pas. Pour l'État, la prise en charge d'une activité économique peut être analysée soit comme un empiétement intolérable dans le champ de la liberté privée (dont la liberté d'exercer une activité économique), soit comme une nécessité politique, au regard d'une certaine représentation de la justice sociale. On le comprend : tout dépend de l'appréciation que l'on porte sur ce qui regarde légitimement la collectivité publique et ce qui mérite de lui être soustraite. Dans tous les cas, il s'agit de veiller à ce que « l'État reste au service de l'homme [4] », la formule signifiant que le droit public ne doit pas aller jusqu'à étouffer la liberté privée. La critique de l'État ne saurait donc être intransitive, comme s'il fallait éviter ses interventions *par principe*, sous prétexte de sauvegarder la liberté privée. Seule une conception surannée peut encore prétendre que l'intervention publique serait par nature préjudiciable à la société. L'enjeu est de discerner ce qui relève d'une action légitime de la part des pouvoirs publics dans leurs rapports avec les individus privés. Selon la part respective des deux branches du droit, selon le degré d'immixtion du droit public dans les rapports juridiques de droit privé, le caractère des institutions publiques diffère nettement et, avec lui, l'étendue de la liberté individuelle [5]. S'agit-il d'utiliser la puissance publique afin de protéger les personnes vulnérables, d'interdire effectivement les actions « nuisibles à la société », de poursuivre un

1. L. Duguit, *Les Transformations du droit public*, A. Colin, « Le mouvement social contemporain », 1913, p. XVIII.

2. L. Duguit, *Manuel de droit constitutionnel*, de Boccard, 1923, 4e éd., p. 42-43.

3. L. Julliot de la Morandière, « Introduction à l'étude du droit civil français », *in* L. Julliot de la Morandière *et al.*, *Introduction à l'étude du droit*, t. 1, Rousseau, 1951, p. 184.

4. R. Savatier, « Droit privé et droit public », *D.* 1946, chron., p. 28. V. aussi G. Burdeau, *Manuel de droit public*, LGDJ, 1948, p. 48 : « La classification entre droit public et droit privé repose sur la part faite à la liberté humaine dans la réalisation du droit. »

5. Sur ces questions, v. M. Freedland et J.-B. Auby (dir.), *The Public Law/Private Law Divide : une entente assez cordiale ? La distinction du droit public et du droit privé : regards français et britannique*, Hart Publishing, 2006.

objectif de justice sociale ? Au contraire, s'agit-il de favoriser au maximum le libre jeu des libertés, de renforcer l'autonomie de puissances privées, comme on le constate de plus en plus désormais en matière économique ? La discussion est bel et bien d'ordre politique, étant admis que le pouvoir n'est aujourd'hui pas seulement (et peut-être de moins en moins) entre les mains des États.

Les formes actuelles de l'hybridation

228. L'évolution actuelle du système juridique a contribué à brouiller davantage les frontières entre droit public et droit privé. Sans remettre en cause la distinction, les deux branches de notre droit sont désormais, au moins sur certains points, profondément imbriquées. Dans leur pratique, les juristes sont de plus en plus fréquemment confrontés à des questions qui impliquent à la fois le droit public et le droit privé. Il est assez fréquent que les praticiens en droit privé aient besoin de faire une incursion sur le terrain du droit public et inversement. Les droits s'interpénètrent donc et il n'est guère aisé parfois de démêler la nature privée ou publique de telle ou telle branche du droit. Le droit économique est une illustration notable d'une telle hybridation. S'il semble *a priori* se rattacher au droit privé, en tant qu'il régit les relations économiques entre des entreprises, le droit économique est aussi fortement marqué par la présence du droit public, dès lors que les relations économiques n'échappent pas à une orientation, voire une détermination par les pouvoirs publics. Les affaires économiques sont même aujourd'hui l'une des préoccupations majeures des politiques publiques. En ce sens, le droit économique emprunte donc autant au droit privé qu'au droit public [1].

Cette hybridation n'empêche pas de repérer malgré tout des tendances lourdes du droit contemporain. On peut en effet constater un indéniable mouvement de « privatisation » du droit public, au sens large où le droit public se rapproche progressivement du droit privé, parce qu'il lui emprunte nombre de ses normes ou de ses logiques. Plusieurs évolutions en attestent, à commencer par le phénomène massif de privatisation au sens strict des systèmes économiques, spécialement depuis les années 1980. La place des États dans l'économie et donc le rôle du droit public ont en effet connu un reflux important, suite au succès des doctrines néolibérales favorables à une réduction du rôle de la puissance publique. Dans tous les États occidentaux, dont la France, les pouvoirs publics se sont désengagés progressivement d'un certain nombre d'activités, par exemple bancaires (la Société Générale, nationalisée en 1945, est privatisée en 1987) ou industrielles (l'entreprise Saint-Gobain est privatisée en 1986).

Mais la « privatisation » du droit public se perçoit aussi dans un sens plus diffus et général. Le droit public est aujourd'hui très perméable à des modèles intellectuels et idéologiques issus du monde des entreprises privées et du management. Les politiques publiques s'inspirent de plus en plus de la rationalité marchande, prenant l'entreprise privée pour référence des réformes menées. Au demeurant, le marché a été érigé peu à peu en référence hégémonique de rationalité dans les affaires humaines. À l'échelle internationale, les doctrines prônant la réduction du rôle des États au nom de la performance et de l'attractivité économique ont conduit – et conduisent encore – à la mise en

1. Les juristes distinguent certes le droit public économique de sa branche privatiste, mais une simple analyse du contenu de ces matières révèle leurs nombreux points de contact.

place de « programmes d'ajustement », lesquels consistent en des « cures d'amaigrissement » favorables à la libéralisation. Certains États ne peuvent se voir accorder des aides financières qu'à condition de mettre en œuvre de tels programmes. Il semblait classiquement inconcevable qu'un État puisse faire faillite, sa souveraineté politique le distinguant fondamentalement d'une entreprise privée. Pourtant, l'insolvabilité d'un État, si l'on examine par exemple le cas de l'Argentine ou celui de la Grèce, ne semble plus impensable. La gestion saine et efficace d'une entreprise privée tend ainsi à devenir un modèle général, qui s'étend même à des entités politiques souveraines.

Cette prédominance du modèle marchand ne correspond pas nécessairement à une pure et simple disparition du droit public au profit d'un droit privé censé servir les intérêts du marché et de ses acteurs. En réalité, le néolibéralisme ne cherche pas à réduire la place du droit public, mais à le redéfinir et à le réorienter, afin de le placer au service de l'économie concurrentielle de marché [1]. Sans disparaître, le droit public prend donc un autre sens. Il obéit à de nouvelles rationalités, lesquelles infusent logiquement dans les techniques et les pratiques juridiques, car « à l'État chef d'entreprise, l'entreprise impose sa loi [2] ». Par exemple, les administrations publiques doivent évaluer leurs « performances », la gestion budgétaire publique étant explicitement inspirée du modèle de l'entreprise privée et de la « culture du résultat [3] ». Autre exemple : lorsqu'elle souhaite conclure un contrat avec un entrepreneur privé (par exemple un marché public), l'Administration doit respecter des formalités destinées à garantir qu'elle fait correctement jouer la concurrence. Ces règles ne s'appliquent qu'en raison de la crainte que l'Administration ne se laisse influencer par des considérations politiques sans rapport avec le libre jeu concurrentiel. Ces règles, qui sont donc spécifiques à l'action publique, ont pour but de préserver la concurrence, devenue une exigence essentielle de l'ordre juridique. Relevant du droit public, la norme juridique est ici nettement d'inspiration privatiste, car elle est conçue pour protéger les libertés économiques privées, tout en révélant une certaine suspicion à l'égard du politique [4].

C'est en effet le pouvoir lui-même qui est redessiné par ces nouvelles hybridations du droit public et du droit privé. Dans le contexte de la globalisation, les rapports traditionnels entre pouvoirs publics et privés sont par exemple bouleversés. Les pouvoirs économiques privés, dont certaines multinationales, sont parfois objectivement plus influents que certains États. Mais même les États puissants acceptent d'infléchir leurs politiques lorsqu'elles seraient de nature à contrarier des intérêts économiques jugés prédominants. Parce qu'il serait catastrophique pour elles de suivre les voies habituelles de la justice, les multinationales sont parfois incitées à négocier leurs sanctions avec les autorités publiques, spécialement aux États-Unis. Cette fonction souveraine qu'est la justice perd

1. V. not. à ce sujet F. Rouvillois, M. Degoffe (dir.), *La Privatisation de l'État*, CNRS Éd., 2012 ; P. Dardot, C. Laval, *La Nouvelle Raison du monde. Essai sur la société néolibérale*, La Découverte, 2009.

2. J. Rivero, « Droit public et droit privé, conquête ou *statu quo* ? », *op. cit.*, p. 71.

3. V. not. J. Caillosse, « Droit public-droit privé : sens et portée d'un partage académique », *AJDA*, 1996, p. 955 ; N. Albert (dir.), *Performance et droit administratif*, « Colloques & Débats », Litec/Lexis Nexis, 2010 ; J. Serba, P. Le Jeune (dir.). *La Fonction publique face à la culture de résultat*, Bruylant, « Administration et fonction publique », 2006.

4. Comme le note l'un des spécialistes du droit des marchés publics, l'un des principaux ressorts de la législation sur les marchés publics est « la méfiance envers le politique », v. L. Richer, *L'Europe des marchés publics*, LGDJ, 2009, p. 6.

alors ses attributs classiques de puissance publique, car l'évitement du juge paraît économiquement indispensable. Paradoxalement, les pouvoirs font ainsi « de la politique avec du droit privé [1] ».

De façon encore plus générale, une part grandissante des normes juridiques est élaborée par des entités privées. Il en va ainsi notamment des Codes de conduite ou des Chartes éthiques fréquemment rédigés par les entreprises qui vont les appliquer. L'intrication des intérêts privés et de l'intérêt général se perçoit nettement dans le fonctionnement de certaines institutions, par exemple dans l'Union européenne. Ce « lobbying » assumé n'est pas sans poser question lorsque la règle de droit entend répondre aux attentes d'industriels ou de grandes entreprises [2]. L'intérêt général semble alors perdu de vue, ce dont les « lanceurs d'alerte » portent témoignage. C'est le politique en tant que tel qui paraît de plus en plus impuissant face au modèle hégémonique de l'économie de marché, lorsqu'il n'organise pas lui-même cette impuissance. La privatisation de la fabrique des normes juridiques soulève des enjeux démocratiques importants, car nombre de ces normes sont soustraites au débat public. Celles-ci sont censées ne relever que de choix techniques et de décisions d'expert et leur portée politique est neutralisée. Mais si le monde actuel est bien celui de la « gouvernance par les nombres [3] », cela n'enlève rien au fait qu'il résulte de choix politiques qui devraient pouvoir être discutés par les voies démocratiques.

L'unité du droit, au-delà de la distinction droit public/droit privé

229. Quelles que soient ses évolutions contemporaines, la distinction entre droit privé et droit public ne doit pas faire oublier qu'il existe une « unité du droit [4] », en ce sens que toutes les matières juridiques puisent leurs principes et leurs fondements dans un fonds juridique commun. Il existe des valeurs, des principes et des règles qui transcendent la division public/privé et qui la déterminent [5].

Par exemple, un juge peut, à l'occasion d'une décision, faire référence à tel « principe général dont s'inspire le Code civil » ou le Code du travail et qui se retrouve également dans le champ du droit public [6]. Si l'on envisage par ailleurs le droit de la responsabilité, il est manifeste que la distinction public-privé n'empêche pas la poursuite d'objectifs communs à ces deux branches, en particulier pour favoriser l'indemnisation des victimes.

1. A. Garapon, P. Servan-Schreiber, *Deals de justice. Le marché américain de l'obéissance mondialisée*, Puf, 2014.
2. V. not. l'étude sociologique détaillée de S. Laurens, *Les Courtiers du capitalisme. Milieux d'affaires et bureaucrates à Bruxelles*, Agone, « L'ordre des choses », 2015.
3. A. Supiot, *La Gouvernance par les nombres (cours au Collège de France – 2012-2014)*, *op. cit.*
4. Sur ce thème, v. not. *L'Unité du droit. Mélanges en hommage à Roland Drago*, Economica, 1999.
5. V. en ce sens, B. Bonnet, P. Deumier, *De l'intérêt de la summa divisio droit public/droit privé ?*, Dalloz, « Thèmes et commentaires », 2010, not. E. Picard, « Pourquoi certaines branches du droit échappent-elles à la *summa divisio* ? », p. 65 et s.
6. On peut citer par exemple le « principe général du droit dont s'inspirent tant les dispositions du Code du travail relatives à la situation des salariés que les règles statutaires applicables aux fonctionnaires », qui impose qu'« en cas d'inaptitude physique définitive, médicalement constatée, à occuper un emploi, il appartient à l'employeur de reclasser l'intéressé dans un autre emploi et, en cas d'impossibilité, de prononcer son licenciement dans les conditions qui lui sont applicables ».

La « socialisation du risque », qui cherche à substituer des systèmes de solidarité nationale aux régimes traditionnels de responsabilité, lorsqu'ils sont insuffisants ou défaillants, n'est pas un phénomène propre au droit public ou au droit privé : les deux branches du droit le connaissent [1]. Au demeurant, les sujets de droit n'admettent plus que l'indemnisation de leur préjudice puisse varier selon que le dommage est imputable à une administration publique ou une personne privée. Dans la décision *Blanco*, le Tribunal des conflits avait clairement distingué, en matière de responsabilité, les règles du Code civil et celles du droit public [2]. Or dans de nombreux cas, l'action dommageable ne présente pas de différence significative. Une victime comprend mal pourquoi les règles d'indemnisation d'un même dommage devraient différer selon que ce dommage survient au sein d'un hôpital public ou dans une clinique privée. S'inscrivant dans cette logique, une loi du 31 décembre 1957 est intervenue pour unifier les règles d'indemnisation des dommages causés par des « véhicules » (par exemple une voiture), en mettant fin à la coexistence de deux régimes d'indemnisation, liés à la nature privée ou publique du véhicule en cause. La différence de traitement des victimes apparaissant injustifiable, une unification des règles d'indemnisation fut nécessaire pour éviter les incohérences et les injustices.

La constitutionnalisation de notre droit, spécialement avec l'avènement de la QPC, illustre nettement le phénomène d'unification du droit. Cette constitutionnalisation pourrait certes être analysée comme une « publicisation » de l'ensemble du droit, dès lors que le droit constitutionnel appartient au droit public [3]. Les choses sont néanmoins plus mesurées et plus subtiles. Il n'est pas question de hisser l'ensemble des matières juridiques au rang constitutionnel pour les transformer ainsi en matière constitutionnelle, comme si tout le droit devait ou pouvait se trouver au sommet de l'ordre juridique, fût-ce virtuellement. En réalité, la constitutionnalisation du droit conduit à dégager les bornes ou les principes constitutionnels qui irriguent ou doivent irriguer les branches du droit. Elle ne transforme pas la nature (publique ou privée) des droits ainsi irrigués ni ne prive ceux-ci de leur autonomie relative : le droit privé des contrats ne devient pas du droit public sous prétexte qu'il existe un principe constitutionnel de liberté contractuelle. La constitutionnalisation se contente – mais ce n'est pas rien – de les replacer dans leur contexte normatif, eu égard à la suprématie de la Constitution [4]. Au demeurant, cette constitutionnalisation est d'autant moins une « publicisation » que le droit constitutionnel affirme et garantit la valeur prééminente des droits et libertés… *privés*. C'est que le droit public lui-même exprime, à travers notamment la Déclaration de 1789, un modèle de société dont la base est individualiste – et qui le redevient nettement aujourd'hui. Les privatistes peuvent y voir une consécration de la suprématie du droit privé ; les publicistes peuvent répliquer pour leur part que cette prétendue suprématie est organisée par le droit public – et donc qu'elle en est finalement tributaire…

1. V. pour le droit public, Conseil d'État, *Responsabilité et socialisation du risque*, rapport public annuel, Doc. Fr., « Études et Documents », 2005 ; pour le droit privé, P. Jourdain, *Les Principes de la responsabilité civile*, Dalloz, 8e éd., 2010 et M. Fabre-Magnan, *Droit des obligations*, Puf, « Thémis droit », 3e éd., 2013.
2. TC, 8 févr. 1873, *Blanco*, GAJA.
3. C'est ainsi à l'occasion de la mise en œuvre de la QPC en 2009 que la Cour de cassation a créé, au sein de son service de documentation et d'études, un « bureau du droit constitutionnel et du droit public général ».
4. Sur ces questions, v. not. A. Botton, B. de Lamy, X. Magnon, « La QPC, révélateur des limites du droit constitutionnel ? Lectures contrariées et contradictoires », *D.* 2012, p. 2030 et 2032.

Dans tous les cas, l'une des questions les plus urgentes est sans doute de savoir jusqu'à quel point il est possible de banaliser le droit public. L'« exceptionnalité » de l'action publique transparaît en effet dans l'idée même de droit public, si l'on veut bien admettre que le politique présente une autonomie à l'égard des autres puissances – économiques ou religieuses par exemple. Cette exceptionnalité, qui empêche de régir les relations individuelles comme on organise le pouvoir politique, ne pourrait disparaître sans conséquences. En particulier, le citoyen peut-il vraiment, à l'heure de la marchandisation effrénée du monde, être absorbé par la figure du consommateur ? Si elle n'est pas contenue par le droit public, la verticalité du pouvoir ressurgit nécessairement par d'autres voies et dans d'autres champs. De ce point de vue, la banalisation du droit public n'est pas seulement la réciproque d'une politisation du droit privé. Car le droit privé n'a de sens que par rapport au droit public et, plus encore, par rapport au pouvoir. En ce sens, « le droit privé règle les actes des particuliers, dont le pouvoir a consacré l'autonomie [1] ». Lorsque le pouvoir lui-même se privatise, lorsque tout devient droit privé, il faut aussi y voir le risque d'une subordination du droit en tant que tel à d'autres rationalités, désormais plus fortes que lui et que la matière juridique ne peut ou ne veut plus maîtriser. Au-delà même de la distinction entre le droit public et le droit privé, c'est donc bien l'avenir du droit lui-même qui est en question.

1. F. Rigaux, *Introduction à la science du droit*, Bruxelles, éd. Vie Ouvrière, 1974, p. 118.

CINQUIÈME PARTIE

La justice

230. Certaines juridictions ont déjà été examinées, en particulier le Conseil constitutionnel ou encore les juridictions européennes (la Cour européenne des droits de l'homme, ou encore la Cour de justice de l'Union européenne). Nous examinerons ici les autres juridictions internes (les juridictions ordinaires, relevant de la justice judiciaire ou administrative ainsi que les juridictions politiques, compétentes pour juger des personnalités politiques) et les autres juridictions internationales.

TITRE I

La justice judiciaire

231. Nous verrons l'organisation puis le fonctionnement de la justice judiciaire.

Chapitre I

L'ORGANISATION JURIDICTIONNELLE JUDICIAIRE

232. Selon l'article 66 de la Constitution, « l'autorité judiciaire, gardienne de la liberté individuelle, assure le respect de ce principe dans les conditions prévues par la loi ». Au regard de cette disposition, les juridictions judiciaires sont dès lors censées être toujours compétentes lorsqu'est en jeu le respect de la liberté individuelle et des droits fondamentaux, tel le droit de propriété. C'est ce qui explique qu'en France, à la différence d'autres pays, les juridictions pénales fassent partie de l'ordre judiciaire. Il ne faut pas négliger toutefois le rôle du juge administratif, qui est également compétent aujourd'hui en matière d'atteinte aux droits et libertés fondamentaux (par exemple un maire ou un préfet qui édicte une mesure limitant la liberté d'aller et venir), du moins lorsque cette atteinte est le fait d'une autorité administrative et qu'elle ne relève pas du droit civil ou pénal. De la sorte, les juges judiciaires et administratifs agissent parallèlement et de façon complémentaire.

L'organisation des juridictions judiciaires peut être comparée à une pyramide dont la base est formée par les juridictions du premier degré, l'échelon intermédiaire par les Cours d'appel, qui sont les juridictions du second (et dernier) degré, tandis que le sommet est occupé par la Cour de cassation.

Les tribunaux de première instance et les Cours d'appel sont des juridictions « du fond », ce qui signifie qu'elles connaissent et jugent toute l'affaire, en fait et en droit. En fait, c'est-à-dire qu'elles sont souveraines pour décider, en fonction des éléments du dossier, quels étaient les faits de l'espèce. En droit, c'est-à-dire qu'elles vont qualifier juridiquement les faits et appliquer les règles de droit qu'elles estiment appropriées au litige. La Cour de cassation n'est en revanche pas un troisième degré de juridiction dans la mesure où elle ne juge en principe les affaires qui lui sont soumises qu'en droit et non en fait (elle ne remet pas en cause les faits souverainement appréciés par les juges du fond), même si cette règle classique a récemment subi quelques atténuations.

SECTION 1
Les juridictions judiciaires du premier degré

233. Il faut distinguer les juridictions judiciaires *stricto sensu* des juridictions pénales.

I / LES JURIDICTIONS JUDICIAIRES *STRICTO SENSU*

234. On opère parfois une distinction entre les juridictions de droit commun et les juridictions d'exception. Une juridiction de droit commun est une juridiction compétente par principe pour tous les litiges, sauf lorsqu'un texte spécial lui retire expressément une compétence pour la confier à une autre juridiction, laquelle est alors la juridiction d'exception. En ce sens, seul le tribunal de grande instance serait en France la juridiction de droit commun. Il partage cependant avec d'autres juridictions le fait, plus notable, d'être une juridiction à compétence générale. Le terme de juridiction d'exception doit en outre, dans la mesure du possible, être évité, car il a un caractère péjoratif, renvoyant à des tribunaux qui, dans l'histoire, ne respectaient pas les principes fondamentaux de la justice. Nous distinguerons donc plutôt entre les juridictions générales et les juridictions spécialisées.

A / Les juridictions générales

1 / Le tribunal de grande instance

235. Les tribunaux de grande instance (TGI) sont au nombre de 164. Il y en a donc à peu près un par département.

a. La composition du tribunal de grande instance

236. Le TGI est composé d'un président, d'un procureur de la République (représentant du parquet) et de juges. Il est généralement divisé en chambres.

Le TGI statue en principe en formation collégiale. Sa composition ordinaire est de trois juges et, en tout état de cause, le jugement doit être rendu par des magistrats délibérant en nombre impair.

Compte tenu de l'objet du litige ou de la nature des questions à juger, le président du TGI peut proposer que l'affaire soit tranchée à juge unique, mais le renvoi à la formation collégiale est de droit dès lors qu'une des parties le demande, sans que celle-ci ait à le motiver.

Certaines affaires sont en revanche obligatoirement tranchées par un juge unique, sans que les parties puissent s'y opposer. Il en est ainsi lorsqu'elles relèvent de la compétence de certaines formations spécialisées du TGI : le juge aux affaires familiales (JAF), le juge des enfants (chargé, en matière civile, de la protection de l'enfance en danger), le juge de la mise en état (chargé de veiller au bon déroulement de la procédure ; par exemple, il clôt l'instruction pour mettre un terme à l'échange de conclusions des parties), ou encore le juge de l'expropriation. Tous ces juges ne peuvent être que des juges uniques.

b. Les compétences du tribunal de grande instance

237. Il faut distinguer la compétence d'attribution et la compétence géographique.

1° La compétence d'attribution (*ratione materiae*, en raison de la matière)

238. Le TGI est la juridiction de droit commun en matière civile, c'est-à-dire la juridiction compétente pour connaître, en matière civile, de tous les litiges dont la loi n'a pas confié la connaissance à une autre juridiction. Cette compétence de droit commun dépend du montant du litige : en principe, le TGI connaît de tous les litiges en matière civile dont le montant est égal ou supérieur à la somme de 10 000 euros.

Les TGI ont également, dans certaines matières, une compétence exclusive, c'est-à-dire ne dépendant pas du montant du litige. Ils seront donc compétents même pour les litiges d'une valeur inférieure à 10 000 euros ou pour ceux dont l'objet ne peut être monétairement évalué. Ces matières sont nombreuses et variées : on peut citer principalement l'état des personnes (mariage, divorce, séparation de corps, filiation, nationalité), les litiges en matière immobilière, ou encore les actions relatives aux droits de propriété intellectuelle. Dans les matières pour lesquelles le TGI a ainsi compétence exclusive en raison de la nature de l'affaire, il statue en premier ressort (c'est-à-dire à charge d'appel) lorsque l'affaire dépasse 4 000 euros. En deçà, il statue en premier et dernier ressort, c'est-à-dire que seul un pourvoi en cassation est alors possible contre son jugement. Cette valeur de 4 000 euros s'appelle le taux du ressort.

2° La compétence territoriale (r*atione loci*, en raison du lieu)

239. Le principe est la compétence du tribunal, ou du « for » (du latin *forum*, tribunal) du défendeur. En effet, selon un adage latin, *actor sequitur forum rei*, le demandeur suit le tribunal du défendeur. La règle est posée à l'article 42 CPC : « La juridiction territorialement compétente est, sauf disposition contraire, celle du lieu où demeure le défendeur. » La règle peut facilement se comprendre car c'est le demandeur qui prend l'initiative du procès et, tant qu'une décision n'a pas été rendue, il n'est pas certain qu'il ait raison et que le défendeur ait tort. Ce dernier doit donc *a priori* être le moins dérangé possible. Il existe de nombreuses exceptions. Ainsi par exemple, en matière immobilière, la juridiction compétente est celle du lieu où est situé l'immeuble, car c'est là qu'on trouvera le plus facilement les informations sur l'immeuble.

c. Les pouvoirs propres du président du tribunal de grande instance

240. Les présidents des TGI sont d'abord habilités à rendre des « ordonnances de référé » qui sont des décisions provisoires rendues à la demande d'une partie, lorsqu'il y a urgence. Le juge des référés est plus précisément le juge de l'évidence et de l'urgence : il peut ordonner toutes les mesures qui ne se heurtent à aucune contestation sérieuse (sinon il faut un examen plus approfondi de l'affaire) ou que justifie l'existence d'un différend (mesures urgentes mais qui sont alors provisoires). Ainsi, même en présence d'une contestation sérieuse, le président peut prescrire les mesures conservatoires ou de remise en état qui s'imposent, soit pour prévenir un dommage imminent, soit pour faire cesser un trouble manifestement illicite. Dans les cas où l'existence de l'obligation n'est pas sérieusement contestable, il peut accorder une provision au créancier, ou ordonner l'exécution de l'obligation. L'ordonnance de référé est une décision provisoire en attendant que l'affaire soit définitivement tranchée au fond.

Le président du TGI peut également rendre des « ordonnances sur requête ». Contrairement à la procédure de référé, où le défendeur est présent ou au moins appelé, l'ordonnance sur requête est rendue de façon non contradictoire, dans les cas « où le requérant est fondé à ne pas appeler de partie adverse ». Le juge peut alors ordonner sur requête toutes mesures urgentes et, là encore, de façon provisoire. Le principe du contradictoire étant un principe fondamental de la procédure civile, l'ordonnance sur requête demeure une procédure exceptionnelle. Elle est possible lorsque l'efficacité de la mesure est précisément subordonnée à sa discrétion, c'est-à-dire au fait que l'adversaire ne soit pas prévenu (par exemple l'autorisation de faire un constat d'adultère), ou encore lorsque, matériellement, il n'est pas possible de prévenir tous les adversaires qui ne sont pas identifiés (évacuation des grévistes d'une usine par exemple). S'il n'est pas fait droit à la requête, un appel peut être interjeté dans les quinze jours. Si en revanche il est fait droit à la requête, tout intéressé peut en référer au juge qui a rendu l'ordonnance, et le défendeur pourra cette fois-ci présenter contradictoirement ses arguments.

2 / *Le tribunal d'instance*

241. Il y a en France 307 tribunaux d'instance (TI).

Le TI statue à juge unique. Les TI étant surtout saisis d'affaires d'importance modique, le système doit être moins lourd et d'accès plus léger. Les parties peuvent se présenter elles-mêmes devant ces juridictions, le ministère d'un avocat n'étant pas obligatoire, ce qui diminue de façon substantielle les frais du procès.

Le TI connaît, en matière civile, de toutes les actions personnelles ou mobilières d'une valeur comprise entre 4 000 et 10 000 euros. C'est sa compétence générale (et non pas de droit commun puisqu'elle ne lui est conférée qu'en vertu d'un texte spécial retirant cette compétence au TGI).

Le TI a également une compétence spéciale exclusive (donc indépendante du montant de l'affaire) dans certaines matières : en matière d'expulsion des immeubles à usage d'habitation, ou pour juger des contestations sur les conditions des funérailles. Dans toutes ces hypothèses, le TI statue en principe (il y a des exceptions) en dernier ressort en dessous de 4 000 euros (seul un pourvoi en cassation est donc possible).

3 / *Les juridictions de proximité*

242. Elles ont été créées par une loi du 9 septembre 2002, complétée par une loi du 29 mars 2003. Elles auront cependant eu une durée brève puisque la loi organique du 8 août 2016 relative aux garanties statutaires, aux obligations déontologiques et au recrutement des magistrats ainsi qu'au Conseil supérieur de la magistrature, les supprime à compter du 1er juillet 2017.

Elles étaient les juges des petits litiges de la vie quotidienne. Elles connaissaient en effet, en principe, en matière civile, des actions personnelles ou mobilières jusqu'à la valeur de 4 000 euros. Cependant, lorsque le juge de proximité se heurtait à une difficulté juridique sérieuse portant sur l'application d'une règle de droit ou sur l'interprétation du contrat liant les parties, il pouvait, à la demande d'une partie ou d'office, après avoir recueilli l'avis, selon le cas, de l'autre partie ou des deux parties, renvoyer l'affaire au tribunal d'instance. Les juridictions de proximité statuaient à juge unique.

Les tribunaux d'instance seront désormais à nouveau compétents pour connaître des litiges portant sur des sommes inférieures à 4 000 euros. Quant aux contraventions, elles seront jugées par le tribunal de police.

B / Les juridictions spécialisées

1 / Les tribunaux de commerce (ou juridictions consulaires)

243. Ils sont composés de juges élus par leurs pairs, c'est-à-dire par des commerçants, selon un mécanisme d'élection à deux degrés. Certains tribunaux de commerce ont une organisation particulière, pour des raisons historiques ou géographiques. Ainsi, dans les départements de l'Alsace et de la Moselle, les tribunaux de commerce sont remplacés par des chambres commerciales du TGI composées d'un président membre du tribunal, assisté de deux assesseurs élus ; ces juridictions pratiquent ainsi l'échevinage, c'est-à-dire qu'on mélange un magistrat professionnel et des juges non professionnels. Les jugements des tribunaux de commerce sont rendus par des juges délibérant en nombre impair et ils sont rendus en principe par trois juges. Le critère de la compétence des tribunaux de commerce est double : il tient soit à la qualité des parties – ces tribunaux sont ainsi compétents pour juger des litiges entre commerçants, personnes physiques ou morales, à la condition que ces litiges se rapportent à leur activité commerciale –, soit à la nature de l'opération litigieuse – par exemple pour connaître des contestations relatives aux actes de commerce entre toutes personnes. Le tribunal statue en premier et dernier ressort en dessous de 4 000 euros, à charge d'appel au-delà.

2 / Les conseils de prud'hommes

244. Les conseils de prud'hommes sont des juridictions électives. Leurs membres sont élus tous les cinq ans par les salariés et les employeurs qui constituent des collèges électoraux distincts dans chaque section. Pour être éligible, il faut être inscrit sur la liste électorale, avoir 21 ans au moins, être de nationalité française et ne pas avoir encouru certaines condamnations. Les salariés élus bénéficient à ce titre d'un statut protecteur : les employeurs doivent leur laisser le temps nécessaire à l'accomplissement de leur mandat tout en les rémunérant ; ils peuvent être absents sans avoir à prévenir auparavant leur employeur ; ils ont droit à des autorisations d'absences pour les besoins de la formation aux fonctions judiciaires qu'ils exercent ; enfin et surtout, ils ne peuvent être licenciés qu'après autorisation de l'inspecteur du travail, dans les mêmes conditions que pour les délégués syndicaux.

Les conseils de prud'hommes sont également des juridictions paritaires : tant les conseils que leurs différentes formations doivent être composées d'un nombre égal de salariés et d'employeurs. La conciliation est obligatoire, devant un bureau de conciliation composé d'au moins un salarié et un employeur. Le bureau de jugement se compose quant à lui d'au moins deux employeurs et deux salariés. Cette parité contient le risque qu'aucune majorité ne réussisse à se dégager au cours du délibéré. Plutôt que de donner voix prépondérante au président et risquer de rompre l'équilibre en faveur de l'une ou l'autre des catégories, il a semblé préférable de faire appel à un magistrat professionnel, extérieur au conseil de prud'hommes. Ce juge dit « départiteur » (car il vient départager) est un juge professionnel du tribunal d'instance.

Les conseils de prud'hommes règlent les différends qui peuvent s'élever à l'occasion de tout contrat de travail entre les employeurs ou leurs représentants, et les salariés qu'ils emploient. Ils sont seuls compétents dans ces matières, quel que soit le montant du litige. En dessous de la somme de 4 000 euros, ils statuent en premier et dernier ressort. La compétence des conseils de prud'hommes se limite cependant aux litiges de nature individuelle, opposant un employeur bien déterminé à un salarié bien déterminé et relatif à un contrat individuel de travail. Lorsque les relations de travail donnent lieu à un conflit collectif – une grève ou encore un *lock-out* –, les conseils de prud'hommes ne sont pas compétents.

3 / Les tribunaux paritaires de baux ruraux

245. Un bail rural est un contrat par lequel le propriétaire d'une terre, le bailleur, la loue à un fermier ou à un métayer, qui est dit preneur ; ces derniers peuvent exploiter cette terre à leur profit moyennant une redevance versée au bailleur. Le tribunal paritaire de baux ruraux n'est pas, à l'inverse des autres juridictions étudiées jusqu'à présent, une juridiction permanente. Il ne se réunit que par sessions dont la fréquence et la durée dépendent du nombre des affaires à juger. Les juges des tribunaux paritaires de baux ruraux sont élus pour une durée de cinq ans. Le tribunal paritaire de baux ruraux comprend, en nombre égal, des bailleurs et des preneurs et la formation de jugement comprend quatre juges au minimum. Il est toujours présidé par le juge d'instance, et est donc une juridiction échevinale. Les tribunaux paritaires de baux ruraux sont seuls compétents pour connaître des contestations entre bailleurs et preneurs de baux ruraux. Le tribunal paritaire de baux ruraux statue en premier et dernier ressort jusqu'à 4 000 euros et à charge d'appel au-delà.

4 / Les juridictions de la sécurité sociale

246. Ces juridictions sont chargées de régler les différends auxquels donne lieu l'application des législations et réglementations de sécurité sociale et de mutualité sociale agricole. Les contentieux de la sécurité sociale peuvent être soit juridiques (ils sont confiés à des tribunaux des affaires de sécurité sociale, TASS), soit techniques, c'est-à-dire relatifs à des questions d'ordre médical (confiés à des commissions techniques de sécurité sociale).

II / LES JURIDICTIONS PÉNALES

247. Les juridictions pénales sont chargées de la répression des infractions. Selon l'adage classique, il ne peut y avoir ni de délit ni de peine si ce n'est pas prévu par une loi (*nullum crimen, nulla poena, sine lege*). Ce principe de la légalité des délits et des peines est repris à l'article 8 de la Déclaration des droits de l'homme et du citoyen de 1789 qui a, comme on le sait, valeur constitutionnelle.

Il arrive souvent qu'une infraction pénale cause en même temps un dommage à une personne privée qui peut vouloir en demander réparation. Celle-ci peut, par une « action civile » (l'expression, qui est un faux ami, est réservée à une action en réparation portée devant une juridiction pénale), demander réparation de son dommage devant la juridiction pénale qui aura à statuer sur l'infraction : on dit que la victime se constitue partie civile. Si la victime décide de porter son action en réparation devant le juge civil (elle le peut toujours, même si le procès sera alors plus long et plus coûteux), ce dernier doit surseoir à statuer jusqu'à ce que le juge pénal ait tranché sur la culpabilité : en d'autres termes, selon la formulation de l'adage classique, « le criminel tient le civil en état ».

Dans la procédure pénale de droit commun, on distingue les trois phases essentielles que sont la poursuite, l'instruction et, enfin, le jugement.

A / La poursuite

248. C'est le ministère public qui décide s'il faut ou non poursuivre un délinquant supposé. Un délit pénal est en effet une atteinte à la société, et c'est son représentant qui doit d'abord en juger. Cette phase est gouvernée par le principe « de l'opportunité des poursuites » selon lequel c'est en principe au ministère public de décider s'il y a lieu ou non de poursuivre. Même en présence d'une infraction caractérisée, il peut décider de classer l'affaire sans suite, ce qui empêchera la procédure de se poursuivre. Le parquet est en effet le représentant de l'État et celui-ci peut, par une politique pénale, décider de la façon dont doivent être appliqués les textes en la matière (de façon sévère pour certaines infractions, ou plus indulgente pour d'autres). Cependant, pour certaines infractions, les victimes peuvent, en se constituant partie civile, obliger par là même le procureur de la République à exercer l'action publique.

Le parquet est aidé par la police judiciaire, qui a pour rôle d'identifier et d'arrêter les auteurs d'infractions pénales.

B / L'instruction

249. L'instruction est la phase de l'affaire pendant laquelle les preuves sont recherchées. Elle est obligatoire en matière criminelle, facultative en matière correctionnelle, et exceptionnelle en matière contraventionnelle.

L'instruction était traditionnellement menée par un juge unique : le juge d'instruction. À la suite des dysfonctionnements dans certaines affaires, une loi du 5 mars 2007 a créé un collège de l'instruction composé de trois juges d'instruction afin de prendre les décisions les plus importantes telles que celles de mise en examen, ou encore de placement sous contrôle judiciaire. Les décisions des premiers juges sont susceptibles d'appel devant la chambre d'instruction de la cour d'appel.

Le juge d'instruction peut délivrer certains mandats, par exemple un mandat de comparution (obligeant une personne à comparaître), ou encore un mandat d'amener (ordre donné à la force publique d'amener le cas échéant de force l'intéressé). En revanche le mandat de dépôt, qui permet de placer en détention provisoire une personne mise en examen est désormais de la compétence d'un juge des libertés et de la détention.

À la fin de l'instruction, le juge d'instruction rend une ordonnance de non-lieu ou au contraire une ordonnance de renvoi devant la juridiction compétente.

C / Le jugement

250. Les contraventions sont jugées par les tribunaux de police ; les délits relèvent des tribunaux correctionnels ; enfin les crimes sont jugés devant les Cours d'assises.

Les tribunaux de police statuent à juge unique. Les tribunaux correctionnels sont en revanche composés en principe de trois juges. Enfin les Cours d'assises sont composées de trois magistrats professionnels et de neuf jurés choisis par voie de tirage au sort.

Les jugements rendus par les tribunaux de police ou les tribunaux correctionnels sont susceptibles d'appel devant la chambre des appels correctionnels de la cour d'appel. Les appels formés contre les arrêts de Cours d'assises sont en revanche jugés par une autre Cour d'assises, composée différemment de la première.

Il existe, pour les mineurs, des juridictions pénales spécialisées : le juge des enfants, le Tribunal pour enfants et la Cour d'assises des mineurs. En matière de justice des mineurs, il existe en effet un principe fondamental reconnu par les lois de la République (donc de valeur constitutionnelle) impliquant « l'atténuation de la responsabilité pénale des mineurs en fonction de l'âge » et « la nécessité de rechercher le relèvement éducatif et moral des enfants délinquants par des mesures adaptées à leur âge et à leur personnalité, prononcées par une juridiction spécialisée ou selon des procédures appropriées »[1]. Le juge des enfants est, en matière pénale, un juge unique qui ne peut prononcer que des mesures éducatives. Pour les affaires les plus graves, il préside le Tribunal pour enfants, chargé de la répression des actes des mineurs délinquants. Pour les mineurs âgés de 16 à 18 ans au moment des faits, c'est la Cour d'assises des mineurs qui statue. Si la majorité pénale est fixée en France à 18 ans, un mineur peut faire l'objet d'une peine d'emprisonnement dès 13 ans.

Des juridictions d'exception peuvent exister enfin pour certaines infractions militaires.

SECTION 2
Les cours d'appel

I / LE PRINCIPE DU DOUBLE DEGRÉ DE JURIDICTION

251. Le principe du double degré de juridiction est un des principes fondamentaux de l'organisation juridictionnelle. Il signifie qu'un plaideur qui a perdu son litige en première instance a le droit, sauf exception, de faire juger à nouveau son affaire par une juridiction d'un degré supérieur qui pourra éventuellement réformer la première décision. L'appel est ainsi une garantie de bonne administration de la justice. Ce double degré de juridiction n'existe cependant qu'à partir d'un certain taux de ressort, c'est-à-dire pour les affaires d'une certaine importance. Ce principe est d'ordre public et les parties ne peuvent renoncer à l'appel avant la naissance du litige.

L'appel est suspensif, ce qui signifie que le délai d'un mois pour faire appel suspend l'exécution du jugement. Exceptionnellement, le jugement de première instance peut être exécutoire (ainsi par exemple des décisions prescrivant des mesures provisoires ou conservatoires).

L'appel est également dévolutif : le litige est dévolu dans son entier (en droit et en fait) à la cour d'appel qui rejuge donc entièrement

1. Déc. n° 2002-461 DC du 29 août 2002. Le CC s'appuie ici notamment sur l'ordonnance du 2 février 1945 relative à l'enfance délinquante. Il précise aussi qu'il n'existe pas pour autant de règle « selon laquelle les mesures contraignantes ou les sanctions devraient toujours être évitées au profit de mesures purement éducatives ».

l'affaire. La cour d'appel n'est cependant saisie que des points du jugement critiqués par l'appelant.

De cette exigence d'un double degré de juridiction découle l'interdiction des demandes nouvelles en appel. Dans un important arrêt *Cesareo* du 7 juillet 2006 [1], l'assemblée plénière de la Cour de cassation a ajouté qu'« *il incombe au demandeur de présenter dès l'instance relative à la première demande l'ensemble des moyens qu'il estime de nature à fonder celle-ci* ». Le demandeur ne peut donc, en appel, ni présenter de nouvelles prétentions, ni de nouveaux fondements juridiques de nature à justifier sa première demande, ce qui est bien sévère [2].

II / L'ORGANISATION ET LE FONCTIONNEMENT DES COURS D'APPEL

252. Il existe 36 cours d'appel en France, dont 5 outre-mer, qui sont divisées en chambres. Les magistrats de la cour d'appel s'appellent des « conseillers ». Les fonctions du ministère public sont confiées au procureur général, assisté d'avocats et de substituts généraux.

Les arrêts sont rendus par des magistrats délibérant en nombre impair. En toutes matières, les arrêts sont rendus par trois magistrats au moins, président compris. Pour le jugement des affaires qui doivent être portées en audience solennelle (c'est le cas lorsqu'il y a renvoi après cassation), les arrêts sont rendus par cinq magistrats au moins, président compris.

III / LA COMPÉTENCE DES COURS D'APPEL

253. La cour d'appel connaît des appels formés contre les jugements rendus au premier degré.

L'appel est en principe une voie de réformation qui remet complètement en cause la chose précédemment jugée par la juridiction inférieure et permet donc d'obtenir l'entière modification du jugement attaqué. Le premier jugement n'est pas effacé, il est simplement réformé, c'est-à-dire modifié en appel.

1. N° de pourvoi : 04-10672.
2. La solution a été étendue à l'arbitrage par Cass. civ. 1re, 28 mai 2008, n° 07-13266.

Par exception, l'appel est parfois une voie non plus de réformation, mais d'annulation. En principe dit l'adage, « voies de nullité n'ont lieu contre les jugements ». Exceptionnellement cependant, la loi permet qu'un jugement de première instance soit annulé, si ce dernier contient par exemple un vice qui en affecte la validité. Dans ce cas, l'affaire n'est pas portée à nouveau devant un tribunal de première instance et c'est la cour d'appel qui statue directement sur l'entier litige. L'appel-nullité peut parfois être ouvert même si l'appel ordinaire est fermé : on en connaît plusieurs exemples en matière de procédures collectives. Cet appel-nullité permet alors, malgré l'interdiction de l'appel, de sanctionner les irrégularités les plus graves, comme une atteinte aux droits de la défense.

Le premier président a des pouvoirs propres, notamment juridictionnels. Il est compétent pour statuer en matière de requête et de référé. Non pas comme juge du second degré des ordonnances de référé rendues par le président d'une juridiction de première instance, puisque seule la cour d'appel elle-même est compétente pour statuer sur ces appels. Le premier président ne peut prendre des ordonnances de référé ou sur requête que lorsque la cour d'appel a été saisie d'un appel sur le fond d'une affaire et qu'au cours de cette instance d'appel, certaines mesures d'urgence apparaissent nécessaires. Le premier président est également compétent pour ordonner ou suspendre l'exécution provisoire des jugements rendus en première instance par une juridiction de son ressort.

SECTION 3
La Cour de cassation

254. Nous verrons sa composition, puis son rôle.

I / LA COMPOSITION ET LES FORMATIONS DE LA COUR DE CASSATION

255. La Cour de cassation est divisée en six chambres spécialisées : la première chambre civile (compétente notamment sur les questions de nationalité, d'état des personnes, de biens, d'obligations et contrats civils), la deuxième chambre civile (compétente en matière de divorce, de responsabilité délictuelle, de sécurité sociale, ou encore de procédure civile), la troisième chambre civile (compétente en matière immobilière), la chambre commerciale et financière, la chambre sociale et, enfin, la chambre criminelle.

Le parquet y est représenté par un procureur général, assisté d'avocats généraux dont un premier avocat général.

Les arrêts sont en principe rendus en chambre, par un nombre minimum de cinq conseillers. Il y a, au sein de chaque chambre, une formation restreinte à trois magistrats à laquelle le président de chambre peut renvoyer l'affaire « lorsque la solution du pourvoi lui paraît s'imposer » à moins que l'une des parties ou que l'un des magistrats de la formation restreinte ne s'y oppose auquel cas l'affaire est renvoyée à l'audience de la chambre.

Lorsqu'un pourvoi soulève une question de principe susceptible de se présenter dans plusieurs chambres ou plusieurs questions relevant des attributions de chambres différentes, une chambre mixte est constituée. Elle doit être composée de magistrats appartenant à au moins trois chambres de la Cour. Une chambre mixte est saisie, soit par le premier président, soit sur arrêt motivé de la chambre saisie du pourvoi. Le renvoi à une chambre mixte est de droit en cas de partage égal des voix au sein de la chambre à laquelle l'affaire avait été distribuée ou sur requête du procureur général. On parle donc d'« une » chambre mixte et non pas de « la » chambre mixte, puisqu'il y en a plusieurs compositions possibles.

La formation la plus solennelle est l'assemblée plénière de la Cour de cassation. Sa saisine est obligatoire lorsqu'un deuxième pourvoi consécutif est formé sur la même question de droit : cela signifie en effet que la première cour d'appel de renvoi a refusé de s'incliner devant la solution de la Cour de cassation (ce qu'elle a le droit de faire). L'assemblée plénière peut également être saisie, mais cette fois-ci de façon facultative, par décision du premier président ou par arrêt de la chambre à laquelle l'affaire a été distribuée, ou même sur requête du procureur général, et ce sur premier pourvoi, dès lors qu'il y a un risque de divergence entre les juridictions du fond et la Cour de cassation. L'assemblée plénière est composée du premier président, des six présidents de chambres, des doyens des chambres, de deux conseillers de chacune des six chambres, soit au total vingt-cinq membres. Tout arrêt rendu par l'assemblée plénière s'impose à la juridiction de renvoi sur les points de droit jugés par celle-ci.

Il existe enfin une formation spéciale chargée de répondre aux saisines pour avis (voir *infra* n° 261). Il fallait une formation très solennelle pour donner à l'avis une certaine autorité, et éviter autant que possible le risque de contradiction entre l'avis et l'arrêt ultérieur. La formation est composée du premier président, des six présidents de chambres et de deux conseillers désignés par chacune des chambres intéressées par la question posée.

II / LE RÔLE DE LA COUR DE CASSATION

A / Le pourvoi en cassation

256. Dans les deux mois de la signification de l'arrêt d'appel (ou du jugement si celui-ci est rendu en premier et dernier ressort), la partie non satisfaite peut former un pourvoi en cassation.

Le pourvoi en cassation n'est pas suspensif. Pour lutter contre l'encombrement constant de la Cour de cassation et pour favoriser l'exécution des jugements, l'exécution de la décision attaquée est même aujourd'hui une condition pour pouvoir intenter un pourvoi en cassation ; en cas de défaut d'exécution, le défendeur peut demander le retrait du rôle du pourvoi. Il n'existe d'exceptions que dans les matières pour lesquelles l'exécution provisoire serait d'une certaine façon irréversible (par exemple en matière de divorce, de séparation de corps, ou encore de nationalité).

Les parties doivent être représentées par un avocat aux Conseils. Ces avocats aux Conseils (c'est-à-dire au Conseil d'État et à la Cour de cassation) sont des officiers ministériels, titulaires donc d'une charge, et qui ont le monopole de la représentation devant ces deux Hautes Juridictions. L'avocat du demandeur dépose un pourvoi et rédige un mémoire ampliatif (nom des conclusions en demande devant la Cour de cassation) auquel l'avocat du défendeur répond par un mémoire en défense.

1 / Les cas d'ouverture à cassation

257. La Cour de cassation n'est en principe pas un troisième degré de juridiction : elle ne juge la décision qui lui est soumise que du point de vue du droit et non pas les faits. Le pourvoi en cassation, à la différence de l'appel, n'est donc pas dévolutif : ce n'est pas toute l'affaire qui est rejugée par la Cour de cassation, et celle-ci ne remet pas en cause les faits qui sont souverainement appréciés par les juges du fond.

La Cour de cassation ne vérifie que la façon dont la décision attaquée a appliqué le droit. Plus précisément encore, elle ne peut être saisie que de certains griefs de droit précis que l'on appelle des cas d'ouverture à cassation. Ils sont au nombre de neuf : la violation de la loi ; le manque de base légale ; le défaut de motifs ; la dénaturation ; l'incompétence ; l'inobservation des formes ; l'excès de pouvoir ; la contrariété de jugements ; la perte de fondement juridique. Seuls les quatre premiers cas sont couramment utilisés, les autres étant exceptionnels et très techniques.

Il y a violation de la loi lorsque le juge a commis une erreur de droit dans l'application de la loi (par refus d'application de la loi opportune ou au contraire fausse application d'une loi non pertinente), ou dans l'interprétation de la loi (par une fausse interprétation de la loi applicable). Le manque de base légale est un manque de motivation de la décision en fait, qui fait que la Cour de cassation n'est pas en mesure d'exercer son contrôle : les juges du fond ont appliqué une loi sans constater tous les éléments de fait qui en déclenchent l'application. Dès lors, après cassation, les juges du fond de renvoi pourraient théoriquement adopter la même décision que les premiers juges, à condition de motiver davantage leur décision afin de prouver que la loi avait bien lieu d'être appliquée dans ce sens. En pratique, lorsque la Cour de cassation censure, c'est qu'elle pense malgré tout qu'il y a eu une mauvaise application de la loi, au-delà de l'insuffisance de motivation. Le défaut de motif est plus radical dans le même esprit : il intervient lorsque les juges du fond, sur un point soulevé par l'une des parties, n'ont pas du tout répondu, contrairement à l'obligation de motivation qui leur est faite par l'article 455 du Code de procédure civile ; c'est ainsi toujours au visa de la violation de cet article 455 CPC qu'est invoqué le défaut de motifs. Sont assimilés à l'absence de motifs la contradiction de motifs, le motif dubitatif ou hypothétique, ou encore le défaut de réponse à conclusion.

Il y a dénaturation lorsque les juges du fond ont commis une erreur grossière dans l'interprétation d'un acte juridique (contrat, testament, témoignage, etc.). L'interprétation de tels actes relève en principe du pouvoir souverain des juges du fond, mais le grief de dénaturation est en quelque sorte un garde-fou contre les erreurs manifestes d'interprétation, mais uniquement contre celles-là. C'est pourquoi une défense classique à ce grief consiste à dire que l'acte à interpréter était ambigu. Dès lors en effet que l'acte manquait de clarté, l'interprétation qu'en ont donné les juges du fond ne peut être grossièrement erronée : l'erreur ne peut être grossière que si l'acte était parfaitement clair.

La Cour de cassation n'est saisie que dans la mesure des griefs formulés par le pourvoi et elle ne peut donc en principe pas censurer un élément du dispositif (on parle de « chef de dispositif ») de la décision attaquée si aucun moyen n'a été articulé à son encontre. Il n'est pas non plus possible pour les parties de présenter de moyens nouveaux devant elle, sauf s'il s'agit d'un moyen de pur droit, c'est-à-dire d'un moyen qui ne nécessite aucune appréciation de fait qui n'ait déjà été faite par les juges du fond. La Cour de cassation peut soulever d'office ces moyens de pur droit pour casser la décision attaquée ; elle peut à l'inverse rejeter le pourvoi en substituant ses motifs aux motifs erronés des précédents juges.

Si le pourvoi est en principe formé par la (ou les) partie(s) insatisfaite(s) de la décision au fond, il peut aussi, parfois, être déposé par le parquet général de la Cour de cassation. C'est ce qu'on appelle le pourvoi dans l'intérêt de la loi. Il s'agit du cas où les deux parties sont satisfaites de la décision au fond et où aucune ne s'avise donc de former un pourvoi en cassation (cela peut arriver parfois : par exemple dans une affaire où la cour d'appel avait validé le montage d'une maternité de substitution en entérinant la demande d'adoption formée par la femme souhaitant l'enfant). Dans l'intérêt de ce qu'il estime être la bonne interprétation du droit, le procureur général forme un pourvoi en cassation pour demander que l'arrêt soit censuré. La cassation ne change rien pour les parties qui demeurent soumises à la décision de fond qui leur avait donné satisfaction : la fonction de ce pourvoi est donc purement normative. Ce pourvoi dans l'intérêt de la loi est possible contre toute décision contraire aux lois, aux règlements ou aux formes de procéder. Il ne peut être formé qu'à l'expiration du délai de recours offert aux parties, et ce sans aucune limite de temps.

2 / L'arrêt de la Cour de cassation

258. Un arrêt de Cour de cassation est toujours construit sur le même modèle. Des « motifs » précèdent le « dispositif », par lequel la Cour de cassation énonce la solution de son arrêt.

a. Les motifs

259. Un arrêt de la Cour de cassation peut d'abord contenir un « visa », qui est l'énoncé de la règle juridique ayant servi de base à sa décision : ce peut être un principe général du droit (« Vu le principe selon lequel nul ne peut s'enrichir injustement aux dépens d'autrui… »), une règle internationale directement applicable en droit interne (« Vu l'article 6 §1 de la Conv. EDH… »), ou encore un texte de droit interne, dont elle peut se borner à indiquer le numéro (« Vu l'article 1382 [ou désormais 1240] du Code civil… ») ou dont elle peut expliciter le contenu. Le visa n'est obligatoire que dans les arrêts de censure (art. 1020 CPC) et on n'en trouve jamais dans les arrêts de rejet.

Un arrêt de la Cour de cassation peut ensuite contenir ou non un « chapeau », qui est l'énoncé d'un principe de droit général et abstrait (donc en général sans indication du nom des parties) « coiffant » la décision (d'où son nom) ; il peut aussi être mis plus bas dans la décision, avant l'énoncé du raisonnement de la Cour de cassation (on parle alors de chapeau intérieur). Par définition, un arrêt qui contient un tel chapeau est un arrêt de principe puisque la Cour de cassation y indique une règle générale et abstraite qu'elle considère comme devant faire jurisprudence. Le chapeau est plus ou moins intéressant selon qu'il se borne à énoncer une règle déjà connue (par exemple le contenu d'un article de loi) ou qu'il contient un énoncé original et novateur.

L'arrêt contient ensuite l'énoncé des faits. Ceux-ci sont repris de la décision attaquée qui les a appréciés souverainement. La Cour de cassation les fait donc souvent précéder de la mention : « attendu qu'il résulte des énonciations de l'arrêt attaqué » ou « attendu que selon l'arrêt attaqué », etc.

La Cour de cassation résume ensuite la procédure ayant précédé le pourvoi en précisant laquelle des parties a commencé un procès (par une assignation en justice), devant quelle juridiction, et pour demander quoi.

Puis vient l'exposé de la décision rendue et attaquée (« attendu qu'il est reproché » ou « attendu qu'il est fait grief à l'arrêt attaqué » *d'avoir* décidé ceci ou cela). Parfois aussi, il est fait mention de la solution des premiers juges, par exemple sous la forme concise que l'arrêt attaqué est « confirmatif » (les premiers juges avaient donc statué dans le même sens) ou au contraire « infirmatif » (la solution de la cour d'appel était donc différente de celle des premiers juges).

Sont ensuite mentionnés en principe les griefs formulés par le demandeur au pourvoi (précédés des mots « alors que, d'une part… », « alors que, d'autre part… », etc.). Ces griefs, qui reprennent la construction du mémoire ampliatif, sont regroupés en moyens : un moyen est en toute rigueur la critique d'un chef de dispositif de la décision attaquée (premier moyen : on critique l'annulation du contrat ; deuxième moyen : on critique l'allocation de dommages-intérêts, etc.). Chaque moyen contient alors plusieurs branches, qui sont autant d'argumentations juridiques pour critiquer un même chef de dispositif. La Cour de cassation parle parfois de simples « arguments juridiques » pour dire que les juges du fond n'ont pas à répondre de façon détaillée au moindre argument soulevé par les parties. Souvent, dans les arrêts de censure, la Cour de cassation ne résume pas les arguments du pourvoi car elle les reprend à son compte dans sa propre motivation.

Dans son dernier « attendu » précédant le dispositif, la Cour de cassation fait état de son raisonnement. Jusque-là, elle n'avait fait que résumer des éléments présents dans le dossier, alors qu'elle fait là œuvre propre en indiquant la solution juridique qu'elle estime devoir donner au litige. La Cour de cassation indique parfois, par quelques mots, la portée de son soutien à la décision attaqué. Parfois, elle rejette le pourvoi parce que la solution contestée relevait du pouvoir souverain des juges du fond qu'il n'est pas dans son pouvoir de remettre en cause (« en statuant ainsi, la cour d'appel n'a fait qu'exercer les pouvoirs qu'elle tient souverainement de l'article… », ou « la cour d'appel a souverainement estimé que… »). Parfois, la Cour de cassation qui a au contraire exercé son contrôle en droit veut marquer son approbation du raisonnement suivi ; elle utilise alors des formules du type : « la Cour d'appel a *à bon droit* jugé que… », ou « a, *à juste titre*, décidé que… ». La formule : « la Cour d'appel *a pu* décider que… » est un faux ami. Elle ne signifie pas, contrairement à ce que le sens courant peut laisser entendre, qu'il s'agissait là d'un pouvoir souverain des juges du fond sur lequel la Cour de cassation n'avait pas prise, mais au contraire que la Haute Juridiction a contrôlé l'application de la règle faite par la cour d'appel et qu'elle l'approuve (même s'il s'agit là d'un contrôle minimal, et non pas aussi approfondi que lorsque la Cour de cassation utilise des formules du type « à bon droit »). Parfois, bien que reconnaissant le bien-fondé d'un argument du pourvoi, elle peut néanmoins « sauver » l'arrêt attaqué en substituant à un motif justement critiqué un autre motif de nature à justifier la solution des juges d'appel. La Cour de cassation utilise alors des formules du type : les juges d'appel « ont ainsi, nonobstant le motif surabondant critiqué par le moyen, légalement justifié leur décision ». Elle ajoute parfois, pour insister sur l'erreur commise par les juges du fond : « nonobstant le motif surabondant *erroné* » ou « nonobstant le motif surabondant *justement critiqué* par le pourvoi ». Elle peut aussi sauver l'arrêt en reprenant à son compte non pas seulement les motifs de la cour d'appel (les motifs « propres ») mais aussi les motifs des premiers juges (les motifs « adoptés ») : elle énoncera ainsi qu'il résulte des « motifs propres et adoptés » que la solution de la cour d'appel est justifiée.

b. Le dispositif

260. Le dispositif de l'arrêt, qui suit les termes « par ces motifs », est la solution de la Cour de cassation. Celle-ci peut être de deux sortes : soit la Cour « casse et annule » la décision attaquée (elle approuve donc le pourvoi formé contre celle-ci), soit au contraire elle « rejette le pourvoi » (et rejette donc les critiques formulées). La Cour de cassation, contrairement aux juges du second degré, ne « confirme » ni n'« infirme » la décision qui lui est déférée : il faudrait en effet pour cela qu'elle ait jugé de toute l'affaire, en fait et en droit, ce qui n'est pas le cas.

Lorsque la Cour de cassation rejette le pourvoi, la décision attaquée devient irrévocable et elle doit donc être exécutée, si ce n'est déjà fait. Tout nouveau pourvoi dirigé contre le jugement ou l'arrêt attaqué sera désormais irrecevable.

Lorsque la Cour de cassation censure la décision attaquée, celle-ci est annulée, et les parties sont donc replacées dans l'état où elles se trouvaient avant la décision cassée. La cassation peut être totale ou partielle. La cassation totale implique, comme le dit souvent explicitement la Cour de cassation, que la décision attaquée est cassée « dans toutes ses dispositions ». La cassation partielle n'atteint au contraire que certains chefs du dispositif, lorsque ceux-ci sont dissociables les uns des autres.

La cassation annule la décision attaquée et l'affaire reste donc à juger. Elle est alors en principe renvoyée devant une autre juridiction (la juridiction de renvoi) de même nature que celle dont émane la décision cassée ou éventuellement devant la même juridiction mais autrement composée (par exemple pour les arrêts rendus par les cours d'appel d'Outre-Mer, afin de ne pas obliger les parties à se rendre en métropole). C'est aux parties de saisir la juridiction de renvoi par une déclaration au greffe de cette juridiction, dans les quatre mois de la notification de l'arrêt de cassation. Celle-ci est libre de suivre ou non la solution de la Cour de cassation, sauf en cas de renvoi après cassation par l'assemblée plénière, auquel cas la juridiction de renvoi est tenue de s'incliner, mais seulement en ce qui concerne l'affaire en cours. Si la juridiction de renvoi s'incline devant la Cour de cassation, il est impossible de faire un nouveau pourvoi pour critiquer cette solution, car cela reviendrait à demander à la Cour de cassation de se contredire.

Il existe une possibilité de cassation sans renvoi « lorsque la cassation n'implique pas qu'il soit à nouveau statué sur le fond » (art. L. 411-3 du Code de l'organisation judiciaire). Il en est ainsi notamment lorsque la cassation ne laisse rien à juger. Tel est le cas par exemple du pourvoi dans l'intérêt de la loi – puisque la chose jugée entre les parties n'est alors pas remise en cause – ou encore en cas de cassation pour irrecevabilité de l'appel – il est inutile de renvoyer à une cour d'appel qui devra simplement dire que l'appel est irrecevable. Dans sa rédaction ancienne, le texte ajoutait que la Cour de cassation peut aussi, en cassant sans renvoi, mettre fin au litige « lorsque les faits, tels qu'ils ont été souverainement constatés et appréciés par les juges du fond, lui permettent d'appliquer la règle de droit appropriée ». La loi de modernisation de la justice du XXIe siècle du 18 novembre 2016 a élargi la formulation. Désormais, la Cour de cassation « peut aussi, en matière civile, statuer au fond lorsque l'intérêt d'une bonne administration de la justice le justifie ». Par comparaison, la nouvelle formule sous-entend que la Cour de cassation pourrait le faire même lorsque les faits constatés par les juges du fond ne suffisent à appliquer la règle de droit pertinente : la Haute Juridiction se ferait ainsi troisième degré de juridiction qui, pour statuer au fond une troisième fois, pourrait apprécier à son tour les faits du litige. Cet élargissement subreptice mais néanmoins considérable des pouvoirs de la Cour de cassation n'est pas sans soulever un certain nombre de questions : dans quels cas la Cour de cassation estimera-t-elle nécessaire de trancher elle-même le litige ? N'y a-t-il pas alors risque de rupture d'égalité entre les justiciables, certains ayant droit à un troisième degré de juridiction mais pas d'autres ? Selon la présentation qui fut faite de cet amendement, « ce pouvoir d'évocation de la Cour de cassation pourra être utilisé plus ou moins largement en fonction de l'encombrement des cours d'appel ». L'explication est ainsi clairement confessée : la bonne administration de la justice ne consiste pas tant à améliorer les décisions de justice qu'à pallier l'absence de moyens et lutter contre l'engorgement des cours d'appel. La même loi du 18 novembre 2016 énonce que, « en matière pénale, elle peut, en cassant sans renvoi, mettre fin au litige lorsque les faits, tels qu'ils ont été souverainement constatés et appréciés par les juges du fond, lui permettent d'appliquer la règle de droit appropriée ».

B / La saisine pour avis de la Cour de cassation

261. La saisine pour avis de la Cour de cassation est une procédure qui permet, avant même qu'une affaire arrive pour être jugée devant la Haute Juridiction, d'avoir l'avis de celle-ci sur la question de droit litigieuse. Cette procédure est offerte à toutes les juridictions de l'ordre judiciaire *stricto sensu* (excluant donc les juridictions pénales) : si l'une d'elle est confrontée à une question de droit nouvelle, présentant une difficulté sérieuse et se posant dans de nombreux litiges, elle peut solliciter l'avis de la Cour de cassation. Il n'y a là qu'une faculté pour le juge. L'avis est rendu par la formation spéciale pour avis de la Cour de cassation qui dispose d'un délai de trois mois pour se prononcer.

La juridiction ayant ainsi saisi la Cour de cassation doit surseoir à statuer sur le fond de l'affaire jusqu'à l'avis de cette dernière ou, à défaut, jusqu'à l'expiration du délai de trois mois prévu pour qu'il soit statué sur l'avis. Dans l'attente de l'avis, elle peut cependant prendre les mesures d'urgence ou conservatoires nécessaires. Si la réponse de la Cour de cassation tarde au-delà des trois mois, la juridiction peut décider de statuer sans attendre, ou alors au contraire d'attendre encore sans toutefois dépasser un délai raisonnable, tel qu'exigé par l'article 6 de la Conv. EDH.

L'avis ne lie pas la juridiction qui a formulé la demande. La saisine pour avis se distingue ainsi des questions préjudicielles, notamment de la procédure de saisine de la CJUE ; il ne s'agit pas ici de trancher un litige préalable, mais simplement de rendre un avis non obligatoire. La Cour de cassation qui aura peut-être ultérieurement à connaître de l'affaire ne sera pas davantage liée par l'avis précédemment formulé même si, en pratique, elle hésitera à s'en départir de peur d'affaiblir l'autorité générale de la Cour.

Chapitre II

LE FONCTIONNEMENT DE LA JUSTICE JUDICIAIRE

SECTION 1
Le droit d'agir

262. L'action est le droit, pour l'auteur d'une prétention, d'être entendu sur le fond de celle-ci afin que le juge la dise bien ou mal fondée. Pour l'adversaire, l'action est le droit de discuter le bien-fondé de cette prétention (art. 30 CPC). L'action en justice commence en principe par une assignation délivrée à l'adversaire par un huissier de justice. Ce droit d'action est cependant subordonné à plusieurs conditions.

I / L'INTÉRÊT À AGIR

263. Un intérêt à agir est d'abord nécessaire. En effet, selon l'adage classique « pas d'intérêt, pas d'action », l'article 31 CPC précise que l'action n'est ouverte qu'à ceux qui ont un intérêt légitime au succès ou au rejet d'une prétention. Pour avoir le droit d'agir, le demandeur doit ainsi démontrer que l'exercice de l'action lui procurera un avantage. Il s'agit d'empêcher des intrusions excessives dans les affaires d'autrui. Ainsi, selon l'article 334 du Code civil, lorsqu'un enfant n'a pas de possession d'état conforme à son titre, « toute personne qui y a intérêt » peut intenter une action en contestation de sa paternité ; la formule autorise à agir même un cousin qui a intérêt à écarter un potentiel autre successeur ; en revanche un tiers à la famille qui ne gagnerait rien à la contestation de paternité ne pourra pas agir. Il faut bien entendu que cet intérêt soit légitime : si un tiers voulait voir un couple divorcer, seuls les époux seraient considérés comme ayant un intérêt légitime à agir en divorce.

II / LA QUALITÉ POUR AGIR

264. La qualité pour agir est le titre qui donne droit à une personne d'agir. Ainsi, en matière de filiation, seul celui qui se prétend le père a qualité pour reconnaître son enfant. La mère aura qualité pour exercer une action en recherche de paternité, mais pas pour reconnaître l'enfant au nom du père. De même, seule la victime d'un dommage ou ses représentants ont qualité pour en demander réparation.

Selon un adage classique, « nul ne plaide par procureur ». Une personne doit donc en principe agir en son propre nom, sauf lorsque la loi l'habilite, exceptionnellement, à agir au nom d'autrui (par exemple les parents peuvent représenter leur enfant mineur en justice). Des groupements (par exemple un syndicat, ou encore une association) peuvent, à certaines conditions, agir pour veiller à l'intérêt collectif qu'ils représentent, mais non pas au nom de chacun de leurs membres pris individuellement. Ces principes s'opposaient jusque-là au mécanisme américain des « *class actions* », lequel a cependant été récemment introduit en droit français sous le nom d'« action de groupe ». Il s'agit d'habiliter certaines personnes ou certains groupements (aux États-Unis, un simple avocat peut en initier ; en France, pour éviter la multiplication des procès, l'action est réservée à certaines associations agréées) à agir en justice lorsqu'un préjudice a été causé à un très grand nombre de victimes qu'il n'est pas possible, dans un premier temps tout au moins, d'identifier et/ou de mobiliser. Ces actions sont particulièrement utiles lorsque le dommage subi par chaque victime est minime, si bien que chacune d'elles n'aurait pas pris la peine d'intenter un procès pour en demander la réparation. Une fois l'auteur condamné, toutes les victimes (il peut y en avoir quelques centaines de milliers) peuvent se faire connaître pour bénéficier du résultat de l'action. Une première loi du 17 mars 2014 a introduit une action de groupe en matière de consommation. La loi de modernisation de notre système de santé du 26 janvier 2016 a étendu le mécanisme en instituant une action de groupe en matière de santé. Plus généralement, le titre V de la loi de modernisation de la justice du XXIe siècle du 18 novembre 2016 a créé un cadre légal commun aux actions de groupe en matière judiciaire et administrative, ainsi qu'une nouvelle action de groupe en matière de discriminations.

III / LA NON-PRESCRIPTION DE L'ACTION

265. La prescription est un délai de temps à l'issue duquel l'action est paralysée. Au bout d'un certain temps, les choses doivent être laissées en l'état (*quieta non movere* dit l'adage : ne pas troubler ce qui est paisible). L'idée est aussi un droit à l'oubli du défendeur qui ne doit pas vivre trop longtemps sous l'épée de Damoclès d'une action pouvant être intentée contre lui.

Jusqu'à récemment, le délai de droit commun de la prescription (délai applicable sauf délai explicite plus bref) était de trente ans (prescription trentenaire). Dans un monde où l'on ne veut plus avoir à attendre, cette prescription paraissait trop longue : le nouvel article 2224 du Code civil issu de la loi du 17 juin 2008 portant réforme de la prescription en matière civile dispose désormais que le nouveau délai de prescription de droit commun est de cinq ans (prescription quinquennale). Certains délais spéciaux sont plus longs : par exemple les actions en réparation des dommages corporels se prescrivent par dix ans et même par vingt ans en cas de tortures ou actes de barbarie, ou de violences ou agressions sexuelles commises contre un mineur (art. 2226 C. civ.).

SECTION 2
Les principes directeurs du procès judiciaire

266. Henri Motulsky a renouvelé l'analyse du procès et a inspiré les principes directeurs apparus dans le Code de procédure civile de 1975 centrés sur une répartition des fonctions entre les parties et le juge. Les parties apportent les faits tandis que le juge se charge du droit (selon l'adage classique, *da mihi factum, tibi dabo jus*, donne-moi le fait et je te donne le droit). On peut citer trois principes directeurs essentiels.

I / LE PRINCIPE DISPOSITIF

267. Le principe dispositif signifie, comme l'énonce l'article 4 CPC, que « l'objet du litige est déterminé par les prétentions respectives des parties ». Le juge doit statuer sur toute la demande : il ne peut statuer *infra petita*, c'est-à-dire en deçà de la demande. Il ne peut pas non plus accorder plus que ce qui était demandé : on dit qu'il ne peut statuer *ultra petita*, c'est-à-dire au-delà de la demande ; il ne peut par exemple accorder des dommages-intérêts qui n'étaient pas demandés par la victime (art. 5 CPC). Les parties fixent leurs prétentions dans l'acte introductif d'instance (pour le demandeur) et dans leurs conclusions en défense (pour le défendeur). L'objet du litige peut être ultérieurement modifié par des demandes incidentes dès lors que celles-ci se rattachent aux prétentions originaires par un lien suffisant. Le défendeur peut ainsi formuler une « demande reconventionnelle », c'est-à-dire une demande par laquelle le défendeur originaire cherche à obtenir un avantage autre que le simple rejet de la prétention de son adversaire (art. 64 CPC) : par exemple, le défendeur à une action en recherche de paternité demande, de façon reconventionnelle, des dommages-intérêts pour procédure abusive.

II / LE PRINCIPE DU CONTRADICTOIRE

268. Le principe du contradictoire signifie que chacune des parties doit être mise en mesure d'apporter la contradiction à son adversaire, c'est-à-dire de se défendre. L'article 16 CPC énonce que « le juge doit, en toutes circonstances, faire observer et observer lui-même le principe de la contradiction ». Dès lors, « il ne peut retenir, dans sa décision, les moyens, les explications et les documents invoqués ou produits par les parties que si celles-ci ont été à même d'en débattre contradictoirement ». Enfin, « il ne peut fonder sa décision sur les moyens de droit qu'il a relevés d'office sans avoir au préalable invité les parties à présenter leurs observations ».

III / LE DROIT À UN PROCÈS ÉQUITABLE

269. Enfin le droit à un procès équitable est protégé par l'article 6 de la Conv. EDH (« Toute personne a droit à ce que sa cause soit entendue équitablement, publiquement et dans un délai raisonnable, par un tribunal indépendant et impartial, établi par la loi, qui décidera, soit des contestations sur ses droits et obligations de caractère civil, soit du bien-fondé de toute accusation en matière pénale dirigée contre elle »). Ce droit est directement applicable en droit interne et les juridictions, tant nationales qu'européennes, lui ont donné une large portée. Le Conseil constitutionnel lui a même reconnu une valeur constitutionnelle (déc. 2006-540 DC du 27 juillet 2006). Les notions de « droits et obligations de caractère civil » et d'« accusations en matière pénale » sont des concepts autonomes ayant un sens européen et peuvent viser certaines poursuites disciplinaires, militaires, pénitentiaires, ou même administratives.

Le droit à un procès équitable implique d'abord, comme l'a admis l'arrêt de la CEDH *Golder c/ Royaume-Uni* du 21 février 1975, le droit d'accès à un tribunal. Ce droit peut être violé par la présence d'un obstacle juridique ou même d'un simple obstacle de fait à la saisine d'un tribunal (par exemple des frais de justice trop élevés et l'impossibilité d'obtenir une assistance judiciaire). Le droit à un procès équitable implique également certaines garanties de procédure, en particulier le droit à l'indépendance et à l'impartialité du tribunal ; l'appréciation de l'impartialité est subjective, mais aussi objective, c'est-à-dire qu'il ne suffit pas que le juge soit impartial ; il faut aussi qu'il donne l'apparence qu'il l'est. Parmi ces garanties de procédure, on trouve également le droit à la publicité de la procédure, le droit à une durée raisonnable du procès et les droits de la défense en général. Le droit à un procès équitable donne également le droit à l'exécution des décisions de justice.

SECTION 3
La preuve

270. Le droit commun de la preuve judiciaire est traité dans le Code civil, à l'occasion de la preuve des obligations, mais il contient en réalité le régime général de la preuve en matière civile. Il a été largement modifié par l'ordonnance n° 2016-131 du 10 février 2016 portant réforme du droit des contrats, du régime général et de la preuve des obligations qui en a changé entièrement la numérotation. Les nouvelles règles figurent désormais dans un nouveau titre IV bis intitulé « de la preuve des obligations » (art. 1353 et s.). Les principes fondamentaux ont cependant été conservés, sur les trois grandes questions que sont la charge de la preuve, l'objet de la preuve, et enfin les modes de preuve.

I / LA CHARGE DE LA PREUVE

271. Les règles sur la charge de la preuve permettent de déterminer *qui* doit prouver. On parle de « charge » de la preuve ou de « fardeau » de la preuve tant il s'agit d'une tâche ardue. Le droit se montre intransigeant puisque, selon l'adage classique, c'est la même chose de ne pas être prouvé et de ne pas être (*idem est non esse aut non probari*). Celui qui ne réussit pas à prouver les éléments nécessaires au soutien de sa demande se voit donc débouté. C'est pourquoi l'on dit souvent que les règles sur la charge de la preuve déterminent en réalité le « risque » de la preuve : lorsque la preuve n'est pas rapportée, le risque du procès pèse sur celui qui avait la charge de la preuve car c'est lui alors qui perd le procès.

A / La répartition de la charge de la preuve

1 / La répartition entre le juge et les parties

272. En matière pénale, le procès est en France de type inquisitoire, c'est-à-dire que le juge a un rôle très actif dans la recherche des preuves. Le juge pénal est alors doté de moyens lui permettant d'obtenir ces preuves, notamment par le biais d'injonctions diverses. Pour les affaires les plus graves, un juge d'instruction est nommé qui va rechercher les preuves à charge et à décharge.

En matière civile en revanche, le juge doit en principe se limiter à arbitrer entre les diverses preuves apportées par les parties. On dit alors que le procès est de type accusatoire : il repose non plus sur les investigations du juge mais sur les diligences des parties.

2 / La répartition entre les parties

273. La règle de répartition est résumée par l'adage classique *actori incumbit probatio ; reus in excipiendo fit actor* : la charge de la preuve incombe au demandeur ; le défendeur, en soulevant une exception, c'est-à-dire un moyen de défense, devient demandeur, c'est-à-dire que la charge de la preuve nécessaire au soutien de son moyen de défense lui incombe à son tour.

La règle est rappelée par le nouvel article 1353 du Code civil pour le cas particulier des obligations. Selon l'alinéa 1er de ce texte, « celui qui réclame l'exécution d'une obligation doit la prouver » : c'est en effet lui qui est demandeur et il doit donc prouver que sa demande est fondée. L'alinéa 2 du même texte ajoute que, « réciproquement, celui qui se prétend libéré doit justifier le paiement ou le fait qui a produit l'extinction de son obligation » : le défendeur à l'action en exécution forcée soutient en effet pour sa défense qu'il est libéré (par exemple parce qu'il a déjà payé ou parce la prescription est acquise) et il doit alors prouver ses dires.

B / Le renversement de la charge de la preuve

274. La charge de la preuve peut être renversée par le jeu des présomptions. Les présomptions sont des conséquences que l'on tire d'un fait connu à un fait inconnu. Le fait nécessaire à l'application d'une règle de droit est inconnu mais, d'un autre fait connu, on peut déduire quelque chose sur le fait inconnu. Par exemple on ne sait pas si une personne a accepté de conclure le contrat mais, de ce qu'elle a commencé à l'exécuter, on peut déduire qu'elle l'avait accepté.

Une présomption peut être simple, irréfragable, ou mixte. Selon le nouvel article 1354, « elle est dite simple, lorsque la loi réserve la preuve contraire, et peut alors être renversée par tout moyen de preuve ; elle est dite mixte, lorsque la loi limite les moyens par lesquels elle peut être renversée ou l'objet sur lequel elle peut être renversée ; elle est dite irréfragable lorsqu'elle ne peut être renversée ». Le nouvel article 1355 donne un exemple de présomption irréfragable : l'autorité de la chose jugée. Elle n'a lieu qu'à l'égard de ce qui a fait l'objet du jugement. Il faut que la chose demandée soit la même ; que la demande soit fondée sur la même cause ; que la demande soit entre les mêmes parties, et formée par elles et contre elles en la même qualité

Les présomptions peuvent être légales ou judiciaires. Une présomption légale (sur les présomptions judiciaires, voir *infra* n° 295) conduit à un renversement de la charge de la preuve. Plus précisément, comme le dit le nouvel article 1354, « la présomption que la loi attache à certains actes ou à certains faits en les tenant pour certains dispense celui au profit duquel elle existe d'en rapporter la preuve ». Si celui sur qui pesait la charge de démontrer un fait convainc le juge de son existence par le jeu d'une présomption, c'est alors à l'adversaire de prouver son inexistence. Ce renversement vaut principalement pour les présomptions simples puisqu'il n'est pas permis d'apporter la preuve contraire à une présomption irréfragable. Cette dernière joue alors plutôt comme une règle de fond qu'on veut appliquer dans tous les cas, c'est-à-dire que le fait présumé soit avéré ou non.

II / L'OBJET DE LA PREUVE

275. Il faut distinguer l'allégation d'un fait (le simple fait d'invoquer un fait) et sa démonstration. La preuve suppose de démontrer que le fait allégué est avéré.

Seuls les faits doivent être prouvés et non pas le droit. « *Jura novit curia* », dit l'adage : la Cour connaît le droit, et il n'est pas nécessaire d'apporter aux juges la preuve du contenu de la règle de droit. Il en est autrement pour la preuve de la loi étrangère : si, devant le juge français, l'une des parties allègue que son litige relève d'un droit étranger et que le juge acquiesce, ladite partie doit apporter, par la production de ce qu'on appelle un « certificat de coutume », la preuve du contenu de cette loi étrangère ; le juge ne peut en effet connaître le contenu de tous les droits étrangers.

Doivent être démontrés tous les faits pertinents, c'est-à-dire les faits nécessaires à l'application de la règle de droit invoquée. Seuls les faits contestés par l'adversaire doivent cependant être prouvés ; si ce dernier reconnaît leur véracité, le demandeur n'a nul besoin de les prouver.

Certaines preuves sont dites « diaboliques » (*probatio diabolica*), lorsqu'elles sont impossibles à rapporter. Il en est ainsi très souvent de la preuve des faits négatifs. Prouver un fait positif (par exemple qu'on a informé quelqu'un) requiert simplement d'apporter un écrit ou un témoignage prouvant la véracité de ce fait. Comment prouver en revanche qu'on n'a pas reçu d'information ? Il n'y a que lorsque la preuve d'un fait négatif peut être apportée par la démonstration d'un fait positif contraire que cette preuve est possible : on peut ainsi prouver qu'on n'était pas à un endroit en prouvant qu'on était ailleurs au même moment.

III / LES MODES DE PREUVE

276. En droit pénal, c'est au juge de rechercher les preuves et toute preuve est admissible dès lors qu'elle le convainc : le principe est en effet l'intime conviction du juge. En droit civil en revanche, la preuve est réglementée, et seuls certains modes de preuve sont admissibles : la preuve doit être légale.

A / La recevabilité des preuves

277. Certaines preuves sont considérées comme irrecevables, et elles ne sont donc pas admises pour prouver la véracité d'un fait.

1 / L'impossibilité de se constituer un titre à soi-même

278. Selon un principe classique, nul ne peut se forger un titre à soi-même. La règle se comprend dans la mesure où le but de la preuve est de convaincre de la véracité d'un fait. Or celui qui se forge à lui-même un titre pour soutenir ses propres dires n'est pas très crédible. La jurisprudence, élargissant l'interdit, a posé un principe plus général selon lequel nul ne peut se constituer de « preuve » à soi-même [1]. Ainsi énoncée, la règle n'est pas exacte [2]. Les juges distinguent en réalité selon que la preuve est libre ou réglementée. Si, dans le second cas, nul ne peut se prévaloir d'un acte qu'il aurait établi lui-même, lorsque la preuve est libre, les juges peuvent, à titre d'indice, accepter de se servir de divers documents établis par la partie demanderesse lorsque ceux-ci lui paraissent avoir une certaine fiabilité [3] (voir par exemple *infra* n° 292 pour les papiers et registres professionnels ou domestiques). Le nouvel article 1363 du Code civil, reprenant alors la version plus classique de la règle, affirme que « Nul ne peut se constituer de titre à soi-même ». La règle ne vaut donc désormais que lorsque la preuve est réglementée,

1. Com., 6 déc. 1994, n° pourvoi : 93-12309 : « Nul ne peut se créer une preuve à soi-même. »

2. V. C. Mouly-Guillemaud, « La sentence "nul ne peut se constituer de preuve à soi-même" ou le droit de la preuve à l'épreuve de l'unilatéralisme », *RTD civ.* 2007, p. 253 et s.

3. La Cour de cassation a ainsi admis que « le listing informatique des opérations d'enregistrement qui est établi après présentation de divers documents par le client, et remise d'autres documents à celui-ci par la compagnie d'aviation, ne constitue pas un document unilatéral insusceptible de constituer une preuve, mais vaut comme présomption simple de l'heure à laquelle les clients se sont présentés à l'enregistrement » : Com., 12 janv. 1999, n° pourvoi : 97-30034.

à savoir pour la preuve des actes juridiques d'une valeur supérieure à un certain montant. Nul ne peut alors se forger à lui-même un titre, à savoir un acte sous signature privée qui permettrait d'apporter la preuve parfaite de l'acte juridique contesté.

2 / *La licéité des modes d'obtention de la preuve*

279. En droit pénal, le jugement repose sur l'intime conviction du juge qui aura pu être convaincu par une preuve même obtenue illégalement. En droit civil, en revanche, le juge doit fonder sa décision sur une preuve légalement admissible et donc légalement obtenue. Il ne pourra ainsi retenir pour avéré un fait démontré par un mode de preuve irrégulier. La Cour de cassation est alors amenée à dire quels sont les modes de preuve légalement admissibles. Elle a ainsi jugé que « *si l'employeur a le pouvoir de contrôler et de surveiller l'activité de son personnel pendant le temps de travail, il ne peut mettre en œuvre un dispositif de surveillance clandestin et à ce titre déloyal*[1] » ; en particulier, « *tout enregistrement, quels qu'en soient les motifs, d'images ou de paroles à leur insu, constitue un mode de preuve illicite*[2] ». En revanche, si l'enregistrement d'une conversation téléphonique privée, effectué à l'insu de l'auteur des propos invoqués, est un procédé déloyal rendant irrecevable en justice la preuve ainsi obtenue, il n'en est pas de même de l'utilisation par le destinataire des messages écrits téléphoniquement adressés, dits SMS, dont l'auteur ne peut ignorer qu'ils sont enregistrés par l'appareil récepteur[3]. La Cour de cassation a également admis, dans le cadre d'une procédure de divorce, que la femme puisse prouver l'adultère de son époux par un SMS reçu par celui-ci sur son téléphone portable, dès lors qu'il n'était pas constaté que « *les minimessages avaient été obtenus par violence ou fraude*[4] ».

B / *La nécessité d'une preuve par écrit (art. 1359 C. civ.)*

280. Le nouvel article 1358 commence par affirmer un principe de liberté de la preuve. Selon ce texte, « hors les cas où la loi en dispose autrement, la preuve peut être apportée par tout moyen ». En réalité, la preuve est surtout libre pour les faits juridiques. La preuve des actes

1. Soc., 18 mars 2008, pourvois n° 06-45093 et n° 06-40852.
2. Soc., 20 nov. 1991, n° pourvoi : 88-43120.
3. Soc., 23 mai 2007, n° pourvoi : 06-43209.
4. 17 juin 2009, n° pourvoi : 07-21796.

juridiques est en revanche réglementée. Aux termes du nouvel article 1359 du Code civil, reprenant une règle classique, « l'acte juridique portant sur une somme ou une valeur excédant un montant fixé par décret doit être prouvé par écrit sous signature privée ou authentique. Il ne peut être prouvé outre ou contre un écrit établissant un acte juridique, même si la somme ou la valeur n'excède pas ce montant, que par un autre écrit sous signature privée ou authentique ». Le texte précise que « celui dont la créance excède le seuil mentionné au premier alinéa ne peut pas être dispensé de la preuve par écrit en restreignant sa demande. Il en est de même de celui dont la demande, même inférieure à ce montant, porte sur le solde ou sur une partie d'une créance supérieure à ce montant ».

L'article 1359 contient donc deux exigences. Il prévoit d'abord qu'au-delà d'une certaine somme, il est nécessaire d'apporter un écrit. Il ajoute que, dans cette même limite, un écrit est également nécessaire pour prouver le contraire de ce qui est indiqué dans un écrit (pour prouver « contre » un écrit) ou pour compléter celui-ci (pour prouver « outre » cet écrit).

1 / Le domaine de la règle de l'article 1359 du Code civil

281. La règle de l'article 1359 ne vaut que pour la matière civile. En matière commerciale, la preuve est régie par l'article L. 110-3 du Code de commerce selon lequel « à l'égard des commerçants, les actes de commerce peuvent se prouver par tous moyens à moins qu'il n'en soit autrement disposé par la loi ». Ainsi, en présence d'un acte mixte passé entre un commerçant et un non-commerçant, la preuve du non-commerçant contre le commerçant est libre (art. L. 110-3 C. com.) tandis qu'elle est réglementée (art. 1359 C. civ.) si c'est le commerçant qui veut l'apporter contre le non-commerçant. En droit pénal, la preuve est libre puisqu'il s'agit le plus souvent de prouver des faits juridiques (les infractions incriminées) et, ainsi qu'on l'a vu, certains assouplissements existent même sur la légalité des preuves admissibles.

Même en droit civil au sens strict du terme, la règle de l'article 1359 ne vaut que pour les actes juridiques. La preuve des faits juridiques nécessaires au soutien d'un procès civil (par exemple la preuve d'une faute civile) peut se faire par tout moyen légalement admissible.

La règle de l'article 1359 ne vaut enfin que pour les actes juridiques excédant une somme ou valeur fixée par décret. Lorsqu'il s'agit de prouver un acte d'un montant inférieur à cette somme, la preuve est libre. Depuis le 1er janvier 2005 [1], cette somme est fixée à 1 500 euros.

2 / L'écrit au sens de l'article 1359 du Code civil

282. L'écrit visé et exigé par l'article 1359 du Code civil est soit un acte authentique, soit un acte sous signature privée. Sont aujourd'hui également admis, à certaines conditions, les écrits électroniques.

a. Les actes authentiques

283. Un acte authentique est un acte établi par un officier public, en particulier par un notaire. L'article 1369 du Code civil énonce que « l'acte authentique est celui qui a été reçu, avec les solennités requises, par un officier public ayant compétence et qualité pour instrumenter ».

L'acte authentique a une force probante particulière : il « fait foi jusqu'à inscription de faux de ce que l'officier public dit avoir personnellement accompli ou constaté » (art. 1371 C. civ.). La procédure d'inscription de faux est une procédure très lourde et aux conséquences graves pour celui qui l'aurait intentée à tort (le demandeur en faux qui est débouté peut ainsi être condamné à une amende civile et/ou à des dommages-intérêts). N'ont cette force probante particulière que les énonciations garanties par la parole de l'officier public qui a pu les vérifier (par exemple la date, les parties en présence, la description du déroulement des faits, etc.) et non pas celles qu'il ne fait que rapporter ou supposer et sur lesquelles il ne peut donc engager sa parole (par exemple la santé mentale d'une des parties à l'acte, ou encore la remise des fonds, si le notaire a simplement noté que l'une des parties lui a affirmé avoir déjà payé) [2].

Un acte qui ne peut être qualifié d'authentique en raison de certains vices peut néanmoins, à certaines conditions, valoir comme acte sous seings privés ; ainsi, selon l'article 1370 du Code civil, « l'acte qui n'est pas authentique du fait de l'incompétence ou de l'incapacité de l'officier, ou par un défaut de forme, vaut comme écrit sous signature privée, s'il

1. Décret n° 2004-836 du 20 août 2004.

2. Comme l'énonce la Cour de cassation, « dans un acte notarié, les énonciations faites par les parties et ne portant pas sur des faits personnellement constatés par l'officier public peuvent faire l'objet de la preuve contraire sans qu'il soit nécessaire de recourir à la procédure d'inscription de faux » : Civ. 1re, 2 nov. 2005, n° pourvoi : 03-19622.

a été signé des parties ». Cela suppose que le vice frappant l'acte authentique soit de pure forme et n'affecte pas le fond de l'acte.

b. Les actes sous signature privée

284. Les actes sous signature privée (on disait avant « actes sous seing privé », l'étymologie des deux mots étant identique) sont réglementés par les articles 1372 et suivants du Code civil. Ces textes exigent la signature des parties (qui peut aujourd'hui être électronique), la fabrication d'autant d'originaux que de parties ayant un intérêt distinct, ou encore la mention par la personne elle-même (on parlait avant de mention manuscrite mais elle peut désormais être électronique) de la somme ou de la quantité due, en toutes lettres et en chiffres.

La valeur probante des actes sous signature privée est moindre que celle des actes authentiques. Selon l'article 1372 du Code civil, « l'acte sous signature privée, reconnu par la partie à laquelle on l'oppose ou légalement tenu pour reconnu à son égard, fait foi entre ceux qui l'ont souscrit et à l'égard de leurs héritiers et ayants cause ». Un acte sous signature privée ne vaut en effet que jusqu'à preuve contraire, qui doit, conformément à l'article 1359, être également apportée par écrit lorsqu'il s'agit de prouver contre l'acte ou au-delà de l'acte.

Le nouvel article 1374 introduit cependant la notion d'acte d'avocat (qui est un acte sous signature privée contresigné par les avocats de chacune des parties ou par l'avocat de toutes les parties) avec une force probante particulière puisqu'il fait foi de l'écriture et de la signature des parties, tant à leur égard qu'à celui de leurs héritiers ou ayants cause et ce jusqu'à inscription de faux. Cet acte est en outre dispensé de toute mention manuscrite exigée par la loi.

c. Les écrits électroniques

285. La preuve technologique a acquis de nos jours une certaine valeur probante. Une loi du 13 mars 2000 a ainsi introduit dans le Code civil la possibilité d'une preuve électronique. Les règles ont été reprises par l'ordonnance de réforme de la preuve des obligations. Selon le nouvel article 1366 du Code civil, « l'écrit électronique a la même force probante que l'écrit sur support papier, sous réserve que puisse être dûment identifiée la personne dont il émane et qu'il soit établi et conservé dans des conditions de nature à en garantir l'intégrité ». L'article 1367 prévoit que même la signature peut être électronique : « elle consiste en l'usage d'un procédé fiable d'identification garantissant son lien avec l'acte auquel elle s'attache ». Selon le Code, « la fiabilité de ce procédé est présumée, jusqu'à preuve contraire, lorsque la signature électronique est créée, l'identité du signataire assurée et l'intégrité de l'acte garantie, dans des conditions fixées par décret en Conseil d'État ».

3 / Les exceptions à l'exigence d'un écrit

286. Il y a des cas où, par exception, un écrit n'est pas exigé.

a. L'impossibilité de rapporter la preuve par écrit

287. L'article 1360 du Code civil prévoit une première exception à l'exigence d'un écrit : « En cas d'impossibilité matérielle ou morale de se procurer un écrit, s'il est d'usage de ne pas établir un écrit, ou lorsque l'écrit a été perdu par force majeure. » Dans tous ces cas, on peut comprendre et donc admettre qu'un écrit ne puisse être produit. L'impossibilité morale de rapporter la preuve par écrit est caractérisée lorsque, du fait des relations entre les parties (des époux ou des amis très proches par exemple), il n'était pas concevable de demander un écrit et de faire rédiger formellement par exemple une reconnaissance de dette.

b. L'aveu judiciaire, le serment décisoire ou un commencement de preuve par écrit corroboré par un autre moyen de preuve

288. Aux termes de l'article 1361 du Code civil, « il peut être suppléé à l'écrit par l'aveu judiciaire, le serment décisoire ou un commencement de preuve par écrit corroboré par un autre moyen de preuve ».

L'aveu (judiciaire) et le serment (décisoire) ont ainsi une très grande force probante puisqu'ils équivalent à un écrit.

L'aveu est la reconnaissance par une personne d'un fait qui lui est défavorable et qui va entraîner des conséquences juridiques à son encontre (on avoue une faute, une infraction pénale, etc.). L'aveu peut être fait au cours d'un procès (aveu judiciaire) ou en dehors (aveu extrajudiciaire). L'aveu extrajudiciaire, en particulier lorsqu'il est purement verbal, ne vaut que lorsque la preuve testimoniale est admissible (voir *infra* n° 294). Seul l'aveu judiciaire fait pleine foi contre celui qui l'a fait. Il vaut en effet alors pleine preuve du fait contesté, et il n'est plus nécessaire d'apporter la preuve par écrit. L'aveu est indivisible : si une personne avoue un fait qui lui est défavorable, mais l'assortit de précisions qui lui sont favorables, le juge ne peut prendre cette vérité qu'en bloc et ne peut retenir les uns et rejeter les autres. L'aveu ne peut être révoqué, sauf s'il est démontré qu'il a été fait à la suite d'une erreur de fait (l'erreur de droit, notamment sur la portée de l'aveu, n'est en revanche pas recevable).

Le serment est l'affirmation solennelle par une personne d'un fait qui lui est favorable : on fait le serment qu'on n'a pas commis de faute ou qu'on n'a pas commis d'infraction. Le serment qui vaut preuve est nécessairement judiciaire. Il en existe deux sortes, à la valeur probante différente. En premier lieu, le serment déféré d'office par le juge à l'une ou à l'autre des parties (voir *infra* n° 296). En second lieu, le serment « décisoire », qui est celui qu'une partie défère à l'autre pour en faire dépendre le jugement de la cause. Le second a une valeur probante supérieure dans la mesure où il conduit à mettre fin au procès. Le mécanisme est le suivant : une partie, qui en général n'a plus aucun autre moyen de preuve, demande à son adversaire de faire, solennellement, le serment de la véracité des faits qu'il avance ; cette partie s'en remet donc à son adversaire, en faisant le pari que celle-ci aura un dernier sursaut d'honnêteté. De deux choses l'une : soit l'adversaire persévère et réaffirme ses dires sous serment, et il gagne le procès ; soit, saisi par le remords d'avoir menti, il renonce à prêter serment et perd alors le procès.

Le commencement de preuve par écrit est défini par l'article 1362 du Code civil comme « tout écrit qui, émanant de celui qui conteste un acte ou de celui qu'il représente, rend vraisemblable ce qui est allégué ». Le commencement de preuve par écrit n'est en réalité pas toujours un écrit, et le Code lui-même précise que « peuvent être considérés par le juge comme équivalant à un commencement de preuve par écrit les déclarations faites par une partie lors de sa comparution personnelle, son refus de répondre ou son absence à la comparution ». De même « la mention d'un écrit authentique ou sous signature privée sur un registre public vaut commencement de preuve par écrit ».

c. La copie fidèle et durable

289. Selon l'article 1379 du Code civil, « la copie fiable a la même force probante que l'original ». Il est précisé que « la fiabilité est laissée à l'appréciation du juge », mais que, « néanmoins est réputée fiable la copie exécutoire ou authentique d'un écrit authentique ». De même « est présumée fiable jusqu'à preuve du contraire toute copie résultant d'une reproduction à l'identique de la forme et du contenu de l'acte, et dont l'intégrité est garantie dans le temps par un procédé conforme à des conditions fixées par décret en Conseil d'État ». Si l'original subsiste, sa présentation peut toujours être exigée.

d. L'existence d'une convention contraire

290. La Cour de cassation avait jugé que les règles sur la preuve, y compris donc l'exigence d'un écrit au-delà d'une certaine somme, n'étaient pas d'ordre public. Le nouvel article 1356 reprend la règle et énonce que « les contrats sur la preuve sont valables lorsqu'ils portent sur des droits dont les parties ont la libre disposition ». Le texte précise que, « néanmoins, ils ne peuvent contredire les présomptions irréfragables établies par la loi, ni modifier la foi attachée à l'aveu ou au serment. Ils ne peuvent davantage établir au profit de l'une des parties une présomption irréfragable ». La Cour de cassation a ainsi jugé que, conformément à la convention des parties, la preuve de l'utilisation d'une ouverture de crédit par l'emprunteur pouvait se faire par les relevés de carte magnétique pour l'usage de laquelle l'emprunteur avait dû composer un code confidentiel valant ordre, pour l'organisme prêteur, de verser au vendeur le prix d'achat [1].

4 / Les autres modes de preuve admissibles

291. Lorsque la preuve est libre, pour l'une des raisons sus-énoncées, plusieurs autres types de preuves peuvent être admis. Ces mêmes éléments de preuve peuvent compléter un commencement de preuve par écrit et valoir ainsi une preuve équivalente à l'écrit de l'article 1359.

a. Les autres écrits

292. Il s'agit d'écrits qui ne remplissent pas les exigences de l'article 1359. L'article 1378 prévoit ainsi que « les registres et documents que les professionnels doivent tenir ou établir ont, contre leur auteur, la même force probante que les écrits sous signature privée ; mais celui qui s'en prévaut ne peut en diviser les mentions pour n'en retenir que celles qui lui sont favorables ». L'article 1378-1 précise qu'en revanche « les registres et papiers domestiques ne font pas preuve au profit de celui qui les a écrits ». Ils peuvent en revanche faire preuve contre lui dans deux hypothèses : « 1° Dans tous les cas où ils énoncent formellement un paiement reçu ; 2° Lorsqu'ils contiennent la mention expresse que l'écrit a été fait pour suppléer le défaut du titre en faveur de qui ils énoncent une obligation ».

L'article 1380 prévoit le cas particulier des actes récognitifs, qui sont ceux qui rendent compte d'un autre acte. Selon ce texte, « l'acte récognitif ne dispense pas de la présentation du titre original sauf si sa teneur

1. Civ. 1re, 8 nov. 1989, n° pourvoi : 86-16196.

y est spécialement relatée ». En revanche « ce qu'il contient de plus ou de différent par rapport au titre original n'a pas d'effet ».

b. Les preuves scientifiques

293. En de nombreuses matières où la preuve est libre, les faits à démontrer peuvent être prouvés par des preuves scientifiques. C'est le cas en matière pénale, où les prélèvements d'ADN sont de plus en plus systématiques, avec les risques d'erreurs y afférents (non pas sur la qualité des analyses génétiques mais sur la fiabilité des prélèvements, car on n'est jamais sûr que le prélèvement effectué a été fait sur le coupable). En matière civile, le législateur a limité la possibilité de recourir à l'examen des caractéristiques génétiques d'une personne (art. 16-10 à 16-13 C. civ.). En particulier, l'identification d'une personne par ses empreintes génétiques ne peut être recherchée que dans le cadre de mesures d'enquête ou d'instruction diligentées lors d'une procédure judiciaire ou à des fins médicales ou de recherche scientifique ou d'identification d'un militaire décédé à l'occasion d'une opération conduite par les forces armées ou les formations rattachées. En matière civile, cette identification ne peut être recherchée qu'en exécution d'une mesure d'instruction ordonnée par le juge saisi d'une action tendant soit à l'établissement ou la contestation d'un lien de filiation, soit à l'obtention ou la suppression de subsides. Le consentement de l'intéressé doit être préalablement et expressément recueilli. Afin d'éviter le renouvellement de ce qui s'était produit lors de l'affaire *Montand*, où le chanteur avait été exhumé pour qu'il soit procédé à une analyse de ses caractéristiques génétiques (à la demande de la famille qui voulait prouver qu'Yves Montand n'était pas le père de la jeune fille ayant intenté une action en recherche de paternité), il est prévu que sauf accord exprès de la personne manifesté de son vivant, aucune identification par empreintes génétiques ne peut être réalisée après sa mort. Enfin, seul un nombre limité de personnes ou de laboratoires ayant fait l'objet d'un agrément est habilité à procéder à des identifications par empreintes génétiques.

c. Les témoignages

294. Les témoignages sont des déclarations faites par des tiers qui attestent solennellement certains faits. La valeur probante des déclarations faites par un tiers dans les conditions du Code de procédure civile est laissée à l'appréciation du juge (art. 1381 C. civ.).

d. Les présomptions judiciaires

295. Les présomptions qui ne sont pas établies par la loi, sont laissées à l'appréciation du juge, qui ne doit les admettre que si elles sont graves, précises et concordantes, et dans les cas seulement où la loi admet la preuve par tout moyen (art. 1382 C. civ.).

e. L'aveu extrajudiciaire et le serment déféré d'office

296. L'aveu extrajudiciaire purement verbal n'est reçu que dans les cas où la loi permet la preuve par tout moyen (art. 1383-1 C. civ.).

Le juge peut d'office déférer le serment à l'une des parties. Il ne peut être référé à l'autre partie et sa valeur probante est laissée à l'appréciation du juge (art. 1386 C. civ.).

SECTION 4
Le jugement

297. Nous verrons l'élaboration et les effets des jugements.

I / L'ÉLABORATION DES JUGEMENTS

298. Le jugement est parfois rendu sur-le-champ, c'est-à-dire immédiatement, après ou non que les juges se sont retirés pour en délibérer en chambre du conseil (c'est-à-dire à huis clos). Pour les affaires plus complexes, l'affaire est mise en délibéré et les parties sont informées de la date à laquelle il sera rendu.

Lorsque la juridiction est collégiale, le jugement est pris à la majorité. Dans les juridictions paritaires, un juge départiteur est parfois prévu en cas de partage égal des voix (voir *supra* n° 244). Le délibéré est secret, et les parties ne doivent en aucun cas connaître la position de chaque juge. La tradition de *Common Law*, reprise dans des juridictions internationales comme la Cour européenne des droits de l'homme, est différente : la décision est toujours prise à la majorité, mais les juges qui ne sont pas d'accord avec l'arrêt rendu peuvent rédiger une opinion dissidente (*dissenting opinion* en anglais) qui sera annexée à l'arrêt.

Aux termes de l'article 455 du Code de procédure civile, « le jugement doit être motivé. » Cette obligation est essentielle, et le juge doit, sur le fondement de ce texte, répondre à tous les moyens soulevés par les parties dans leurs conclusions, si infondés soient-ils. Le jugement doit en outre exposer succinctement les prétentions respectives des parties et leurs moyens. Après avoir explicité les motifs, le jugement énonce la décision sous forme de dispositif.

II / LES EFFETS DES JUGEMENTS

299. Souvent, les jugements sont déclaratifs, c'est-à-dire qu'ils reconnaissent un état du droit existant (par exemple la responsabilité de l'une des parties). En certaines matières, ils sont constitutifs, c'est-à-dire créateurs d'une nouvelle situation juridique (un jugement qui ouvre une tutelle, ou qui prononce un divorce).

Le texte original du jugement est appelé la « minute », laquelle constitue un acte authentique, avec toute la force probante qui y est attachée. Il doit être notifié aux parties et la notification fait courir les délais de recours. Chaque partie doit exécuter ce qui a été ordonné, de gré ou de force. Le jugement notifié contient en effet la formule exécutoire enjoignant et donnant ordre à certaines autorités de mettre le jugement à exécution, selon la formule imposée par le décret du 12 juin 1947 : « La République française mande et ordonne à tous huissiers, sur ce requis, de mettre ledit arrêt [ou ledit jugement, etc.] à exécution, aux procureurs généraux et aux procureurs de la République près les tribunaux de première instance d'y tenir la main, à tous commandants et officiers de la force publique de prêter main-forte lorsqu'ils en seront légalement requis. »

Ainsi, dans l'hypothèse où l'une des parties n'exécuterait pas spontanément la décision notifiée, l'autre peut mettre en œuvre des mesures d'exécution forcée (par exemple une saisie) qui peuvent aller jusqu'au recours à la force publique (par exemple pour faire évacuer un logement).

Le jugement est revêtu de l'autorité de la chose jugée (art. 480 CPC). Une fois les voies de recours épuisées, il ne peut donc plus être remis en question, et est tenu pour être la vérité (*res judicata pro veritate habetur*, dit l'adage). Il s'agit là d'une fiction (on ne dit pas qu'il est la vérité mais simplement qu'il doit être tenu pour telle) nécessaire à la paix et à la stabilité publiques.

L'autorité de la chose jugée ne s'attache qu'à ce qui a été décidé, c'est-à-dire au dispositif de l'arrêt et non pas à ses motifs. Selon certains auteurs, l'autorité de la chose jugée pourrait s'étendre à certains motifs, notamment ceux qui sont le soutien nécessaire du dispositif (motifs décisifs). L'autorité de la chose jugée n'est que relative ; comme l'énonce l'article 1351 du Code civil, elle « n'a lieu qu'à l'égard de ce qui a fait l'objet du jugement » : « Il faut que la chose demandée soit la même ; que la demande soit fondée sur la même cause ; que la demande soit entre les mêmes parties, et formée par elles et contre elles en la même qualité. »

TITRE II

La justice administrative

300. L'existence d'une justice administrative peut surprendre : souvent moins connues du grand public, les juridictions administratives jouent pourtant un rôle considérable en pratique, car elles jugent la plupart des affaires qui impliquent les administrations publiques. Il en va par exemple des litiges entre un particulier et une administration (mairie, préfecture, ministère, etc.) ou entre deux administrations publiques. La coexistence de deux types de juges en France, que l'on qualifie de « dualisme juridictionnel », doit être d'abord expliquée avant d'exposer l'organisation actuelle des juridictions administratives.

Chapitre I

LA RAISON D'ÊTRE DES JURIDICTIONS ADMINISTRATIVES

301. L'existence des juridictions administratives est essentiellement un héritage de l'histoire. Il convient d'expliquer le principe du dualisme juridictionnel avant de détailler son organisation.

SECTION 1
Le principe du dualisme juridictionnel

302. De la fameuse loi des 16-24 août 1790 posant la séparation des fonctions judiciaires et administratives (« les fonctions judiciaires sont distinctes et demeureront toujours séparées des fonctions administratives »), on a déduit l'impossibilité pour l'Administration (qui exerce les « fonctions administratives ») de faire l'objet d'un contrôle par les seuls juges qui existaient à l'époque : les juges judiciaires. La raison de cette séparation tenait à la grande défiance dans laquelle était tenue l'autorité judiciaire, eu égard aux pratiques des parlements sous l'Ancien Régime. Permettre au juge de s'immiscer dans les affaires administratives, cela aurait été troubler le bon fonctionnement de l'Administration et donc interférer avec le pouvoir exécutif, en violation du principe de séparation des pouvoirs. Autrement dit, comme le disait l'adage, « juger l'Administration, [c'était] encore administrer ».

En vertu de ce principe, c'est d'abord l'Administration qui s'est jugée elle-même, en dernier ressort par le chef de l'exécutif. Mais, peu à peu, la figure d'un juge dédié aux affaires administratives a éclos au sein même de l'appareil administratif, avant de s'en détacher progressivement. C'est ainsi que, par une grande loi du 24 mai 1872, la République fait du Conseil d'État le juge qui « statue souverainement » en matière administrative. Aujourd'hui, malgré des critiques récurrentes, la juridiction administrative est indépendante de l'Administration qu'elle est chargée de contrôler. Son existence comme son indépendance bénéficient d'ailleurs d'une protection (certes partielle) au niveau constitutionnel, en vertu d'un principe fondamental reconnu par les lois de la République [1].

Il n'en reste pas moins que les juges de l'ordre administratif ont forgé progressivement un droit bien spécifique : le droit administratif. Celui-ci est traversé par la conception française de l'intérêt général, classiquement bien distinct des intérêts particuliers. Le droit administratif cherche en permanence l'équilibre entre les nécessités de l'action administrative (fondée sur l'intérêt général) et les droits des administrés [2].

SECTION 2
L'organisation du dualisme juridictionnel

303. La telle séparation entre deux types de juges pose régulièrement des problèmes de frontière : dans certains cas, il est délicat de distinguer ce qui incombe au juge judiciaire et ce qui relève de la compétence du juge administratif. C'est essentiellement le rôle du Tribunal des conflits que de résoudre ces difficultés en matière de compétence juridictionnelle, mais il est prévu aussi que les deux ordres juridictionnels puissent s'adresser réciproquement des questions préjudicielles.

1. Selon le Conseil constitutionnel, « conformément à la conception française de la séparation des pouvoirs, figure au nombre des "principes fondamentaux reconnus par les lois de la République" celui selon lequel, à l'exception des matières réservées par nature à l'autorité judiciaire, relève en dernier ressort de la compétence de la juridiction administrative l'annulation ou la réformation des décisions prises, dans l'exercice des prérogatives de puissance publique, par les autorités exerçant le pouvoir exécutif, leurs agents, les collectivités territoriales de la République ou les organismes publics placés sous leur autorité ou leur contrôle » (déc. nº 86-224 DC du 23 janvier 1987).

2. Pour un aperçu des débats sur la question, v. J. Caillosse, « Les justifications du maintien actuel du dualisme juridictionnel », *AJDA*, 2005, p. 1781. V. aussi E. Zoller, *Introduction au droit public*, Dalloz, « Précis », 2ᵉ éd., 2013.

I / LE TRIBUNAL DES CONFLITS

304. Instauré définitivement en 1872, réformé en 2015 [1], le Tribunal des conflits est la conséquence directe du dualisme juridictionnel en France : ce juge est en effet chargé de résoudre les conflits de compétence entre les deux ordres de juridictions, ce qui représente une cinquantaine d'interventions par an.

Il est composé de neuf membres, selon un principe paritaire : quatre représentants de chaque ordre juridictionnel (conseillers à la Cour de cassation et conseillers d'État, élus au sein de leurs cours respectives) et un président issu alternativement du Conseil d'État et de la Cour de cassation. Le mandat est de trois ans. Jusqu'à la réforme de 2015, le ministre de la Justice avait principalement un rôle de départiteur, c'est-à-dire qu'il n'intervenait qu'en cas de partage des voix. Cette présence du pouvoir exécutif au sein d'un organe juridictionnel, si elle s'expliquait par des raisons historiques, n'en était pas moins devenue problématique.

Les conflits d'attribution peuvent être positifs ou négatifs.

1° Il y a *conflit positif* lorsque l'ordre judiciaire s'est déclaré compétent pour connaître d'un litige, mais que l'administration (et non pas le juge administratif) conteste cette décision et cherche à confier le litige à « son » juge. Dans ce cas, le préfet demande au juge judiciaire de se déclarer incompétent et présente pour cela ce que l'on appelle un « déclinatoire de compétence » motivé, qui ne peut plus être formulé lorsque le jugement judiciaire est passé en force de chose jugée. Le tribunal judiciaire est alors tenu de se prononcer sur la question de compétence, et peut reconnaître l'incompétence de l'autorité judiciaire, ou rejeter le déclinatoire. Dans ce dernier cas, le préfet peut (sauf en matière criminelle) « élever le conflit », c'est-à-dire prendre un arrêté de conflit, qui saisit le Tribunal des conflits. Celui-ci doit statuer dans un délai de trois mois sur la régularité et sur le bien-fondé de l'arrêté de conflit. Il peut annuler celui-ci s'il l'estime mal fondé (l'instance judiciaire peut alors reprendre son cours), ou il peut au contraire confirmer l'arrêté de conflits et la partie intéressée doit saisir la juridiction administrative déclarée compétente.

2° Il y a *conflit négatif* lorsque, saisis d'un litige ayant le même objet, le juge administratif et le juge judiciaire se sont l'un et l'autre déclarés incompétents. Les parties intéressées peuvent alors saisir le Tribunal

1. Loi n° 2015-177 du 16 février 2015 et décret n° 2015-233 du 27 février 2015.

pour qu'il désigne la juridiction compétente. Il existe néanmoins une procédure – plus fréquente – de *prévention d'un conflit négatif.* Dans cette hypothèse, le second juge qui entend décliner la compétence de son ordre juridictionnel (alors qu'un juge de l'autre ordre l'a déjà fait) doit saisir le Tribunal des conflits.

Depuis la réforme de 2015, toute juridiction (quel que soit son ordre juridictionnel) peut d'ailleurs saisir à tout moment le Tribunal d'une question préjudicielle « soulevant une difficulté sérieuse ».

Enfin, il existe deux hypothèses dans lesquelles le Tribunal des conflits ne se contente pas de répartir les compétences, mais statue au fond. Le premier cas est la prévention d'un déni de justice : lorsqu'un même litige a fait l'objet de décisions définitives contradictoires de la part des deux ordres juridictionnels. Dans la seconde hypothèse (instituée en 2015), le Tribunal est compétent pour indemniser les justiciables des préjudices résultant de la durée excessive d'une procédure ayant impliqué les deux ordres de juridictions.

On le voit, le Tribunal des conflits est donc chargé d'apporter une réponse à toutes les difficultés qui résultent de la division entre les deux ordres juridictionnels. Pour faciliter les choses et favoriser la « bonne administration de la justice », le législateur intervient parfois afin d'unifier le contentieux au sein d'un même ordre juridictionnel. C'est le cas par exemple du bloc de compétence judiciaire en matière de réparation de dommages causés par tout « véhicule » (loi du 31 décembre 1957).

II / LES QUESTIONS PRÉJUDICIELLES ENTRE LES ORDRES JURIDICTIONNELS

305. Parfois – et c'est une autre conséquence du dualisme juridictionnel –, le juge administratif doit surseoir à statuer pour poser une question préjudicielle au juge judiciaire, par exemple s'il s'agit d'apprécier la validité ou d'interpréter un acte de droit privé. Cela est fréquent dans des branches du droit où sont imbriqués des aspects de droit privé et de droit public, par exemple en matière d'accords et conventions collectifs. La question préjudicielle est une obligation lorsque la question commande l'issue du litige et soulève une difficulté sérieuse. Certaines hypothèses échappent à cette obligation, en particulier lorsque le juge administratif doit faire application du droit de l'Union européenne ou lorsqu'une jurisprudence établie permet manifestement au juge administratif de trancher lui-même la question [1].

Bien entendu, il ne faut pas oublier l'hypothèse inverse d'une question préjudicielle posée par le juge judiciaire au juge administratif, dans les conditions examinées plus haut.

1. CE, sect., 23 mars 2012, *Fédération Sud Santé Sociaux*, n° 331805.

Chapitre II

L'ORGANISATION DE LA JUSTICE ADMINISTRATIVE

306. Nous n'examinerons ici que les juridictions administratives de droit commun, mais il existe aussi des juridictions administratives spécialisées qui tranchent des litiges et rendent de véritables jugements. Tel est le cas par exemple de la Cour des comptes, la Cour de discipline budgétaire et financière, des juridictions d'aide sociale, de la Cour nationale du droit d'asile ou encore de certaines juridictions ordinales ou universitaires.

SECTION 1
Les tribunaux administratifs

307. Il y a 42 tribunaux administratifs (TA) en France (31 en métropole, 11 en outre-mer). Ils sont les juges de droit commun en premier ressort du contentieux administratif. Il faut en principe trois magistrats pour rendre un jugement. Le tribunal territorialement compétent est celui dans le ressort duquel a son siège l'autorité qui a pris la décision attaquée ou signé le contrat litigieux. Mais pour éviter une surcharge du Tribunal administratif de Paris (compte tenu du nombre de décisions prises par les autorités centrales), ce principe est assorti de nombreuses dérogations pour déconcentrer le contentieux.

Section 2
Les cours administratives d'appel

308. Les cours administratives d'appel (CAA) sont au nombre de huit ; cinq avaient d'abord été créées à Paris, Bordeaux, Lyon, Nancy et Nantes ; trois ont été ajoutées à Marseille, Douai et Versailles. Trois conseillers au moins sont requis pour rendre les arrêts. Elles jugent en principe des appels formés contre les jugements des tribunaux administratifs, même si cette compétence est partagée dans certains cas avec le Conseil d'État. Les arrêts rendus par les CAA peuvent être frappés d'un pourvoi en cassation devant le Conseil d'État.

Section 3
Le Conseil d'État

309. Avant d'aborder spécifiquement ses fonctions de juge, il convient de préciser que le Conseil d'État exerce une double fonction, consultative et juridictionnelle. Ce « dualisme fonctionnel » est caractéristique de l'histoire de la justice administrative en France. Le Conseil d'État a d'abord un rôle de conseil du gouvernement : il rend des avis en particulier sur les projets de loi et projets de décrets. Depuis la révision constitutionnelle de 2008, il peut également être sollicité pour conseiller le Parlement vis-à-vis d'une proposition de loi. Mais le Conseil d'État est également une juridiction administrative – et en réalité la juridiction suprême de l'ordre administratif. L'ensemble de l'institution est ainsi divisé en sept sections, présidées chacune par un président de section. La présidence du Conseil d'État est assurée par son vice-président ; en effet, le Conseil d'État était autrefois présidé par des autorités politiques et le terme n'a pas été changé. Six des sept sections du Conseil d'État sont administratives : la section des finances, la section de l'intérieur, la section des travaux publics, la section sociale et la section de l'Administration, la section du rapport et des études. Les cinq premières sont compétentes en matière consultative : chaque section formule ainsi des avis dans les matières relevant de sa compétence. Pour les affaires les plus importantes (par exemple l'examen des projets de lois ou d'ordonnances), le Conseil d'État se réunit en assemblée générale. Le Conseil d'État doit impérativement être consulté par le gouvernement sur les projets de lois et d'ordonnances, avant leur délibération en Conseil des ministres. Il se prononce également sur les projets de décrets – de façon obligatoire pour certains d'entre eux, notamment les décrets dits en Conseil d'État. Dans ce dernier cas, l'avis ne doit pas nécessairement être suivi par le gouvernement, mais celui-ci doit s'en tenir au texte tel qu'adopté par le Conseil d'État ou à son texte initial. En dehors même de tout projet de texte, le Conseil d'État peut être saisi d'un problème juridique quelconque, ou être sollicité afin de procéder à des études en vue de réformes (section du rapport et des études). À ce titre, il publie chaque année un rapport d'activité afin d'attirer l'attention des pouvoirs publics sur les réformes législatives ou réglementaires qui lui paraissent nécessaires.

Quant aux fonctions juridictionnelles dévolues au Conseil d'État, elles sont assurées par la section du contentieux. Elle est divisée en dix chambres spécialisées chacune dans un ensemble de matières et composée d'au moins trois conseillers d'État. La formation la plus solennelle du Conseil d'État est l'assemblée du contentieux, qui rend des arrêts dans les affaires les plus épineuses. Il faut noter que, contrairement aux magistrats qui siègent dans les tribunaux administratifs ou les cours administratives d'appel, les membres du Conseil d'État n'ont pas explicitement le statut de magistrat, même si la coutume leur en octroie les garanties. Michel Debré estimait qu'ils sont « simplement des fonctionnaires administratifs qui occupent les fonctions de juge [1] ».

S'il réunit au sein de la même institution des fonctions consultatives et juridictionnelles, le dualisme fonctionnel du Conseil d'État ne signifie pas que les fonctions de juge puissent être mêlées avec celles de conseiller des pouvoirs publics. Ainsi, la section du contentieux n'est pas liée par l'avis émis par les sections administratives : elle pourrait théoriquement (même si cela est peu probable) annuler un décret quand bien même celui-ci aurait reçu l'avis favorable des sections administratives.

Le Conseil d'État est parfois juge de cassation – statuant alors uniquement sur les moyens de droit, mais il peut, s'il annule la décision, rejuger lui-même l'affaire au fond plutôt que de renvoyer l'affaire. Une

1. Compte-rendu de la séance du 5 août 1958 du Comité consultatif constitutionnel, in *Documents pour servir à l'histoire de l'élaboration de la Constitution du 4 octobre 1958*, vol. II, Doc. Fr., 1988, p. 164. Le garde des Sceaux de l'époque précisait : « Il ne faut pas croire à une magistrature administrative, il faut croire à des fonctionnaires administratifs libres qui exercent des fonctions judiciaires – ceci étant une opinion personnelle. »

procédure de filtrage des pourvois en cassation a été instituée, et le Conseil d'État peut, par une décision de nature juridictionnelle, refuser l'admission d'un pourvoi si celui-ci est irrecevable ou n'est fondé sur aucun moyen sérieux. Le Conseil d'État est parfois aussi juge d'appel, notamment pour les litiges relatifs aux élections municipales ou départementales. Par ailleurs, le Conseil d'État demeure un juge en premier et dernier ressort pour les affaires les plus importantes de portée nationale, comme les recours pour excès de pouvoir formés contre les décrets ou contre les ordonnances avant ratification.

Enfin, le Conseil d'État peut rendre des avis contentieux, qui se rattachent bien à sa fonction juridictionnelle : il s'agit pour les juridictions inférieures de soumettre au juge suprême une question de droit sérieuse, qui se pose dans de nombreux litiges. Afin de stabiliser d'emblée la jurisprudence, le Conseil d'État prend position par un avis qui n'est toutefois pas revêtu de l'autorité de chose jugée, même s'il est généralement suivi.

Chapitre III

LE PROCÈS ADMINISTRATIF

310. Sans qu'il s'agisse ici d'exposer en détail la « procédure administrative contentieuse [1] », il convient d'insister sur certaines de ses particularités. Le contentieux administratif est de divers types, même si le déroulement d'un procès administratif obéit à des règles à peu près constantes.

SECTION 1
Les différents recours juridictionnels

311. On peut notamment citer le contentieux de l'annulation qui permet, par un *recours pour excès de pouvoir*, de demander l'annulation des décisions illégales de la puissance publique, et le *recours de plein contentieux* (ou contentieux de pleine juridiction) qui permet au juge de prononcer non seulement des annulations mais aussi des condamnations pécuniaires, par exemple pour réparer un préjudice subi du fait de l'action administrative.

Une loi du 30 juin 2000 a considérablement amélioré les possibilités pour la juridiction administrative de statuer en urgence, par voie d'ordonnances rendues généralement par un juge unique, grâce aux trois principaux référés : le référé liberté fondamentale (en cas d'atteinte grave et manifestement illégale à une liberté fondamentale), le référé suspension (afin de suspendre provisoirement les effets d'un acte pris par

1. V. en part. D. Costa, *Contentieux administratif*, LexisNexis, « Objectif Droit », 2e éd., 2014.

l'Administration) et le référé mesures utiles [1]. Depuis leur création, ces procédures d'urgence ont permis au juge administratif d'agir de façon particulièrement efficace. On peut citer à cet égard de la rapidité avec laquelle les juges administratifs ont été amenés à juger des affaires portant sur l'interdiction controversée d'un spectacle lui-même controversé de Dieudonné en 2014 [2]. Les procédures d'urgence ont également été fréquemment utilisées pour soumettre rapidement au juge certaines mesures prises par les pouvoirs publics à la suite du déclenchement de l'état d'urgence en novembre 2015.

Ces recours en urgence n'obéissent pas tous aux mêmes conditions et n'ont pas tous les mêmes effets. Il faut toujours qu'une condition d'urgence soit remplie, même si celle-ci est appréciée différemment selon les recours. De plus, la particularité du référé-suspension est qu'il doit toujours être rattaché à un recours juridictionnel classique. La décision du juge de l'urgence est donc ici nécessairement provisoire, dans l'attente du traitement de l'affaire au fond. Cela signifie que, si le juge du référé suspension peut décider, dans les meilleurs délais, d'« ordonner la suspension de l'exécution » d'une décision administrative en cas de doute sérieux sur la légalité de cette décision (art. L. 521-1 du Code de justice administrative.), il faut attendre la décision du juge de l'excès de pouvoir (souvent plusieurs mois plus tard) pour savoir si l'illégalité est confirmée.

Saisi d'un référé liberté fondamentale, le juge peut, sous 48 heures, « ordonner toutes mesures nécessaires à la sauvegarde d'une liberté fondamentale » lorsque l'Administration y porterait une atteinte « grave et manifestement illégale » (art. L. 521-2 du Code de justice administrative). Contrairement au cas précédent, ces mesures peuvent être définitives (et de fait, elles le sont généralement), dès lors que ce référé n'est pas accompagné d'un recours au fond. Il en va de même pour le référé mesures utiles.

SECTION 2
Le déroulement du procès administratif

312. Pour s'adresser au juge administratif, le justiciable doit introduire, dans un délai de recours qui est généralement de deux mois, une requête introductive d'instance, laquelle vise en principe une décision

1. Il existe d'autres recours en urgence, spécialement en matière de contrats publics.
2. V. la première ordonnance : CE, ord., 9 janvier 2014, *Sté Les Productions de la Plume et M. Dieudonné M'Bala M'Bala*, n° 3745080.

administrative. Le requérant doit justifier d'un intérêt à agir et, dans certaines hypothèses, doit d'abord s'adresser à l'Administration (par la voie d'un recours administratif) avant de se tourner vers le juge (par un recours contentieux). La requête est ensuite instruite par un magistrat rapporteur selon la méthode inquisitoire : c'est donc le juge qui dirige la procédure, en respectant le principe du contradictoire. Il peut ainsi exiger la production par une partie de documents, décider une expertise ou soulever un moyen d'ordre public.

Sauf pour les recours en urgence où l'oralité tient une place plus centrale, la grande particularité de l'instruction devant le juge administratif est son caractère essentiellement écrit. Les mémoires font ainsi l'objet d'un échange écrit. Le rapporteur établit ensuite une note et un projet de décision et transmet ensuite le dossier à un rapporteur public, chargé de préparer des « conclusions » (sauf cas particuliers, notamment en urgence), c'est-à-dire son opinion sur l'affaire et ses propositions de solution. Une fois l'instruction close, l'affaire passe en jugement : une audience publique est organisée, au cours de laquelle (en principe) le rapporteur public lit oralement ses conclusions. Au regard du caractère écrit de l'instruction, il n'était pas rare que les avocats s'en remettent à leurs écritures, la plaidoirie étant donc pour le moins rudimentaire[1]... Cependant, l'oralité progresse, en particulier parce que les avocats peuvent présenter de brèves observations (devant le Conseil d'État), voire prendre la parole (devant les TA et CAA), après le prononcé des conclusions du rapporteur public. À l'issue de l'audience, une note en délibéré peut être présentée par les parties au président de la formation de jugement. Celui-ci peut être amené à rouvrir l'instruction si besoin. Avant de notifier leur décision, les juges délibèrent en secret. Au regard de ses activités antérieures dans la procédure, le rapporteur public ne peut participer au délibéré, sauf à méconnaître le droit au procès équitable garanti par l'article 6 §1 de la Conv. EDH[2].

1. Ch. Pujalte et E. de Lamaze, *L'Avocat et les juridictions administratives*, Puf, « Questions judiciaires », 2014.

2. CEDH, 7 juin 2001, *Kress c/ France*. Devant le Conseil d'État, le rapporteur public peut toutefois assister au délibéré, si les parties ne s'y opposent pas.

TITRE III

La justice politique

313. Des juridictions spéciales existent pour juger de la responsabilité pénale de certains hommes politiques : la Haute Cour pour le président de la République, et la Cour de justice de la République (CJR) pour les ministres.

SECTION 1
La Haute Cour

314. La Constitution contient un titre IX consacré à la Haute Cour (art. 67 et 68). Celle-ci est présidée par le président de l'Assemblée nationale et composée de 22 membres élus, en leur sein et en nombre égal, par l'Assemblée nationale et par le Sénat, en fonction de la configuration politique de chaque assemblée. Elle est compétente pour juger et, le cas échéant, destituer le président de la République, sachant que ce dernier n'est responsable des actes accomplis dans l'exercice de ses fonctions qu'en cas de « manquement à ses devoirs manifestement incompatible avec l'exercice de son mandat ». Cette expression est suffisamment vague pour embrasser des hypothèses davantage politiques que pénales. Il ne peut alors être mis en accusation qu'après que les deux assemblées ont décidé de se réunir en Haute Cour, celle-ci statuant ensuite par un vote identique, à bulletins secrets et à la majorité des deux tiers.

Section 2
La Cour de justice de la République

315. Les membres du gouvernement sont déclarés pénalement responsables des actes accomplis dans l'exercice de leurs fonctions et « qualifiés crimes ou délits au moment où ils ont été commis ». Ils bénéficient à cet égard d'un privilège de juridiction et sont jugés, non par les juridictions pénales de droit commun, mais par la Cour de justice de la République (art. 68-1 à 68-3 Constit.). La Cour de justice de la République comprend quinze juges : douze parlementaires élus, en leur sein et en nombre égal, par l'Assemblée nationale et par le Sénat après chaque renouvellement de ces assemblées, et trois magistrats du siège à la Cour de cassation, dont l'un préside la CJR. Cette juridiction est liée par la définition des crimes et délits ainsi que par la détermination des peines telles qu'elles résultent de la loi. Toute personne qui se prétend lésée par un crime ou un délit commis par un membre du gouvernement dans l'exercice de ses fonctions (ministre ou ancien ministre) peut porter plainte auprès d'une Commission des requêtes. Cette Commission ordonne soit le classement de la procédure, soit sa transmission au procureur général près la Cour de cassation aux fins de saisine de la CJR. Le procureur général près la Cour de cassation peut aussi saisir d'office la CJR sur avis conforme de la Commission des requêtes. Une fois la Cour saisie, l'affaire est instruite par une commission d'instruction, puis les débats sont engagés publiquement. Les arrêts de la CJR peuvent faire l'objet d'un pourvoi devant la Cour de cassation.

Le privilège de juridiction pour les ministres est discuté depuis la création de la CJR en 1993 et l'affaire du « sang contaminé », qui a conduit au jugement de trois ministres (dont le Premier ministre d'alors) dans des circonstances particulièrement tendues. En décembre 2016, la Cour a également jugé une ancienne ministre de l'Économie et l'a reconnue coupable de négligence, pour s'être abstenue d'engager un recours en justice contre un arbitrage défavorable à l'État et très lourd pour les finances publiques. Toutefois, de façon pour le moins surprenante, la Cour a prononcé une dispense de peine, en se fondant sur « le contexte de crise financière mondiale » au moment des faits et sur « la personnalité et la réputation nationale et internationale » de l'ancienne ministre (désormais à la tête du Fonds monétaire international). En raison de la profonde ambiguïté qu'entretient l'institution entre responsabilité politique et responsabilité pénale, la suppression de la CJR est régulièrement évoquée. Est prochainement prévue une banalisation pure et simple de la responsabilité pénale des ministres pour les faits commis dans l'exercice de leurs fonctions. Il sera alors sans doute nécessaire de prévoir des garanties pour empêcher une saisine trop fréquente du juge pénal.

TITRE IV

Les juridictions internationales

316. Le droit international public est essentiellement volontariste : les États étant souverains, ils ne sont tenus par des normes supra-étatiques que s'ils l'ont voulu. En particulier, ils ne sont soumis à une juridiction internationale que si, par un acte de souveraineté (consistant en un transfert ou une limitation de compétences), ils en reconnaissent la légitimité et acceptent de s'y soumettre. Les pays disposent cependant de divers autres moyens de pression dans les relations internationales : rupture des relations diplomatiques, sanctions économiques, interventions armées, etc. Les juridictions européennes ayant déjà été évoquées (voir *supra* n° 73), nous examinerons ici les autres juridictions internationales.

SECTION 1
La Cour internationale de justice

317. La Société des Nations (SDN, ancêtre de l'ONU) avait prévu la création d'une Cour permanente de justice internationale qui fut instituée en 1922. En 1945, l'ONU fut créée et la Cour permanente fut remplacée par la Cour internationale de justice. La CIJ, qui siège à La Haye (Pays-Bas), est donc l'organe judiciaire de l'ONU. Tous les membres des Nations unies sont parties au statut de la Cour (les 193 pays reconnus par la communauté internationale, à l'exception de l'État du Vatican, qualifié toutefois d'observateur permanent). Certains États ne sont reconnus que par un nombre limité de pays : le Parlement du Kosovo a ainsi proclamé unilatéralement l'indépendance de son territoire le

17 février 2008, indépendance que certains pays ont reconnue, mais pas encore la Serbie par exemple, qui considère toujours le Kosovo comme l'une de ses provinces.

La CIJ comprend quinze juges élus pour neuf ans par l'Assemblée générale et le Conseil de sécurité de l'ONU parmi les candidats présentés par chaque pays membre. Ils doivent être représentatifs des grandes formes de civilisation et des principaux systèmes juridiques du monde.

La Cour a une double compétence : juridictionnelle – elle doit régler conformément au droit international les différends d'ordre juridique qui lui sont soumis par les États membres – et consultative – elle donne des avis sur les questions juridiques posées par les organes ou institutions spécialisées de l'ONU.

S'agissant de sa compétence juridictionnelle, la Cour ne peut connaître d'un litige que si les États en cause l'ont accepté par l'une des voies prévues. La CIJ applique les conventions internationales, mais aussi la « coutume internationale comme preuve d'une pratique générale acceptée comme étant le droit », « les principes généraux de droit reconnus par les nations civilisées », et aussi éventuellement la doctrine publiciste autorisée ; il est même prévu des cas où elle pourrait statuer en équité (*ex aequo et bono*). Les arrêts de la CIJ sont dépourvus de force exécutoire et les États ne peuvent pas, de leur propre initiative, avoir recours à la force pour les faire exécuter. La procédure à suivre pour cela est la saisine du Conseil de Sécurité qui, aux termes de la Charte des Nations unies, peut, « s'il le juge nécessaire », « faire les recommandations ou décider des mesures à prendre pour faire exécuter l'arrêt ».

SECTION 2
La Cour pénale internationale

318. La Cour pénale internationale (CPI) a été instituée par le Statut de Rome adopté par 120 pays le 17 juillet 1998 et entré en vigueur le 1er juillet 2002. C'est, comme son nom l'indique, une juridiction pénale, dont l'objectif est de punir les crimes internationaux les plus graves touchant l'ensemble de la communauté internationale : il s'agit, selon le statut de la Cour, des crimes de génocide, des crimes contre l'humanité, des crimes de guerre et du crime d'agression. Elle siège à La Haye.

SECTION 3
Les tribunaux pénaux internationaux ad hoc

319. Plusieurs autres tribunaux pénaux internationaux ont été mis en place pour juger de crimes commis dans certaines régions du monde. Ainsi, le 25 mai 1993, a été institué le Tribunal pénal international pour l'ex-Yougoslavie, chargé de juger les personnes présumées responsables de violations graves du droit humanitaire international commises sur le territoire de l'ex-Yougoslavie depuis le 1er janvier 1991. Le Conseil de sécurité des Nations unies a également créé, par une résolution du 8 novembre 1994, le Tribunal pénal international pour le Rwanda, afin de juger les personnes soupçonnées d'actes de génocide et d'autres violations graves du droit international humanitaire commises sur le territoire du Rwanda et les citoyens rwandais soupçonnés de tels actes ou violations du droit international commis sur le territoire d'États voisins entre le 1er janvier et le 31 décembre 1994.

SIXIÈME PARTIE

L'apprentissage du Droit

320. Sera ici présentée la méthodologie des principaux exercices pratiqués dans les facultés de droit : le cas pratique, le commentaire d'arrêt, le commentaire de texte et, enfin, la dissertation.

Chapitre I

LE CAS PRATIQUE

321. Le cas pratique est une sorte de consultation juridique. L'énoncé présente des faits de nature à conduire à un litige, et il est demandé d'apprécier les actions possibles de la part de l'un et/ou l'autre des protagonistes. Le but n'est pas tant de trouver la solution du cas (celle-ci se discute le plus souvent) que de montrer ses capacités juridiques d'analyse et surtout de raisonnement. L'exercice peut être découpé en cinq points.

I / L'INTRODUCTION : LE BREF RAPPEL DES FAITS

322. L'introduction du cas pratique consiste à rappeler brièvement les faits et à présenter le litige. Il ne s'agit pas de recopier tout l'énoncé, mais simplement d'expliquer à grands traits (en trois ou quatre phrases) ce dont il s'agit : par exemple indiquer en quelques mots comment un accident est survenu et dire qui veut agir et pour demander quoi. Il n'est donc pas nécessaire de reprendre le détail des faits qui seront utilisés dans les raisonnements ultérieurs.

À ce stade, les faits doivent être présentés de façon sobre et avec des termes aussi neutres – c'est-à-dire aussi peu juridiques – que possible. L'exercice ultérieur consistera en effet à restituer aux faits leur exacte qualification juridique afin d'aboutir à la solution probable du cas. Il ne faut donc pas utiliser une qualification précise avant d'en avoir vérifié la pertinence. Ainsi, dans l'hypothèse d'un échange de lettres en vue de la conclusion d'un contrat, les termes « offre » ou « offrant » ne doivent pas être utilisés sans avoir d'abord vérifié, dans le corps du cas pratique, que les propositions de contracter étaient bien fermes et précises (puisque, dans l'hypothèse inverse, il n'y a ni offre ni offrant).

II / LA FORMULATION DES QUESTIONS JURIDIQUES À RÉSOUDRE

323. L'énoncé du cas se termine en général par une ou plusieurs questions. S'il y a plusieurs questions précises, il faut répondre, en principe dans l'ordre, à chacune d'elles. Parfois cependant, elles étaient énoncées de façon désordonnée et il est possible de les regrouper en quelques grandes questions.

L'énoncé peut au contraire se terminer par une seule phrase très générale du type : « Qu'en pensez-vous (du cas) ? », ou encore « *Quid juris ?* » (qu'en est-il en droit ?). Il faut alors essayer de cerner et de comprendre le problème juridique qui se pose et le diviser en plusieurs sous-problèmes ou sous-questions à résoudre.

Quoi qu'il en soit, la ou les questions doivent être explicitées puis reformulées en termes juridiques afin de bien poser le problème de droit. Si un homme marié vous demande si, compte tenu de la situation, il peut divorcer, la question est déjà juridiquement formulée et il faudra simplement envisager les différents cas de divorce possibles. Si en revanche il vous demande, selon une formulation juridiquement moins précise, « s'il peut mettre fin à son mariage », il faudra énoncer qu'il y a deux voies possibles pour atteindre cet objectif : de façon rétroactive par la nullité, ou uniquement pour l'avenir avec le divorce.

III / LE PLAN : LES DIFFÉRENTES PISTES JURIDIQUES POSSIBLES

324. Il n'est pas question, dans un cas pratique, de faire un plan du type de celui d'un commentaire d'arrêt : le cas pratique ne se divise pas en parties et sous-parties formelles du type I. A./B. et II. A./B.

Le propos doit certes être découpé et organisé, mais le plan est pratique et concret, et non pas théorique et abstrait : le découpage se fait en fonction des questions juridiques à envisager successivement. Le plan peut même rester sommaire : l'essentiel est que le propos soit structuré et cohérent. Le cas pratique consiste à rechercher les différentes pistes possibles pour résoudre le cas, c'est-à-dire les fondements juridiques adéquats permettant à la personne qui vient vous consulter d'obtenir éventuellement satisfaction. Seuls les fondements évidemment inutiles doivent être évacués dès la fin de l'introduction ; tous les autres doivent être explorés, même s'ils se révèlent finalement inféconds. Pour reprendre l'exemple précédent, si la question générale posée était celle de la possibilité d'un divorce (sans autre précision), tous les cas de divorce autorisés en France devront être successivement envisagés pour déterminer si l'un d'eux peut en l'espèce permettre de dissoudre le mariage ; mais si par exemple on vous dit que l'épouse s'oppose au divorce, il n'est pas nécessaire d'envisager le divorce par consentement mutuel et il faudra simplement l'évacuer en introduction. S'il s'agit d'un cas de responsabilité civile, tout dépend de la complexité de la situation ; vous êtes en principe consulté par les victimes et, dès lors : soit il y a plusieurs victimes et vous devez envisager tour à tour leur situation ; pour chaque victime, le plan peut alors s'ordonner autour des différents défendeurs envisageables (s'il y a plusieurs coauteurs du dommage) ; s'il n'y a qu'un responsable possible, le découpage se fait selon les différents fondements envisageables pour le poursuivre ; enfin à l'intérieur de chaque fondement, il s'agit simplement de vérifier, l'une après l'autre, que toutes les conditions de mise en œuvre de ce type de responsabilité sont réunies.

Les intitulés des divisions doivent dès lors être très simples et très pratiques : ce sont le plus souvent des intitulés de cours. Par exemple s'il faut rechercher si les père et mère sont responsables du fait dommageable de leur enfant mineur, on doit annoncer qu'on va examiner successivement les différentes conditions requises pour que cette responsabilité soit retenue et les intitulés correspondent alors à ces conditions, par exemple :

– première condition : le lien de filiation ;
– deuxième condition : la minorité de l'enfant, etc.

Pour un plan ordonné autour des fondements envisageables pour une action, on peut indiquer :

– premier fondement : la responsabilité du fait des choses ;
– deuxième fondement : la responsabilité du fait personnel.

IV / LA RÉSOLUTION DES QUESTIONS

325. Chaque sous-question identifiée doit être résolue selon la méthode du syllogisme : il faut déterminer la règle applicable et la façon dont elle s'applique aux faits de l'espèce.

Il ne faut pas faire de longs développements abstraits sur la règle de droit applicable : il s'agit en effet d'une consultation juridique et non pas d'une dissertation. Il faut dès lors entremêler, presque phrase après phrase, un énoncé général et ce qui en résulte en l'espèce compte tenu des faits connus : chaque condition d'application de la règle est par exemple vérifiée l'une après l'autre.

Le défaut le plus fréquent consiste à conclure aussitôt que l'on a énoncé la règle de droit applicable, alors que les développements les plus importants dans un cas pratique sont ceux qui reconstituent le raisonnement et permettent de justifier la solution retenue. Il ne suffit donc pas, après avoir par exemple expliqué que le divorce pour faute suppose une rupture grave ou renouvelée des obligations et devoirs résultant du mariage, d'en conclure qu'en l'espèce il y a faute : les principaux développements doivent être consacrés à la démonstration que les faits de l'espèce constituent véritablement une faute, c'est-à-dire un comportement que la personne n'aurait pas dû adopter.

La majeure du syllogisme, c'est-à-dire la règle de droit applicable au litige, comprend principalement l'énoncé du texte de loi pertinent, par exemple d'un article du Code civil, ou de la règle générale et impersonnelle issue d'un autre texte ou d'une jurisprudence. Lorsque le texte n'est pas trop long, il est bon de le recopier *in extenso* ; s'il est plus long, il faut au moins en citer les éléments précis les plus importants.

Une attention particulière doit être portée à la façon dont les arrêts sont invoqués. Le droit français ne connaît pas en effet la règle formelle du précédent, et l'argument tiré de ce qu'un arrêt antérieur va dans un certain sens n'est pas toujours la garantie que la solution sera identique dans le cas pratique. Si le juge s'appuie en général sur des motifs abstraits et stables sur la durée, cela ne lui empêche pas de raisonner au regard de la spécificité de chaque espèce. Cela doit conduire à prêter une attention particulière aux faits, car le droit applicable dans une affaire se dégage souvent de l'articulation entre les faits et la règle abstraite. Par ailleurs, toutes les décisions de justice n'ont pas le même poids ou la même importance jurisprudentielle. Les juridictions, notamment la Cour de cassation et le Conseil d'État, opèrent d'ailleurs un classement de leurs arrêts selon l'intérêt des affaires. Certains arrêts peuvent également se distinguer par le fait qu'ils ont été rendus en formation solennelle (assemblée plénière à la Cour de cassation ; assemblée ou section au Conseil d'État). Pour toutes ces raisons, lorsque des arrêts sont invoqués, il faut distinguer selon le type d'arrêt. S'agissant par exemple des arrêts de principe de la Cour de cassation, c'est-à-dire ceux qui ont posé une nouvelle interprétation d'une règle de droit, l'interprétation s'intègre au texte de loi et l'arrêt doit donc être cité dans la majeure du syllogisme, en complément de l'énoncé de la règle applicable : ainsi par exemple de l'arrêt *Jand'heur* qui découvre dans l'alinéa 1er de l'ancien article 1384 du Code civil un principe général de responsabilité du fait des choses.

En revanche, un arrêt d'espèce, qui a donné une solution dans un cas d'espèce, ne doit pas être présenté dans la majeure du syllogisme même s'il est similaire au cas pratique posé : il ne permet en effet en aucun cas de conclure directement que la solution sera la même en l'espèce. Il faut donc toujours au préalable reconstituer le raisonnement, en s'aidant le cas échéant de celui utilisé dans les arrêts similaires que l'on peut connaître.

Tous les faits de l'énoncé doivent être pris en considération. Parfois, l'énoncé contient des faits inutiles, comme un client pourrait raconter toute une série d'anecdotes sans conséquences juridiques. Seuls les faits pertinents doivent être utilisés, c'est-à-dire ceux qui ont un intérêt pour l'application des règles de droit invoquées. À l'inverse, il ne faut pas ajouter de nouvelles hypothèses de fait que celles données dans l'énoncé. Si par exemple aucun fait de l'énoncé ne peut permettre d'envisager une quelconque tromperie de la part d'un contractant, on ne peut inventer ou supposer que ce dernier en a commis une. Cependant, lorsque, après avoir avancé dans un raisonnement, la solution du cas dépend *in fine* d'un fait qui n'est pas précisé dans l'énoncé et que l'on ignore, il faut présenter honnêtement l'alternative qui existe. Il ne s'agit pas d'inventer que le fait ignoré est dans tel ou tel sens, mais de poser que la solution dépendra de ce fait qu'on ignore : on peut alors résoudre toutes les branches de l'alternative, en concluant pour chacune d'elles.

V / LA CONCLUSION

326. Le cas pratique doit comporter une conclusion. Il s'agit, parmi toutes les voies juridiques envisagées, de conclure sur celle qui est la plus opportune et qui a le plus de chances de succès. Il est souhaitable aussi d'apprécier globalement les chances de succès de l'action envisagée.

Chapitre II

LE COMMENTAIRE D'ARRÊT

327. Le commentaire d'arrêt a pour objet de commenter une décision de justice. Nous raisonnerons ici sur le cas le plus courant du commentaire d'un arrêt de la Cour de cassation ou du Conseil d'État. Plusieurs éléments doivent être commentés. Ils sont assemblés dans un plan précédé d'une introduction.

Le commentaire d'arrêt consiste à analyser le contenu d'une décision de justice pour en donner une lecture et une appréciation critiques, c'est-à-dire un jugement argumenté en droit. Pour porter un jugement sur une décision de justice, il faut d'abord faire l'effort de la comprendre, dans toute sa densité (voire sa complexité, le cas échéant) et de façon précise. De ce point de vue, l'exercice du commentaire d'arrêt est d'abord un exercice de *lecture.*

I / LES ÉLÉMENTS DU COMMENTAIRE D'ARRÊT

328. Plusieurs éléments doivent figurer dans un commentaire d'arrêt, qu'il s'agira ensuite d'ordonner.

A / La reconstitution de l'affaire

329. C'est ce que l'on appelle souvent « la fiche d'arrêt ». Il s'agit de reconstituer la chronologie de l'affaire soumise au juge et de chercher à en comprendre la nature. Pour cela, il faut retracer au brouillon le faits et identifier clairement (mais brièvement) les différentes étapes de la procédure. Ceci implique une bonne maîtrise des connaissances sur la structure des juridictions (judiciaires, administratives, constitutionnelle ou encore européennes) et leurs différentes dénominations. Selon les types de recours, il peut exister par exemple un second degré de juridiction (première instance puis appel) ou seulement une possibilité de pourvoi en cassation.

B / L'identification de la question de droit

330. Intellectuellement, la première étape consiste à déterminer la ou les question(s) de droit qui se posai(en)t à la juridiction dont on commente la décision. Si l'on peine à déterminer la question de droit, il faut partir de la solution donnée par le juge : on peut alors, par la conclusion du raisonnement, essayer de reconstituer plus facilement la question qui était posée. La question de droit *ultime* (celle à laquelle le juge répond en dernier lieu) peut impliquer de répondre préalablement à plusieurs questions *intermédiaires.* Dans ce cas, il convient également d'identifier ces questions intermédiaires, sans toutefois les confondre avec la question ultime.

C / La reconstruction de la solution de l'arrêt

331. Une fois les questions de droit identifiées, il convient d'analyser le raisonnement suivi par le juge pour atteindre sa solution. Il s'agit de comprendre et d'expliquer dans quel sens tranche l'arrêt à commenter, afin de pouvoir présenter son apport. Il s'agit également de retrouver le raisonnement qui justifie la solution. Aucune décision de justice n'a de sens sans la motivation qui la soutient et qui en donne le fondement : le droit ne se réduit pas à une décision pure, il tient avant tout à la justification de la décision, censée en exposer (plus ou moins bien, c'est ici notamment que se loge l'appréciation critique) la raison d'être. Quel raisonnement juridique a conduit le juge à adopter la solution retenue ? Quelles règles de droit a-t-il mobilisées (dans les arrêts de censure, c'est le visa qui en fournit l'indication) et comment leur application aux faits de l'espèce permet-elle de justifier l'arrêt rendu ? Il ne s'agit pas de paraphraser l'arrêt mais d'expliciter le raisonnement juridique (majeure, mineure, conclusion) suivi par le juge. Si par exemple la Cour de cassation énonce une règle nouvelle, il faut en préciser les conditions d'application ou les réserves qui l'accompagnent.

D / La comparaison de la solution de l'arrêt avec le droit positif

332. Dans un deuxième temps, il s'agit d'apprécier comment l'arrêt s'insère dans le droit positif connu et existant (constitution, loi et jurisprudence). L'arrêt à commenter doit ainsi être replacé dans son contexte. Il est bien clair que les connaissances sont ici indispensables. Pour autant, ces connaissances doivent servir uniquement dans la mesure où elles permettent de commenter l'arrêt. Il s'agit de comprendre et d'expliquer pourquoi la question tranchée par la juridiction (Cour de cassation ou Conseil d'État par exemple) s'est posée (loi nouvelle, jurisprudence antérieure divergente, etc.). S'agit-il d'un point qui était déjà acquis ? D'une solution apportée à une question qui était auparavant sans réponse, ou qui ne s'était jamais posée ? D'un revirement de jurisprudence ? D'une divergence de jurisprudence avec la solution d'une autre juridiction ?

E / L'appréciation en opportunité de la solution de l'arrêt

333. Quelle que soit la réponse à la question précédente, il s'agit de porter un jugement sur l'opportunité de l'arrêt. Est-il juste ? Quels sont les avantages de la solution adoptée ? Quels en sont les inconvénients et les risques, par exemple les risques de dérives ? Il convient ici d'expliciter les conséquences découlant de la nouvelle solution. À côté de ce que l'arrêt dit ou tranche, il est possible de commenter aussi ce qu'il n'a pas dit si ce silence paraît éloquent. Lorsqu'il s'agit d'un arrêt de censure, il est souvent opportun de s'interroger sur la marge de manœuvre laissée à la juridiction de renvoi : cela suppose en particulier, s'agissant d'un arrêt de la Cour de cassation, de prendre en considération le cas d'ouverture à cassation, et ce pour comprendre la critique précise formulée par la Haute Juridiction à l'encontre de la décision entreprise (c'est-à-dire examinée par elle).

II / L'INTRODUCTION DU COMMENTAIRE D'ARRÊT

334. L'introduction du commentaire d'arrêt est très formalisée. Elle comprend plusieurs phases présentées dans un certain ordre.

A / L'accroche

335. La première phrase ou les deux premières phrases doivent permettre de montrer immédiatement que l'on a compris l'intérêt de l'arrêt. Il s'agit donc de résumer la solution de l'arrêt en une phrase en montrant pourquoi, compte tenu du contexte, la solution est intéressante ou importante. On pourra écrire par exemple : « La question de la sanction de l'absence de prix a fait l'objet de discussions et de multiples revirements : le présent arrêt retient quant à lui sans hésitation la qualification de nullité relative et en tire toutes les conséquences » ; ou encore : « L'erreur sur l'authenticité d'une œuvre d'art semblait avoir livré tous ses secrets ; l'arrêt à commenter montre que l'on avait encore à apprendre : il retient en effet que, etc. »

B / Les faits

336. Que s'est-il passé ? Les faits doivent le plus souvent être rapportés chronologiquement. Il ne faut pas hésiter à aller les chercher dans toute la décision, y compris le cas échéant dans les derniers attendus dans lesquels sont précisément souvent exposés les faits les plus pertinents.

C / La procédure

337. Qui a pris l'initiative de faire un procès ? Pour demander quoi ? Devant quelle(s) juridiction(s) ? Avant d'être portée au contentieux, l'affaire a-t-elle donné lieu à une procédure non contentieuse, par exemple, un recours administratif préalable en matière administrative ?

Au titre de la procédure, il convient de relater aussi le sens des solutions éventuellement retenues préalablement, par d'autres juges, dans la même affaire. Il peut s'agir de la solution des juges de première instance si on la connaît, et surtout celle des juges d'appel. Toutefois, il arrive que l'affaire ait été portée directement devant la juridiction dont la décision doit être commentée (par exemple le Conseil d'État peut être saisi en premier et dernier ressort).

D / Les arguments du recours

338. L'analyse des arguments diffère selon le type de recours, mais il faut y prêter, dans tous les cas, la plus grande attention. Il faut aussi veiller à ne pas confondre ce que le juge énonce au titre des prétentions des parties et ce qu'il énonce lui-même au titre de sa décision.

S'agissant d'un pourvoi en cassation, il convient de se demander qui a perdu en dernier ressort (devant la juridiction d'appel, ou éventuellement devant les premiers juges si ceux-ci ont statué en premier et dernier ressort) et donc, qui a fait un pourvoi en cassation. Quel chef de la décision attaquée est-il critiqué ? Quels sont les différents arguments du pourvoi ?

S'agissant d'un autre recours (par exemple, un recours au fond ou un référé en urgence), il faut reprendre les arguments échangés entre les parties.

E / Le point de droit

339. Le point de droit est la question de droit posée au juge. S'agissant d'un pourvoi en cassation devant le Cour de cassation, cette question de droit résulte généralement des moyens soulevés par le demandeur au pourvoi, dès lors que la Cour de cassation n'est saisie que dans les termes de cette demande – sauf à soulever d'office un moyen de pur droit. Il faut mettre en valeur la question juridique qui se posait et à laquelle le juge avait à répondre. Le défaut le plus récurrent en la matière consiste à formuler la question en des termes si simples ou si généraux que la réponse est évidente même sans lire l'arrêt à commenter.

F / La solution du juge

340. Il s'agit de résumer très brièvement l'apport de l'arrêt, c'est-à-dire la réponse du juge au point de droit formulé.

G / La justification et l'annonce du plan

341. Il est important d'expliciter et de justifier le plan choisi.

III / LE PLAN DU COMMENTAIRE D'ARRÊT

342. Le plan du commentaire d'arrêt doit s'attacher à respecter la logique et le contenu de l'arrêt à commenter, mais il doit permettre de montrer que l'on en fait un véritable commentaire.

Le plan est de préférence un plan en deux parties (I., II.) et deux sous-parties (A., B.). Les sous-parties sont d'importances diverses : dans l'ordre décroissant, le B. du I. (qui constitue le cœur de l'arrêt et du commentaire), puis le A. du II., puis le A. du I., et enfin le B. du II. où l'on peut compléter et ouvrir le devoir sur des points plus éloignés de l'arrêt. Mais il est clair que cet usage du plan en deux parties n'est pas une règle absolue : si un arrêt paraît présenter trois aspects essentiels, un plan en trois parties pourra se justifier, dès lors que cela reflète la structure de la décision à commenter et permet d'intégrer l'analyse requise.

L'ensemble du commentaire doit refléter la solution autant que la commenter : à chaque instant, l'arrêt doit être expliqué et analysé. C'est donc essentiellement le contenu de la décision qui commande la structure du commentaire. Celle-ci peut parfois être déduite très simplement de l'arrêt : par exemple si celui-ci contient deux moyens qui sont tous deux au programme de l'année – sinon celui qui concerne un tout autre sujet doit être évacué en introduction –, ou encore si l'unique attendu contient clairement un principe et des exceptions, ou un principe et son champ d'application, etc., qui sont tous deux à commenter et tous deux d'égale importance. Cela impose un effort particulier pour dégager plusieurs questions ou dimensions dans la décision. Les catégories logiques peuvent alors aider à l'élaboration du plan (principe/exception, règle/conséquence, notion/régime, règle applicable dans telle situation/règle applicable dans telle autre situation, explicite/implicite, etc.). Si par exemple un arrêt consacre une règle tout en ménageant une exception à cette règle, on peut ainsi analyser la règle dans la première partie (en en dégageant le sens précis, mais aussi en développant une appréciation critique sur cette règle, la manière dont elle est formulée, ses liens éventuels avec d'autres règles existantes, etc.) puis s'attacher à l'exception dans la seconde partie (en explorant, là encore, le sens de cette exception, sa portée, ses difficultés d'application, etc.). Dans chaque partie du commentaire, il s'agit d'essayer de comprendre l'arrêt et de le critiquer.

Si l'arrêt ne contient qu'une règle, il est possible, tout au moins dans la période d'initiation à cet exercice, de forger un plan du type : I. La solution de l'arrêt ; II. Son analyse ou sa portée.

Il ne faut cependant pas se contenter de ces intitulés trop banals, car le plan doit correspondre à l'arrêt précis qu'il s'agit d'analyser : le plan ne peut être trop général au point d'être interchangeable quel que soit l'arrêt à commenter. La solution de l'arrêt peut être énoncée de façon discursive dans la première partie (par exemple « L'admission de la nullité pour erreur du mariage » ou « L'élargissement de la contestation de la paternité », ou encore « Les conditions d'un recours contre une circulaire administrative »), de même qu'il est préférable, en deuxième partie, de ne pas indiquer platement « La portée de l'arrêt » mais plutôt d'expliciter les points à développer et à analyser (par exemple « Les difficultés d'application de la solution », ou « Les conditions accompagnant la nouvelle solution », ou « Le domaine du principe affirmé par la Cour de cassation »).

Il faut faire attention, lorsque l'on commente un arrêt, de ne pas explicitement commenter les décisions des précédentes juridictions ayant eu à connaître de l'affaire. Il faut ainsi éviter les A. du type « La solution de la cour (administrative) d'appel » ou « La solution des premiers juges ». Rien n'empêche en revanche de commenter ces solutions, dans la mesure où cela est opportun, mais en jouant sur l'intitulé. Par exemple si, dans un arrêt de revirement, la Cour de cassation affirme un nouveau principe, il est possible de faire un A. sur « Le rejet de tel principe » ou « La condamnation de telle solution » (principe ou solution retenus par la cour d'appel) car alors les intitulés s'appliquent bien à la Haute Juridiction. Dans ce cas, le commentaire devra moins s'attacher à la solution de la cour d'appel qu'aux raisons pour lesquelles la Cour de cassation a rejeté ou condamné cette première solution.

Les intitulés des parties et des sous-parties doivent de préférence être sous forme de titres plutôt que de phrases. Il faut *a fortiori* éviter les phrases coupées en deux dont chaque morceau constituerait le titre d'une partie (des points de suspension annonçant la suite). Les titres doivent être tout à la fois clairs (la thèse soutenue et l'articulation des parties doivent être compréhensibles à leur seule lecture) et balancés (un plan est la clef de résolution d'une problématique), c'est-à-dire qu'ils doivent se répondre l'un à l'autre.

L'esthétique des intitulés est importante, et ceux-ci doivent être travaillés. Ils doivent d'abord respecter la règle du parallélisme des formes. L'intitulé du I. doit ainsi être construit sur le même modèle que l'intitulé du II., et la même harmonie doit lier les A. et les B. à l'intérieur de chaque partie. Si le I. commence par un article défini (« La » notion de…), il doit en aller de même pour le II (« Le » régime de…). Si le I. contient un signe de ponctuation (par exemple deux-points), le II doit contenir le même (I. La solution de l'arrêt : la remise en cause de… ; II. Les difficultés d'application de l'arrêt : un risque de…).

Il faut faire attention à ne pas faire une dissertation et donc à rattacher toujours les développements théoriques aux éléments de l'arrêt.

Il n'est pas nécessaire de rédiger une conclusion dans un commentaire d'arrêt.

Chapitre III

LE COMMENTAIRE DE TEXTE

343. Le commentaire de texte est un exercice fréquent et important en droit. Le texte à commenter peut avoir une valeur juridique très variable : extrait d'une loi, d'une décision de justice, de travaux parlementaires, ou encore d'un texte de doctrine. La règle essentielle est de « coller » au maximum au texte à commenter, dans le plan comme dans le commentaire. Cela signifie avant tout que l'objet du commentaire n'est pas simplement de restituer le texte – ce serait de la paraphrase – ni de prendre prétexte de ce document pour réciter le cours ou disserter sur le thème abordé par le texte. Au contraire, l'exercice impose une plongée au cœur du texte, de sa littéralité (le droit est d'abord une question de mots), de sa signification et de son sens (plus ou moins explicite), de ses silences, de ses imprécisions ou imperfections… Les connaissances sont évidemment indispensables, mais elles ne sont qu'un instrument, venant à l'appui du commentaire lui-même. « Tout le texte, rien que le texte » doit être la règle en matière de commentaire.

I / L'INTRODUCTION DU COMMENTAIRE DE TEXTE

344. L'introduction du commentaire de texte a traditionnellement une construction en entonnoir : il s'agit de commencer par le plus général, ce qui est extérieur même au texte à commenter, puis de rétrécir progressivement le champ au texte lui-même. Le commentaire à proprement parler ne doit pas être hors sujet ; il doit donc se limiter au commentaire du seul extrait proposé.

L'introduction doit d'abord situer le texte. Il s'agit d'en donner la source (d'où le texte est-il extrait ?), la valeur juridique (est-ce un texte législatif ? un extrait de doctrine ?), et également le contexte (s'il est extrait d'un texte de loi, quel est l'objet de celle-ci ? s'il s'agit d'un extrait d'un Code, où se situe-t-il précisément ?, etc.).

Selon les textes, on peut ajouter des considérations historiques ou comparatives (celles-ci pourront aussi, dans le cas où le sujet le requiert, figurer plutôt dans le corps du commentaire).

Il faut ensuite analyser de façon générale le type de texte proposé. Comment est-il articulé ? Quel est son objet ? Est-ce un texte nettement prescriptif ou énonce-t-il une définition ? Le propos est-il critique ou descriptif ?, etc. L'éventail des questions que l'on peut se poser est évidemment très large.

Il ne faut pas hésiter non plus à commenter le style utilisé par le texte : quels sont par exemple le mode et le temps des verbes, le champ sémantique du vocabulaire utilisé, son étymologie, le style de l'écriture en général, le ton s'il s'agit d'un texte de doctrine, etc.

II / LE PLAN DU COMMENTAIRE DE TEXTE

345. Le plan du commentaire doit « coller » au texte. Il doit même, dans la mesure du possible, être un découpage du texte à commenter.

Par exemple pour le plan d'un article de Code, le texte doit être coupé en deux ou trois parties, et les sous-parties sont également, dans la mesure du possible, des sous-découpages. Le tout est de savoir où faire le découpage pour obtenir un plan à la fois équilibré et avec des regroupements logiques. Il peut être nécessaire de recomposer le texte pour en proposer un découpage qui n'apparaît pas directement à sa lecture. Ainsi par exemple, l'article 515-1 du Code civil dispose qu'« un pacte civil de solidarité est un contrat conclu par deux personnes physiques majeures, de sexe différent ou de même sexe, pour organiser leur vie commune ». Si l'on coupe le propos après « de même sexe », la première partie risque d'être trop importante par rapport à la seconde, mais si on le coupe après « est un contrat », on court le risque inverse ; quant à couper au milieu de « conclu par deux personnes physiques majeures, de sexe différent ou de même sexe », cela est difficilement envisageable dans la mesure où tout ce passage a une unité (il décrit les conditions relatives aux parties au Pacs). Il est alors sans doute opportun, dans ce cas particulier, de découper le commentaire en trois parties :

I. Un pacte civil de solidarité est un contrat ;

II. conclu par deux personnes physiques majeures, de sexe différent ou de même sexe ;

III. pour organiser leur vie commune.

Les intitulés du plan doivent bien sûr habiller ce découpage. Ils doivent aussi être simples, didactiques, et bien rendre compte de l'extrait du texte commenté dans chaque partie ou sous-partie. Il faut même, dans la mesure du possible (c'est-à-dire lorsque le texte est plutôt court), reprendre les extraits du texte dans les intitulés. On les fera alors précéder ou succéder d'un titre résumant de façon claire et juridique leur objet. Ainsi par exemple, dans le plan précédemment proposé, cela donnera :

I. « Un pacte civil de solidarité est un contrat », à reformuler ainsi : « La nature juridique du Pacs » ;

II. « conclu par deux personnes physiques majeures, de sexe différent ou de même sexe », c'est-à-dire « Les parties au Pacs » ;

III. « pour organiser leur vie commune », c'est-à-dire « L'objet du Pacs ».

III / LE COMMENTAIRE LUI-MÊME

346. Une règle d'or du commentaire de texte consiste à ne commenter que l'article ou l'extrait donné et non pas ce qui précède ou ce qui suit (sauf dans l'introduction du commentaire où il s'agit précisément de replacer le sujet dans son contexte). Ainsi, par exemple, si le sujet porte sur un article du Code civil relatif au droit des contrats, il faut, dans le corps du commentaire, n'analyser que ce seul article et non pas des règles contenues dans ceux qui précèdent ou suivent. Il s'agit donc de bien identifier l'objet précis de l'article à commenter.

Autre conseil important : il faut toujours essayer de ramener un texte à son contraire. Ainsi par exemple, si le texte à commenter est un extrait de loi ou de doctrine très général ou très abstrait, il faut essayer de l'illustrer par de nombreux exemples concrets et précis ; si au contraire l'extrait est anecdotique, il faut le ramener aux principes généraux de la matière. Si le texte à commenter est ancien, il faut l'illustrer à l'aide d'exemples modernes ; si au contraire le sujet porte sur un exemple ou une technique moderne, il faudra l'expliquer en utilisant des principes classiques du droit. Si un sujet se rapporte à une question internationale, il faut expliquer ce qu'il en serait en droit national, et réciproquement.

Le commentaire doit allier des développements théoriques et des exemples permettant de montrer vos capacités de raisonnement. Il faut également porter un regard critique sur le texte analysé : est-il opportun ou contestable ? actuel ou dépassé ?, etc.

Chapitre IV

LA DISSERTATION

347. La dissertation se pratique un peu moins à l'université qu'au lycée, et sans doute un peu moins en droit privé qu'en droit public ou en histoire du droit. Elle a pour objet de présenter une réflexion argumentée sur un sujet donné. Il s'agit d'analyser la problématique du sujet et de donner des pistes permettant de résoudre celle-ci. Une dissertation n'est donc ni une récitation du cours, ni une divagation d'ordre philosophique : c'est un exercice d'argumentation et de démonstration juridique. Il s'agit de proposer une lecture des enjeux du sujet, afin de formuler une problématique et ensuite y répondre d'une façon juridique. Ainsi, une dissertation consiste d'abord en une problématisation du sujet, débouchant elle-même sur une problématique (l'introduction est l'explication et la justification de la problématique), puis en une réponse à la problématique posée.

La façon dont le sujet est intitulé peut être variable (affirmation ou question, sujet de cours ou sujet de réflexion), mais quelques directives générales peuvent tout de même être données.

I / L'INTRODUCTION DE LA DISSERTATION

348. L'introduction sert à analyser le sujet et à préciser le problème qu'il pose. C'est le lieu de la problématisation du sujet : il s'agit, par une exégèse et une analyse des termes de l'intitulé, de formuler au mieux la question posée et d'en délimiter le champ. Derrière le sujet ou encore au-delà du sujet tel qu'il est posé, quel est l'enjeu, qu'est-ce qui est en question ? Comme on le voit, la problématique n'est jamais la reprise du sujet (tout spécialement lorsque le sujet est déjà sous forme interrogative). La problématique est plutôt le « sujet du sujet », la question que pose le sujet. Il existe donc rarement une unique problématique pour un sujet de dissertation. La problématique relève toujours au moins en partie d'un choix, qu'il faut justifier au cours de l'introduction. En ce sens, l'introduction doit démontrer le bien-fondé de la problématique choisie : c'est déjà un exercice d'argumentation, mettant en relief les principaux enjeux du sujet.

Le plan devra très précisément répondre à cette problématique et, par ricochet, au sujet lui-même. Les développements proposeront donc une réponse au sujet *tel que problématisé*. La question « Faut-il réformer le droit de la filiation ? » par exemple, n'est pas équivalente à « Peut-on réformer le droit de la filiation ? » : alors que les deux sujets requièrent les mêmes connaissances, le premier appelle une réponse positive ou négative (ou nuancée), tandis que le second suppose par exemple de mettre en lumière les obstacles à une réforme. Un sujet sous forme interrogative peut même conduire à devoir s'interroger sur les présupposés impliqués par cette formulation.

Tous les termes du sujet doivent être explicités : pourquoi tel terme a été employé et pas un autre, à quels champs sémantiques renvoie tel ou tel autre terme, etc. Non seulement tous les mots du sujet doivent être analysés, jusqu'aux articles (analyser l'emploi du singulier ou du pluriel, de l'article défini ou indéfini, etc.), mais il convient aussi d'être attentif à la ponctuation éventuelle (une virgule ou un deux-points). Par exemple dans le sujet : « Faut-il autoriser l'usage des drogues ? », il faudra expliquer ce que signifie « autoriser » (quelle différence par exemple avec « dépénaliser » ?), « usage » (est-ce que cela implique ou non la commercialisation ?), « drogue » (si c'est d'accoutumance qu'il s'agit, doit-on y faire entrer l'alcool et le tabac ?), « faut-il », etc. À partir de l'analyse précise des termes du sujet, on peut construire une problématique.

L'introduction peut servir également à évacuer certaines questions marginales ou qui ne sont pas directement dans le sujet. Elle permet d'ouvrir sur des problématiques plus larges (droit comparé, considérations historiques, économiques, sociologiques ou philosophiques) qu'inspire le sujet, mais qui ne seront pas traitées de façon détaillée dans le corps du devoir, au regard de la problématique qui a été choisie.

Pour le reste, les conseils donnés pour l'introduction des commentaires sont valables aussi pour la dissertation (notamment la construction en entonnoir).

II / LE PLAN DE LA DISSERTATION

349. Le plan de la dissertation doit rendre compte de la problématique du sujet, telle qu'elle a été retenue. Il est la clef qui permet de comprendre le problème formulé de façon explicite ou sous-jacente par l'intitulé. Un bon plan est un plan dont la lecture permet de saisir à la fois la problématique et la thèse soutenue : les intitulés doivent donc se suffire à eux-mêmes pour comprendre la problématique et convaincre sur la façon dont elle a été traitée, et donc sur la thèse soutenue. Un bon exercice consiste à se demander s'il est possible, en lisant seulement les titres du plan, de se faire une idée de la problématique choisie.

Ainsi, pour les sujets du type « responsabilité civile *et* discernement », « police administrative *et* libertés », « filiation *et* vérité biologique », la conjonction de coordination « et » suggère de creuser l'articulation entre les deux concepts, ce qui exclut absolument un plan où chacune des deux notions du sujet ferait l'objet d'une partie distincte. Il faut donc envisager le problème soulevé par la confrontation des deux notions, pour mettre en évidence leur opposition, leur complémentarité, ou encore l'influence de l'une sur l'autre. Pour le troisième sujet, on pourrait par exemple retenir :

I. L'accroissement constant de la place de la vérité biologique en matière de filiation ;

II. Les risques de l'identification de la filiation au seul lien biologique.

Le plan se trouve en établissant, au brouillon, un inventaire des questions à traiter. Celles-ci sont ensuite regroupées par affinités afin d'élaborer un plan en deux ou éventuellement trois parties. Lorsque par exemple il y a du « pour » et du « contre » concernant la question posée, il n'est pas souhaitable de faire un plan en trois parties car la dernière partie consisterait à répéter les arguments de l'une ou l'autre des parties précédentes : il est alors préférable de faire un plan en deux parties en terminant par la position que l'on juge souhaitable.

Le sujet doit, dans un premier temps, être appréhendé de la façon la plus large possible quitte à évacuer ensuite en introduction les exemples mineurs qui ne cadrent pas avec la problématique telle que définie et retenue.

Le plan doit apparaître à la toute fin de l'introduction. Il doit annoncer clairement et explicitement les différentes parties (suivies de préférence du numéro de partie entre parenthèses). Le plan doit être

« habillé », c'est-à-dire que les intitulés doivent être travaillés pour ne pas apparaître comme des plans trop « bateaux » (du type conditions-effet, notion-régime ou principe-exceptions). Il peut cependant parfois suffire, surtout dans les premières années de droit, d'habiller légèrement ces plans par des qualificatifs, par exemple :

I. Des conditions restrictives ; II. Des effets incontrôlables,

I. Une notion fluctuante ; II. Un régime encadré ;

I. L'expansionnisme d'une notion ; II. La rigueur d'un régime.

I. Un principe fermement posé ; II. Des exceptions largement admises.

Le problème du sujet apparaît ainsi clairement, c'est-à-dire notamment la contradiction d'un régime ou encore les difficultés d'application d'une notion. Il ne faut cependant pas abuser de cette facilité et, en particulier, ne pas la reproduire à différents niveaux du plan.

Là encore, les intitulés doivent être courts, précis, et construits avec un souci d'équilibre, notamment pour ce qui est du parallélisme des formes.

III / LES DÉVELOPPEMENTS DE LA DISSERTATION

350. Les développements apportent les éléments de réponse à la problématique. Ces différents éléments doivent être structurés et cohérents entre eux. Les connaissances sont certes indispensables pour traiter le sujet, mais elles ont une vocation instrumentale : elles ne doivent être introduites qu'à condition de servir à appuyer un point de vue. Tout ce qui est développé doit donc se rattacher à la démonstration. Il faut à tout prix éviter de « placer » un point de cours si celui-ci ne se rattache pas directement à la réponse apportée à la problématique. Il n'est pas question non plus de réciter de façon exhaustive ses connaissances, mais de sélectionner celles qui paraissent indispensables et d'autres qui, par exemple, peuvent servir d'illustration. Dans tous les cas, il ne faut jamais perdre le fil de l'exercice : le propos doit être constamment démonstratif.

Bibliographie sommaire

Les sources juridiques sont aujourd'hui largement accessibles sur Internet, à travers le portail de Légifrance qui ouvre sur différents autres sites juridiques : voir http://www.legifrance.gouv.fr/

On y trouvera une grande partie des textes (constitutionnels, législatifs, réglementaires), y compris sous forme de Codes, mais aussi de la jurisprudence (judiciaire, administrative, constitutionnelle, européenne).

Pour quelques ouvrages de **réflexion générale sur le droit**, v. C. ATIAS, *Devenir juriste. Le sens du droit*, LexisNexis, 2e éd., 2014 ; du même auteur, *Philosophie du droit*, Puf, « Thémis Droit », 4e éd., 2016 ; J. CARBONNIER, *Droit et passion du droit sous la Ve République*, Flammarion, « Champs Essais », 2008 ; du même auteur, *Flexible droit. Pour une sociologie du droit sans rigueur*, 1969, réédité LGDJ, « Anthologie du droit », 2013 ; C. JAMIN, *La Cuisine du droit*, Lextenso, 2012 ; R. LIBCHABER, *L'Ordre juridique et le discours du droit. Essai sur les limites de la connaissance du droit*, LGDJ/Lextenso, 2013 ; F. OST, *À quoi sert le droit ? Usages, fonctions, finalités*, Bruylant, « Penser le droit », 2016 ; A. SUPIOT, *Homo juridicus. Essai sur la fonction anthropologique du droit* (2005), Seuil, « Point essais », 2009 ; F. TERRÉ, *Du juridique et du social*, Mare et Martin, 2012.

Pour d'autres **introductions au droit**, v. notamment C. ALBIGES, *Introduction au droit*, Larcier, Manuels, 3e éd., 2016 ; J.-L. AUBERT, E. SAVAUX, *Introduction au droit et thèmes fondamentaux du droit civil*, Sirey, 16e éd., 2016 ; B. BEIGNIER, C. BLÉRY, A.-L. THOMAT-RAYNAUD, *Introduction au droit*, LGDJ, Cours, 5e éd., 2016 ; J.-L. BERGEL, *Théorie générale du droit*, Dalloz, 5e éd., 2012 ; J. BONNARD, *Introduction au droit*, Ellipses, 4e éd., 2010 ; Y. BUFFELAN-LANORE, V. LARRIBAU-TERNEYRE, *Droit civil (Introduction, Biens, Personnes, Famille)*, Sirey, 19e éd., 2015 ; R. CABRILLAC, *Introduction générale au droit*, Cours Dalloz, 11e éd., 2015 ; P. COURBE, J.-S. BERGÉ, *Introduction générale au droit*, Mémentos Dalloz, 14e éd., 2015 ; P. DEUMIER, *Introduction générale au droit*, LGDJ, Manuels, 3e éd., 2015 ; R. ENCINAS DE MUNAGORRI, *Introduction générale au droit*, Flammarion, « Champs université », 4e éd., 2015 ; M. FABRE-MAGNAN, *Introduction au droit*, Puf, « Que sais-je » ?, 3e éd., 2016 ; H. FULCHIRON, L. ECK, *Introduction au droit français*, LexisNexis, 2016 ; D. MAINGUY, *Introduction générale au droit*, LexisNexis, Objectif droit Cours, 7e éd., 2016 ; J.-P. GRIDEL, *Le Droit. Présentation*, PU Aix-Marseille, 2012 ; P. JESTAZ, *Le Droit*, Dalloz, « Connaissance du droit », 8e éd. 2016 ; Ph. MALAURIE, P. MORVAN, *Introduction au droit*, LGDJ, 6e éd., 2016 ; P. MALINVAUD, *Introduction à l'étude du droit*, LexisNexis, 16e éd., 2016 ; F. TERRÉ, *Introduction générale au droit*, Précis Dalloz, 10e éd., 2015 ; P. VOIRIN, G. GOUBEAUX, *Droit civil, t. 1 : Introduction au droit – Personnes, famille, personnes protégées, biens, obligations, sûretés*, LGDJ, Manuel, 36e éd., 2016 ; A. WIJFFELS, *Introduction historique au droit. France, Allemagne, Angleterre*, Puf, « Thémis », 2e éd., 2014 ; E. ZOLLER, *Introduction au droit public*, Précis Dalloz, 2e éd., 2013.

À consulter également, même si ces ouvrages ne sont plus à jour : J. CARBONNIER, *Droit civil, Introduction*, Puf, « Quadrige », 2004, nouvelle édition en 2017 ; J. GHESTIN, G. GOUBEAUX, avec le concours de M. FABRE-MAGNAN, *Traité de droit civil, Introduction générale*, LGDJ, 4e éd., 1994.

Sur la signification précise du **vocabulaire juridique**, v. G. CORNU, Association H. Capitant, *Vocabulaire juridique*, Paris, Puf, « Quadrige dicos poche », 11e éd., 2016.

Pour comprendre la signification des mots et adages latins utilisés couramment en droit, v. H. ROLAND, L. BOYER, *Adages du droit français*, Paris, Litec, 4e éd., 1999, et *Locutions latines du droit français*, Paris, Litec, 4e éd., 1998.

Le droit est, comme nous l'avons vu, fait autant de « **grands arrêts** » que de grandes lois ou de textes constitutionnels. Pour se repérer dans la jurisprudence, voir :

— F. TERRÉ, Y. LEQUETTE, *Les Grands Arrêts de la jurisprudence civile* (initiés par H. Capitant), t. 1 : *Introduction : personnes, famille, biens, régimes matrimoniaux, successions*, Paris, Dalloz, 12e éd., 2006 ; t. 2 : *Obligations, contrats spéciaux, sûretés*, Paris, Dalloz, 12e éd., 2008 ;
— R. DESGORCES, H. AUBRY, E. NAUDIN, *Les Grandes Décisions de la jurisprudence civile*, Paris, Puf, « Thémis droit », 2011 ;
— M. LONG, P. WEIL, G. BRAIBANT, P. DELVOLVÉ, B. GENEVOIS, *Les Grands Arrêts de la jurisprudence administrative*, Paris, Dalloz, 20e éd., 2015 (les décisions commentées dans cet ouvrage sont indiquées par l'abréviation *GAJA*) ; v. aussi S. BRACONNIER, C. DEFFIGIER, J.-F. LACHAUME, H. PAULIAT, *Droit administratif – Les grandes décisions de la jurisprudence*, Puf, « Thémis droit », 16e éd., 2014 ;
— P. GAÏA, R. GHEVONTIAN, F. MÉLIN-SOUCRAMANIEN, E. OLIVA, A. ROUX, *Les Grandes Décisions du Conseil constitutionnel*, Dalloz, 18e éd., 2016 (les décisions commentées dans cet ouvrage sont indiquées par l'abréviation *GDCC*) ;
— F. SUDRE, J.-P. MARGUÉNAUD, J. ANDRIANTSIMBAZOVINA, A. GOUTTENOIRE, G. GONZALEZ, L. MILANO, H. SURREL, F. MARCHADIER, D. SZYMCZAK, *Les Grands Arrêts de la Cour européenne des droits de l'homme*, Paris, Puf, « Thémis droit », 8e éd., 2017 ;
— M. KARPENSCHIF, C. NOURISSAT (dir.), *Les Grands Arrêts de la jurisprudence de l'Union européenne*, Paris, Puf, « Thémis droit », 3e éd., 2016 ; ou encore H. GAUDIN, M. BLANQUET, J. ANDRIANTSIMBAZOVINA, F. FINES, *Les Grands Arrêts de la Cour de justice de l'Union européenne* (deux tomes), Paris, Dalloz, « Grands arrêts », 7e éd., 2014.
— X. DUPRÉ DE BOULOIS (coord.), *Les Grands Arrêts du droit des libertés fondamentales*, Paris, Dalloz, « Grands arrêts », 2017.

Enfin, plusieurs ouvrages peuvent être utiles pour enrichir la **culture juridique**. Voir en particulier :

— F.-X. LUCAS et Th. REVET (dir.), *Précis de culture juridique*, LGDJ, 2017 ;
— D. ALLAND, S. RIALS (dir.), *Dictionnaire de la culture juridique*, Paris, Puf, « Quadrige dicos poche », 2003 ;
— L. CADIET (dir.), *Dictionnaire de la justice*, Paris, Puf, « Quadrige dicos poche », 2004 ;
— J. ANDRIANTSIMBAZOVINA, H. GAUDIN, J.-P. MARGUÉNAUD, S. RIALS, F. SUDRE (dir.), *Dictionnaire des droits de l'homme*, Paris, Puf, « Quadrige dicos poche », 2008.

*Index**

* *L'index renvoie aux numéros de paragraphe.*

E

F

G

L

M

N

O

P

Q

R

S

T

U

V

Z

THÉMIS

Collection fondée par Maurice Duverger

DROIT

Direction : Catherine Labrusse-Riou – Didier Truchet

AMBROISE-CASTÉROT Coralie, BONFILS Philippe, *Procédure pénale*, 2011, 1re éd.
AMRANI MEKKI Soraya, STRICKLER Yves, *Procédure civile*, 2014, 1re éd.
ATIAS Christian, *Philosophie du droit*, 2016, 3e éd.
AUBY Jean-Bernard, AUBY Jean-François, NOGUELLOU Rozen, *Droit des collectivités locales*, 2015, 6e éd.
BELLESCIZE Diane de, FRANCESCHINI Laurence, *Droit de la communication*, 2011, 2e éd.
BERGE Jean-Sylvestre, ROBIN-OLIVIER Sophie, *Droit européen*, 2011, 2e éd.
BERGEL Jean-Louis, *Méthodologie juridique*, 2016, 2e éd.
BRACONNIER Stéphane, *Droit public de l'économie*, 2015, 1re éd
BRACONNIER Stéphane, *Droit des services publics*, 2007, 2e éd.
BURDEAU François (†), *Histoire du droit administratif*, 1995, 1re éd.
BUREAU Dominique, MUIR WATT Horatia, *Droit international privé*
  Tome I : *Partie générale*, 2014, 3e éd.
  Tome II : *Partie spéciale*, 2014, 3e éd.
CADIET Loïc, NORMAND Jacques, AMRANI MEKKI Soraya, *Théorie générale du procès*, 2013, 2e éd.
CHEVALLIER Jacques, *Science administrative*, 2013, 5e éd.
COLLET Martin, *Droit fiscal*, 2017, 6e éd.
COLLET Martin, COLLIN Pierre, *Procédures fiscales. Contrôle, contentieux et recouvrement de l'impôt*, 2017, 3e éd.
CONSTANTINESCO Vlad, PIERRE-CAPS Stéphane, *Droit constitutionnel*, 2016, 7e éd.
DAËL Serge, COURRÈGES Anne, *Contentieux administratif*, 2013, 4e éd.
DAËL Serge, SAISON Johanne, TÜRK Pauline, *Exercices pratiques de contentieux administratif*, 2008, 2e éd.
DESGORCES Richard, AUBRY Hélène, NAUDIN Estelle, *Les grandes décisions de la jurisprudence civile*, 2011, 1re éd.
DORD Olivier, *Droit de la fonction publique*, 2017, 3e éd.
DOUAT Étienne, BADIN Xavier, *Finances publiques*, 2006, 3e éd.
DRAGO Guillaume, *Contentieux constitutionnel français*, 2016, 4e éd.
FABRE-MAGNAN Muriel, *Droit des obligations*
  Tome I : *Contrat et engagement unilatéral*, 2016, 4e éd.
  Tome II : *Responsabilité civile et quasi-contrats*, 2013, 3e éd.
FROMONT Michel, *Droit administratif des États européens*, 2006, 1re éd.
GIUDICELLI-DELAGE Geneviève (dir.), *Droit pénal des affaires en Europe*, 2006, 1re éd.
GUETTIER Christophe, *Droit administratif des biens*, 2008, 1re éd.
GUETTIER Christophe, *Droit des contrats administratifs*, 2011, 3e éd.
HENNION Sylvie, LE BARBIER-LE BRIS Muriel, DEL SOL Marion, *Droit social européen et international*, 2010, 1re éd., 2013, 2eo éd.
HUET André, KOERING-JOULIN Renée, *Droit pénal international*, 2005, 3e éd.
JAULT-SESEKE Fabienne, CORNELOUP Sabine, BARBOU DES PLACES Ségolène, *Droit de la nationalité et des étrangers*, 2015, 1re éd.

KALFLECHE Grégory, *Droit de l'urbanisme*, 2012,1re éd.
KARPENSCHIF Michaël, NOURISSAT Cyril (dir.), *Les grands arrêts de la jurisprudence de l'Union européenne*, 2016, 3e éd.
KESSEDJIAN Catherine, *Droit du commerce international*, 2013, 1re éd.
LABORDE Jean-Pierre, *Droit de la sécurité sociale*, 2005, 1re éd.
LACHAUME Jean-François, PAULIAT Hélène, BRACONNIER Stéphane, DEFFIGIER Clotilde, *Droit administratif. Les grandes décisions de la jurisprudence*, 2014, 16e éd.
LAUDE Anne, MATHIEU Bertrand, TABUTEAU Didier, *Droit de la santé*, 2013, 3e éd.
LEPAGE Agathe, MATSOPOULOU Haritini, *Droit pénal spécial*, 2015, 1re éd.
LOKIEC Pascal, *Droit du travail*
Tome I : *Les relations individuelles de travail*, 2011, 1re éd.
Tome II : *Les relations collectives de travail*, 2011, 1re éd.
MAILLARD DESGRÉES DU LOÛ, *Institutions administratives*, 2012, 2e éd.
MARINO Laure, *Droit de la propriété intellectuelle*, 2013, 1re éd.
MATHIEU-IZORCHE Marie-Laure, *Le raisonnement juridique*, 2001, 1re éd.
MATHIEU Marie-Laure, *Logique et raisonnement juridique*, 2015, 1re éd.
MORET-BAILLY Joël, TRUCHET Didier, *Droit des déontologies*, 2016, 1re éd.
PELLET Rémi, *Droit financier public. Monnaies, banques centrales, dettes publiques*, 2014, 1re éd.
PELLET Rémi, SKZRYERBAK Arnaud, *Droit de la protection sociale*, 2017, 1re éd.
PERTEK Jacques, *Droit des institutions de l'Union européenne*, 2016, 5e éd.
PICOD Yves, *Droit des sûretés*, 2016, 3e éd.
PIEDELIEVRE Stéphane, *Droit de l'exécution*, 2009, 1re éd.
RACINE Jean-Baptiste, *Droit de l'arbitrage*, 2016, 1re éd.
RIVIER Raphaële, *Droit international public*, 2013, 2e éd.
RIVERO Jean, MOUTOUH Hugues, *Libertés publiques*
Tome I, 2003, 9e éd.
Tome II, 2003, 7e éd.
ROCHFELD Judith, *Les grandes notions du droit privé*, 2013, 2e éd.
SIMON Gérald (dir.), *Droit du sport*, 2012, 1re éd.
STRICKLER Yves, *Les biens*, 2006, 1re éd.
SUEUR Philippe, *Histoire du droit public français (XVe-XVIIIe siècle)*
Tome I : *La Constitution monarchique*, 2007, 4e éd.
Tome II : *Affirmation et crise de l'État sous l'Ancien Régime*, 2007, 4e éd.
SUDRE Frédéric, MARGUÉNAUD Jean-Pierre, ANDRIANTSIMBAZOVINA Joël, GOUTTENOIRE Adeline, LEVINET Michel, *Les grands arrêts de la Cour européenne des Droits de l'Homme*, 2015, 8eo éd.
TRUCHET Didier, *Droit administratif*, 2015, 6e éd.
VAN LANG Agathe, *Droit de l'environnement*, 2016, 4e éd.
VERGÈS Étienne, VIAL Géraldine, LECLERC Olivier, *Droit de la preuve*, 2015, 1re éd.
VERPEAUX Michel, MONTALIVET Pierre de, ROBLOT-TROIZIER Agnès, VIDAL-NAQUET Ariane, *Droit constitutionnel. Les grandes décisions de la jurisprudence*, 2011, 1re éd.
WIJFFELS Alain, *Introduction historique au droit. France, Allemagne, Angleterre*, 2014, 2e éd.

ESSAIS

VAUTROT-SCHWARZ Charles, *La police administrative*, 2014, 1re éd.
DUBREUIL Charles-André, *L'évolution du droit administratif en France et en Russie*, 2016, 1re éd.